Rainer Marwedel · Theodor Lessing

Eine kritische Existenz in einer kritischen Epoche

Der jüdische Philosoph Theodor Lessing wurde am 8. Februar 1872 in Hannover geboren, ein Jahr nach Gründung und Proklamation des Deutschen Kaiserreichs unter Bismarcks Regie. Er starb am 30. August 1933 in seinem Marienbader Exil, ermordet von sudetendeutschen Anhängern der Nationalsozialisten.

Einundsechzig Lebensjahre in einer Epoche des Übergangs, der sich steigernden Krisen, die Deutschlands Weg vom 19. ins 20. Jahrhundert bestimmt haben. Zeitgenossenschaft in einem Prozeß verspäteter Modernisierung, rasanter Industrialisierung aller Lebensbereiche. Einundsechzig Jahre, deren Nachwirkungen auch den Nachgeborenen noch zu schaffen machen – sie werden mit der vorliegenden Biographie von Rainer Marwedel vergegenwärtigt.

Theodor Lessings Leben ist eine Einführung in die Katastrophengeschichte dieses Landes – so faßt Marwedel das Ergebnis seiner politisch-philosophischen Studie zusammen. Legenden über den »vollbärtigen Querkopf«, Vorurteile gegen den »Feuilletonisten« zurechtrükkend, und zwar ohne angestrengte Belehrung: *erzählend* öffnet Rainer Marwedels Biographie einen neuen Zugang zu Leben und Werk eines auch heute noch unbequemen Zeitgenossen.

Rainer Marwedel, geboren 1954 in Celle, hat in Hannover Politik- und Sozialwissenschaft studiert. Er hat den Lessing-Nachlaß (Briefe, Aufzeichnungen, Pressedokumentationen) für das Stadtarchiv Hannover geordnet und zugänglich gemacht; auf eigene Faust hat Marwedel Theodor Lessings verstreute Schriften, Essays und Feuilletons gesammelt und dokumentiert.

Eine Auswahl ist in der Sammlung Luchterhand erschienen: *Theodor Lessing, Ich warf eine Flaschenpost ins Eismeer der Geschichte. Essays und Feuilletons.* Herausgegeben und eingeleitet von Rainer Marwedel (SL 639, September 1986).

Rainer Marwedel

THEODOR LESSING

1872–1933

Eine Biographie

Luchterhand

CIP-Kurztitelaufnahme der Deutschen Bibliothek

Marwedel, Rainer:
Theodor Lessing : 1872 – 1933 ; e. Biographie /
Rainer Marwedel. – Darmstadt ; Neuwied :
Luchterhand, 1987.
ISBN 3-472-86635-7

© 1987 by Hermann Luchterhand Verlag
GmbH & Co KG, Darmstadt und Neuwied

Lektorat: Klaus Binder
Umschlaggestaltung: Irene Beyer
Herstellung: Petra Görg

Gesamtherstellung bei der
Druck- und Verlags-Gesellschaft mbH, Darmstadt
ISBN 3-472-86635-7

Die Welt, die Welt, ihr Esel!
ist das Problem der Philosophie,
die Welt und sonst nichts.
Arthur Schopenhauer

Inhalt

Anhang

(Die Abbildungen finden sich auf den Seiten 161–176)

Vorwort

Wenn das Charakterbild einer historischen Figur von ihrer nächsten Umgebung aufgezeichnet wird, so erweist es sich, daß nie zur Deckung zu bringen ist: das Bild, welches der historische Mensch in seinem engen und engsten Kreise hinterläßt, jenes andere, welches er als Geschichte hinterläßt und endlich sein eigenes Wesen, so wie es an sich selber gewesen sein mag; dieses Dreierlei ist den Druckstöcken beim Dreifarbendruck zu vergleichen, die zwar alle das selbe Bild darstellen, aber gleichwohl nicht miteinander übereinkommen. Berühmung und Berüchtigung schufen immer schon umfälschende Transparente, durch welche die historisch gewordene Person vorurteilsvoll und unvollständig hindurchgesehen wird; wie sie an sich selbst gewesen ist, das wissen wir niemals.

Theodor Lessing

Als den Juden in Deutschland während der großen Zeit der Aufklärung im 18. Jahrhundert erlaubt wurde, frei einen eigenen Familiennamen zu wählen, entschieden viele sich für den Namen Lessing. In diesem Namen war der ganze Kosmos weltbürgerlicher Emanzipationshoffnungen enthalten, vor allem aber die Hoffnung der deutschen Juden, daß die Ideen der Aufklärung bald auch die politischen und sozialen Lebensformen Deutschlands verändern würden. Theodor Lessing verdankt seinen Familiennamen der grenzenlosen Verehrung, die seine Vorfahren Gotthold Ephraim Lessing entgegenbrachten, weil er mit dem Drama »Nathan der Weise« und mit seiner Freundschaft zu dem jüdischen Philosophen Moses Mendelssohn eine Utopie der Verständigung zwischen Deutschen und Juden vorgezeichnet und vorgelebt hatte, die zweihundert Jahre später mit der bürokratisch organisierten und industriell betriebenen Massenvernichtung der europäischen Juden durch das NS-Regime zerstört wurde.

Eines der ersten Opfer dieser Ausrottungspolitik wurde Theodor Lessing, der Philosoph und Psychologe, der politische Schriftsteller und Feuilletonist – über fünfzig Jahre nach seiner Ermordung ebenso vergessen wie die unzähligen Namenlosen

der Geschichte, deren Andenken er sein Lebenswerk, die
»Philosophie der Not«, gewidmet hat.

Als ich vor über sieben Jahren mit der Erforschung seines
weitverstreuten Werkes und seines kaum bekannten Lebens
begann, mußte ich feststellen, daß noch die Geschichte seiner
öffentlichen Wirkung vor allem als eine Geschichte seiner
Verfolgung zu verstehen ist, die bis in die Sekundärliteratur
hinein sich fast ungebrochen fortsetzte. So war ich gezwungen,
ganz neu anzusetzen. Denn an diese Wirkungsgeschichte konnte ich nicht anknüpfen, Leben und Werk dieses Philosophen
hatten sich ineinandergeschlossen, und seine »Philosophie der
Not« konnte nicht einmal als Torso besichtigt werden. In einer
zeitraubenden und kostspieligen Sammelarbeit mußte ich die
versprengten Teile aus entlegenen Zeitungen und Zeitschriften
zusammentragen. Als Ganzes, so scheint mir, sind sie nur dann
angemessen vorzustellen, wenn man sie auf den historischen
und biographischen Kontext von Lessings nur fragmentarisch
überlieferten »Philosophie der Not« bezieht. Daß dies besser in
einer biographischen Darstellung möglich sein würde als in
einer geschichtsphilosophischen Abhandlung, ahnte ich beim
Lesen von Lessings unterschiedlichen Arbeiten, die unbekümmert wissenschaftliche Grenzlinien überschreiten und in allen
Genres sich zu Hause fühlen. Hinzu kommt, daß Theodor
Lessing kein politisch zurückhaltender Gelehrter, sondern ein
in die Ereignisse des Tages eingreifender Denker, ein kämpferischer Philosoph und ausgezeichneter Publizist war. Lessings
Biographie muß schon deshalb auf kollektive Zusammenhänge
der politischen Geschichte Deutschlands zwischen 1872 und
1933 bezogen werden. Ich wollte dieses Leben mit den Mitteln
begreifen und darstellen, die Lessing selbst entwickelt hat; und
ich wollte die verschiedenen Dimensionen der Geschichte und
Politik, der Literatur und Philosophie ineinanderdrehen zu
einem biographisch sich abwickelnden Faden. Damit sollte
zweierlei erreicht werden: die Rekonstruktion eines jüdischen
Philosophenlebens *und* die Vergegenwärtigung der jüngeren
deutschen Geschichte.

Viele Lebenszeugnisse, Briefe und Aufzeichnungen Theodor Lessings sind durch den Fortgang der deutschen Politik nach 1933 für immer verloren, erhalten blieb ein Teil des Nachlasses, den ich 1984 für das Stadtarchiv Hannover erschlossen und geordnet habe.

Ein vollständiges Verzeichnis der kleineren Schriften, der Essays und Feuilletons, wird erst dann zu erstellen sein, wenn eine finanzielle Grundlage zur weiteren Bibliographierung des publizistischen Werkes gewährleistet ist. Die Anmerkungen dieses Buches beschränken sich auf den Nachweis der jeweiligen Quelle. Die kommentierte Bibliographie zur Lessing-Sekundärliteratur im Anhang des Buches schien mir zweckmäßiger und übersichtlicher zu sein, als Fußnotenkriege im Anmerkungsapparat eines Buches zu führen, das sich vornehmlich auf Primärquellen bezieht.

Manches in dieser ersten Biographie über Theodor Lessing mag anfechtbar, manches unzureichend sein; es kam mir nicht zuletzt aber auch auf das an, was Jean Paul im ersten Satz seiner Vorrede der »Biographischen Belustigungen unter der Gehirnschale einer Riesin« als das erwähnt, worauf alle Welt in Büchern am meisten erpicht sei: aufs Erzählen.

Nur wenige Monate nach dem Ableben des berühmten Schriftstellers wurde sein künftiger Biograph von der Witwe des Dahingegangenen auf dessen ländliches Anwesen eingeladen, um dort ungestört und in aller Abgeschiedenheit die biographischen Dokumente einzusehen und sich in die vergangene Lebenszeit des Meisters anhand von hinterlassenen Manuskripten, Notizbüchern, Zetteln, Briefen und Büchern einzustimmen. Je mehr er sich in die Arbeit vertieft, um so körperlicher erscheint ihm die Gestalt des Verstorbenen im Zimmer zu sein; und was zunächst den Biographen in die Gefühle dessen versetzt, der tagsüber das Herannahen der Dämmerung mit der gleichen Ungeduld erwartet wie zwei Liebende die Stunde ihrer Verabredung, das nimmt bald schon Züge des Unheimlichen und Bedrohlichen an.

Der Biograph beginnt daran zu zweifeln, ob es dem Schriftsteller überhaupt recht sein könne, daß Fremde in sein vergangenes Leben eindringen. Angst befällt den Biographen, und auch die Witwe meint Anzeichen dafür verspürt zu haben, daß der Tote wie eine unsichtbare Macht nachdrücklich Einspruch gegen die Preisgabe seines Lebens einzulegen scheint. Im Gespräch mit der Frau, die nur »das wirklich einzig Wahre« verwirklicht sehen möchte (eine stattliche Biographie, die eine erschöpfende Antwort auf alle gegen sie erhobenen Anschuldigungen geben soll), erläutert der unsicher gewordene Biograph seine Bedenken: »›Es gibt Naturen, gibt Lebensläufe, die sich uns entziehen. [. . .] Er ist hier, um zu protestieren.‹ ›Gegen meine Biographie?‹ jammerte Mrs. Doyne. ›Gegen jede Biographie. Er ist hier, um seine Lebensgeschichte zu retten. Er ist hier, um seine Ruhe zu fordern.‹ ›So geben Sie die Arbeit also auf?‹ rief sie schrill.«[1] So kommt es. Entmutigt verläßt der Biograph den mysteriösen Ort, ohne die erwünschte Biographie geschrieben zu haben.

Henry James hat in der Erzählung »Das Wirklich Einzig Wahre« eine Grunderfahrung jedes Biographen beschrieben: als ungebetener Gast herumzustöbern in einem fremden Leben, das irgendwann in schöner Ausstattung, gebunden und mit einem Vorwort versehen in allen Buchhandlungen zu kaufen sein wird. Ausschweifend werden darin dem wißbegierigen Publikum historische Plaudereien und intimer Klatsch aus dem ereignisreichen Leben eines Großen präsentiert, werden die persönlichen Befindlichkeiten des Biographen in den wehrlosen Gegenstand gepumpt: Dergleichen nennt man Roman-Biographie.

Mit pedantischer Akkuratesse läßt dagegen der professionelle Historiker die Archivalien eines Lebens Revue passieren, Einzelheit an Einzelheit reihend, wissenschaftlich exakt in der Ausbreitung von Dokumenten und geprüften Quellen. Ein an sich selbst erstickender biographischer Positivismus, unlebendig, steril, gleichgültig. Vor niemandem und nichts, teilte Ludwig Feuerbach 1839 mit, habe man sich mehr in acht zu

nehmen als vor den »Katzenaugen des Historikers, die nur in
der Finsternis vergangener Jahrhunderte in ihrem *esse* sind« und
wie Untersuchungsrichter den Verbrecher an den Tatort zwingen, um ihm das »Eingeständnis seiner Freveltat« abzutrotzen.
Und damit noch nicht genug: Alles Lebendige, jedes menschliche Lebewesen käme ihnen wie ein Vorwurf, eine Peinlichkeit
vor. Hegel sei einem Historiker nur dann von Nutzen, wenn er
nicht mehr lebe; sobald er aber abgetreten sei, schlage ihre
Stunde, »aber natürlich wässert dem Historiographen schon bei
Lebzeiten des Testamentators der Mund nach seiner einstigen
Beute, und er lebt daher so lange in dem Zustande der peinlich-
sten Sorglichkeit, Begierlichkeit und Ungewißheit, solange
noch ein gesunder Blutstropfen in den Adern des Erblassers
rollt«. Sobald aber der Herzschlag im Philosophenleib ausgesetzt habe und sein Geist nicht mehr den Weg ins Herz der
Dinge finden könne, sei es um den Philosophen geschehen.
»Solange der Mensch lebt, *ist*, so lange gehört er noch *sich selbst*
an, aber wenn es einmal von ihm heißt: Er ist gewesen, o wehe!,
dann fällt er den Historikern in die Krallen.«[2]

Ein biographischer Versuch über den Philosophen Theodor
Lessing könnte sich der Gefahr einer Mumifizierung von Leben
und Werk entziehen, wenn es gelingt, diese kritischen Einwände aufzunehmen und in die Konstruktion einer Biographie
einzubauen. Als scharfer Kritiker der historischen Wissenschaft
und Biographik hat Lessing selbst sich bemüht, den autobiographischen Zusammenhang von »Konfession [. . .] Erkenntniskritik und Selbstanalyse«[3] einzuhalten. So sind seine Lebenserinnerungen keine selbstbespiegelnden Reminiszenzen an sein
Ich, eher durchzieht eine Art Selbstrichtertum seine Lebensre-
flexionen; darin spiegelt sich auch die Grunderfahrung des
deutschen Juden. »Heimatlos, zwischen allen Sekten und Parteien hin- und hergeworfen, besaß er [der Jude] nur den Schutz
der Selbstkritik, als Quelle seiner Selbsterhaltung.«[4] Diese
autobiographische Erfahrung hat Lessing als Philosoph auf die
wissenschaftliche Arbeit übertragen und immer wieder deutlich

gemacht, wie gerade im Bereich des historischen Wissens »schon die Gliederung nach Beziehungspunkten, ja schon jede Einteilung nach Jahren und Lebensaltern [. . .] zartes Fälschertum«[5] sei.

Erstaunlich hoch schätzt er gleichwohl die Autobiographie ein: Er rühmt sie als »die echteste und wahrhaftigste Form der Geschichte« und spielt beide, Autobiographie und Biographie, gegen die »leerste und mittelbarste, die Menschheits- oder Weltgeschichte«[6] aus. Deren viel zu abstrakten Darstellungen hafte der Makel schlechter Verallgemeinerung an. Welthistorische Rückversicherungen könnten immer nur »Sammelsurien aus zahllosen Einzelgeschichten«[7] sein. Die auf einen bestimmten und noch überschaubaren Zeitraum und Ort begrenzte Arbeit über eine historische Figur oder eine Stadt dürfe hingegen als die »aufschlußreichste Quelle von Geschichte«[8] gelten.

Hier spricht der Schopenhauerianer Theodor Lessing, dem das Verhältnis von Biographie und Universalgeschichte wie seinem Lehrer sich darstellt. »Die Geschichte zeigt uns die Menschheit, wie uns eine Aussicht von einem hohen Berge die Natur zeigt: wir sehn Vieles auf ein Mal, weite Strecken, große Massen; aber deutlich wird nichts, noch seinem ganzen eigentlichen Wesen nach erkennbar. Dagegen zeigt uns das dargestellte Leben des Einzelnen den Menschen so, wie wir die Natur erkennen, wenn wir zwischen ihren Bäumen, Pflanzen, Felsen und Gewässern umhergehn.«[9] Doch Lessing folgt Schopenhauer nicht sklavisch in dessen totalisierender Verwerfung des Historischen; als Vertreter einer Schopenhauerschen Linken – wenn es so etwas geben kann – besteht er auf der dialektischen Natur jeder historischen Erklärung: »Man kann Geschichte immer von zwei Enden her anpacken: von der personalen oder von der Gruppenseite. Nie sind beide voneinander zu trennen. [. . .] Das Individuum ist nichts aus sich selbst, und die Gruppe verkörpert sich nur im Individuum.«[10] Weder seien historische Einzelfiguren nur die »Koeffizienten der Gemeinschaftsvorgänge«, noch sei Geschichte einfach die »Bildnisgalerie großer und fesselnder einzelner«.[11]

Die unter deutschen Historikern immer wieder zu beobach-
tende Neigung, den Topos der ›geschichtlichen Größe‹ zu
bevorzugen und das Nationale in der deutschen Geschichte
aufzuwerten, hat Theodor Lessing auch als deutscher Jude
attackiert, der wußte, welche Einfallstore damit leichtfertig
geöffnet werden. »Wenn man sieht, wie die entsetzlichen,
sinnlosen, irrsinnigen Gegebenheiten des Lebens von hinten-
nach zu Geschichte umgebogen werden und sich dann schließlich in der Geschichtsüberlieferung so harmlos und einfach
lesen, als sei aller Schmerz und alle Not und das ganze Leiden
der Seele davon abgestreift [. . .], wenn man sieht, wie alles von
nachhinein dann wie ein bunter spannender Roman sich liest,
was doch so schmerzlich und rauh zu erleben war, so könnte
man wohl auf den Gedanken kommen, daß der Mensch mit der
Geschichte nicht die Wiedergabe seiner Lebensereignisse be-
zwecke, sondern grade das Umgekehrte: seine Ausheilung und
Erlösung von allen den quälenden Begebnissen des Ge-
schicks.«[12]

Unter behutsamem Einsatz verschiedener hermeneutischer
Hilfstechniken habe ich in dieser Biographie versucht, den
Vorbehalten und Einwänden gegen die biographische Form
gerecht zu werden. Die Themen und Motive, die Begriffe und
Metaphern aus Theodor Lessings »Philosophie der Not« dienen
bei der historisch-politischen Rekonstruktion der Jahre zwischen 1872 und 1933 als interpretative Fermente; gleichzeitig
wird die Tauglichkeit der Theorie durch eine historisch-soziolo-
gische Anwendung auf sie selbst geprüft. Die historischen
Ereignisse und Strukturen erfahren ihre deutende Zuspitzung
durch sie.

Hannover, im Oktober 1986 R. M.

Im Spiegelkabinett der Edukation
Kindheit eines Unerbetenen

Alle glücklichen Familien gleichen einander, jede unglückliche
Familie ist auf ihre eigene Weise unglücklich, heißt es am
Anfang eines russischen Romans; das gilt auch für die Familie
von Theodor Lessing. Dem Elternhaus entrinnt man nicht, und
wenn man sich auf den Kopf stellt. Von dort aus zeigt sich die
Welt als verkehrtes Bild. Und wenn in der Familie Lessing alles
verkehrt läuft, wäre der Rat, auf dem Kopf stehenzubleiben,
nicht der schlechteste. Denn es könnten durch eine verrückte
Sicht die auf dem Kopf stehenden Verhältnisse wieder ins rechte
Lot kommen – in der Vorstellung·wenigstens.

Alle Nüchternheiten eines Geburtsregisters hinter sich las-
send faßt ein der Kindheit halbwegs Entronnener sein plötzli-
ches Erscheinen in ein mythisches Bild: »Ich bin auf dem
Boulevard Hannovers, der Georgstraße geboren. Mitten aus
dem Gehirn hannoverscher Kultur, so wie Pallas Athene aus
dem Haupte des Zeus entsprang. In dem gotischen Backstein-
hause bin ich geboren, dem roten Hause, an der Ecke An-
dreaestraße, hinter dem hohen Eckfenster im zweiten Stock,
von wo man grade aufs Hoftheater, auf den hübschen Kristall-
und Eisenbau des Café Kröpcke (damals Café Robby) und über
den grünen Georgenwall sehen kann.«[1] Um 1872 war Hannover
mit mehr als hunderttausend Einwohnern zwar zur Großstadt
geworden, aber für weltoffene Bürgerlichkeit blieb kein Platz in
der sich industrialisierenden ehemaligen Welfenstadt. Polierte
Fassaden verwiesen auf bürgerliches Selbstbehagen in einer
wohlanständigen Stadt: »Es gibt nur eine Stadt, wo man weiß,
was Reinlichkeit ist, das ist Hannover.«[2] Ebenso reinlich und
gediegen waren auch die »hübschen Familien« Hannovers, die

eine reputierliche Stellung ihr eigen nennen durften und allsonn-
tags ihre Sprößlinge am Kragen packten und mit ihnen ins
Grüne oder zum »Schorsenbummel«, auf die Georgstraße,
zogen. »Reden wir von Hannover – das wird genügend harmlos
sein«[3], schreibt der junge Theodor Lessing, doch sein Leben
wird zeigen: Dieser zufällige Ort seiner Geburt und die Konstellationen der deutschen Geschichte waren alles andere, harmlos nicht.

Als am 8. Februar 1872 um zehn Uhr morgens Theodor
Lessing in Hannover geboren wird[4], war der Haß des Vaters auf
den unerbetenen Sohn schon lange da.[5] Früh erfährt das Kind
die Widersetzlichkeit des Wirklichen. Theodor Lessings Vater
Sigmund, am 16. April 1838 als Sohn eines jüdischen Bankiers
geboren, war erfolgreicher Modearzt und Lebemann. Er hatte
durch seine Heirat den gewohnten aufwendigen Lebensstil
beibehalten können, doch seine Frau liebte er nicht. Adele
Ahrweiler, am 5. März 1848 als Tochter eines Düsseldorfer
Bankiers geboren, brachte Geld in die Ehe, aber nicht die
Schönheit der äußeren Erscheinung. Am Abend der Hochzeit
ihrer hübschen Schwester unterbreitete Sigmund Lessing seinem angehenden Schwiegervater den ernstgemeinten Vorschlag, ihm doch die gefälligere jüngere Tochter zu überlassen.
Als dieser Tauschhandel abgelehnt wurde und zu allem Unglück
Adele auch noch schwanger geworden war, fügte sich Dr. med.
Sigmund Lessing ins selbstverordnete Schicksal. Der größte Teil
der Hochzeitsgaben war bereits verpulvert und Lessings Schul-
denberg beträchtlich angewachsen.

Das noch ungeborene Kind konnte von diesem Vater kaum
mehr als verächtliche Gefühle erhoffen, stets erinnerte es an den
Pakt von Egozentrik und Geld, an die Verfehlungen des Vaters.
Und wenn das Ehepaar Lessing in den vollgestopften Wohnräu-
men der Gründerzeit sich nach allen Regeln familiärer Kriegs-
kunst befehdete, dann traf häufig den Sohn die Schuld an den
kleinlichen Streitereien. Daß Sigmund Lessing den Haushund
»Ahrweiler« rief, mit dem Taufnamen seiner Frau, sagt einiges
über die Umgangsformen in dieser Familie, in der »Theo« das

schwarze Schaf zu spielen hatte. Der herrschsüchtige, unbere-
chenbare Vater und die kapriziöse, dem tyrannischen Gemahl
dennoch ergebene Mutter stießen den Heranwachsenden ab,
keiner der beiden war ihm Stütze und Halt, und so mußte das
Kind sich anderswo Nestwärme suchen.

Träumend erobert das Kind sein erstes Stück wirkliche Welt:
In den Gärten Herrenhausens kriecht und tappst, stolpert und
stürzt »Tete« (wie ihn die 1873 geborene kleine Schwester
Sophie nennt) lebensgläubig umher. Schnuppert an Blumenkel-
chen, spielt mit den Schnecken, tollt mit seinem Spitz Pollo; er
schaut hinauf zu den am Himmel flockenden Wolken, erfreut
sich an ihren »Farben und zackigen Schlünde[n]«[6]; taucht
wieder hinab, sieht eine Moosrose: Der Geruchssinn knüpft in
der Erinnerung viele Bande mit lange entschwundenen Düften,
das Tasten an geliebten Dingen hinterläßt unvergeßbare Ein-
Drücke. Das Geringfügigste wird auf einmal zum Einkehrpunkt
des Verlorenen, das im Inneren nur darauf wartet, wiedergefun-
den zu werden. Surrende Käfer, im Sonnenglast tanzende
Mücken, die vielen Begleiter seiner Kindheit und Jugend: die
Hunde, Katzen, Pferde, Vögel, Mäuse und Kaninchen, die
Tiere im zoologischen Garten ersetzen dem tief verängstigten
Kind die fehlende Wärme seiner Eltern. Diese Geschöpfe
schenken ihm Vertrauen in die Welt. Neben den Tieren sind es
die elementaren Mächte: Luft, Wasser, Licht, die den verstör-
ten, bald auch von schulischer Dressur geplagten Jungen über
den »Abgrund der Jugend«[7] hinwegtragen. Träume durchzie-
hen seine Kindheit, im Traum- und Gedankenspiel flüchtet der
Knabe aus der sinnlosen Kälte der Erwachsenenwelt; der Raum
der hannoverschen Landschaft wurde zur Sphäre freundlicher
Geborgenheit. In den Wiesen, Äckern und Feldern, den gepflegten Parkanlagen und wildblühenden Wegen findet er sein
Zuhause, Heimat und Lebenssinn.

»Von drei Seiten wuchs der Wald bis in die Gassen der Stadt.«
Doch die industrielle Ära der Gründer verschonte auch Hannover nicht. Die »sauberfeine, wenn auch nüchterne Kleinstadt
voll bürgerlicher Tüchtigkeit«[8] zerfiel im »Zeitalter der Verlo-

genheit zwischen 1870 und 1890«, als »Werkschaft und Wirtschaft in kohlenüberdüsterten Riesenstädten«[9] auch Lessings
Heimatstadt zu prägen begannen. Handel und Industrie, die
kapitalistische Allianz von Eisen, Kohle und Stahl zerstörten
große Teile der niedersächsischen Landschaft. »Nun wehte über
allen deutschen Wäldern die Triumphflagge der neuen Zeit: der
Rauch aus den Schloten der industriellen Gründer. Deutschland
wurde Markt und Fabrik.«[10] Hohe Reparationsgelder des 1870
von der preußischen Armee besiegten Nachbarn Frankreich
begünstigten die prosperierende Konjunktur, weiteres Kapital
floß aus der ein Jahr später eingeleiteten Währungsreform. Der
hannoversche Baron Strousberg konnte ohne Mühe für seine
gigantischen Eisenbahnprojekte die dazu nötigen Mittel auftreiben. Wenn es mit diesem Strousberg so weitergehe, bemerkte
Friedrich Engels 1869, dann werde er demnächst noch deutscher
Kaiser.[11] Dem industriellen Boom folgte ein solider Finanz-
krach, »akkompagniert« von Katzenjammer, ebenso laut wie
die vorausgegangenen dicken Töne der Emporkömmlinge. Die
»Kurszettelzeit«[12] hinterließ unübersehbare Spuren.

Das Finanzkapital arrangierte sich rasch mit den seit 1866 in
dem ehemaligen Königreich Hannover regierenden Preußen.
Viele Hannoveraner trauerten ihrem verjagten Welfenkönig
nach und dachten voll verklärender Sentimentalität an die Zeit
gelb-weißer Glorie zurück. Das Kind der Familie Lessing aber
malte sich schwärmerisch aus, dereinst mit Bismarck zum
Zweikampf, Auge in Auge, anzutreten, weil der »unserm
Könige die Pferde, die Springbrunnen, die Gärten von Herren-
hausen fortgenommen habe, das Gewächshaus, das Schloß mit
den blauen Jalousien und alle die mir vertrauten Herrlichkei-
ten«.[13] Das Ideal, selbst König von Hannover zu werden, ergab
sich für einen Siebenjährigen damals wohl wie von selbst, und
wenn die Welt ein Königreich mit Hannover im Mittelpunkt
geworden wäre, so glaubte der kühne Reichseiniger, seien alle
politischen Fragen gelöst.[14]

Gegen die Machtkämpfe im Haushalt seiner Eltern schützte
er sich mit einer Verstellungskunst, wie sie nur Kinder beherr-

schen. Und erkennt in der Lüge die erste Form der Wahrheit. Die frühkindlich erlittenen Schrecken begründen sein Mißtrauen in die wirkliche Welt, in Familie und Schule; ein Mißtrauen, das er zeitlebens behalten wird; vorerst erduldet er das, aber später legt er es aus als groteske Mischung aus Tragödie und Komödie. Er flüchtet in die Welt der Bücher und füllt viele kleine schwarze Schreibkladden mit Versen und Reflexionen, sein Heilmittel gegen die Widersinnigkeiten im Spiegelkabinett der Edukation, in dem egomanische Ich-Naturen ihr Unwesen treiben. Die männernden Schulmeister des deutschen Kaiserreichs predigten den ihnen ausgelieferten Kindern Humanismus und dachten dabei an die Großmacht des Staates. Als Abgesandte der kaiserlichen Autorität hoben sie das Kriegerische in der deutschen Geschichte hervor; Treitschke war in aller Munde. Die idealistische Klassik, zurechtgestutzt auf markige Formelschätze, feierte Triumphe in den Klassenzimmern. Und wenn es Lehrer gab, die in der Uniform eines Leutnants vor ihre Klasse traten und die Kriege Julius Cäsars »auf deutsche Art« ein weiteres Mal gewannen[15], wen wundert es da, daß alle deutschen Reichskanzler uniformiert vor dem verächtlich gemachten Parlament, dieser »Schwatzbude« des Reiches, ihre autoritätsheischenden Auftritte unwidersprochen in Szene setzen konnten?

Der Schüler Lessing wurde hineingezogen in diesen Bannkreis des Nationalen, genährt von Propaganda und wirklich gefühltem Glauben an die deutsche Herrlichkeit. Mit roten Ohren las er die Bardengesänge eines Wilhelm Jordan, steigerte sich in ein phantastisches Heldenleben hinein. Diesen nationalen Enthusiasmus hat er festgehalten in Hymnen und lyrischen Texten, aus denen eine sehr doppeldeutige Spaltung zwischen anerzogenem Pathos und eigenständigem Gefühl herausklingt.[16] Ambitioniert waren diese epigonalen Fingerübungen schon, der Neunjährige wußte um seine Begabung. Es entstanden Verse der Wehmut und des Schmerzes über die Ungerechtigkeiten der Eltern, die Bösartigkeit der Lehrer – dagegengesetzt: Erweckergesänge und wortreiche Gemälde über die Nichtigkeit der Zeit und des eigenen Seins.

Das hält sich durch. Wann immer Lessing sich während
seines Lebens in Schwierigkeiten befindet, füllt er viele Seiten
mit selbstzerfleischenden Anmerkungen über seine ihm proble-
matisch erscheinende Existenz und sucht die Schuld an äußeren
Zuständen immer bei sich selbst. Erst die spätere philosophisch-
psychologische Selbsterkundung vermochte diesen Druck von
ihm zu nehmen.

Den Schuldrill ertragen konnte Lessing nur, wenn er statt an
die Tafel zu schauen, durch die Fensterscheiben der Anstalt
nach draußen blickte: »Ameisen trugen in den Räderritzen ihre
weißen Larven spazieren. Und die blonden Kinderfräuleins
fuhren auf dem Wege nach Bellavista in weiß lackierten Wägel-
chen ihre Babys an die Sonne. Die Weidenkätzchen in der
Seufzerallee bekamen Bienenbesuch, und die jungen Stare übten
zur großen Reise. Und da sollten wir hinter Büchern verkümmern?«[17]

Kindertage im nervösen Fieber der Gründerzeit. Es fehlt an
nichts und doch am Wichtigsten, an ungeteilter, liebevoller
Zuwendung. Es hagelt Ermahnungen, Schelte für das quengeli-
ge Kind, es werden Verbote ausgesprochen und bald wieder
aufgehoben: auch eine Schule logischen Denkens. Das Interieur
der elterlichen Wohnung spiegelt das Protzerhafte der Zeit
wider. Schnörkeliges Mobiliar, goldgerahmte Ölgemälde, Sa-
tinvorhänge, kostbare Kästen, Deckchen und monumentale
Schränke: epigonaler Geschmack als groteskes Gegenbild zum
sinnentleerten Draußen, das vergebliche Ansinnen, die häßlich
gewordene Stadt im Privaten auszuklammern. »Denn unser
Leben ist sehr garstig. Unsere Umgebung, unsere Möbel, unser
Gerät. In den Fluch der Geburt gespannt, in das Denken von
wirtschaftlichen Klassen, ahnt keiner von uns, wie undifferen-
ziert das Denken, wie roh die Sinne, wie lächerlich unsre
Wirtschaft.«[18] Für den heranwachsenden Jüngling ist das Elternhaus von lauter Narren und Verrückten besiedelt, eine Schar
skurriler Figuren bewirtschaftet das auf tönernen Füßen stehende Anwesen: Friseure und Waschfrauen, Näherinnen und Bon-
nen, Kutscher und Handwerker. Sie alle bilden den bunten

Hofstaat einer auf Schulden gegründeten, spätbürgerlichen Lebensform.

Lessings erste schriftstellerische Anläufe zeugen von der Verletzbarkeit eines empfindsamen Jungen, dem man von allen Seiten die Träume und Phantasien austreiben will, damit er ein ordentlicher und folgsamer Untertan werden kann. Doch diesen Gefallen tat er seinen Aufsehern nicht. Er rächte sich mit scharfen Formulierungen und satirischen Versen, karikierte mit schalkhaftem Humor den Schwindel der Gründerjahre, deren Repräsentanten und der ganzen bürgerlich-adeligen Entourage. Seine Kindheit war die eines Unerbetenen im Spiegelkabinett der Edukation, war Erfahrung der Not, war ein Pendeln zwischen Logik und Irrsinn.[19] Der familiäre Mikrokosmos war durchdrungen von einer giftigen Atmosphäre, der nur entkommen konnte, wer freie Gedankenspiele ausbrütete und ein überwirkliches Traumgefilde besseren Lebens sich ausmalte – oder das Nichtmehrsein.

Die väterliche Zuchtgewalt verlängerte sich in den Schulmeistern, auch sie pathologische Fanatiker ihres morosen Ichs; es waren Spiegelfiguren, die auf das Vaterland schworen, eine Riesenprojektion ihres kranken Ichs. Äußere Machtentfaltung warf ihnen Bilder ihrer eingebildeten Vortrefflichkeit zurück, und nackte Angst drängte sie dazu, sich etwas vorzuspielen, die Angst vor der Wahrheit ihrer baldigen Hinfälligkeit.[20]

Die Fülle der Spiegelsymbole vaterländischer Einheit im deutschen Kaiserreich hatte etwas traumhaft Krankes. Schon die Inszenierung der Reichsgründung war getragen vom Pomp militärischer Großmannssucht, und jeden der Anwesenden ausstechend das lebende Symbol dieser machtbesessenen Zeit: Bismarck. Der Kult um den Einiger des Reiches nahm ungeheure Dimensionen an, man verehrte ihn als nationales Heiligtum und als Sinnbild kommender deutscher Herrlichkeit. Nationaler Größenwahn breitete sich nach dem erfolgreichen Feldzug gegen Frankreich aus, und schon bald nach der von oben durchgeführten Vereinheitlichung Deutschlands, der ersten

großen ökonomischen Krise und Depression machten antisemitische Losungen die Runde.[21]

Als Heranwachsender spürte Theodor Lessing in Hannover
die Wirklichkeit des Judenhasses. »Wenn ich in das Klassenzim-
mer trat, so sangen einige Rauflustige: ›Jude, Jude Itzig, mache
dich nicht witzig‹, worauf ich losbrüllte: ›Macht doch ihr mich
nicht witzig.‹ In dieser Erwiderung lag schon meine ganze
›Philosophie der Not‹.«[22] Nach und nach schälte dieser Zentral-
gedanke sich heraus. Diese Kindheit war der Ausgangspunkt
einer später entfalteten philosophischen Kritik und politischen
Analyse historischer Strukturen. Die Not der deutschen Juden
wurde darin zu einem Leitmotiv.

Im Elternhaus seines Freundes Ludwig Klages hegte man mancherlei Vorbehalte gegen den Spielkameraden aus jüdischem
Hause. Doch beruhigte Vater Klages sich schließlich mit der An-
sicht, daß der kleine Lessing wohl kein ›richtiger‹ Jude sei; und so
hatten die beiden Freunde freie Bahn. Als Brüder im Geiste schlossen sie Blutsbrüderschaft. Hannover galt ihnen als dämliches Kaff.
Niemand verstand sie. Von den hannoverschen Buttjers als Schiller und Goethe verspottet und verschrieen, erhoben die Jungen
sich über die Gleichaltrigen und strebten, angewidert von den
schnöden Dingen einer Kinderspielwelt, Höherem zu.

Jeder machte sich den anderen zum Vorbild, stundenlang
stromerten die beiden durch Hannover, dessen karge Schönheit
den Phantasie-Flug über die wirkliche Stadt geradezu erzwang –
bis beide im Schwebegefühl scheinbar noch nie gewagter Gedanken zusammentrafen. Dabei war Ludwig Klages das bedäch-
tige Gegenbild zu Lessings sprunghaftem Naturell, ein spröder
Blondschopf, verschlossen und zurückhaltend. Einig waren
beide sich im Urteil über die unverständige Einwohnerschaft.
Aus dieser Gesprächsatmosphäre entstand, wie Lessing rück-
blickend bemerkt hat, der »Grundstock für all unsre spätere
Philosophie«.[23]

Würde man die großgeschriebene Geschichte, den Kollektivsin-
gular, mit der Einzigartigkeit einer individuellen Lebensge-

schichte synchronisieren, so müßte das ein wechselvolles Spiel
zwischen dem allgemeinen Rhythmus der geschichtlichen Ereignisse und dem eigentümlichen Charakter einer Persönlichkeit sein.[24] Gelegentlich sind aber auch erstaunliche Berüh-
rungspunkte und Reibungsflächen zwischen beiden zu erkennen, ohne daß man zwanghaft Analogien herbeisuchen muß:
Deutsche Politik in den siebziger Jahren des 19. Jahrhunderts,
das war Aufwertung des militärischen Faktors, gespeist von
einer nationalistischen Einheitsreligion, die sich volkstümlich
herausputzte.[25] Die parlamentarischen Parteien waren unfähig,
die von der Verfassung garantierte Machtkompetenz gegen die
Staatsstreichdrohungen Bismarcks auszuspielen.[26] Das Kriegerische durchzog die nationale Phantasie, und im Geburtsjahr
Theodor Lessings verausgabte Ernst von Bandel in Hannover
seine bildnerische Kraft an ein überlebensgroßes Hermannsdenkmal, ideologisches Relikt aus altgermanischer Zeit und
Beispiel für fanatischen Symbolismus.[27] Bis 1892 konnte man
sich jedoch auf keine Nationalfahne verständigen, erst nach dem
I. Weltkrieg auf eine Nationalhymne einigen.[28] Das deutsche
Bürgertum befleißigte sich feudaler Lebensformen in einem
gesellschaftlich antiquierten System ständischer Hierarchien.
Ein politisches Konglomerat ungelöster Widersprüche, das
Sehnsüchte deutscher Weltvormacht auslöste, Traumblasen
auch der unmündig gehaltenen, aber mobilisierbaren Massen.[29]
Die politische Metaphorik von »Blut und Eisen« stand gegen die
von der Staatsmacht geächteten »Reden und Majoritätsbe-
schlüsse«.[30] Doch legte der Bund von »Kohle und Eisen« die
Grundlagen für die künftige Ausgestaltung der deutschen Politik. Das Sozialistengesetz, die zweite, »innere Reichsgründung«,
die Auflösung des Parlaments, die weitere politische Restauration und die Sammlung von »Roggen und Eisen« (der ostpreußi-
schen Agrarier und der Industriellen im Westen des Reiches)
spaltete die ohnehin zutiefst heterogene politische Kultur
Deutschlands.[31] Das Herrschaftssystem versuchte innenpoli-
tisch alle Widerstände gegen Staat und Regierung einzudämmen
und zugleich im außenpolitischen Bündnis mit den befreunde-

ten Monarchien diese Strategie zu konsolidieren.[32] Die vorbe-
haltlose Unterwerfung des deutschen Bürgertums unter das
bismarcksche Projekt einer Allianz von Kapital und Großagra-
riern leistete dazu gute Dienste, das ideologische Blendungszei-
chen nationalen Aufstiegs verbrämte dieses Programm. Ange-
stammte Privilegien und Besitztümer sollten erhalten, gefestigt
und vor allem erweitert werden, und dazu war jedes politische
Mittel recht. Seit 1884 fand der Machttraum vom kolonialen
Weltreich neue Nahrung. Hatte Bismarck das Spiel mit dem
Krieg zehn Jahre zuvor noch als taktischen Kniff benutzt, mit
dem man Konflikte einfädeln und symbolisch aufladen konnte,
um sie dann aber in friedlichen Grenzen zu halten[33], so vereinigten sich militärische Aufmarschpläne, ideologisches Kriegsge-
schrei und moderne Waffentechnologie zu einem mörderischen
Code, der 1914 dann als Programm der totalen Weltbemächti-
gung zutage trat. So waren die achtziger Jahre bestimmt vom
Diktat kolonialer und imperialistischer Politik[34], und eine lahm-
gelegte Sozialdemokratie, ein opportunistischer Liberalismus
überwölbten zusammen mit Gesinnungszensur, politischer Justiz und staatlichem Terror ein Land, in dem wie nebenbei die
avantgardistischen Bewegungen entstanden waren, deren Gedanken und Ziele den absoluten Gegensatz bildeten zur Bom-
bastkultur des sich ankündigenden Wilhelminismus.

Unter der Schulbank und der Bettdecke, geschützt vor den
Argusaugen der vielen Väterfiguren, las Theodor Lessing auf-
wühlende Ware. Ein Antidot gegen die patriotischen Hohlhei-
ten, Schriften, die den machtpolitischen Spuk dieser Jahre mit
den patriotisch-revolutionären Ideen von 1848 konterkarierten.
In Johannes Scherr erlebte er einen Anwalt des Weltbürgertums,
einen aus Deutschland verjagten Revolutionär, der 1886 im
Züricher Exil gestorben war und dessen kulturhistorische Wäl-
zer der lesewütige Junge lieber studierte als den in der Schule
vorgesetzten Bildungsplunder. Seine bisher nur dumpf gefühlte
Skepsis gegenüber Familie, Staat und Gesellschaft erhielt wissenschaftliche Untermauerung, und zwar in einer die Mächte

der Restauration frisch anklagenden Sprache, mit leidenschaftlichem Zorn über die Misere der deutschen Politik. Das war eine Vaterfigur, der nachzueifern sich lohnen mußte. Scherrs Kritik an den erhaben vorgetragenen Kausalerschleichungen und historischen Zurechtlegungen seiner Zunftgenossen, der deutschen Historiker, ihre Vergötzung der Macht, beeindruckte und beeinflußte den jungen Lessing außerordentlich und schärfte seinen Verstand beim Begreifen der lebensgeschichtlichen und allgemeingeschichtlichen Phänomene. »Der Historiker ist ein geschworener Illusionenzerstörer, er handhabt die Lupe, jagt den Friseur Mythus, die Schminkerin Legende und die Kleiderkünstlerin Sage von dannen, zerrt die weltgeschichtlichen Schauspieler und Schauspielerinnen aus der trügerischen Fableconvenue-Beleuchtung ans helle Tageslicht hervor und zeigt sie in ihrer erbarmungswerthen Blöße.«[35] Sätze wie diese hakten sich fest ein in Lessings Gehirn, und wie leicht schien es auf einmal, das Tun und Treiben im Schul- und Elternhaus zu durchleuchten und dabei auf ein Nichts zu stoßen; auf ein Nichts, das eingehüllt war in dicke bunte Schichten schönen Phrasenscheins. Fortan konnte er keinem mehr so recht über den Weg trauen. Bei Scherr erhielt der Mythenjäger Lessing die erste Ausbildung. An den Büchern des alten Kämpen von 1848 entzündete sich Lessings Reflexion über den Zusammenhang von »Wunscheinblendung und Geschichtswirklichkeit«.[36]

Zur Ersatzmutter aber wurde Margarete Ehrenbaum, Schauspielerin aus München, eine Bekannte der Familie Lessing, die den ständig kränkelnden Jungen aus der Reichweite des Vaters zog und das von der Schule erschöpfte Kind, den pubertierenden Knaben nach Berlin holte und mit ihm herumreiste. Nun kam Lessing mit flotter Gesellschaft zusammen, was seiner Ziehmutter, die ihre erotischen Neigungen hinter moralischen Mahnungen zu verbergen suchte, gar nicht recht sein konnte. Im glänzenden »Leerlauf«[37] eines weltgewandten Elegants, fesch und unternehmungslustig, probt er im Vollgefühl eines noch Unreifen die vollendete Nachahmung eines kleinen Dandys. Die wunderliche Weltmischung schmeckt allzugut, und doch trägt er einen moralischen Jammer mit sich herum. Das filigrane Weltbild aus Wolken und Sternen zeigt Risse. Diese »Übergangsjahre«[38] setzen Lessing hart zu, tagsüber spielt er den Luftikus, in den Nächten dann schreibt er um so innigere Sentenzen über ein Leben in Sittlichkeit und Reinheit.

Als er 1888, im Dreikaiserjahr, zum wiederholten Mal sein Schulpensum nur ungenügend bewältigt, willigt die Familie in den Rat des Großvaters Ahrweiler ein, den unfertigen Helden ins Bankhaus des Verwandten Moritz Simon zu stecken. Doch der Junge ist nicht anstellig, er bockt und will partout ein Dichter werden, worüber alle nur den Kopf schütteln können. So verbummelt er auch die Tage auf der jüdischen Landwirtschaftsschule in Hannover-Ahlem, und als selbst Privatunterricht nicht anschlägt, der Versager erneut seinem schlechten Namen alle Ehre macht[39], läßt man ihn für eine Weile einfach in Ruhe. Aber da fällt ein Packen mit autobiographischen Aufzeichnungen in die Hände des Vaters (eine Rücksendung des verehrten Wilhelm Jordan, den Lessing um Beistand und Zuspruch gebeten hatte), und mit der resignierten Gelassenheit Sigmund Lessings ist es vorbei: »Deine Biographie? Ein Schurkenstück!«[40] Theodors Lieblingsbücher werden eingezogen, die autobiographischen Skizzen beschlagnahmt; von nun an muß gebimst werden, denn das Abitur ist nicht mehr fern. Abermals bleibt der »nicht schulgemäße« Junge hinter den hochgesteckten Erwartungen zurück und erreicht das Klassenziel nicht. Die Leitung der Schulanstalt weigert sich, den notorisch unaufmerksamen Eleven noch länger in ihren heiligen Hallen zu verwahren; und so verfrachtet man ihn in ein Internat.

In Hameln beginnt ein strenges Pauken im langen Schatten eines Direktors, dem der Ruf eines Prügelpädagogen vorauseilte und der zu einer Zeit den Rohrstock niedersausen ließ, als die preußische Statistik zwischen 1883 und 1888 fast dreihundert Selbstmorde unter Schülern registrierte.[41] Nicht ganz unwahrscheinlich, daß Lessing eine kalte Ziffer auf dieser Liste geworden wäre, hätte es nicht einen Lehrer gegeben, der ihm ein guter Freund wurde: Max Schneidewin, eher ein Mann der Universität, Altphilologe, Philosoph, Autor zahlreicher Bücher, ein humanistischer Gelehrter durch und durch, arbeitete gleichwohl über vierzig Jahre am Schiller-Gymnasium in Hameln. Seine Schüler wußten die Vorzüge des universal Gebildeten nicht sonderlich zu schätzen, sie ergriffen jede Gelegenheit, um dem nachsichtigen, milden und geduldigen Mann böse Streiche zu spielen. Nur Lessing, sein Lieblingszögling, faßt großes Zutrauen zu ihm. Zum ersten Mal hat er einen Lehrer, der den Lernstoff nicht als Ballast fürs Gedächtnis mißbraucht, sondern als natürliches Lebensmittel weitergibt. Der Schützling wird mit den Schriften antiker Philosophen und Dichter versorgt und in die Philosophie Arthur Schopenhauers eingeführt. Und obwohl Schneidewin politisch reaktionäre Ansichten teilt, obwohl er die Juden in Deutschland als störenden Fremdkörper bezeichnet, bleibt zwischen Lehrer und Schüler über viele Differenzen hinweg eine über Jahrzehnte andauernde freundschaftliche Verbundenheit bestehen.[42]

Am 10. September 1892 spricht man Theodor Lessing die Reife zu, das Abitur liegt hinter ihm, der Schulspuk hat ein Ende. Die Königliche Prüfungskommission entläßt den Schüler »mit den besten Wünschen und Hoffnungen«.[43]

Theatralik des Politischen
Studien unter Wilhelm II.

Die überstandenen zwanzig Lebens- und Schuljahre will Lessing schriftlich fixieren und zum Druck befördert sehen; in Hannover ist das nicht möglich, wohl aber an einem entlegenen Ort und unter Pseudonym. Auf Geheiß des Vaters hatte Lessing ein Medizinstudium beginnen müssen, die Wahl der Universität aber war ihm freigestellt worden. Er geht nach Freiburg, weitab vom Niedersächsischen, außerhalb des Bannkreises der Personen, die nun, in dramatisierter Verkleidung, zwischen Buchdeckel gepreßt auf ewig konserviert werden sollen. Den Mut zum kontinuierlichen Schreiben und Publizieren hatte ihm bei einem Berlin-Ausflug Maximilian Harden zugesprochen. Ein freier, unabhängiger Geist und Schriftsteller zu sein wie Harden, das ist für den jungen Lessing eine verlockende Aussicht.

1894 erscheint in Leipzig Lessings literarischer Erstling, das Theaterstück »Komödie«; der Deckname Theodor Lensing, den Lessing wählt, leitet sich vermutlich von Hebbels Förderin und verstoßener Geliebten Elise Lensing her.

Doch Lessings unstetes Wesen, sein gehetztes Lebensgefühl und zusammengelesene Bildungsprosa wirken zurück auf Stil und Konzeption, große Hastigkeit liegt über dem Ganzen. Später verwirft er dieses »Manuskript aus Zorn und Galle«[44], das dennoch, trotz vieler Unzulänglichkeiten, im Kern den »Untergrund« seiner Gedankenwelt[45] enthält. Liest man das Jugendwerk heute, so fällt die Klarsicht auf, mit der Lessing die in der Fieberzeit des Gründerschwindels kursierenden Floskeln und Flausen aufspießt und der Kritik preisgibt. Die *raison d'être* der Gründer, ihre dröhnende Zuversicht überführt er der historischen Vergänglichkeit und stellt mit Ironie die Phraseologie der Emporkömmlinge dar, die sprachliche Selbstentblößung von Herrn Gernegroß, dem alles so »nobel« und »gentil« ankommt, so »kommod« und »grandios«. Diese Gründerzeitkomödie ist vieles in einem: pubertäre Anklageschrift, Roman, Essay, Philosophie und Satire. Ungelenk in der Konstruktion, gibt sie doch einen guten Einblick in die atmosphärischen Störungen dieser schwelgerischen Zeit. Seelenbilder gesellschaftlicher Korruption werden darin aufgeblendet, das *épater le bourgeois!* geistert durch die Szenen. Der Haß auf den Bürger erstreckt sich auch auf die deutschen Sozialdemokraten, die Lessing mitleidig bedauert wegen ihrer unsäglichen Kleingeisterei, während er als unabhängige Instanz der Kritik auftritt: »Ihr habt recht, ich besitze das Talent der Vereinzelung und zudem die dumme Eigenschaft, auch der eigenen Partei mitunter die Wahrheit zu sagen.«[46]

Das Werk wird kaum gekauft. Ein Rezensent jedoch las das »Welterlösungsmenschheitsriesenpoem«[47] mit wachsender Wut, denn er erkannte sich darin wieder: Sigmund Lessing. Auch dem Vater wurde der Spiegel vorgehalten, der mißratene Sohn hatte ins Schwarze getroffen. Doch während der aufgebrachte Vater das schandbare Machwerk sogleich eingestampft wissen will, ist dem jungen Autor auch nicht mehr wohl zumut über sein literarisches Debüt, er haderte längst mit sich über das vorschnell abgeschlossene Werk und seine vorzeitige Veröffentlichung. In sein Handexemplar hat er zerknirscht eingetragen: »Ich kam mir selbst abhanden.«[48] Die Hoffnung eines aus dem Raupenstadium entschlüpften Schmetterlings, selig davonschwebend[49], mit ihm das Buch, mit ihm die Welt, all das zerrinnt: in die traumlose Bescheidenheit einer allein seligmachenden Naturwissenschaft.

Zeitiges Zubettgehen, frühes Aufstehen, kaltes Wasser zum Waschen, Atemübungen, ein Dauerlauf vor der Vorlesung, Balthasar in der Zimmerecke (ein vom Vater geschenktes Skelett), auf dem Studiertisch ein Totenschädel, darangelehnt das Bild eines Mädchens, das er von weitem verehrte – das bestimmte den Tagesablauf des Medizinstudenten Lessing. Vegetarische

Kost ergänzte ein exaktes System der Wissensaneignung. Doch
Korpsstudenten rempeln ihn immer öfter auf der Straße an, so
daß er im Herbst 1893, nach einem Jahr Freiburg, zur Bonner
Universität überwechselt, um den chargierten Wegelagerern zu
entgehen. Ein Irrtum: »Feudale Korps, Saxoborussen und
Saxosaxonen gaben den Ton an. Blaues Blut tobte durch die
altertümlichen Gassen.«[50]
Weiterhin unterzog Lessing sich einem kräftezehrenden Studium der Physiologie und Anatomie, der Physik und Chemie,
der Botanik und Zoologie. Naturwissenschaft und Technik, in
Kaiser-Wilhelm-Instituten betrieben, liefen den alten Fakultä-
ten den Rang ab, allerhöchste Förderung wurde ihnen zuteil.
Staatliche und privatwirtschaftliche Interessen schlossen sich
kurz mit dem Erfindergeist der deutschen Universitäten. Physik, Chemie und Biologie wurden ein Stück Staatspolitik.[51]
Die Komik und Tragik des naturwissenschaftlichen Betriebs
hat Lessing rückschauend am Beispiel seiner akademischen
Lehrer dargestellt: Kekulé, Pflüger, Hertz und andere führten
mit ihren Marotten dem Studenten vor Augen, wie hochspezia-
lisierte Angehörige des Wissenschaftssystems von ihrer Tätig-
keit psychisch deformiert und gespalten wurden. Ihm selbst
ging es wenig anders. »Ein ganzes Jahr lebte ich wie Homunkel
in der Retorte und erforschte durch künstlich verschliffene
Gläser eine künstlich verschliffene Natur.«[52] Hirnanatomische
Untersuchungen sollten 1894 in eine dann wieder aufgegebene
»Physiologische Psychologie der Geschlechter«[53] einmünden.
Das bereits gesammelte Material blieb unbearbeitet liegen, da
Lessings Mißtrauen in die Naturwissenschaften wuchs.[54] Seinen
Fleiß aber belohnte man mit einem Aushilfsposten als Vorle-
sungsassistent. Doch kann Lessing sich schon bald nicht mehr
vorstellen, wie die Hingabe an die empirischen Wissenschaften
seine immer verzwicktere Lage hätte klären können. Die Apo-
theose des linearen Fortschritts, die positivistische Verkürzung
der Lebenstatsachen in einem physikalistischen Wirklichkeits-
begriff schreckt ihn. Der Sozialdarwinismus, in Gestalt zahllo-
ser Popularphilosophien, bot naturwissenschaftlich verbrämte

Weltbilder an, metaphysische Zufluchten in einer Welt zunehmender Traumlosigkeit. Gefangen von den Stichwörtern der Zeit, ackert Lessing weiter fürs Examen und besteht mit Auszeichnung. Ein Stipendium winkt.

Doch der Körper spielt nicht mehr mit, die Kraftreserven sind aufgebraucht, periodische Schlaflosigkeit und Nervenkrisen sind die Folgen eines gelebten Positivismus. Ein ständig wiederkehrender Angsttraum schleicht durch die Nächte der nächsten Jahre, den Verlust der Fühlung mit dem wirklichen Leben symbolisch dokumentierend: »Ich befinde mich in Bonn auf der Anatomie, zugleich Lehrer, Lernender und Präparat. Mein Leib liegt auf dem Seziertisch, ich seziere, frage und soll zugleich Antwort geben; die unheimlichste Ichspaltung, die ich erlitt.«[55]

Aus Leipzig hört er von Klages, dieser wolle demnächst nach München wechseln, doch Lessing muß erst einmal seine angegriffene Gesundheit in den bayerischen Bergen auskurieren. Und wieder findet er Zeit, ins Lyrische abzuschweifen, zu schreiben und auch zu veröffentlichen. In München will er sich anschließend über die Funktion der Schilddrüse promovieren lassen.

Im Inneren des deutschen Reiches aber fraß sich ein politischer Wahn durch die Reihen der verantwortlichen Repräsentanten, und so überlappte sich zufällig Lessings Zusammenbruch mit der Krise des Gesellschaftssystems.

Die Überzeugung Treitschkes, daß der Staat erstens Macht, zweitens Macht und drittens Macht bedeute, war der Sammel- und Brennpunkt der politischen Partikulargewalten. Alldeutschen Fanatismus schürend, bereiteten sie den »Sprung hinaus in die Welt« propagandistisch vor[56], während die militärische Führung des Landes zwischen 1885 und 1888 immer mehr Sonderrechte sich herausnahm und zivile Ansprüche zurückdrängte. Bismarcks Dramaturgie der Politik hatte keinen Platz mehr auf dem Kampfboden der antagonistischen Kräfte, und was zwei Jahrzehnte lang die Niederhaltung der Sozialdemokra-

tie, des Katholizismus und Teilen der alten Liberalen bewirkt
hatte, wurde nun noch offener und rücksichtsloser durchgeführt. Strukturprobleme der sich modernisierenden Gesellschaft interessierten da wenig. Der Hauptmangel des bismarckschen Systems, seine soziale Unbeweglichkeit[57], die Aufrechterhaltung der politischen Gesamtordnung mit Methoden halbab-
solutistischer Staatsführung verschärfte die Konflikte und Krisen noch weiter, da die Opposition inzwischen nicht mehr ohne
weiteres bereit war, sich Entscheidungen aufzwingen zu lassen.
Die Sozialneurose des Regierungshandelns gründete in der
militärischen Umklammerung eines ohnehin unfreien politischen Gemeinwesens, in dem mit jeder ökonomischen Depression sogleich die politische Restauration einherging. Verglichen
mit der gelegentlich doch freizügigeren Gründerzeit waren die
folgenden Jahre völlig unduldsam gegenüber den Errungenschaften der kulturellen Moderne. Als Kaiser Wilhelm I. 1888
starb, erhoffte das liberale Deutschland von Friedrich III. einen
Kurswechsel, aber nach nur neunundneunzigtägiger Regie-
rungszeit starb dieser plötzlich[58], und Bismarck setzte alle
Hebel in Bewegung, um bereits angekündigte Reformen im
Keim zu ersticken. Der sechzehnjährige Lessing aber dichtete
über Friedrich III.: »Du hättest uns das höchste Glück beschie-
den, / Freiheit in der Gesetze sichrem Band.«[59] Durch Bismarck
sprach die mächtige Gruppe der sich am scheinbar Altbewähr-
ten eigennützig Festklammernden. Seine politische Semantik
war eindeutig und ließ nichts zu wünschen übrig: Den Reichstag
solle man schußgerecht kommen lassen[60], die Töpfe müßten
zuweilen auch einmal zerschlagen und die Sozialdemokratie mit
Blut getauft werden.[61] Den neuen, unerfahrenen Kaiser Wilhelm II. glaubte Bismarck am Gängelband seiner politischen
Interessen dirigieren zu können, ein gewaltiger Trugschluß.

Mit Wilhelm II. betrat ein Kaiser die politische Bühne, mit
dem die Theatralik des Politischen in Deutschland eine so noch
nicht dagewesene Konjunktur erlebte. Das Spektakel der
Reichsgründung eröffnete die große Zeit politischer Theatralik[62], die geldscheffelnden Parvenus wollten Kunst und Unter-

haltung – und bekamen sie; und damit verschränkte sich die
Politik mit Mitteln der Bühnendramaturgie. Bereits im frühen
19. Jahrhundert hatte man die Auftritte charismatischer Politiker mit Begriffen aus der Welt des Theaters auszudeuten
versucht. Ausgekochte Politiker in Frankreich und England
sahen sich als Künstler der Macht, als gerissene, rhetorisch
beschlagene Akteure, die ihr Publikum zu fesseln wußten.[62] Im
letzten Drittel des vergangenen Jahrhunderts ritualisierte sich
die Verständigung zwischen den Staaten und Machtblöcken in
einem Prozeß symbolisch verschlungener Handlungen. »Bevor
die widerstreitenden imperialistischen Interessen der europäischen Nationen sich in einem Krieg entluden [. . .], war für
einige Jahrzehnte politische Repräsentation zu einer Art Theater
geworden [. . .]. Den Regierungen, denen nur noch eine politisch entleerte Repräsentationsrolle zufiel, entsprach eine Repräsentation, die immer augenfälliger ins Theatralische, Operet-
tenhafte drängte. In dem Maße, in dem die politische Repräsen-
tanz Theater geworden war, hatte sich das Theater zu einer Art
nationaler Institution entwickelt, in der der Schauspieler den
nationalen Helden spielte. Weil die politische Welt unleugbar
etwas Theatralisches angenommen hatte, konnte das Theater als
Welt und als Realität erscheinen.«[63] Davon waren Deutschland
und Österreich betroffen, aber natürlich auch das Frankreich
Jacques Offenbachs und Napoleons III. »Die Wirklichkeit der
Könige und Kaiser enthüllte sich als Operette, die Operette
nahm die Form der Wirklichkeit an.«[64]

Der erste Schauspieler seines Staates war seit 1888 Wilhelm II.
Er besaß alle Eigenschaften des unverstandenen, vom Ehrgeiz
zerfressenen Mimen, der rastlos sich selbst darstellen und
übertreffen wollte, der fehlendes Wissen mit Großsprechertum
überdeckte und Politik als persönliches Regiment seiner impressionistischen Natur verstand. Das von ihm eingeläutete »Zeitalter theatralischen Rausches«[65] entschädigte die Schaubedürfnis-
se der Massen für erlittene Entbehrungen. Dem entmündigten
deutschen Bürgertum gefiel die buschumwehte Gestalt hoch zu
Roß, eine Chimäre politischer Einheit, ein Glaubensprodukt

und Kleiderständer, eine repräsentative Puppe.[66] Noch die geringste Bagatelle verwandelte Wilhelm II. in ein glorienumflossenes Spektakel. Das politische Staatssymbol des kaiserlichen Deutschland, der goldene Tombakhelm, glänzte über einem Wald von Uniformen, und ein bürokratisch-militärischer Clan verfügte im polykratischen Chaos der Kompetenzen und Zuständigkeiten über alle lebenswichtigen Fragen: Wilhelm II. und sein Liebenberger Kreis, ein aus zwanzig Personen bestehender Männerbund, hatten die Letztentscheidung.[68] »Der Staat ist in seiner Auflösung begriffen, wenn die subjektive Meinung das Substantielle wird«[69], lehrte der Rechtsphilosoph Hegel zu Beginn des 19. Jahrhunderts; an dessen Ende hatte sich reichlich Belegmaterial für diese These angesammelt.

Nur einem gelang es, die mit vielerlei Personalia durchmischten öffentlichen Angelegenheiten dort anzugreifen und anzuprangern, wo das persönliche Regiment dieses Staates am verwundbarsten war: in der Person Wilhelms II. selbst. Maximilian Harden wurde Deutschlands Gegenkaiser in kritischer Absicht. Er verabscheute die falsche Ästhetik, die Doppelmoral, das skrupellose Staatsschauspiel. Als politischer Publizist zog er mit seiner von ihm allein geschriebenen Zeitschrift »Die Zukunft« gegen sein *Alter ego* zu Felde. Die »Reichswaschfrau«, wie Theodor Lessing ihn nannte, ließ keinen Skandal aus, provozierte lieber noch einen zusätzlich.[70] Im Staat der Byzantiner kritisierte er die Haupt- und Staatsaktionen wie ein Theaterkritiker. »Er kennt die persönlichen Belastungen und Laster in der Umgebung des Monarchen, er kennt die Zusammenhänge und Unterströmungen im Privatleben der höchsten Staatsbeamten. Er sieht in Spucknäpfe, in Papierkörbe, hinter die Bettgardinen.«[71] Lessing bekennt 1911, daß er »über keinen heute Schreibenden so viel nachgedacht habe, wie über Maximilian Harden«[72], und bekräftigt noch zwanzig Jahre später, Harden sei »die fesselndste Gestalt«[73] gewesen, die ihm jemals begegnete.

Die Aufdeckung der Intrigenwirtschaft am Hofe konnte nur solange glücken, wie das bevorzugte Objekt der geharnischten

~~Reich~~ Reichsnachfrau ~~~~ Harden.

~~Theologische Glossen~~

von

Dr. Theodor Lessing.

„Weißt du was schrecklicher noch, gefähr-
licher noch als ein Schlange?
Das ist ein Kommis-Lakai, der die
Carrière macht!"

Unter den schönen und beliebten Schlagworten, wie politik,
Kultur, Ideologie und dergleichen, pflegen allemal ver-
ler[l]ei Geister zu sagen. Machiavell ist ein politischer
Schriftsteller, Leibniz und Hobbes schreiben theologische Traktat. Die-
[...] schreibt ein politisch-theologisches Gedicht und kennt die-
jenige politische Schriftsteller. Das alles sind, politische
Schriftsteller. Aber wenn Friedrich Jodl in der
Gesellschaft Mutter sich schadhaft, selbig[...] erschüttert,
frei[...] interessanten personell klatsch und [...]
oder eine tombe-[...] in jeg[...] fixiert an
partikulären stoff, an der geistvollen Medizinen
verströmt, wenn er bissartig schwören und gewinn-
... Das gehört zum Kapitel
[...] politik funktio-
nieren zu werden.

Reichswaschfrau   Harden.
----

von

D- Theodor Lessing.

" Weisst Du was/schrecklicher noch,ge-

fährlicher ist als die Schlange?

Das ist ein Kammerlakei,der die Car-

rière verfehlt. "

Unter den schönen und beliebten Flaggen,wie Politik,Kultur,Psy-
chologie,und dergleichen,pflegen allerhand vielerlei Geister zu segeln.
Machiavelli,   politischer Schriftsteller ,Leibniz und Hobbes sehr
schreiben als Politiker,Spinoza schreibt ein politisch-theologisches
Traktat,August Comte wie Stuart Mill,Hegel und Kant hinterlassen "politische Schriften".-Das alles also sind "politische Schriftsteller" po-
Aber wenn Friedrich Gratz in der Hofgesellschaft Metternichs scharf-
hörig,helläugig und feinspürig interessanten Personalklatsch aufstöbert
oder wenn Varnhagen in sorgfältig vergifteten d'outre tombe -memoiren
seine Freude am prickelnden Tratsch,wenn er bösartig und klug die Wunden und Kleinheiten,Schwächen
strömt,wenn er bösartig und klug die Wunden und Kleinheiten,Schwächen
und Gemeinheiten seiner zufälligen Lebensumwelt sorgsam zusammen trägt,
dann pflegt   auch das mit dem Kennwort "Politik"sanktioniert zu wer-
den.Das gehört zum Kapitel der notwendigen Lebenslüge.--Aber Varnhagen und Gentz,ihr kleinen unerquicklichen Grössen,voll Stil und Kultur,
man muss euch von ganzem Herzen zurücksehnen.Denn ihr waret wenig,
stens relativ ehrliche Unausstehlichkeiten,ihr schriebet ein natürliches ,lesbare/s Deutsch,ihr hattet so etwas wie Ideen und letzte Ziele,
ihr wolltet gute Literaten sein,ihr schämtet euch nicht des ehrlichen
Wortes "Jour nalist" und vor allem ihr präsentiertet euch nicht"moralisch".Heute,mein Gott,welch eine advokatorische Taktlosigkeit,die alle Perppektive verschiebt,welche Unsicherheit hinter dem künstlichen
Rückgrat grosser Worte,welche Portraitgallerie putziger Figürchen,die
das Scepter eines magister Germaniä schwingen....

1.

Herr Maximilian Harden,(diese artige Naschkatze,die drei Pfund
wiegt,und sechs Pfund gestohlene,Butter im Bauche trägt)Herr Maximilian
Harden,der letzte Ritter wacht   bereits an die fünfzehn Jahre treube,
reit über das Wohl und die Kultur des deutschen Vaterlandes.Er hätte
es nicht nötig.Denn er ist ein wohlsituirter Herr.Er sitzt in   war,
mel Villa im Grunewald,angefüllt mit viel Bildung.Er hat jahrzehnte,
lang allwöchentlich ein einträgliches Sensationsartikelchen geschrieben,heute über die Orientfrage,gestern über den Mordprozess Sante,vor-
gestern über die Psychologie des letzten Lustmordes,vorvorgestern über
höchste und tiefste,tiefste und höchste Fragen deutscher Politik.Er ist
encyklopädisch - universell.Die Perioden seiner seelischen Entwickelung bestehen allemal in   Anschaffung eines neuen Conversationslexi-
kons.Fürsten und Völker,Staatsbeamte,Diplomaten und Bankdirectoren,Pro-

Unveröffentlichtes Manuskript über Maximilian Harden,
den kritischen Gegenkaiser zu Wilhelm II.

Attacken zur Verfügung stand. Als das Kaiserreich zerbrochen, der Kaiser geflohen war, verging Hardens Esprit. Die glitzernde Illusionsfassade fehlte. »Aus irgendeiner Gleichheit wie Ungleichheit der Naturen blieben zwei Theatermenschen, der machtwillige Kaiser und der wirkungsvolle Literat, aneinandergeknebelt.«[74]

Philosophisch, politisch und psychologisch tiefergreifend als sein frühes Vorbild Harden (mit dem er sich überworfen und erst einige Jahre vor dessen Tod im Jahre 1927 wieder ausgesöhnt hat), setzte Theodor Lessing auf seine Weise die Kritik an den historischen Figuren und Idolen fort. »Es wäre zu folgern, daß Politik nie und nimmer den Privatmenschen – und seien sie die stärksten und klügsten – ausgeliefert bleiben darf, daß jeder Begriff von ›Politik‹ falsch und unsinnig sein muß, der im Staate und in der Staatsvernunft etwas anderes sieht als wachsende Sicherung gegen die persönlichen Menschen, eine wachsende Unabhängigkeit der Völkerschicksale von den Eigenarten und Eigengefühlen sterblicher Figuren.«[75]

Das Deutschland der neunziger Jahre führte durch seine politischen Funktionsträger einen erbitterten Kampf gegen einen deklarierten inneren Feind. Ohne symbolische Sammelwörter ging das nicht: »Sammlungspolitik«, »Allianz der festen Hand« oder, noch handfester, »Politik der gepanzerten Faust«.[76] Der halbherzige »Neue Curs« unter Caprivi wurde von der kaiserlichen Kamarilla rasch zunichte gemacht. 1894 mußte er abtreten, denn für die neue, aggressivere Sammlungspolitik war Chlodwig zu Hohenlohe-Schillingsfürst die geeignetere Galionsfigur.[77] Die Umbildung des Kabinetts Hohenlohe, 1897, leitete dann die völlige Militarisierung des öffentlichen Lebens ein. Bernhard von Bülow als Kanzler und Alfred von Tirpitz als moderner Massenpsychologe, beide Gewaltpolitiker und reaktionäre Technokraten, sie verkörperten den neuen Staat.[78] Neben Fortschrittsoptimismus und imperialistischem Selbstbewußtsein meldete sich aber auch ein Gefühl der Krise und der Angst vor der Zukunft.[79] Das *fin de siècle* zeigte Abgründe, an denen vorbeizukommen jeder sich etwas würde einfallen lassen müssen. Positivistische und vitalistische, mechanistische und dekadente Weltbilder konkurrierten um die Gunst der Zeitgenossen und flackerten mit ihren ideologischen Streiflichtern auf die schizophrene Szenerie eines vergehenden Zeitalters. Durch die Melancholie des Untergangs hindurch tönte immer wieder, zögernd, der Aufbruch der kulturellen Moderne. Die verteufelte Kunst und Literatur, die Philosophie und Sozialwissenschaften protestierten durch ihre schiere Existenz gegen den staatlich verordneten Dilettantismus, der Epigonales förderte und die Avantgarden diffamierte. Das Klischee vom »Platz an der Sonne« wurde Sinnsurrogat, die Kunst zum gefügigen Instrument der Ideologieplaner herabgewürdigt.

»Wir leben nun unterm Szepter des Superlativs. Im rhetorischen Zeitalter Wilhelms des Zweiten«, notiert Theodor Lessing 1911, »klettern die Menschen an großen Zeitworten zur Leidenschaft empor [...], die großen Gesten der Kunst dienen als Mittel zur Aufstachelung der großen Gefühle.«[80]

In den Bergen, bei Partenkirchen, erholte sich Lessing von den Strapazen seines Studiums und entlastete sich von der Wirklichkeit. »Notausgang ist oft die Phantasie«[81], heißt es in dem Gedichtband »Laute und leise Lieder«, den er in diesen Wochen fertigstellt. Eine fahrige Sammlung, wie er selbst bemerkt, Selbstanalyse und Selbstverlust ineinandergehakt. Notausgänge sind diese Dramen und Verse, ein unaufhörliches Umkreisen der traumatisch erlebten Kindheit, Fluchtlinien ins Freie. Im niemals aufgeführten Drama »Christus und Venus« bricht das Leiden an den Eltern mit Gewalt hervor.[82] Der Tod seines Vaters im Frühjahr 1896 kommt nicht überraschend, und so sehr der Sohn Haßgefühle gehegt hatte, schreibt er jetzt schmerzerfüllte Verse zu des Vaters Gedächtnis. Zwei Jahre später, 1898, starb der Übervater der Nation. Der Tod Bismarcks bewirkte in der Vorstellung der jüngeren Generation ein Gefühl der Befreiung von einer drückenden Last, weckte den Gedanken an eine andere Zukunft, fern von jeder Vätergewalt. Wie aber entsteht so etwas und wo? Gewiß mit einem neuen

Lebensgefühl und sicher an einem Ort, wo dieses Lebensgefühl erprobt werden kann und der zu einem gewaltigen Laboratorium der Moderne expandiert: in München, genauer: in Schwabing. »Schwabing war [. . .] eine der großen symbolischen Stätten des damaligen Deutschland. [. . .] Berlin stand für die (patriarchalische, systematische) Macht, Heidelberg für die (politische und kulturelle) Aufklärung und München für die (vor allem individuelle, aber auch politische) Revolution.«[83]

In der Nebelwelt
Lebensmysterien und Lebensreform

Wenn es um die Jahrhundertwende eine Stadt gab, in der ein lebenshungriger und zugleich todessüchtiger Student die ihm aufgebürdeten moralischen Ideale spielend verlieren konnte, dann war das München.[1] Unbefangene Weltkinder tummelten sich dort, vor allem in Schwabing, das um 1895 immer noch ein Milchbauerndorf war, seit vier Jahren erst in die damals eine halbe Million Einwohner zählende Stadt einverleibt, und doch schon durch die vielen Zugereisten das kulturelle Experimentierlabor des deutschen Reiches, ein geistiges Widerstandsnest zum politisch hochmütigen Berlin. Die Stadt der Jugend und der neuen Stile und Moden, ein Sammelsurium unbekannter und verkannter Genies: Maler, Dichter, Musiker, Kritiker, Philosophen und Bildhauer, bis zur Erschöpfung arbeitende Kulturapostel, denen die bürgerliche Normalität ein Graus war.

Gegen die Einengung ihres Lebensglücks opponierten diese jungen Avantgardisten und die jung Gebliebenen mit einer offenen Ethik des Umgangs und Zusammenlebens. Gegen die Geheimpolitik der Regierung, die abgedroschenen Phrasen von deutscher Größe, die heuchlerische Sittlichkeitspropaganda begehrte man auf; von den Angstneurosen der herrschenden Klassen wollte man sich nicht anstecken lassen.

Das Ungewöhnliche sammelt sich am Rand, und von dort aus wollte diese Jugend das verbarrikadierte Kaiserreich auflösen in ein von Konventionen, idealistischer Erhabenheit und imperialistischer Sammlungspolitik befreites Land der Phantasie und Vernunft. Das offizielle Deutschland legte den Schwerpunkt seines Interesses auf Machterhaltung und Erweiterung der Einflußfelder, die rebellischen Jungen aber entwickelten eine

Erscheinungsvielfalt sozialkultureller Arten, Inseln des Widerstands, auf denen die Varianten der Moderne gelebt wurden. Für Theodor Lessing war München der Eintritt in eine unbekannte Nebelwelt, unerschöpflich und grenzenlos, in der »die ganze Gefährlichkeit, Verspieltheit, Wahnsinnigkeit unsrer großstädtischen Entwicklung zu vollkommener Geschlossenheit geronnen«[2] war. Was er über Flauberts »L'Éducation sentimentale« sagt, über die Nebelwelt der Jugend im Paris des 19. Jahrhunderts, ist übertragbar auf die buntscheckige, intellektuell aufregende, von gesellschaftlichen Lustbarkeiten übervolle, aber auch gefährliche Nebelwelt der Münchner Boheme am Ausgang des bürgerlichen Zeitalters. In Schwabing erfüllten sich Wünsche, an die zu denken Lessing nicht gewagt hatte. Klages hatte das erste Buch des Freundes im Kreis um Stefan George bereits eingeführt, Lessings Name war dem Meister und den anderen Mitgliedern der verschiedenen Schriftsteller- und Künstlerkreise nicht mehr unbekannt. Im Naturalistenzirkel um Conrad, Bierbaum und Halbe empfing man ihn ebenso wie dort, wo man ästhetische Opposition zur klassizistischen Abgeschmacktheit des Wilhelminismus praktizierte. Einen gleichgesinnten Freund hatte Lessing in Max Scheler, das gemeinsame Interesse an sozialen Fragen verband beide für einige Zeit miteinander. Die Metaphysik war durch Ludwig Klages und Alfred Schuler in Schwabing vertreten, die Ästhetik durch Stefan George und seinen Kreis. Daraus ergaben sich Streit und Feindschaften. Aber es war eben auch eine Schwabinger Dispersion, die allerfeinste Verteilung jedes Partikels in einem Medium, in dem jeder von einem Kreis zum anderen schweben konnte. »Jeder Mensch ist der Schnittpunkt einander ausschließender Kreise. Der Lebendigste wäre der, welcher an allen Kreisen Teil hat, wie alle an ihm.«[3] Lessing ließ sich treiben, zog indes bald Haß auf sich, denn man verübelte ihm die Verspottung der Vereinsmeierei und die Kritik am Schwabinger Sektenunwesen.

Nietzsche und George aber wurden für ihn die Entzauberer der bourgeoisen Ordnung, seine »moralische Garderobe« ging in Rauch auf, wie bei so vielen seiner Generation.[4] Mehr und

mehr entfiel die moralische Selbstknebelung, die Leitideale
erhitzter Sittlichkeit und das unerfüllbare Verlangen nach dem
absoluten Menschen verschwanden; und blinkten in seinen
Aufsätzen und Rezensionen doch wieder hervor. Aus dem
eifernden Prediger übermenschlicher Wertideale wurde ein
lebenslustiger Faun mit schlechtem Gewissen.

Die Umschrift seiner Charakterzüge vollzog sich durch
Kontroversen, die in Schwabing an der Tagesordnung waren. So
der Polizei- und Justizskandal um Oskar Panizza, der wegen
eines angeblich gotteslästerlichen Theaterstückes ins Gefängnis
geworfen worden war. Lessing schrieb eine kulturhistorische
Kritik an der Zensurpraxis des wilhelminischen Reiches, eine
Gelegenheitsschrift, improvisiert und mit geistvollen Anspielungen, blendend, im Kern aber ein juristische Gesichtspunkte
prüfendes Traktat darüber, daß »litterarische und künstlerische
Klagepunkte und Vergehen überhaupt für staatliche Gerichtsbarkeit ungeeignet sind«.[5] Jede Lebensäußerung auf Machtkon-
stellationen zurückführen zu wollen, war das Motiv dieser und
anderer Arbeiten, die in jenen Jahren entstanden, denn Lessing
träumte von einer Vervollständigung und Vollendung der Ba-
conschen Idol-Theorie.[6]

In der Panizza-Schrift geht das noch drunter und drüber. Mit
unschamhafter Lässigkeit breitet Lessing angelesenes Wissen
aus, verfällt ins Großsprecherische, und auch für Altkluges
bleibt Zeit. Aber der Text ist erfrischend leicht, satirisch,
angriffslustig und gewagt, mit politischer Couragiertheit geschrieben. Die Broschüre ist bald vergriffen, die Polizei veranstaltet eine Wohnungsdurchsuchung, man beschlagnahmt seine
Aufzeichnungen und verdächtigt den Urheber der Panizza-
Eloge geheimer Umtriebe. Damit hat die Münchner Polizei vor
allem Theodor Lessings Karriere als Kritiker und Essayist
gefördert[7], denn von nun an trudeln Angebote ins Haus, man
umwirbt den neugeborenen Provokateur der Obrigkeit und
reiht ihn ein in die Phalanx der »Kulturbrummer« und »Talent-
drohnen«.[8] Das Medizinstudium gibt Lessing endgültig auf[9],
andere Lebensziele nehmen fordernde Gestalt an.

Um 1895 war der Höhepunkt des Münchner Naturalismus schon überschritten, in die derben Schilderungen drangen Formelemente nervöser Impression ein, die Literatur und Lebensstimmung der Décadence. Auch in Schwabing pflegte man einen kleinen Weltschmerz, gab sich Endzeitgefühlen hin, und manch einer kultivierte die Lust am Vergänglichen mit frivol herausgekehrter Lasterhaftigkeit. Huldigten die Décadents und Bohemiens den Spleens einer modisch gewordenen ästhetischen Kultur und hielten sich etwas darauf zugute, besonders ausgefallen und doch vergänglich zu sein – und das mit ausgesuchter Eleganz –, so enthob sie dieser Affront gegen das satte Philisterpack nicht davon, die diesem zugrundeliegende bürgerliche Ordnung zu kritisieren. So weit gingen nicht viele. Die meisten begnügten sich mit dem Bohemehaften, das auch dem Bürger, mit gebotener Distanz, als gesellschaftliche Kuriosität gefiel. Ungefährlich blieb so etwas, denn man konnte es jederzeit mit der Häme des sozial besser Gestellten überziehen.

Auch Lessing findet Anschluß an die kulturelle Boheme. Die Dissertation über die Schilddrüse wird zur Seite geschoben, und er mischt sich in die Szene als »geborener Impressionist und Anlaufsfanatiker«[10], fängt dieses an und läßt jenes wieder liegen, wird aufgesogen von der Weltdorf-Kommune und ihren Exaltationen. Das ästhetizistische Schlüsselwort »schlürfen« rückt er in den Mittelpunkt einer Erinnerung an das »wundervolle Leben, in mich schlürfend [. . .] Tanz, Maskenscherz und Flirt«.[11] Die *jeunesse doré* der Schwabinger Kreise füllt die Stunden in flutendem Eindruckstaumel aus, und zwischenhinein versucht er sich als Maler und Dramaturg, lernt den Geschichtsfälscher Taxil kennen, verfaßt ein umfangreiches Manuskript über dessen Schwindeleien, bricht auch dieses Buchprojekt wieder ab.[12] Er begegnet der Mutter von Maria Bashkirtseff, einer Kultfigur des *fin de siècle*, schreibt einen Essay über die narzißtische Neurosekunst der Selbstpräsentation. Den vielbeachteten Tagebüchern der Maria Bashkirtseff gibt er ein Vorwort bei, mehr aus psychologischer Neugier an dieser denkwürdigen Figur als aus Gründen der Verehrung für eine

»Zarathustrine«, deren Morbidezza den Kultbedürfnissen der Décadence entspricht. Diese delektiert sich an zerrissenen Märtyrern und unglücklich Gestorbenen und lebt auf beim Anblick tragisch Zerbrochener, die sehr jung sehr Großes gewollt hatten. Man zerpflückt Nietzsches Texte in Kalenderweisheiten, seine Verzerrung durch ungebetene Anhänger war nicht unähnlich der Hochstilisierung dieses ruhmsüchtigen, dem literarischen Ehrgeiz verfallenen jungen Mädchens, das zum Symbol einer Bewegung wurde, der wie ihr selbst mehr an der traumhaften Legende lag als an der noch lebendigen Gestalt. Was die *fin de siècle*-Boheme zu ihr hinzog, war die nervenaufreibende Mischung von Eigenschaften, die in den letzten zwei Jahrzehnten, noch mehr aber zur Jahrhundertwende hin *en vogue* waren: Apathie und die bleiche, fahle Gesichtsfarbe des Neurasthenischen, Hypersensibilität, das Gefühl der Späte, des Zuspätkommens und der Überalterung; mit Hilfe von Stimulantien konnte nur kurz der trostlose Zustand der Zerfaserung und des abgespannten Seins überlagert werden. Überhaupt schienen alle Dinge eingetaucht zu sein in ein verrinnendes Licht, in dem die vorübergehenden Figuren nur noch zwischen Halluzinationen und Todesnähe lustlos, amorph und ausgebrannt ihr elendes Dasein vertändelten. Aus dieser Treibhauskultur kam Maria Bashkirtseff. Sie war ein »Gemisch bestialelementarer Instinkte mit den feinsten Raffinements moderner Überkultur«.[13]

Auch wenn Lessing durchaus Sinn für solche Raffinessen hatte, wohlgefühlt hat er sich im Kreis »graziöser Müßiggänger und geschmackvoller Dilettanten«[14] nicht. In einem kleinen Gedenkbild versammelt Lessing die daran Beteiligten: »Da saßen gedichte- und romanschreibende Jünglinge, die auf abfallenden Schultern die ›Menschheit‹ himmelan tragen. Schwabinger Jungfraun mit Reformkleidern und Schneckerlfrisuren, Kunstgewerbe oder Landschaftsmalerei kultivierend. [...] Und jene Dichter, die mit dem Talar des Prophetentums oder der Geste müder Ästheten allerhand Gelüst oder Defekt verdecken und Poesie in Verbindung mit gutem Essen lieben.

Auch jene Trostbedürftigen, die ihres Trostes Formel für die Lösung des Welträtsels halten. Salonanarchisten, die keinen Armeleutegeruch vertragen können, und die Schar jener Philosophen, die unter Philosophie ihr Ruhe- oder Lungerbett verstehn. So verredete und zerschrieb man das Leben, verbrachte seine Tage auf das angenehmste, sozialisierte Deutschland beim Fünfuhrtee, vergnügte sich unter dem Namen ›Psychologie‹ an geistvoller Médisance und kokettierte, Geister zitierend, mit Napoleon oder mit Shelley, kam der Sommer, so verließ man die Hauptstadt und ging ins Gebirge.«[15]

Lessings Tage verliefen immer häufiger »in ewiger Hypochondrie«[16], sichtlich ausgepumpt zieht er im Frühjahr 1897 nach Südtirol, nach Klausen, wo er den in Rußland aufgewachsenen deutschen Juden Arndt-Kürnberg trifft, der in der Türkei sich zum Mohammedaner gewandelt hatte und sich fortan Omar al Raschid Bey nannte. Von ihm lernt er asiatische Philosophie und Religion, der siebzigjährige graubärtige Mann im Burnus und Tarbusch mit großen Schaftstiefeln und weitem Mantel[17] wird in diesen »Jahren reichsten Erlebens«[18] zur wegweisenden Bekanntschaft. Raschid Bey regt Lessings charakterologisches Forschen an, die Suche nach elementaren Verbindungslinien zwischen Sprache und Ausdruck.

Je näher die Jahrhundertwende aber rückte, um so mehr verbreiteten sich eklektizistische Heilslehren, populär aufgemachte Ideologien, europäisierte Weisheiten aus dem fernen, exotisch anmutenden Asien. Davon wollen beide nicht viel wissen; Lessing erkennt statt dessen in Raschid Bey »den frühen Vorläufer eines Geschlechts von Denkern [. . .], die dazu bestimmt sind, die Brücke von Asien nach Europa zu schlagen«.[19] Mit der allmählichen Wiederannäherung an seine nicht wahrgenommene, verleugnete jüdische Identität (1895 war er aus der jüdischen Gemeinde ausgetreten) freundet Lessing sich auch mit dem Buddhismus an. In dieser Zeit beginnt in seiner philosophischen Reflexion der »Wettstreit von Asien und Europa«. Beides zu vermitteln, ja zu versöhnen, ohne doch die Differenz zu verwischen, darin sah Lessing ein philosophisches

Lebensprogramm, das mit der Außenseiterexistenz des jüdischen Intellektuellen korrespondierte. Polaritäten auszubalancieren, zwischen fast Unvereinbarem doch Einigungspunkte zu entdecken und Wertrivalitäten auszugleichen, so daß »Europas Scharfsinn und Asiens Tiefsinn nebeneinander sich erhalten, so wie Schlaf und Wachen, Tag und Traum der Welt«:[20] Das war einstweilen nicht viel mehr als ein starker Wunsch, den er aber nicht aus den Augen verloren hat. Mit seiner Annäherung an die Leidensgeschichte der Juden vollzog sich in den folgenden Jahrzehnten ein Prozeß, der diese zunächst mehr gefühlte und erahnte Dimension zu gelebter Philosphie gemacht hat. Lessing spielte die Mittlerrolle, war verwiesen auf den Charaktertypus des Brückenbauers, den die Juden in ihren Berufen, im Handel, in der Diplomatie, der Presse, des Theaters oder der Wissenschaft darstellten. »Der Jude vermittelte zwischen Himmel und Erde. Er überführte Asien nach Europa und Europa wieder nach Asien.«[21]

Noch sucht Lessing einen literarischen Weg, die Erfahrungen von Kindheit und Jugend zu durchdringen, dem verunglückten Theaterstück folgen weitere dramatisierte Exkursionen in die eigene Vergangenheit. So der Vierakter »Die Nationen«, eine satirische Komödie, wie es im Untertitel heißt, aber man lacht beim Lesen nicht. Gewidmet ist das Stück dem Großvater Ahrweiler, gedacht als Rache und Affront gegen den noch vor der Drucklegung gestorbenen Vater.[22]

Nebenher versorgt Lessing in München die literarische Szene mit flotten kulturkritischen Artikeln, voltigiert und fabuliert frisch drauflos und holzt in den »Beschaulichen Briefen eines Münchener Eremiten«, was das Zeug hergibt, dreht muntere Pointen, teilt Garstigkeiten aus: Attacken gegen die ansässigen Literaten, großmäulige Verlautbarungen über Kunst, Politik und Geschichte, schäumender Feuilletonismus. Bei aller Dreistigkeit hält Lessing jedoch auch sich selbst den Spiegel vor und schneidet Grimassen. Und die sich selbst überholende Dynamik der Moderne wird mit dem Temperament eines Laurence Sterne vorgetragen. »Unser Gehirn durchzucken in einem Monat mehr

Erinnerungsbilder und Associationen, mehr Probleme und Stimmungen als Lockes oder Kants Gehirn in einem Jahre producierte.«[23] Auch den kunstrichterlichen Hinrichtungsgestus handhabt er schon, doch immer ironisch verbrämt: »Ich werde jetzt die Herren Heyse, Lingg und Wilbrandt abschlachten. – Nimm vorlieb, Apoll, ein andermal stattlichere Exemplare von den Weiden Germaniens!«[24]

Mit autobiographischen Anspielungen wird nicht gegeizt, doch merkt man diesen Arbeiten, seinem Jugendwerk insgesamt, das Unstete, Eilige und Allzuschnelle an, das Versagen beim Redigieren der heruntergeschriebenen Texte. Er legte sich unter den Preßbengel, und kam sich selbst abhanden.

In dieser Phase gleichzeitig hochfahrender Blütenträume und selbstkritischer Bespiegelung kommt ihm ein Zufall zu Hilfe. Lessing erhält von einer Unbekannten einen Brief, in dem der Autor von recht dümmlichen »Weiberepigrammen«[25] ermahnt wird, sich nicht so zu verrennen; er könne doch auch ganz anders schreiben. Zwischen der Briefschreiberin, der jungen Adeligen Maria Stach von Goltzheim, und dem Adressaten entwickelt sich Zuneigung und dann auch: Liebe. Diese wird zunächst zum wahren Leben, dann zur lang sich hinziehenden Qual der Trennung: »Unter Marias Gestalt trat zum erstenmal die Liebe und das will sagen der Tod in meinen Weg.«[26]

Lessing hatte den Versprechungen des Großvaters geglaubt und auf ein Erbe gehofft, das der alte Kunstfreund aus Düsseldorf ihm in Aussicht gestellt hatte. Es war ein jüdischer Brauch, unter gelegentlich großen Opfern wenigstens einen Angehörigen der Familie einen geistigen Beruf lernen und so die Ehre, einen Künstler oder Wissenschaftler in der Familie zu haben, auf die ganze Familie kommen zu lassen. Doch Lessing geht leer aus. Er bleibt darauf angewiesen, schreibend und als Vortragsreisender sein Geld zu verdienen. Als dann noch die Junkerfamilie Stach von Goltzheim die Tochter aus ihren Reihen verstößt und enterbt, weil sie ganz unerlaubt und unstandesgemäß am 30. Januar 1900 einen Juden geheiratet hat[27], ist das junge Paar ganz auf sich gestellt. Zwar beeilt sich Lessing, sein Studium zu beenden: Am 19. Juli 1899 wird er in Erlangen zum Dr. phil. promoviert[28], doch nach der Geburt des ersten Kindes Judith, am 11. Januar 1901, muß die Familie große materielle Entbehrungen durchstehen. Durch Vermittlung von Theodor Lipps, bei dem er in München einige Zeit Psychologie studiert hatte, erhält Lessing ein Stipendium; in Gießen dann macht er den letzten Versuch, ein »richtiger« Arzt zu werden. Es wird nichts daraus.

Lessing charakterisiert die Zeit zwischen 1894 und 1900 mit den Worten, er sei damals ein »von jugendlichen Radikalismen erfüllter, noch ganz haltloser, wild bewegter Aufrührer und Pathetiker«[29] gewesen, doch habe Maria seinen selbstgebauten »Panzer idealer Theorien«[30] zersprengt und ihm neuen Lebensmut gegeben. Um 1900 aber, »an der gräßlichsten Wende des Lebens«[31], war unzweideutig klar, daß sein weiteres Leben nur aus Zeitarbeit und Lohnplackerei bestehen würde. Mit neunzig Mark im Monat muß die Familie auskommen, und Lessing erzählt die Geschichte, daß seine Frau ihm zuliebe ins vegetarische Restaurant gegangen sei, um für zehn Pfennig ein Bohnengericht zu essen, damit er Geld für etwas Besseres und für Bücher habe.[32]

Der ständige Wechsel des Wohnorts, eine geradezu zur Manie von impressionistischen Lebenskünstlern sich auswachsende Lust, immer anders zu erscheinen und anderswo aufzutauchen, dieser Spleen war für Lessing nicht mehr als ein Gebot der Not. Vom 16. August 1901 bis zum 18. Juni 1903 lebt er in Schwabing, Destouchestr. 3, 1. Stock; sechs Jahre später quartierte sich Klages im selben Haus, einen Stock höher ein; vom 19. Juni 1903 bis zum 18. Juni 1905 lautet die Anschrift: Biedersteinerstr. 10 a II, 2. Stock; daran anschließend wechselt er nach Laubegast bei Dresden, bleibt aber weiterhin in München polizeilich angemeldet; im Oktober 1906 geht er für ein Semester nach Göttingen und bleibt dort bis zum März 1907, ist aber gleichzeitig Mieter einer Wohnung in München, in der Franz-Josef-Str. 13, einem Gartenhaus mit dem Namen »Villa Veritas« (15. Mai bis 1. September 1905), das für einige Mona-

te, vom 11. Dezember 1942 an, die Bleibe der Geschwister
Scholl bis zu ihrer Verhaftung am 22. Februar 1943 gewesen
ist.[33]

Bewegtes Wohnen, strapaziöses Arbeiten. Ein junger Verehrer schildert Lessing als großzügigen Wirt seiner Gäste, erzählt
von feudalen Gelagen und aufregenden Abenden. Auch erinnert
er sich an einen Mitbewohner, der eben dabei war, in die im
selben Haus gelegene, gegenüber der Lessingschen befindliche
Wohnung umzuziehen. Für den Beck-Verlag im Lektorat tätig,
sei dieser Mann »ein typischer Literat« gewesen. Sein Name:
Will Vesper.[34] Der hätte sich diese Bezeichnung verbeten, denn
nicht erst nach 1933 sprach Vesper verächtlich von »Asphalt-
Literaten«.

Um 1900 war die Botschaft der zionistischen Bewegung auch an
Lessing nicht vorbeigegangen, die 1896 veröffentlichte Gelegenheitsschrift Theodor Herzls »Der Judenstaat« war eine Initial-
zündung im bis dahin unorganisierten Judentum. Auch Lessing
wird mitgerissen von der Rhetorik eines neuen Stolzes, er hält
Vorträge über die Möglichkeit eines kampfbewußten Judentums, plant sogar, in Bethlehem eine europäische Hochschule
mitzubegründen[35]; auch das zweite Kind erhält einen jüdischen
Namen: Miriam wird am 27. Juli 1902 geboren. Sein Austritt
aus der jüdischen Gemeinde, einige Jahre vorher, sein Bruch mit
dem Judentum: Das war kaum eine bewußte Abkehr von einer
gelebten jüdischen Tradition, denn die hatte es in Lessings
Familie nie gegeben; es war vielmehr der Versuch, eine zwangs-
weise übergestreifte Hülle abzuwerfen und als Suchender sich
scharf abzugrenzen von der väterlichen Autorität und Strafge-
walt. Alle jüdischen Künstler, Wissenschaftler, Journalisten
und andere Angehörige des Kulturbetriebs gingen diesen Weg.
Die Generation der zwischen 1870 und 1890 geborenen jungen
Juden, zumeist aus Unternehmer-, Bankiers- und Kaufmanns-
familien, Söhne von Rechtsanwälten und Ärzten, vollzog mit
dem Haß auf die berufliche Position der Väter eine Kehre. Ihr
antibürgerliches Verhalten war bestimmt von dem Wunsch, eine

neue, eine bessere Identität zu gewinnen. Und so paradox es
zunächst anmutet: Viele fanden diese neue Geborgenheit in der
Identifikation mit konservativ-feudalen Vorbildern, mit der
Übernahme von deutsch-nationalen Attitüden und dem Abfei-
ern eines schwärmerisch überhöhten Deutschland. Die ältere
jüdische Generation verhielt sich zwar auch loyal gegenüber
dem deutschen Staat, aber dies war mehr eine passive, von
keinen besonderen Idealen angefeuerte Einstellung. Gewiß,
auch sie sahen in der deutschen Kultur den höchstmöglichen
Gipfelpunkt denkbaren Fortschritts; sie erlebten sich sogar als
die besseren Deutschen, so deutsch, wie sich das mancher
Deutsche nicht vorstellen konnte. Diese symbiotische Verbindung reichte ihnen aber aus, eine radikalisierte Form der
Identifikation gab es nicht.

Erst die krisenhafte Zuspitzung von gesamtgesellschaftlichen
Veränderungen – der Gründerkrach von 1873, die zweite
ökonomische Depression um 1890, der Wertesturz nach 1914 –
riefen Ausdrucksformen des Protestes hervor, die bisher unter
Juden nicht bekannt waren. Der für die jungen jüdischen
Intellektuellen bedeutsame Vater-Sohn-Konflikt wurde nun mit
antikapitalistischen Affekten aufgeladen, und da die Väter alle
mit Geld recht viel zu tun hatten, lag es nahe, diesen Kapitalismus auf Personen zurückzuführen. So verband sich der Haß
gegen die korrupten Väter und die dekadente Gesellschaft mit
einem innerjüdischen Selbsthaß. Was sich sozialpsychologisch
als Ablösungssyndrom vom Überkommenen begreifen läßt, das
war im Erlebnis dieser jungen Generation der drückend gefühlte
Haß auf die Unvollkommenheit und Widersprüchlichkeit der
damaligen sozialhistorischen Situation. Hinzu kam, daß diese
Jungen nicht mehr wie die etablierten Väter auf den umstandslo-
sen Übergang in einträgliche und zufriedenstellende Berufe
vertrauen konnten. Die Krise der deutschen Gesellschaft und
Geschichte teilte sich ihnen ungefedert mit. Und es mußte
dennoch erst zum Erlebnis des I. Weltkriegs kommen, bis ein
Großteil dieser Generation bemerkte, daß mit Überanpas-
sung und Schwärmerei für Deutschland nichts getan war, we-

der für ein phantastisch idealisiertes Deutschland noch für sie selbst.[36]

In Theodor Lessings erstem Buch »Komödie« ist Belegmaterial für die These enthalten, daß diese Generation ihren Haß auf die Väter mit antikapitalistischen Stimmungen und mit zum Teil wüsten Angriffen gegen »Geldjuden« verband: Ein Wald soll gerodet werden, weil ein jüdischer Fabrikbesitzer dort neue Anlagen bauen will, und da er über reichliche Geldmittel verfügt, setzt er sich am Ende der verwickelten Geschichte auch durch. Die Leidtragenden, eine romantisch verklärte deutsche Försterfamilie, sind gegen den »Geldjuden« machtlos.

So sehr man der Auffassung zustimmen kann, daß der seit den achtziger Jahren aggressiv vorstürmende, politisch organisierte Antisemitismus eine bald schon gewaltige materielle Macht darstellte, so wenig kann man die außerordentlich scharfsinnigen Selbstanalysen der jüdischen Intelligenz mit den wesenlosen Phrasen der berufsmäßigen Antisemiten auf einer Stufe ansiedeln. Lessings kurze Phase schwärmerischen Deutschtums machte ihn nicht zum Überläufer und gedankenlosen Nachsprecher von hohlen Gewaltvokabeln. Bereits um die Jahrhundertwende skizzierte er Gedanken zum Sonderphänomen eines jüdischen Selbsthasses[37]; nach dreißig Jahren erst hat er das gleichnamige Buch veröffentlicht, worin er in sechs Fallstudien diese pathologische Form der Selbstdestruktion auf den Begriff zu bringen versucht. Am Beispiel seiner eigenen schmerzvollen Selbstfindung aus dem Geist eines von geschichtlicher Not geprüften Judentums hat er die Crux des deutschen Juden in sozialpsychologischen Bildern zu deuten versucht.

Daß die Juden der Zeit immer schon vorauseilten und mit ihrer scheinbar unerschöpflichen Phantasie und Kraft alle Welt verblüfften, so daß Neid, Haß und Konkurrenz darauf antworteten, konnte nicht darüber hinwegtäuschen, wie sehr die Höchstleistungen auf allen Gebieten der Kultur und Gesellschaft unter oft schmerzlichen Voraussetzungen zustande kamen. Das sah die eingeschüchterte, staunende und neiderfüllte Umwelt kaum. Und selbst für diese atmosphärischen Stim-

mungslagen hatten die jüdischen Intellektuellen ein besonderes
Organ entwickelt, mit dem sie Haßgefühle orteten. »Das Reh
bemerkt den Jäger eher als der Jäger das Reh.«[38] Wie kein
anderer jüdischer Intellektueller seiner Generation hatte Theodor Lessing diesen Spürsinn für herannahende Entwicklungen
und sich noch kaum deutlich ankündigende Tendenzen in der
deutschen Geschichte. Nein, er hat nicht alles vorhergesagt und
gewußt, wie dies Karl Kraus gern Shakespeare mit ausgewählten
Zitaten angedichtet hat, wenn wieder einmal die Höllenmaschi-
ne der Weltgeschichte zu zerbersten schien: Aber Lessing
konnte in wenigen Sätzen sich anbahnende Tendenzen einfangen, und er konnte dies um so scharfsichtiger, als seine in früher
Jugend durchlebte Begeisterung, ein jüdischer Deutscher zu
sein, ihn dazu befähigte, bestimmte Entwicklungen in der
Gesellschaftsgeschichte des Landes schneller zu begreifen als
seine politisch naiven und sozial gleichgültigen Kollegen. Und
anders als die meisten seiner Generation hielt er sich von jedem
Nationalismus fern, von dem der Deutschnationalen ebenso wie
von der zionistischen Verherrlichung der jüdischen Nation.

Die Juden sind Außenseiter der Gesellschaft, wie die Frauen,
die doch eine Mehrheit bilden: Diese Beziehung zwischen der
Not der Juden und der Leidensgeschichte der Frauen ergab sich
für Lessing wie von selbst, denn es entsprach seiner sozialphilo-
sophischen These vom Zusammenhang zwischen Not und
Bewußtsein, zwischen dem Schmerz und dem Willen zur
radikalen Veränderung. Die Frauen und die Juden, und unter
ihnen wiederum besonders die Intellektuellen, sind auf die
Weiterführung der Moderne angewiesen, auf Radikalität und
Rationalität in Denken und Lebensführung. »Während überall
die männliche junge Generation in Skepsis und Hedonismus, in
Müdigkeit oder Taumel versinkt, geht von den Frauen unserer
Gegenwart [1899] ein mächtiger Strom aus von Mut, Kraft und
gläubiger Begeisterung. [...] Es steckt eine Riesenkraft in diesen
Mädchen, die eine Brücke vom alten zum neuen Frauenideale
schlagen.«[39] Die Kritik am Schwabinger Leerlauf hallt in diesen
Sätzen nach, aber auch eine Blickrichtung ist damit eingeschla-

gen, die Perspektive einer emanzipatorischen Frauenbewegung, ein Brückenkopf der Sezession vom feudalbürgerlichen Staat des Wilhelminismus.

Beide, Juden und Frauen, lieben diese kalte Heimat und sind doch »heimatlos und ohne Tradition, so umhergetrieben und bunt wie welke Blätter im Herbstwind, während grüne, gesunde solid einfarbig am guten Zweige hängen«.[40] Vor allem die russischen Frauen seien mit ihrer Impulsivität bewunderswerte Vorkämpferinnen für die Einheit von Emanzipation und Geschichte.

Daß der russische Philosoph Afrikan Spir unter diesen Voraussetzungen zum Promotionsgegenstand für Lessing avancierte, ist nicht verwunderlich; daß er die Arbeit Al Raschid Bey widmet, einem russischen Juden wie Spir, ebensowenig. Man kann Lessings Dissertation lesen als einen ersten Entwurf zu einer philosophischen Autobiographie. Lessing gelingt eine ingeniöse Anverwandlung an einen Selbstdenker, einen Totgeschwiegenen, und die minutiöse Analyse des Satzes von der Identität wird zur logischen Selbstprüfung von Lessings unruhigem Naturell. Nachdem er brav Haupt- und Nebenthesen entwickelt, das gesammelte Material referiert, einiges bemäkelt hat, bricht er aus dem akademischen Ritual aus, und man liest überrascht, daß der Promovent im folgenden »Resultate eigener Erwägung«[41] vorzutragen beabsichtigt.

Der intime Zusammenhang von Schmerzempfindung und Bewußtseinsstauung mache die Herausbildung selbstbewußter Wahrnehmung evident; jedes Schmerzerlebnis sei das Beispiel für die Unanwendbarkeit des Satzes von der Identität, denn der Schmerz bleibe sich niemals gleich und enthalte immer schon den Übergang ins Schmerzfreie.[42] An diesem Punkt haben die Weltreligionen angesetzt, auch die Kunst; sie haben die Abnormität des Wirklichen als Sprungbrett für Auswege und Tröstungen genommen. Alles Denken aber entstehe durch Mechanismen der Hemmung; intrapsychische und kulturelle Schranken blockieren den Fluß des Lebens und stauen ihn an bestimmten Punkten; als Zeugen führt Lessing Rousseau, Schelling, Scho-

penhauer und Nietzsche an. Dann der zentrale Punkt: Alle
Reflexion entstamme einem Motiv der Not; Identität sei der
absolute Bezugspunkt jeder Not. »Identität! – Mit diesem einen
Zauberwort überwindet der Geist die Zeit. Identität ist des
Geistes Paroli gegen den ewigen Wechsel, den irren Despoten,
in dessen Fron alle Wirklichkeit schmachtet. Identität! ist die
hohe Vernunftforderung des Unbedingten, das Cachet einer
intelligiblen Welt der Freiheit, wo Werden, Wechsel, Leiden,
Not und Sterben keinen Sinn haben.«[43] Das war auch kämpferi-
sche Rede gegen die Despotie des Elternhauses und der Schule,
das autobiographische Aufsuchen erlebter Sinnlosigkeit an der
Quelle; und überdies auch schon Paroli gegen die wechselvolle
Balgerei der weltgeschichtlichen Leidenschaften rund um den
Erdball. Logische Stützpunkte müßten auf dem chaotisch bro-
delnden Globus verteilt und miteinander vernetzt werden.

Doch das neuzeitliche Subjekt ist längst »nicht mehr völlig
naives Sinnenwesen und ebensowenig übernatürliches Sinnwe-
sen«.[44] Es ist eingespannt in eine Dynamik, an der es selbst
teilhat und dessen Funktionsbestimmung es maßgeblich beein-
flussen kann. So entscheidet Lessing sich nicht für eine ontologi-
sche Wesensdefinition des Menschen schlechthin, er läßt offen,
welche historischen Umformungen neue Mischcharaktere pro-
duzieren werden. »Das Chaos aber ist irrational und kann viele
Welten gebären.«[45] Mit dem biographischen Chaos, der Sinnstiftung und Ordnung seines Lebens war Lessing unausgesetzt
beschäftigt, und die Anfangsgründe seiner »Philosophie der
Not« werden zunächst bestimmt durch die Verarbeitung dessen, was ihm in frühester Kindheit zugefügt worden war.
»Immer aber bleibt ein Übermaß von Chaos, schreckerregend,
sinnlos, unzweckmäßig, nicht durch Geist zu bewälti-
gen!...«[46] Die Lebenskunst, mit dem Sinnlosen leben zu
können, hängt davon ab, ob es gelingt und überhaupt möglich
ist, sich von den Extremwerten der lebensweltlichen Polaritäten
zu distanzieren und jede Zersplitterung immer wieder in neue
Synthesen aufzuheben. »Logik war immer nur Aufforderung
zur Einheit.«[47] »Der Mensch ist um so mehr geneigt, das Leben

zur Einheit zusammenzudenken, als er vom Leben unbefriedigt ist.«[48] Logische und wirkliche Einheit eines Lebens, das war das biographisch bestimmte Ziel, das Lessing unbedingt einlösen wollte. Das Kind flüchtete ins Spielland der Träume, der junge Erwachsene arbeitete am Identitätssatz, nicht nur, um der Ziellosigkeit der Schwabinger Boheme zu entkommen, sondern um auch zu einer Einheit von Person und Werk zu gelangen.

Inmitten einer Gesellschaft, die die Juden zu Freiwild deklarierte, war eine Antwort praktischer Verteidigung unabweisbar geworden, eine Antwort der Selbstbehauptung. Und Lessing hatte eine gefunden, eine sehr Theodor Lessingsche, aber auch sehr jüdische. Man solle sich selbst treu bleiben und »höchst unakademisch, höchst unbekümmert, kriegerisch und spöttisch-erhaben über die Mißgunst und die Mißkennung von seiten der Zeitgenossen« sein, auf daß eine »gerechtere und klügere Nachwelt mit Staunen gestehen muß: ›Dieser Philosoph hatte das Schwerste auf sich genommen: nie mit den Wölfen zu heulen, nie mit den Lämmern zu blöken. Nein, unter Wölfen sich selber als ein Lamm zu erhalten; unter Lämmern aber als ein Wolf zu leben. Immer er Selbst und streng gerecht.‹«[49] Als Handorakel eines gelebten Alltagsheroismus konnte dieser einheitsverbürgende Stolz indessen auch in eine Schicksalsergebenheit hineinführen: fatalistisches Jasagen zum gelben Fleck. Und lämmerhaft waren die Jahre von 1890 bis 1905 nun wahrlich nicht. Die Flammenzeichen des Krieges waren längst gesetzt. Um 1905 zwang die militärische Führung dem regierenden Unverstand den Schlieffenplan auf, und fortan war das Leitmotiv der Einkreisung aus der öffentlichen Propaganda nicht mehr wegzudenken. Der Seestratege Tirpitz machte die Öffentlichkeit mit modernsten psychologischen Techniken mobil, weckte archaische Machtgefühle, flankiert von einer Demagogie, die in den Gestikulationsreden eines Bülow gipfelten, dessen allzu vordergründige Theatralik des Politischen diesem Zeitabschnitt den Hang zur Übertreibung und Übersteigerung verlieh.

1897 wird das Jahr des militärisch-politischen Umschwungs. Die Miquelsche Sammlungspolitik, von Bülow und dem Kaiser mitgetragen, die Geringschätzung diplomatischer Politik, die ständige Erhöhung des Flottenkontingents, die Verabschiedung von Zollgesetzen (mit unübersehbaren Folgen für das ohnehin gespannte Verhältnis zwischen Industrie, Gutshof und Proletariat) – all das legte die Unwilligkeit eines politischen Herrschaftssystems bloß, das die Planung des Unvermeidbaren ins Regierungshandeln einbezogen hatte.

Der Entschluß zum Krieg war dann nur noch die Schlußsequenz einer absehbaren, weil einkalkulierten Entwicklung, die ganz folgerichtig erschien. Die Bülowsche »Granit-Rede« von 1902 erklärte kurzerhand nationale Belange zu Gegenständen der Sittlichkeit, und jeder, der dies in Zweifel zu ziehen beliebe, insbesondere das feindliche Ausland, beiße auf Granit. Holstein, die entmachtete graue Eminenz, kommentierte diesen rhetorischen Kraftakt mit der Bemerkung, das sei das 1896 vom Kaiser peinlicherweise in die Welt hinausgeschickte Krüger-Telegramm im Taschenformat.[50] Erst die Daily-Telegraph-Affäre von 1908 bereitete den Sturz Bülows vor, der ihn nicht nur seine politische Machtstellung kostete, sondern auch seine bühnenreifen Auftritte als Reichskanzler, die er sichtlich genoß.[51] Eine bürokratisch-militärische Vorpostenmentalität befestigte sich, nicht Parteien und Parlamente entschieden in der Kontroverse über die politischen Ziele, sondern eine verselbständigte, eigenherrliche Obrigkeit. Wohl war seit den Wahlen von 1903 das Zentrum in seiner realhistorischen Bedeutsamkeit anerkannt worden, wohl ließ sich ohne die Sozialdemokratie nicht mehr regieren, doch zeigten die Wahlen von 1907, wie die geschickte Ausbootungspolitik Bülows die nationalistischen Kräfte zusammenschweißte. Ohne massive Finanzhilfen aus Industrie, Finanzkapital und Alldeutschem Verband wäre der Bülow-Block allerdings auseinandergebrochen. Die rotschwarze Minderheit kam gegen den Block aus Konservativen, Freikonservativen, Nationalliberalen, aus Landbund, Antisemiten und Fortschrittspartei nicht an.[52] Das Prinzip des Parlamentarismus war installiert worden, doch wurde es in engen Grenzen gehalten, da die Letztentscheidung nicht auf die Legalität ihres Zustandekommens bezogen war, sondern auf die Legitimität des Kaisertums.

Im öffentlichen wie im kulturellen Leben trafen so ein traditionalistischer Monarchismus und eine avantgardistische Moderne aufeinander; verbindende, zugleich militärisch aufputschende Symbole einer überlebten Zeit trafen auf neuerungssüchtige kulturelle Ausdrucksformen einer aufziehenden neuen, besseren Zeit. Ein Zeuge dieser Jahre zählt die lebenden Symbole auf, in denen die gespenstische Sicherheit einer selbstzufriedenen Klasse, ihrer Capricen und Quisquilien aufscheinen: »Aber noch ist Jahrhundertwende Optimismus, ist Bratenrock und Zylinder, Schärpe und Helm, Burschenband und Rapier, Ehrenjungfer und Matrone, Ordenstern und Verdienstmedaille, große Worte und vaterländischer Gesang, Export und Erfindung, wissenschaftliche Erkenntnis und Bildungsdrang, städtischer Auftrieb und ländliche Gediegenheit, frommes Wesen und traditionelle Kirchlichkeit, aber auch Genußsucht, Vergnügen und Sensationen, Einfluß des Auslands und Fortschritt im Inneren, wachsende Macht und – wachsende Bedrohung.«[53]

Die angestauten, die nicht mehr zurückzudrängenden Lebenswünsche befreiten sich in Teilen der oppositionellen Gesellschaft vom staatschristlichen Ethos der Selbstversagung. Lebenslust zwang alte Weltanschauungen nieder, und eine Absetzbewegung vom Wilhelminismus nahm ihren Anfang im vieldeutigen Begriff des Lebens, des Aufbruchs in die Natur. Der Begriff des Lebens beginnt seine Karriere, indem er die gesellschaftlichen Sphären auffrischt. Je mehr aber von einer Sache geredet, ihr tatsächliches Vorhandensein beschworen wird, um so mißtrauischer darf man wohl sein. Denn was bleibt, sind Broschüren und Traktate über das zu lebende Leben; das wahre Leben, eigentlicher Zielpunkt aller Anstrengungen, stellt sich nicht ein.

Zunächst drängten die vom Industrialismus und der Großstadt angeekelten Menschen in diese unbesetzte Stelle einer

Lebensemphatik, die dann sogleich zur ideologischen Anlaufstelle für sehr gegensätzliche Interessen und Bedürfnisse wurde. Mit ähnlich maßlosem Enthusiasmus, wie ihn die Gründerzeit-Industriellen an den Tag legten, indem sie auf Wachstumsraten spekulierten und Geld scheffelten, sprangen die Mittellosen und Enttäuschten nun auf ländliche Inseln autarker Seligkeit. Ihr Elan stand zunächst durchaus in einem realistischen Verhältnis zu den offenkundigen Verwüstungen, die die Gründerzeit in dem vormals weitgehend agrarisch geprägten Land angerichtet hatte.

Die Lebensreform-Bewegung war nicht gegen die kulturelle Moderne eingestellt, als sie neue Werte ausrief: Wiedergeburt des Körpers, naturbelassene Nahrungsmittel, Fühlung mit der ersten Natur. Das war eine verständliche Antwort auf das monströse Übermaß der vorangegangenen Jahre. In der Reformbewegung sammelten sich Aussteiger und Verweigerer, die Projektemacher und Ideenschmiede, Überläufer aus bürgerlichen Berufen und der Routine überdrüssige Abenteurer. Diese Abspaltung von der offiziellen Gesellschaft geschah in vielen Schüben. In sich überlappenden Phasenverläufen dynamisierte sich diese Bewegung, und mit ihr das Großmotiv »Leben«.

War die Reform des Lebens der Fixpunkt dieser sozialen Bewegung, umspielt von weiteren magisch wirkenden Konnotationen wie: Anfang, Aufbruch, Natur, Erotik und Gemeinschaft, so steigerten die verschiedenen Gruppen und Kreise diese ganz unterschiedlich bewerteten Qualitäten für ihre jeweiligen Zwecke und Absichten. Naturheilkunde, der medizinische Reflex auf die schädliche Fettkost der wilhelminischen Küche, leitete über zum Vegetarismus; der logische Endpunkt der Lebensreform aber war die Siedlungsidee. Aus ihr heraus entstanden wiederum eine Vielzahl konkurrierender agrarökonomischer Planungen, wobei die Freigeld- und Genossenschaftsbewegung gewiß das größte Interesse auf sich zog. Hinzu kamen inselähnliche Institutionen: Reformhäuser, vegetarische Restaurants und andere Verteilstätten der sich totalisierenden Bewegung.

Die buntgesprenkelte Physiognomie der Lebensform wäre unvollständig, würde man nicht auch der impulsiven Insistenz direkter Körperkultur gedenken: der Kleiderreform und der Tanzkunst. Die Befreiung vom Korsett, von einschnürenden Kleidungsstücken, das Entstauben und Lockern sozialer Umgangsformen liefen parallel nebeneinander her. Die Vortänzerin des freien Ausdrucks, Isadora Duncan, schlang sich eine leichte Tunika um den Leib; die in wallenden Reformkleidern im öffentlichen Leben auftretenden Frauen machten es ihr nach. Unbeschwerte »griechische« Lebensfreude bestimmte auch die Freikörperkultur-Bewegung und die Siedlungsgenossenschaften auf dem Lande, fern der lächerlich gewordenen Kostümierung wilhelminischer Modefürsten. Und die Antialkohol- und Abstinenzbewegung, zusammen mit den Garten- und Landhausinitiativen, war unter dem Gesichtspunkt eines neuen, gesunden Lebens fast schon eine Notwendigkeit geworden. Alles zusammengenommen war hier die Selbstverwaltung neuentdeckter Bedürfnisse herangewachsen, die vom Staat vernachlässigte oder völlig ignorierte Sozialsphären in eigene Regie nahm.[54]

Das Geheimnis der Lebensreform, und ihr Widerspruch, bestand in ihrer großen Uneinheitlichkeit in dem Unterfangen, einen dritten Weg zwischen dem politisch-militärischen Regime und der organisierten Arbeiterbewegung zu beschreiten. Zu einer dauerhaften sozialen Organisationsform konnte die Bewegung nicht gelangen, dazu waren zu widersprüchliche Strömungen beteiligt, aber eben deshalb prallten traditionale und moderne Weltbilder um so heftiger aufeinander. Aus der hochexplosiven Mischung sozialistischer, anarchistischer, pazifistischer sowie okkultistischer und völkisch-antisemitischer Elemente konnten daher wohl nur subkulturelle Sekten hervorgehen. Lediglich die politisch agierende völkische Bewegung vermochte sich eine organisatorische Struktur zu geben und holte viele ihrer Mitglieder aus der diffusen Lebensreform-Bewegung. In diesem massenpsychologischen Konzentrationsprozeß, aus dem die Elemente des Emanzipatorischen ausgeschieden und durch völkische Phantasmagorien nach und nach ersetzt wurden, bereitete sich vor, was in den späten zwanziger Jahren zum Erfolg der NSDAP mit beitrug. Die Preisgabe der mühsam errungenen Stufe moderner Rationalität wurde zugunsten verworrener Lebensbegeisterung zu einem psychotischen Sozialkonzept verarbeitet, es blieb eingebunden in Durchhalteparolen nationaler Gemeinschaft und deutscher Innigkeit; das zerstörte den fortschrittlichen Kern der Lebensreform-Idee, zerfraß die Ansätze einer vernünftigen Vermittlung zwischen Natur und Kultur, von Individuum und Gesellschaft.

Die Lebensreform-Bewegung zerfiel in Partikularismus, da sie politisch kaum ernstzunehmende Strategien vorzuweisen hatte. Das machte sie anfällig für politische Taktierer und machtorientierte Interessen. Die Verkehrung der Künstlerkolonie Ascona, der Schwabinger Außenstelle der Boheme und eine der originären Keimzellen der Lebensreform, zu einem nur Begüterten vorbehaltenen Sanatorium markiert das beispielhaft. Aus der stillen Gemeinde, der Experimentierstation eines neuen Lebens, wurde eine alpine Stadt der internationalen Schickeria, eine Kommerzstadt, in die nach 1933 ein berüchtigter Ortsgruppenleiter der NSDAP Einzug hielt.[55] Das Leben allein, so scheint es, ist kein verläßlicher Partner beim Aufbau einer anderen gesellschaftlichen Ordnung.

Ohne Blut kein Leben. Eine triviale Erkenntnis; anders jedoch, wenn an das Blut besondere Qualitätsmaßstäbe angelegt werden, wenn »lebensdienliches Blut« und »lebensunwertes Blut« unterschieden werden, wenn zuletzt das menschliche Leben in Gesellschaft und Staat abhängt vom Blutgehalt, wenn »Leben« als Kategorie der Rasse seine Karriere macht. Auch dafür lassen sich im damaligen Schwabing Belege finden.

Die Selbstbesessenheit der literarischen Kreise ging über in rigide Sektenbildung. Die von Ludwig Klages und Alfred Schuler angeführte »Kosmiker-Runde« hatte von Anfang an ein Zug ins Okkult-Mystizistische. In der übersinnlichen Welt einer selbstgebrauten Metaphysik des Lebens und des Blutes war die Welt eingeteilt in Hell und Dunkel, in Arier und Juden.

Scharfe Zurückweisung erfuhren die Kosmiker durch Stefan George, der sich gelegentlich rächte für die unerbetene Jüngerschaft der beiden fanatischsten Mitglieder dieser metaphysischen Gelehrtenrunde. Ging die Kunde, bei Karl Wolfskehl sei eine satanische Messe bei violettem Lampenschein unter Ambra-Ampeln in vollem Gange gewesen – obwohl vielleicht nur ein Maiumtrunk stattgefunden hatte –, so fügte George (wie Lessing berichtet) mahnend-bedächtig und voller Listigkeit hinzu: »Vergeßt nicht, daß eine Schüssel rauchenden Blutes vor mir stand!«[56]

Die humorlosen Enormen der Kosmikerrunde (abgeleitet von Klages' Forschungen zum »Kosmogonischen Eros« und der Unterteilung der Menschheit in Enorme und Belanglose) verziehen dem Dichter solche und ähnliche Äußerungen nicht, und bald kam es denn auch zum sogenannten »Schwabinger Krach«. George wurde aus der heiligen Gemeinschaft der Kosmiker ausgeschlossen, weil er sich geweigert hatte, den »arischen Blutnachweis« zu erbringen und daher möglicherweise ein »heimlicher« Jude war. Nicht nur ihm widerfuhr dieses lebensblutige Gesellschaftsspiel, das vorerst noch im Rahmen der bohemehaften Allüren blieb. Das irrationale Getue um magische »Blutleuchten« und matriarchalisch-erotische Phantasmen entfesselte eine Kriegsmetaphysik des Rausches, die dazu diente, die nächsten Freunde und Bekannten nach Gut und Böse zu selektieren. Über die wahre Beschaffenheit der Dinge gab es nicht den geringsten Zweifel. Die antisemitische Struktur dieser Lehre war wichtig als totalisierendes Abgrenzungsprinzip, die antisemitischen Tiraden von Schuler und Klages gipfelten in dem Begriffswort »molochitisch«.

In Franziska Reventlows großartiger Satire auf Schwabing: in »Herrn Dames Aufzeichnungen« deutet der darin auftretende Philosoph dies als Inbegriff negativer »Zersetzung«, zu der nur die Juden fähig seien.[57] Klages erklärte mit diesem Terminus das Wesen seines langjährigen Freundes Theodor Lessing und warf ihn mit den Worten, er sei ein »ekelhafter, zudringlicher Jude«[58], aus seiner Wohnung.

Am Verhältnis von Klages und Lessing ist abzulesen, wie eine gemeinsam geteilte philosophische Frühkonzeption sich aufspalten kann in eine ungesellige, menschenverachtende Rauschethik der Stärke und des Todes einerseits, in eine sozial-psychologisch orientierte, der Welt und ihren Nöten zuge-wandte Vernunftethik andererseits. Indem Klages sich der Blut-metaphysik verschrieb, stellte er sich zugleich einen Passierschein ins Reich des Freischwebenden aus. Er konnte nun dionysischer Poet und disziplinierter Wissenschaftler sein, die Materie durch-leuchten, um seine Erkenntnisse dann dem Mysterienspiel von Wahnmoching zu überantworten. Wahnmoching – auch das war Schwabing: Als satirisches Gebilde von Franziska Reventlow erfunden, bezeichnete es den Kosmikerkreis mit seinen dionysi-schen, auf alten Symbolen und liturgischen Formen beruhenden Kult um das »Ursprungsleben«, zu dem nur privilegierte Seher, eben die Enormen, wahren Zugang hatten.

Alfred Schuler, unter dessen Einfluß Klages die Wendung zur Lebensmetaphysik vollzog, war ein vermögender, ohne rechtes Ziel vor sich hinstudierender Mann, der alte Symbole, Riten und Dokumente sammelte und dabei alles nach Anspielungen auf den Eros absuchte. Durch einen »Regiefehler der Natur« fühlte er sich aus dem einzig ihm angemessenen altrömischen Reich eines Nero in die schnöde Jetztzeit geworfen; er glaubte allen Ernstes daran, aus einem sogenannten »Erb-Erinnern« seines enormen Blutes während eines Rombesuchs die Bauten und Wege des Jahrhunderte entfernten, alten Rom wiedererinnert zu haben. Schulers irrationale »Blutleuchtenlehre« war für Klages die Lösung seiner lebensphilosophischen Fragen. Für Lessing war es ein Wunschglaube, das kryptische Gemurmel von einem, dem die Welt verlorengegangen war.

Ludwig Klages' Todesurteil über Theodor Lessing, als cha-rakterologisches Porträt kaschiert, ist auch heute noch in einer noblen Werkausgabe nachzulesen, ohne kritischen Kommen-tar: »Die ethische Bessermacherei besteht im Ziehen geistiger Stacheldrähte, an denen das Leben sich zerfetze und verblute; [. . .] Das ethische ›Gewissen‹ existiert allerdings, und ohne sein

Dasein gäbe es gar keine Ethiker; [. . .] aber es existiert so wenig ein gemeinmenschliches Gewissen, daß die Gewissensabhängigkeit vielmehr das Stigma derer bildet, die Nietzsche ›Sklavenmenschen‹ nannte. [. . .] Er entstand und entsteht immer und überall durch Rassenmischung und Blutsverschlechterung; und seine notwendige Ergänzung ist der Verbrecher. – Der Lebensforscher sieht im Sittlichkeitsphänomen nur eines: den geistigen Ausdruck schlechten Blutes.«[59]

Franziska Reventlow, die eine Zeitlang mit Klages befreundet gewesen war, zeichnet ihn in ihren immer noch lebendigen Satiren als verkrampften »Dr. Langschädel«, und diese Parodie erschien bezeichnenderweise in der von ihr hauptsächlich geschriebenen und redigierten Zeitung »Der Schwabinger Beobachter«. Natürlich haben sich auch Lessing und Franziska Reventlow gekannt. Beide hatten nur Spott für die lächerliche Kosmikerrunde übrig. Lange nach ihrem frühen, schrecklichen Tod hat Lessing in einem Feuilleton-Porträt an sie erinnert: »Sie war ein großes Spielkind, unersättlich durstig, was wohl in der Welt an Glück und Schönheit wäre. Sie lebte wie die Falter, wie die Blumen. [. . .] Freilich: fremd stand sie vor allem Leistungswahn und Geltungswillen. Ein paar Bücher sind von ihr übriggeblieben, aber nur so, wie gelegentlich die Frucht abfällt vom blühenden Baum. [. . .] Sie hat alle durchschaut. Ruhm und der Namensdauer Trug hat sie nicht verblendet.«[60]

Ein ehemaliger Bohemien, der Theaterkritiker Georg Fuchs, widmete hingegen 1936 in einem Buch mit dem Titel »Sturm und Drang in München um die Jahrhundertwende« dem Andenken Franziska Reventlows eine andere Art von Aufmerksamkeit. Er wies ihr die Rolle zu, die der 1936 vom Rasse- und Siedlungsamt der SS gegründete Verein »Lebensborn« zu spielen hatte: jede deutsche Mutter »guten Blutes« zu schützen und »hochwertige« Mitglieder der »Volksgemeinschaft« zu gebären. Hatte Franziska Reventlow jede Verherrlichung reiner Mütterlichkeit als absurden Biologismus zurückgewiesen und sich gegen die Vereinnahmung ihrer Mutterrolle durch die kosmischen Erotiker zur Wehr gesetzt, so bot nun der zu den Nazis

übergelaufene Bohemien Fuchs erneut die Umkehrung an, mit
verschärftem Vokabular: »Der unter- oder überbewußte Ras-
seninstinkt in ihr, der, aller Schwabinger Wirrung zum Trotz,
als ihr unausrottbares Blutserbe nie absterben konnte, zielte auf
ein Mann-Sein, das erst noch oder erst wieder kommen sollte,
[. . .] ihre Sterne drängten nach dem Kinde, drängten nach dem
Sohne, nach dem Rächer der Mutter an der Welt ihrer Herkunft.«[61]

Was in der Münchner Kosmikerrunde noch das hochmütige
Spiel von Geistesaristokraten und psychisch ausgebrannten
Existenzen gewesen war, das wurde bei den alldeutschen Sektie-
rern eine verdünnte, monoton repetierte Stereotype. Das
Wahnsystem nordischer Rassenaufzucht konnte an dumpfe
Ängste und Nöte appellieren und einer ohnehin latenten Stim-
mung chauvinistischer, teutonischer und sozialdarwinistischer
Befindlichkeiten die sozialpathologische Einheit eines nationa-
len Kollektivwahns verleihen.

Im antisemitischen Ressentiment rebelliert das instinktive
Gefühl, den Juden unterlegen zu sein. Die insgeheime Bewun-
derung schlägt in nackte Gewalt um, die ideologischen Phrasen
sind nur semantische Sinneinheiten, die der Massenmobilisie-
rung und der inneren Beruhigung dienen. Der Antisemitismus
ist keine in sich begründete ideologische Haltung: Es ist Terror
gegen das Andere des eigenen Selbst. Nur das Bedingungslose
zieht den Antisemiten an, der psychische Untergrund dafür ist
die heillose Angst vor sich selbst, die Furcht, entdecken zu
müssen, dem ähnlich zu sein, gegen den man wie blind anrennt;
ein manichäisches Weltbild prägt den antisemitischen Fanatiker
und völkischen Reaktionär. Er sucht solange nach passenden
Motiven für seine Voreingenommenheiten, bis diese bestätigen,
was er vorher bereits wußte. Sein Wahn ist dann von Erfolg
gekrönt, wenn er der Logik der Not auszuweichen versteht.

Der sich selbst hassende Jude reflektiert seine möglichen
Fehler und Schwächen – je nach Bildungsgrad, sozialer Herkunft und gesellschaftlicher Klassenlage – und verarbeitet seine
innere Zerrissenheit und Fremdheit. Der fanatische Antisemit

aber sucht die ganze Welt nach Beweisstücken ab, um die wahnhafte Fiktion einer jüdischen Verschwörung sich abermals bestätigen zu können.

Wenn akademisch gebildete Antisemiten ihre rassistische Logik in zahllosen Broschüren und Büchern verbreiteten, dann mußten sie zwangsläufig die von ihnen gebrandmarkte »jüdische Spitzfindigkeit« anwenden. Die der jüdischen Intelligenz angelastete Rationalität, die den germanischen Boden und die deutsche Seele vergiften würde, hatte in diesen gesinnungslosen deutschen Dialektikern eine sozialpathologische Heimstatt gefunden: eine wildgewordene, instrumentelle Vernunft, die mit letzter Konsequenz auch Auschwitz als weltgeschichtliche Notwendigkeit zu begründen sich anschickte.

Theodor Lessing erkannte früh schon die Ambivalenz dieser merkwürdigen Konstellation von jüdischen Selbsthassern und deutschen Antisemiten, das Überleiten von Haßprojektionen auf ein Feindbild. Dem vielgelesenen antisemitischen Schriftsteller Houston Stewart Chamberlain attestiert er denn auch eine beachtliche Schläue im Umschalten, Umwerten und Umpolen der Wirklichkeiten, in denen Menschen leben. »Was diese an Gaben und Werten sehr verschiedenen hervorragenden Geister miteinander gemein haben, das ist eben, was sie selber, wo es bei andern in die Erscheinung tritt, gern Judentum zu benennen pflegen. Welch ein Schauspiel für Psychologen!«[62] Beide Lager sind aneinandergekettet durch Ähnlichkeiten und Gemeinsamkeiten; nur daß die Juden immer die Opfer waren, da sie aus ihrer Leidensgeschichte heraus niemals etwas anderes als die Partei der Not und der Wahrheit vertreten konnten. Die ständige Selbstkritik ging jedoch in Krisensituationen in mörderischen Selbsthaß über und blockierte produktive Auswege, erst recht den kampfbetonten Ausweg aus der Not. Der Antisemit aber will alles mögliche, »ein unerbittlicher Felsen, ein reißender Sturzbach, ein verheerender Blitz – alles, nur kein Mensch sein«.[63] Seine monomanische Fixierung auf einen einzigen Punkt bringt ihn dazu, diese Welt auch aus einem einzigen Punkt kurieren zu wollen. »Man kann das beinahe experimentell nachweisen. Man spreche einmal mit einem Menschen, dem [. . .] der Antisemitismus zur verkappten Religion geworden ist, über das Salzfaß auf dem Eßtisch. Sein besessener, nach Bestätigung hungernder Geist wird nach zwei Sätzen bei der These angekommen sein, daß schon die alten Juden beim Salzhandel aus Phönizien betrogen hätten oder daß der Prozentsatz jüdischer Angestellter in den staatlichen Salinen natürlich viel zu hoch sei. Er ist positiv unfähig geworden, ein Salzfaß zu sehen. Er erblickt es nicht mehr in seiner Nüchternheit oder in seiner Schönheit, als Salzbehälter oder als Behälter von Streit und Tränen, als Gradmesser der ehelichen Liebe, als Anzeiger der Reinlichkeit im Haushalt oder als Mittel, frische Weinflekken aus dem Tischtuch zu entfernen. Er sieht darin nur noch etwas, was ein anderer auch bei regster Phantasie in dem Salzfaße einfach nicht finden kann: den Juden.«[64]

Laboratorien der Moderne
Jugendbewegung. Reformpädagogik. Feminismus

Als 1901 in Berlin-Steglitz die erste Gruppe der bald unter dem
Namen »Jugendbewegung« firmierenden Lebensreformer sich
bildete, war Theodor Lessing nicht mehr so jung – er war
neunundzwanzig –, als daß er mit der ganzen Emphatik des
rebellischen Aufbegehrens gegen die Generation der Väter
daran hätte teilnehmen können. Doch der Absprung von München aufs Land, nach Haubinda, 1902, dann nach Laubegast bei
Dresden, seine Arbeit als Lehrer an den fortschrittlichen Landschulheimen der Reformpädagogik brachten ihn in die unmittelbare Gegenwart dieser Aufbruchsstimmung. »›Zweckfreie
Selbstentwicklung‹ . . . eine herrliche Jugend hat dieses Schlagwort geprägt. Die frei-deutsche! Einfaches Leben von Früchten
und Milch; heitere Ruhe im klaren Licht des Tages, frohes
Vertraun im magischen Schauer der Nacht. Der neuen Jugend
steht alles noch frei [. . .] Fröhliche Wanderer, Pfadfinder,
Wandervögel, Knaben und Mädchen, frei vom Zwang der
Vätergewalt. [. . .] Wir wandern mit dir.«[1]
Der Mythos befreiter Körperlichkeit setzte indes auch, wie
wir wissen, Entwicklungen in Gang, die damals niemand mehr
aufhalten konnte, weil niemand zu sagen wußte, welche Kräfte
und Interessen dieses Ensemble von Jugend, Leben und ekstati-
schem Naturgefühl in sich barg. Allzu behend und bilderstür-
merisch nämlich schob man Bücher und Bilder beiseite, nannte
das Kulturplunder und hielt sich an Lebenstraktate und Kult-
broschüren. Aus dem gesellschaftlichen Nichts kam das nicht,
der Haß auf die Kultur – ein diffuser Sammelbegriff für alles
Erdenkliche – hatte schon am Anfang des 18. Jahrhunderts
Furore gemacht. Einem zurechtgebogenen Rousseauismus an-

hängend, erbauten sich Scharen von Zivilisationsflüchtlingen an paradiesischen Phantasmagorien, sehnten sich nach Südseeinseln, den Urwäldern Amerikas oder strebten in den Orient. Der edle Wilde wurde die Lebensfiktion von Reinheit und Unschuld. Beschränkte sich dieser kulturelle Eskapismus im 18. Jahrhundert auf exzentrische Einzelgänger, auf Schriftsteller und Träumer, so entfaltete er sich zu Beginn des 20. Jahrhunderts als Gruppenbewegung. Die Töchter und Söhne der Gründerzeit wurden mitgezogen von einer sozialen Dynamik, die in der Jugendbewegung eine eigene Gestalt fand. Leben und Jugend fielen zu einer absoluten Einheit zusammen. Die Nachgeborenen der ersten, in Deutschland sehr rasanten Phase kapitalistischer Industrialisierung und gleichförmiger Mechanisierung lehnten das Protzertum des wilhelminischen Staates, die Jagd nach Geld und Macht ab. Und sie distanzierten sich auch von den Salonliteraten, den ästhetisierenden Jünglingen und intellektuellen Großstadtfüchsen. Wandernd durch die von der Industriezivilisation noch verschonten Wälder, beim gemeinsamen Singen und Musizieren entdeckte die bürgerliche Jugend Deutschlands ihre wahre Bestimmung. Wie ein grüner Trieb seitwärts am Stamm eines kranken Baumes sein hoffnungsvolles und zugleich kümmerliches Dasein fristet, niemals zum eigenständigen Baum heranzuwachsen vermag und dennoch mit aller Macht vom Mutterstamm abzweigen will, so war die Lebensreform- und Jugendbewegung verwachsen mit ihrem Antipoden.

Der politische Katzenjammer der bündisch organisierten Jugendbewegung nach dem I. Weltkrieg zeigte, daß die Verweigerungsgebärde gegen das konservative Monarchistentum nicht hinreichte, wenn man auf der anderen Seite vaterländische Glaubensbekenntnisse ablegte. Auch diese Jugend betete neue Vaterfiguren an, ließ sich für Machtpolitik einspannen und folgte neuen, drahtigeren Führerpersönlichkeiten. Technikhaß, Naturmystizismus und eine politisch häufig recht unbestimmbare, verschwommene Opposition gegen Staat und Gesellschaft: Das waren einige der markantesten Erkennungszeichen dieser widersprüchlichen Jugendbewegung. Die große Utopie der Lebensreform verblaßte, da die vielen Splittergruppen mit ihren zusammengeschusterten Ideologien und wohlfeilen Weltbildern untereinander genug Sträuße auszufechten hatten, als daß sie sich um die Zusammenfügung der kunterbunten Tendenzen hätten kümmern können. Ein Dutzend Jahre nach ihrer Gründung war die Jugendbewegung zur völligen Bedeutungslosigkeit zusammengeschrumpft, 1923 schon am Ende. Die nationale Rechte nahm sich der Enttäuschten an.

Zu diesem Zeitpunkt, am Beginn der bündisch-völkischen Formierungsperiode, veröffentlicht Lessing einen satirischen Rückblick auf die Jugendbewegung. Er karikiert das Gespreize der neuen Führungsrepräsentanten, ironisiert den weihevollen Zug der Jugend auf den Hohen Meissner und porträtiert die philosophischen Scharlatane, ihr orakelndes Geschwätz, die hohlen Phrasen, das endlose Gerede über Dinge, die im Stil eines pathetischen Heroismus abgehandelt werden, über die man eigentlich nicht zweierlei Meinung sein kann. Zwei der neuen Jugendführer, Longinus Somnifer und Dionysos Wortestock, führen gegeneinander einen Krieg der hehren Worte und Begriffe. Nach einem tüchtigen Wolkenbruch, vom großen Pan und den Waldgottheiten ausgelöst, bleiben die beiden Kontrahenten als erstarrte platonische Ideen, wie alte griechische Marmorsäulen stehen. »Ein neues Deutschland will kommen. Eine neue Jugend tagt. Pan und die Dämonen sind verschollen. Die Gegend im Kreise Eschwege wird industrialisiert. Sie gehört Stinnes. Dieser errichtet am Frau-Hollenteich eine Papierfabrik. Aber inmitten der nützlich gewordenen Welt bewahrt man einen Naturschutzpark. Darin diskutieren Longinus Somnifer und Dionysos Wortestock. Sie ragen durch die Zeiten. Redende Denkmale für die metaphysische Wetterfestigkeit des platonischen Eros und für den deutschen Idealismus.«[2]

In den Landschulheimen der Reformpädagogik sollte der Weg in eine freie Gesellschaft spielerisch erlernt werden. Keine phantasietötenden Drill- und Paukbetriebe mit bärbeißigen Steißtrommlern, kein Lernzwang mehr – so ungefähr malten es sich viele junge Lehrerinnen und Lehrer aus, die um die

Jahrhundertwende ihre Arbeit an den neubegründeten Land-
schulheimen aufnahmen. Auch Lessing dachte daran, als er 1901
nach Haubinda, ins zweite der insgesamt drei von Hermann
Lietz gegründeten Landschulheime ging, denn den »Schulmei-
ster mit dem Sedanlächeln«[3] hatte er in seiner Jugend zur
Genüge kennengelernt. Am 13. November 1902 referiert er in
München im »Verein für Fraueninteressen« über die Idee der
Landschulheimerziehung und wiederholt den Vortrag auf
Wunsch des Münchner Bezirkslehrervereins am 29. November.
Er rühmt den Initiator des Experiments, Hermann Lietz,
erzählt die Vorgeschichte der Reformschule und berichtet von
den anglo-amerikanischen Vorbildern. Die Integration von
Ausbildung, Koedukation und Kollektivität solle bessere Lern-
und Lebensbedingungen für die Kinder schaffen; der Tagesab-
lauf, eine Mischung aus Schule, Spiel, Sport und Arbeit, die freie
Entfaltung der Neigungen und Fähigkeiten der Schüler gewähr-
leisten.[4]

Aber Lessings Aufenthalt in Haubinda, dann in Ilsenburg[5],
dauerte nicht lange. Wieder meldete sich die soziale Wirklichkeit, in der die Pioniere der Landschulheimbewegung großgeworden waren, wieder belasteten Ideale und Idole aus grauer
Vorzeit die Reformierung des Althergebrachten. Zwar fiel das
stundenlange Hocken auf einem zugewiesenen Platz weg, wurde
den Schülern der gleichberechtigte Umgang mit den Lehrern zu-
erkannt, damit war ein großer Schritt aus dem Mief und Muff der
wilhelminischen Bohnerwachsschulstuben getan; das war alles
längst überfällig, da es der Kompatibilität von Bildungs- und
Beschäftigungssystem im Weg stand. Dieser Vorstoß in pädago-
gisches Neuland mochte den Anflug des Umstürzlerischen
haben, die wirkliche Verfassung der Landschulheime unter
Hermann Lietz glich weit eher einem partriarchalisch verwalte-
ten Gutsherrenhof. Starrsinnig und überaus reizbar, autoritär
im Auftreten, wollte Lietz in seinen Landschulheimen die
abstrakten Wesenheiten »Volk« und »Land« zusammenschmieden, germanisches Brauchtum und die völkischen Ideale hoch-
halten.[6] Das spaltete die Landschulheimbewegung. Paul Ge-

heeb, seit 1902 Lessings Kollege in Haubinda, blieb dort noch
bis 1904 und gründete nach dem Zerwürfnis mit Lietz nach
einigen Jahren des Übergangs 1910 die Odenwaldschule. Gustav Wyneken, seit 1900 in Ilsenburg als pädagogischer Leiter,
eröffnete zusammen mit Martin Luserke und anderen in Wik-
kersdorf die »Freie Schulgemeinde« (1906). Vorausgegangen
war dieser Absetzbewegung der von einem Beobachter so
genannte »Haubinder Judenkrach«.[7]

Das Lektüreangebot in Haubinda erregte den Unwillen der
sozialreformerisch orientierten jungen Pädagogen: Völkischer
Gefühlskitsch wie Poperts »Helmut Harringa« lagen aus und
der damals wohl überall verbreitete, fast schon unvermeidliche
Treitschke. Zündstoff bot das Magazin »Der Hammer«, herausgegeben von einem antisemitischen Propagandisten der ersten
Stunde, Theodor Fritsch. Daß in Haubinda eine nicht unbedeu-
tende Zahl jüdischer Kinder angemeldet war, die Arierpostille
hingegen alle Juden zum Teufel wünschte, hat offenbar weder
die jüdischen Schüler noch deren Eltern sonderlich gestört.

Lessing aber organisierte einen kleinen Demonstrationszug
jüdischer Schüler zu Lietzens Dienstzimmer und forderte ihn
auf, den »Hammer« abzubestellen, andernfalls würden Schüler
und Lehrer die Schule gemeinsam verlassen. Lietz bedrohte
wenig später den protestierenden Kollegen und warf ihn
schließlich aus dem Haus.[8] Damit hatte die Angelegenheit aber
noch nicht ihr Bewenden. Es kam erneut zum Konflikt, als
Lessing im neu gedruckten Schulprospekt den Passus las, daß
künftig Juden nur noch in Ausnahmefällen aufgenommen werden könnten. Wieder verlangte er von Lietz, diesen ungeheuerlichen Satz zu streichen, und Wyneken, Geheeb, Luserke,
August Halm und Fritz Hafner unterstützten ihn dabei. Die
beanstandete Stelle wurde dann auch tatsächlich getilgt.[9] Der
Eklat war da, als Lessing erklärte (nachdem Lietz die antisemitische Passage hinterrücks wieder einschmuggeln wollte), er
könne nicht länger Lehrer an diesem Landschulheim sein, und
er sei sicher, daß die gesamte jüdische Elternschaft genauso
empfinde wie er. Aber da irrte er und stand von einem Tag auf

den anderen mittellos vor der Tür: Die Eltern aus dem jüdischen
Bürgertum fanden sich ohne weiteres mit dieser Demütigung ab
und versuchten, auf anderem Wege ihre unerwünschten Kinder
doch noch auf dem Landschulheim weiterlernen lassen zu
können. Das große Interesse vieler jüdischer Familien aus der
Mittel- und Oberschicht der Städte an der Landschulheimidee
erklärte sich im übrigen auch daraus, daß mit der Verschickung
ihrer Kinder aufs Land diese der weitaus schärferen staatlichen
Schulobservation entzogen waren; außerdem war es eine Reaktion auf das antijüdische Rollenklischee, wonach allen Juden die
in antisemitischen Kreisen als besonders degoutant erachteten
Merkmale und Eigenheiten des Großstädters anhafteten.[10]
Trotz der endlos wiederholten Anwürfe gegen Urbanität und
Intellektualität glaubten die meisten Juden, daß sie die Ausnah-
me darstellten und nicht »typisch jüdisch« im Denken und
Verhalten seien.[11] So gab man sich immer wieder der Chimäre
gütlicher Verständigung hin.

Drei wesentliche Mängel wies Lessing in Theorie und Praxis
der Landschulheimerziehung auf. Zum einen den »Synkretis-
mus der allermannigfachsten Ideen«[12], die Kinderkrankheit
jeden Neubeginns, so unvermeidlich wie überwindbar. Zum
zweiten die Vertrustung des Systems, was nur durch Eingliede-
rung der Reformpädagogik ins staatliche Schulwesen ausgegli-
chen werden könne, um auch minderbemittelten Schichten der
Bevölkerung den kostenfreien Zutritt zu ermöglichen. Zuletzt
aber die der gesamten Lebensreformbewegung inhärente »anti-
kulturelle Rustizität«.[13] Die pädagogischen Stürmer und Drän-
ger huldigten, schreibt Lessing, einer Reformromantik, die die
Augen vor der Tatsache verschließe, daß Deutschland nicht
mehr auf Agrarwirtschaft und Landleben aufgebaut sei, sondern
auf den abstrakten Prinzipien von Wert, Geld und Tausch. Eine
»Pädagogik der Kulturflucht und Kulturangst«[14] bereite die
Schüler nicht auf die Wirklichkeit der Arbeits- und Marktver-
hältnisse vor, und so gut es sei, wenn man mit den Kindern aufs
freie Feld hinauswandere, dürfe man sich doch nicht der
Täuschung hingeben, Deutschland könne wieder in einen kor-

porativen Ständestaat zurückentwickelt werden. »Mit konservativen, agrarischen Idealen sind wir auch im Gebiet der Pädagogik heute unrettbar verloren. Knaben und Mädchen müssen von früh auf sich in städtischen Verhältnissen bewegen lernen. Sie sollen auch die feine Urbanität der Sitte nicht verlieren, die den Vorzug unserer Großstadtkultur bildet. Es ist schön: natürlich, gesund, elementar zu sein; aber es ist noch viel schöner, sehr differenziert und sehr kompliziert zu sein. [. . .] Es ist nicht richtig, den billigen Haß gegen die heutige großstädtische Gesellschaft und ihre Sitte zu nähren. Er führt fast immer zum Haß gegen Kultur überhaupt, zu Barbarei und Selbstüberhebung.«[15] Damit nimmt Lessing die spätere Entwicklung vorweg. Nach 1933 triumphierte der »frei gewählte Führer«, die nationalsozialistische Lehrerfigur, der nicht mehr wie der alte Oberlehrer bafelte, sondern seinen Schülern mit einer Mixtur aus jugendlichem Schwung und strikter Maßregelung beikam, den Zugang zu neuen Ufern versprach und an Opfersinn und Heldenmut appellierte: Die Landschulheime wurden zu Pflanzstätten des nationalsozialistischen Übermenschen. Würde man aber ohne Einschränkung der These zustimmen, daß Sturm und Drang, Romantik und Reformpädagogik nicht viel mehr gewesen seien als drei Wellen einer in sich zusammenhängenden »Deutschen Bewegung«[16], dann wäre der Sieg des völkischen und nationalsozialistischen Eklektizismus nochmals als einzig mögliche Entwicklung bekräftigt. Denn die Entfaltung und Ausbreitung des antimodernen Codes richtete sich gegen die universalistischen Traditionen der europäischen Aufklärung. Doch wurde das Landleben im Zeitalter der großstädtischen Ballungszentren zur Frage der Weltanschauung, es wurde eine Parole gegen die Errungenschaften der Moderne. Etwas ganz anderes aber war es, wenn man in einem Landschulheim seine Sinne aufsperrte und im Buch der Natur zu lesen anfing. Einer dieser Glücklichen, Klaus Mann, erinnert sich: »Meine Beziehung zur Landschaft und zur ganzen Natur war von der mystisch-erotischen Verfassung mitbestimmt, in der ich mich befand: ich umarmte Bäume, ich legte mein Gesicht an ihre

Rinde, und ich fühlte die weiche Substanz des Mooses als Liebkosung unter den dünnen Sohlen meiner Sandalen.«[17]

Im Widerspruch zu Volkstumsideologie und Naturverzükkung, im praktischen Einspruch gegen die herkömmliche Bildungsschule stellt Theodor Lessing 1904 im Landschulheim Laubegast *seine* Vision moderner Erziehung vor. Der Sinn von Schule und Arbeit könne doch nur darin bestehen, zusammen mit den Kindern sich zu freuen und eine »Pädagogik der Freude« weiterzugeben, bei der das Kind und der Jugendliche »durch aktiven Verkehr mit den Objekten«[18] seine täglich erfahrene und erlebte Wirklichkeit begreifen lernt. Nur wer den Schülern die Freude an der Gegenwart erhalte und fördere, ihr Selbstbewußtsein verstärke und von überflüssigen moralischen Ermahnungen abkomme, der erfülle das Ideal eines richtigen Erziehers. Dieser greife unauffällig ins Unterrichtsgeschehen ein und schätze zudem den »Segen der Unaufmerksamkeit«.[19] Und wenn überhaupt »Freudemachen die alleroberste Regel der Lebenskunst«[20] sei, gebe es kaum etwas Wichtigeres als das Verteilen von zubereitetem Wissen. Die wenigen Zeugnisse ehemaliger Lessing-Schüler stimmen darin überein, daß er sich ans Konzept vergnüglichen Lernens und entwaffnenden Erzählens gehalten hat.[21]

Lessing empfand Erziehung (über die Institution der Schule hinausweisend) als einen Prozeß, der in aller Stille vor sich geht, im Lauschen auf das Dazwischen, im Suchen nach »letzter tiefer Stille«.[22] Er meinte damit eine andere Stille als die europäisch gewohnte: die Selbstversenkung der indischen Religionen und Philosophien, die überleitet zu einer »Erziehung zum Schweigen«.[23]

Dresden, zu Anfang dieses Jahrhunderts: Das war immer noch die Stadt barocker Pracht, die Sempersche Oper, der Zwinger, die Frauenkirche, das war bürgerliche Gediegenheit und Tradition. Es gab auch hier, am Rande der sächsischen Kapitale, ein Laboratorium der Moderne, in dem ein Zeitgeist neuer Sachlichkeit erprobt wurde. Mochte die Brühlsche Terrasse als der

»Balkon Europas« gelten, die Perspektive auf die Zukunft wurde in den Gartenstadtprojekten des Architekten Tessenow verwirklicht, in neuen Lebens- und Wohnformen der Siedlung Hellerau, von den dort lebenden Schulreformern, Künstlern, Städteplanern und Philosophen. Die Orte und Plätze, wo dies sich abspielte, waren ebensosehr Provisorien wie die ausgefallenen Ideen und vorerst noch utopischen Pläne zur Neubegründung eines republikanischen und demokratischen Staates.

Der Ort, an dem Lessing seine ersten großen philosophischen Vorträge abhält, ist ihm selbst »Symbol für die philosophische Richtung und das umfassende Lebensziel«[24]: der Wilhelmssaal im Dresdner Hauptbahnhof. Hier kann er das schmale Gehalt, das er als Lehrer ausgezahlt bekam, aufbessern und zugleich die Substanz philosophischer Erkenntnisse gebrauchstüchtig umwandeln und einem interessierten gemischten Hörerkreis näherbringen: der Bahnhof als Umschlagplatz von Ideen, als Ausgangspunkt für Reisen auf der Landkarte des Wissens. »Während ich sprach, fiel mein Blick auf die mächtigen Glasdächer und schönen Eisenkonstruktionen, auf Stahlrippen, Bögen, Brücken und Kuppeln, die Zweckmäßigkeit und Angepaßtheit unserer Tage, unsern Stil; eine neue Schönheit und Kunst, die aus sozialem Nutzen und wirtschaftlichem Fortschritt gewonnen und an praktisches Handeln geknüpft ist. Wir hörten das Donnern und Stampfen mächtiger Maschinen und atemloses Brausen von Bahnzügen in diese Vorträge dröhnen. Wir standen vor einer Welt von Dampf und Eisen, keuchender überwachter Arbeit, Ruß und Stahl.«[25] Der sozial engagierte Lessing verknüpft den Vortragszyklus über »Schopenhauer, Wagner, Nietzsche« mit kritischen Anmerkungen zu den beobachtbaren Nachwehen des *fin de siècle*-Gefühls und wendet sich gegen die grassierende »Kultur- und Wissensangst, [. . .] das ganze Niedergangs- und Dekadencegejammer, das in unseren Tagen gerade im Anschluß an Nietzsche so verbreitet ist!«[26] Diese von philosophischen Dilettanten geschürten Stimmungen von Niedergang und Nihilismus seien als kulturkritische Kurzschlüsse überhaupt nur möglich gewesen durch die Tatsache einer längst erreichten Stufe des modernen Fortschritts und kultureller Errungenschaften, die man nicht fahrlässig preisgeben dürfe. Jede Aufklärung ist mit zunehmender Desillusionierung verbunden, und so sei es psychologisch betrachtet durchaus verständlich, wenn viele Menschen lieber im Dunstkreis romantischer Sentimentalität und vergoldeter Vergangenheit leben möchten als inmitten der oft schlaflosen Gegenwart.

Jede Kultur provoziert Gegenkultur, und diese ist immer antiintellektuell.[27] Es ist die Furcht vor den eigenen großartigen Möglichkeiten, die Flucht ins Wärmezentrum des Schlafes, des Vergessens und Verdrängens, die Sucht nach Lebensgefühl und Lebenslust. Damit sind Bedingungen gesetzt, die romantisch-individualistische und religiös-ästhetische Lebensleitschemata begünstigen. Beide sind irrational, asozial und reaktionär.[28] Lessing deutet sie als Abwehrreaktionen zurückgebliebener Triebenergien, die sich dem kulturellen Verfeinerungsprozeß nicht ausliefern wollen. »Sehnsucht aber ist der Affekt des modernen Menschen, wenn wirklich jede Zeit einen nur ihr zukommenden und für sie typischen Affekt hat. Unsere Farbe ist das unruhige, sehnsüchtige Violett, unsere Linie die ›endlose Linie‹ der modernen Ornamente ... Dieses nun scheinen mir die psychologischen Bedingungen zu sein, auf Grund derer sich der moderne ›Pessimismus‹ erhoben hat.«[29] Ein gelebter Pessimismus, kein philosophisch durchdachter, ein vorbehaltloses Stürzen in den Willen zum Leben. Als solcher wurde er in dieser Zeit zu einem vorherrschenden Grundgefühl und zum Gemeingut des immer wieder hinausgeschobenen Endes einer Epoche, die erst 1914 mit dem Weltkrieg in einem gigantischen Akt der Selbstzerstörung unterging.

Die Natur der pessimistischen Wahrheit aber ist ihre Hoffnungslosigkeit, die sich dem philosophisch Erkennenden immer aufs Neue aufdrängt, darum ist es aber auch eine Wahrheitssuche ohne Blasiertheit und Zynismus.[30] Der Hauptinhalt dieser Dresdener Vorträge, schreibt Lessing später, sei das Problem der Wahrheit gewesen, daß man der Medusa nicht klar ins

Antlitz schauen könne, ohne dabei doch fühlen zu müssen, zu Eis zu erstarren.[31] Nur die ernste Philosophie, die das wagt und geradeausblickt, erfülle als aktiv wertende ihre Funktion unerbittlicher Verneinung.[32]

Aber alle dem Seinsollenden verpflichteten philosophischen Arbeiten, die »Wertaxiomatik« und die Studie über Kants Ethik, waren auch »Ringkämpfe um diese Frau«: Maria Stach.[33] 1904 war sie mit einem Schüler Lessings, dem späteren Schriftsteller Bruno Frank durchgebrannt; erst am 19. Oktober 1907 wird die Ehe geschieden. Dennoch widmet Lessing ihr 1908 ein Buch über Raffaels Madonna Sixtina »in steter Dankbarkeit und Ehrfurcht«.[34] Als es 1912 am Grabe ihres verunglückten Kindes Miriam zu keiner versöhnlichen Geste der trotzig-stolzen, hilflos-harten Frau kommt[35], läßt Lessing in einer als Privatdruck erschienenen autobiographischen Skizze, »Der Dialog«, zwei Phantasiefiguren stellvertretend reden und sich verständigen. Der Tod seiner Tochter Miriam am 4. April 1912 wirft Lessing in ein Chaos von Todeswünschen, Selbstvernichtungsfieber und Schlaflosigkeit. Der Mönch Simplizius gibt in der fiktiven Unterredung des »Dialogs« seinem Gegenüber Benediktus die Antwort auf die Frage nach der eigenen Zukunft: »Wir müssen uns wohl an Taten halten.«[36]

Das hatte Lessing getan, schon vor 1912 in Dresden. Er absolviert sein Lehrpensum, schreibt und publiziert, mischt sich in die aktuellen Händel der Stadt und spricht am 9. Januar 1904 zum ersten Mal als Vertreter der 1901 gegründeten »Internationalen Föderation zur Bekämpfung der staatlich reglementierten Prostitution«.[37] Neue Liebes- und Eheverhältnisse müßten im Vordergrund des sozialpolitischen Interesses stehen, wenn die Abschaffung der Prostitution gelingen solle. »Im Bann all der zahllosen kleinen und nächsten Absichten fehlt es den Frauen nur an Fernblick. Sie ahnen nicht, wohin ihre sozialpolitische Arbeit steuert. Wenn z. B. Frauen in der Sittlichkeitsbewegung und im Abolitionismus entrüstet gegen die Prostitution verkommener oder unglücklicher Mädchen kämpfen, so ist ihnen nicht klar, daß sie damit auch wider die gegebenen Formen des

Liebes- und Ehelebens angehen, insbesondere gegen die heutige Eigentumsehe. Oder wenn Frauen der Bildungsvereine nur für Studium und Beruf ihrer unversorgten Töchter einzutreten glaubten, so werden sie unvermerkt auch dahin gedrängt, für ungewollte Reformen der Hauswirtschaft und Familienordnung einstehen zu müssen. Man erlebt daher täglich, daß die konservativen und gemäßigten Frauengruppen heute Aufgaben und Ziele billigen, die sie gestern noch als allzu radikal und dem Staat gefährlich ablehnten.«[38]

Diese Sicht auf die Frauenbewegung entsprang keiner nur tagespraktischen Erwägung, denn Lessing hatte bereits in München angefangen, an einem längeren Essay über die Rolle der Frau in der Gesellschaft zu arbeiten. Wirtschaftliche und rechtliche Gleichstellung der Frauen, Anteil an den Entscheidungsstrukturen in Staat und Gesellschaft, das waren die zentralen Ziele der bürgerlichen Frauenbewegung; Lessing wollte vor allem erst einmal die sozialhistorischen und psychologischen Grundmuster herausfinden, die diesen tagespolitischen Forderungen zugrunde liegen. In seinem Buch »Weib, Frau, Dame« spaltet er die weibliche Geschichte auf in drei große Wertkomplexe, in drei Stadien einer Entwicklung, wobei Weib, Frau und Dame jeweils als »Begriffszeichen für drei seelische Werte«[39] fungieren. Jedes der drei – Weib: Wertzeichen des Sinnlich-Triebhaften, des Instinkts, der Mütterlichkeit; Dame: Wertzeichen sublimierter Sinnlichkeit; Frau: Wertzeichen sozialer und kultureller Eigenschaften – steht im Widerspruch zum anderen, streitet um Rang, Vormacht und Herrschaft. Zwischen diesen stark schematisierten Wertfigurationen sieht Lessing ein neues Frauenbild sich abzeichnen. Die Frau übernimmt in diesem langwierigen Umwandlungsverfahren die Arbeit der Vermittlung, denn sie ist die Vertreterin der Not, der gesellschaftlichen Beziehungen; sie muß die Gegensätze von Natur (Weib) und Kultur (Dame) in sich aufheben. »Wenn sich eine neue Synthese aus den drei Wertbereichen Natur, Wirtschaft und Kultur gebildet hat, dann wird unsere Sprache über ein neues Wort verfügen, welches die drei Begriffe in einem zusam-

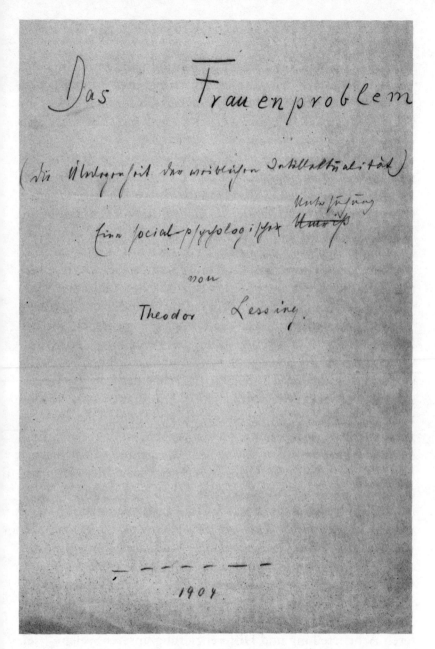

Das Frauenproblem (Die Überlegenheit der weiblichen Intellektualität). Eine sozialpolitische Untersuchung von Theodor Lessing, 1904.

Titelblatt zu einem geplanten Buch, das 1910 dann unter dem veränderten Titel *Weib, Frau, Dame* erschien.

menfaßt.«[40] An seine Töchter Judith und Miriam richtet der
väterliche Feminist den nietzscheanisch getönten Wunsch: »Der
wir einem fröhlichen, jung beginnlichen Geschlechte Euch, ihr
beiden Liebsten, das Anbild zeigen zu Vollweib, Edeldame und
Ueberfrau.«[41]

Vehement kritisiert Lessing den biologistischen Romantizis-
mus in der Frauenbewegung. Falsche Freunde einer erotischen
Natürlichkeit wollten die Frau auf den Status des instinkthaften
Gefühlswesens zurückdrehen, in die Mütterlichkeit und in die
Abhängigkeit von wohlmeinenden Geschlechtsromantikern,
die für die Beibehaltung patriarchalischer Sitten und die Auf-
stockung der Geburtenrate sind und so tun, als sei »die intellektuelle Kultur der Todesweg der europäischen und amerikanischen Völker [. . .]. Aber es liegt auf der Hand, daß alle solche
Vorhaltung sich nicht gegen die rationale Fortentwicklung der
Frauen, sondern im Grunde gegen den Prozeß der Zivilisation
und Sozialisierung überhaupt richten und schließlich gegen die
gesamte Kultur, soweit Intellektualisierung des Lebens, Vergei-
stigung der Seele ihr Attribut ist«.[42] Die Frauen seien jedoch
biologisch geradezu prädestiniert, die Leitung und Regulierung
gesellschaftlicher Funktionen zu übernehmen, denn nach Lessings Notprinzip (der rationalen Verdichtung psychischer
Kraft) sind Frauen das rationalere Geschlecht. Ihre Leidensgeschichte befähige sie zu größerem Beharrungsvermögen, zu
mehr Geduld und Langmut. Die Not hat eine rationale Spur, sie
vertieft und befestigt den ganzheitlichen Zusammenhang der
weiblichen Identität.[43] Rationalität, Radikalität und Not sind
die drei Organisationspunkte der weiblichen Emanzipationsbewegung, die im gesellschaftlichen Zwist gegeneinander arbeitenden Frauen seien sich dessen noch nicht bewußt, daß sie auf
etwas abzielen, was nur der »äußere Reflex der immer raffinier-
teren Arbeitsteilung und Differenzierung unserer Seelen«[44] sei.
Den Marxschen Gedanken der Selbstaufhebung der bürgerlichen Gesellschaft auf die Frauenbewegung übertragend, meint
Lessing, daß ähnlich »wie die kapitalistische Gesellschaft selber
jene sozialistischen Gedanken hochträgt, die ursprünglich ihren

Stachel gegen diese Gesellschaft kehren, so werden die scheinbaren Feinde, Weiber und Damen, zuletzt die Erfüller der Frauenzukunft sein«.[45]

Die organisierte Frauenbewegung laborierte an ihrer Uneinheitlichkeit: Die bürgerlichen Frauen konnten und wollten den sozialreformerischen Liberalismus und Individualismus nicht überschreiten, politische Zurückhaltung und humanitär-wohlfahrtsstaatliche Ideale grenzten ihren Aktionsradius ein.[46] Sowohl der rechte wie der linke Flügel der bürgerlichen Frauenbewegung aber fühlte sich dem politischen Linksliberalismus verbunden.[47] Die Spitze der linksbürgerlichen Frauenbewegung bildete der 1888 in Berlin gegründete Verein »Frauenwohl«, der zusammen mit dem deutschen Ableger der »Internationalen Abolitionistischen Föderation« zum »Verband fortschrittlicher Frauenvereine« zählte, der diese Einzelgruppierungen und Verbände 1899 unter einen Hut brachte. Die »Frauenwohl«-Gruppe griff Themen wie Eherechtsreform und Frauenstimmrecht auf, lud prominente Vortragsredner für öffentliche Diskussionen ein, arbeitete im Sinne einer kämpferischen Solidarität zwischen den Geschlechtern.[48] 1899 spaltete sich der rechte Flügel ab, weil die energische Politisierung und Mobilisierung der öffentlichen Meinung durch den linken Flügel unannehmbar erschien. Vertreten waren die Frauen durch Helene Lange und Gertrud Bäumer auf der rechten, reformbürgerlichen Seite, während Minna Cauer und Anita Augspurg die linke, radikalsozialistische Position einnahmen. Sie wollten auch Themen der Arbeiterbewegung, Arbeitsschutz in der Fabrik und Organisation der Arbeiterinnen, in die politische Tätigkeit einbeziehen, was die konservativen Frauen grundsätzlich ablehnten.[49] Der »Frauenwohl«-Vereinigung war es zu verdanken, daß 1898 in Deutschland eine Zweigstelle der »Internationalen Föderation zur Bekämpfung der staatlich reglementierten Prostitution« gegründet wurde. Der 1904 unter der Leitung von Katharina Scheven in Dresden sich konstituierende Verein verstand es, die Öffentlichkeit immer wieder mit Kongressen, reger Vortragstätigkeit, Petitionen und Veranstaltungen auf das Frauenelend im kaiserlichen Männerstaat aufmerksam zu machen.

Theodor Lessing gehört mit zu denen, die dieser Sache Gehör verschafften. Zu seinen gutbesuchten Vortragsveranstaltungen kommt ein recht illustrer Kreis von Zuhörern; ein junger Anhänger schildert seine Eindrücke von solch einem Abend: »Er war mittelgroß. Beweglich mit einer Neigung zur Fülle. Ein eindrucksvoller Kopf, ein kleiner Bart, das zurückgekämmte braune Haar leicht gewellt. Sein Alter ließ sich schwer schätzen, er wirkte auf mich wie ein etwas müder Schauspieler [. . .], gab sich sehr weltmännisch, sehr freundlich, aber leicht überlegen und stets etwas gutmütig ironisch – oh, und er war ja so gescheit! Er wußte einfach alles. [. . .] Keinen geringen Gewinn bedeutete es für mich, daß die Vortragskurse Lessings ein sehr großes Publikum anzogen: junge Männer meines Alters, streng gekleidete, ernsthafte junge Damen, in die man sich nicht vergaffen konnte, die aber klug waren; unbestimmbare, mittelmäßig gekleidete Herren, elegante Löwinnen in Pelzen, aber auch Käuze, so etwa der bejahrte Erfinder der sogenannten Erbswurst, ein reicher Fabrikant und seine schöne Frau, ein bewundernswertes Paar, das junge Künstler protegierte. [. . .] Zu den Hörerinnen Lessings gehörte eine Reihe von Frauenrechtlerinnen, die ihn bewunderten. Sie waren alle ein bißchen verdreht gekleidet, in wallende Gewänder, die mir äußerst mißfielen, und sie waren alle streitlustig, was sie ebenfalls nicht unbedingt verschönerte. Doch machten sie mich nachdenklich, denn hier öffnete sich eine mir fremde (gereizte) Welt, die schon deshalb ihre Berechtigung zu haben schien, weil Lessing für sie eintrat. [. . .] Und dafür kann ich Theodor Lessing nicht dankbar genug sein. Ich lernte von ihm das dialektische Denken.«[50]

Das Dialektische ist für Lessing keine rhetorische Figur, die Frauenfrage ist ihm nicht nur soziale Frage, auch eine der praktischen Aufklärung. Die akademisch gebildeten Frauen würden schon einen Ausweg finden und sich zu helfen wissen, doch die durchschnittliche Hausfrau? Sie stand in der Regel als ewig

gehetztes, übermüdetes und langsam verblühendes Geschöpf
weiterhin allein da, auf ihr lastete der ganze Familienschutt, das
Einkaufen, Kochen, Waschen, Bügeln, Stopfen und Wienern.
So griff er in Dresden die von Karl Scheffler entwickelten Pläne
zur Reform der Hauswirtschaft auf, plädierte für kraftsparende
Großküchen, zentrale Waschanlagen und andere Erleichterun-
gen, die der geplagten Hausfrau Zeit für eigene Bedürfnisse
ließen. Die durch Charlotte Perkins in den USA angeregte
Hauswirtschaftsreformbewegung könnte Lessings Vision eines
kollektiven »Wirtschafts-, Interessen-, Bildungs- und Lebens-
kommunismus«[51] mit beeinflußt haben. Wie auch immer: Seine
Kritik an den Bonvivant-Allüren der Ehemänner und sein
Verständnis für die Hausfrauen, für ihr zerfegtes, zerkochtes
und zerwaschenes Leben ist noch immer zeitgemäß: »Unsere
Frauen altern und verblühn, leisten eine Arbeitsmenge, die kein
Mann zu leisten vermöchte und erreichen doch nichts, als daß all
dieses, Kochwirtschaft, Hauswirtschaft, Kinderpflege ganz un-
rationell, unzweckmäßig und dilettantisch geübt wird. [. . .]
Frühzeitig verblüht, unliebenswürdig und verbittert, im ewigen
Übermüdet- und Überhetztsein, im engen Dunstkreis der geliebten Küche, nie zur Selbstverantwortung, zum Stolz, zum
eigensten Selbst gekommen, – so vergeht heute das normale
Frauenleben. [. . .] Ich will euch verraten, was in Wahrheit
hinter dieser Willkür und Zufälligkeit verborgen liegt: Diszi-
plinlosigkeit, Primitivität und rüpelhafte Unkultur des durchschnittlichen Mannes. Es soll alles nach Laune gehen. Ihr
möchtet euch eben gehen lassen. [. . .] ›Behaglichkeit‹ ist eure
einzige Göttin. [. . .] Ihr schwatzt gar viel von Liberalismus und
Freiheit; aber gibt man euch die Freiheit sittlich zu sein, dann
ersehnt ihr nur die Freiheit von aller Sitte. Zufall und Chaos
beherrschen euer Leben. [. . .] Zufall und Chaos allein schweben um die Gestalten eurer Hausmütter und Hausfrauen. [. . .]
Die Frau kocht, wäscht, reinigt, lärmt und erzieht kraft ihrer
›Vorbestimmung‹ und ihres Geschlechtes, heute genauso wie es
ihre Großmütter zur Zeit der Naturalwirtschaft getan haben.
[. . .] Können aber auch jene, die in den Formen des kleinen

Haushaltes leiden und verkümmern, die Notwendigkeit neuer Haushaltsformen nicht einsehen, nun, dann sollen sie auch nicht klagen. Dann lebt und sterbt meinetwegen unter der Tyrannei all der toten Objekte! Lebt für die Reinlichkeit eurer Kochtöpfe und Wäscheschränke! Sterbt für die Tadellosigkeit eurer Räucher- und Speisekammern! [. . .] Fordert nicht, daß ich bewundre, wenn freie Seelen für das Ziel leben, daß das Kotelett gemäß der ›Individualität‹ der Familie gebraten werde und die Gänsehaut genauso knusperig gerät, wie Papa das am liebsten hat.«[52]

Der 1914 anbrechende Steckrübenwinter und die Zwangsbewirtschaftung warfen die Emanzipationsutopie von Herd und Haushalt weit zurück. Lessings ehemaliger Freund Max Scheler aber zog 1923, mitten in der Inflations- und Hungerzeit, *seine* Lösung der Frauenfrage aus der Tasche. Den Rückgang der nationalen Fruchtbarkeit beklagend, skizzierte er einige Bedingungen, die das Gebären für Deutschland günstiger gestalten könnten, Bedingungen, »die eine vom Standpunkte der biologischen Zweckmäßigkeit aus hinreichend große, gesunde und zeitlich frühe Fruchtbarkeit in Aussicht stellen (Beckenweite, Stillfähigkeit usw., erotische Reizbarkeit)«.[53] Es dauerte noch einmal weitere zehn Jahre, bis die Frauen in Deutschland, mit Ehrenkreuzen geschmückt, einem heiliggesprochenen Gebärauftrag im Sinne der deutschen »Rassereinheit« und zum Wohle des »Führers« nachkommen sollten.

In einem satirisch gestalteten, aber durchaus reale Erfahrung enthaltenden Feuilleton blickte Theodor Lessing 1923 auf seine Arbeit in der Frauen- und Emanzipationsbewegung zurück: »Ich habe in Sittlichkeitsvereinen gesprochen. Aber die Leute, welche mir recht gaben, waren alle schon sittlich, und hätten es beim besten Willen nicht fertiggebracht, es nicht zu sein. Ich habe in vielen Frauenverbänden für die Gleichberechtigung der Frauen gekämpft; aber die Damen, die mir reichen Beifall zollten, haben immer alles schon gewußt und die schönen, denen ich etwas Neues hätte sagen können, zogen es vor, Tennis zu spielen.« Ihm sei klar geworden, daß man den Menschen nur helfen könne, wenn man alles um- und umkehre, schon im Mutterleib stehe der Mensch ja kopf. Man müsse vielleicht die Kokotten in eine Kirche einsperren und dafür den freiwilligen Büßerinnen die Aufgabe stellen, sich vierzehn Tage lang »im Sündenpfuhl der Fleischeslust zu wälzen ohne Katzenjammer und Schnupfen. Das wäre ausgleichende Gerechtigkeit. Aber so!?« Er wolle damit nichts gegen Moral und Tugend gesagt haben, ja überhaupt rein gar nichts gesagt haben; aber eines müsse er doch sagen: »Es ist das ganze Unglück der Menschheit, daß immer die verkehrten Leute tugendhaft sind.«[54]

Weltsphären
Theaterkritik und Phänomenologie

Für das wilhelminische Kultusministerium und die Dresdener Universität war das zu viel auf einmal: Jude, Sozialist und Agitator für die Frauenbefreiung: Lessings Gesuch auf Einleitung seiner Habilitation wurde abgelehnt.[1] Mit einem Empfehlungsschreiben seines Psychologielehrers Theodor Lipps ging Lessing nach Göttingen, zu Edmund Husserl, wo er dessen »Einführung in die Logik und Erkenntniskritik« belegte und im Seminar »Ausgewählte Probleme der Phänomenologie und Erkenntniskritik« bearbeitete.[2] Zum Sommersemester 1906 hatte er sich eingeschrieben, als Husserl gerade seinem Tagebuch anvertraute, nun sei er endlich die peinlichen Schwächen und Depressionen los und habe wieder Wind in den Segeln.[3] Die Universität ließ dem damals noch unbekannten Philosophen zu Beginn des folgenden Semesters in Anerkennung seiner akademischen Wirksamkeit eine Gehaltszulage zukommen. Noch im vorhergehenden Jahr hatte es seine Fakultät abgelehnt, dem Vorschlag des Kultusministeriums zu folgen und Husserl zum Ordinarius zu ernennen. Die Kollegen sträubten sich und schoben mangelnde wissenschaftliche Bedeutung vor[4], was den Abgewiesenen jedoch nicht daran hinderte, Anfang 1906 im akademischen Hintergrund daran mitzuwirken, Leonhard Nelson zur Habilitation in Göttingen nicht zuzulassen, vermutlich deshalb, weil beide sich 1903 zerstritten hatten.[5] Im Sommersemester 1905 war es zur »Münchner Invasion von Göttingen« gekommen, ein Kreis von Schülern Lipps' wechselte zu Husserl, der mit einem Besuch im Frühsommer 1904 bei den Münchner Phänomenologen den Anstoß zur phänomenologischen Bewegung gegeben hatte.[6] Bei Husserl lernte Lessing, was

Sehen für die philosophische Arbeit bedeutet, Sehen als erfahrendes Sehen *auf etwas*, »als originär gebendes Bewußtsein welcher Art immer«, das sei die »letzte Rechtsquelle aller vernünftigen Behauptungen«.[7] Eine Forschungsmethode also, kein starres Lehrsystem, Mikroanalysen, die der Realität näherrücken wollen, Zugangsfelder öffnen und zu den Sachen selbst vordringen. Ein richtiger Phänomenologe mußte »alles-auf-Kleingeld-Bringen«.[8] Doch in diesen Göttinger Jahren kamen Husserl Selbstzweifel (»Wieviel Zeit, Leben, Geistesarbeit und Geistesansätze habe ich vergeudet! Wieviel angefangene Bauten wieder in Ruinen verfallen lassen!«)[9], und begabte Schüler und wagemutigere Köpfe wie Max Scheler oder Theodor Lessing zogen Husserls Mißtrauen auf sich, da er um die Haltbarkeit seiner methodischen Forschung fürchtete.[10] Unterschwellig rumorte das weiter in der Auseinandersetzung zwischen Husserl und Lessing darüber, ob dieser seine beiden Studien zur Wertaxiomatik und zur Ethik Kants ohne die gebührende Abtragung einer Dankesschuld der akademischen Öffentlichkeit übergeben hatte oder nicht.[11]

Das Einüben ins mikroskopische Schauen, die geduldige Versenkung in einen Gegenstand, der immer noch einer weiteren und erneuernden Beobachtung bedarf: Dieses methodisch-philosophische Sehen will Lessing nicht nur im bald schon despektierlich charakterisierten »Begriffe-Priesterseminar«[12] praktizieren. Und da er Kleingeld zunächst zum Leben braucht, stattet er dem kleinen Theater am Ort einen Besuch ab und schreibt künftig für die »Göttinger Zeitung« Nachtkritiken. Es muß auf Husserl höchst enervierend gewirkt haben, wenn einer seiner Schüler die Phänomenologie auf diese unmittelbare Weise profanierte. Husserls Idiosynkrasie gegenüber allem Allzurealen ist anekdotisch eingefangen in einer von Günther Anders überlieferten Szene: Als dem Professor zu Ohren gekommen war, daß sein Doktorand eine Faschingsnacht durchgetanzt habe, fuhr er ihn bitterernst an: »Ein Phänomenologe tanzt nicht und zu allerletzt kostümiert!«

Es konnte nicht ausbleiben, daß Lessing später in einem satirischen Feuilleton die hochabstrakte und dabei teilweise doch nur Selbstverständlichkeiten der »Lebenswelt« umständlich ausdrückende Sprache der Phänomenologie veralberte: »Das Wort phänomenologisch [. . .] kann man getrost überall anwenden, wenn man sich nur vornimmt a) immer etwas Triviales und Selbstverständliches, b) niemals etwas Sinnenfälliges [. . .] damit zu verbinden. Man hüte sich, konkrete Gestalten, so z. B. Filzpantoffeln, Blumen, Kohlenschaufeln, Schafe ›phänomenal‹ zu nennen; wohl aber redet man mit Vorteil z. B. von ›Phänomenologie der Liebe‹, der Phantasie, des Wahrnehmens, des Sichärgerns. [. . .] Die ›Phänomenologie der Liebe‹ (eines der beliebtesten Gesellschaftsspiele in Philosophenkreisen) enthüllte sich sehr einfach als das Folgende: a) das Erlebnis des Liebens selber, also ein ›bloßes intendierendes Aktphänomen‹, b) ein Inbeziehungsetzen intendierender Aktphänomenalität zum relationsphänomenal fundierten Gegenstande und c) ein akzessorisches, keineswegs logisch konkludentes Werthaltungsakterlebnis, ohne die beim Übergang zum Ästimationserlebnis unerläßliche Gültigkeitstönung an Hand ›nomothetischer Bewußtseinspostulate.‹ – Dergleichen läßt sich binnen weniger Monate leicht lernen. Man blicke dabei geradeaus und schiele mit dem rechten Auge nach links und mit dem linken nach rechts.«[13] Wenn Könige bauen, haben die Kärrner zu tun: Was manche Schüler von Husserl, Marx oder Freud mit dem fachterminologischen Vokabular anstellten, wie sie die Begriffe und Kategorien verdinglichten und zur Erschließung von Wirklichkeitssphären unbrauchbar machten, das mußte bei Lessing auf Widerspruch stoßen, die Leistungen Husserls für die philosophische Forschung hat er nicht bestritten.

Die phänomenologischen Fachmandarine vergrätzte er dennoch mit seiner philosophisch-ästhetischen Publizistik; und das an eingängige Theaterpossen gewöhnte Göttinger Bürgertum verschreckte er mit seinen ambitionierten Kritiken, die über das herkömmliche Rezensieren von Stück, Schauspielern, Ausstattung und Gesamteindruck hinausgingen. Theodor Lessings Begriff vom Theaterspiel sperrte sich gegen die gewohnte, flott heruntergeschriebene Gelegenheitskritik. Im Theater erschließt sich ihm eine zweite Welt, ein Transparent zum Durchblick auf die erste. Aber das Erlebnis des Theatralischen bezeugt auch seine elementare Erfahrung der Ästhetik überhaupt: »Das ästhetische Auffassen ist der urbiotische elementare Zustand alles ›Erlebens‹.«[14] Im tragisch oder komisch empfundenen Leben jedes Menschen kristallisierten sich Wertvorstellungen heraus, die zunächst vom Ästhetischen her sich bilden. »Das ästhetische Erlebnis [. . .] ist wertsetzendes (axiologisches) Erleben. Die sozialen Akte [. . .] und [. . .] die rein logischen Akte [bedeuten] weitere Steigerung des ursprünglichen ästhetischen Ja- und Neinsagens; in der Richtung auf immer wachere Bewußtheit.«[15] Ästhetik müsse zur Ethik werden. Dem kollektiven Verlangen nach sinnbildhafter Deutung des Weltgeschehens kommen die Mythen und Religionen nach, sie bieten dem psychischen Gefühlsraum eine »mächtige Schwingungsbreite«; die religiösen wie ästhetischen und auch historischen Erlebnisse sind nichts anderes als das Ausschwingenlassen dieser Zeichen und Symbole;[16] älteste und letzte Lebensgefühle sind darin gespeichert. Damit aber werden Religion, Ästhetik und Geschichte zu passiven, rückwärts gewandten, konservativen Lebensmächten. Der Kirche, als mächtiger Verwalterin der Sitten, Riten und Gebräuche, ist es gelungen, das Leben der Menschen zu beherrschen, zu regeln und zu steuern. Demgegenüber müsse das Theater seine ästhetische Macht für die Freisetzung aufklärerischer Energie nutzen; mehr als nur diffuse Ablenkung und Unterhaltung, konkrete Ethik solle es vermitteln. Kunst, Dichtung und Musik sind immer die ersten Experimentalformen symbolischer Gestik gewesen, die Unbewußtes repräsentieren, zugleich aber kollektive Bilder des Lebens entwerfen. Solle diese theatralisch-ästhetische Produktivität der Massenphantasie zugute kommen, müsse die strenge Trennung des Rauschhaften der Kunst vom Nüchternen der Arbeitswelt aufgegeben werden. Die großen Dramatiker haben daher »die Sphäre der Abstraktheit schon wieder hinter sich, haben alles Gedankliche in Leben und Gefühl verwandelt«.[17] Die Bedingung dafür aber, daß die Dinge und Verhältnisse im Seelentheater des Zuschauers

durchsichtig werden, sei, daß die Weltwirklichkeit nicht einfach
verdoppelt, sondern vielmehr in ein völlig anderes Licht eingetaucht werde, in eine »völlig andersartige Welt, welche freilich
nur durch das Transparent der gegebenen Wirklichkeit hindurch erlebt werden kann«.[18] In den Grundsätzen dieser Theaterkritik zeichnen sich schon die Umrisse der späteren, politischen Kritik des Theatralischen ab. In seinen Erörterungen über
hypnotische und suggestive Phänomene, beides bedeutsame
Medien der theatralischen Maschinerie, hat Lessing die Tatsache
der Transparenz angesprochen. »Alles sinnfällige Material, das
einem bewußten Individuum zugeführt wird, kommt gleichsam
nur als eine Reihe notwendiger Medien und Transparente in
Betracht, durch welche hindurch das wahrnehmende Bewußtsein auf ein rein ideales Etwas blickt, was eben nicht sinnlich und
sinnfällig ist.«[19] Der von Lessing geformte Begriff der »Ah-
mung« entspricht diesem psychischen Vorgang. Im »Dialog
zwischen Ich und Gegenstand«[20] erfährt das Ich und erfährt der
Gegenstand eine Bereicherung, die in der traditionellen Einfüh-
lungsästhetik unberücksichtigt bleibt. Lessing besteht darauf,
daß beide Seiten dieses Prozesses aktiv aufeinanderwirken, es
dürfe kein »inneres Nachspiegeln« geben, vielmehr werde der
Gegenstand durch das Ich mit einem ästhetischen Plus ange-
reichert. Das Ich werte das Objekt durch »Aufahmung« auf und
vollende damit seine ästhetische Bedeutsamkeit. Doch auch der
Betrachter und Zuschauer bleibe nicht unverändert, und wenn
er schon nicht der Urheber des Kunstwerkes sei, so sei er doch
am Wiedererstehen des Kunstwerks beteiligt, in gewisser Weise
sogar ein Schöpfer, denn der Künstler »schafft die Schönheit,
der Genießende schafft sie nach«.[21] Im weiteren Verlauf dieser
»Mitahmung« genannten produktiven Fort- und Nachbildung
zeige sich, daß es niemals ein bloß rezeptives Verhältnis zu
Kunst und Theater geben könne; immer schon werde der Trug
mechanischer Widerspiegelung gebrochen durch die Wirklichkeit der unerschöpflichen subjektiven Produktionsphantasie.
»Was ich Gegenstand oder Ding nenne, besitzt mein Selbstbewußtsein nur in Form wechselnder Symbole. [. . .] Und auch

Ich und Seele besitze ich nie anders, als durch momentan repräsentierende Fassaden hindurch; das heißt in Form eines symbolischen Repräsentanten, der für mein Selbstbewußtsein jedesmal Ich oder Seele bedeutet. Gegenstände, Dinge, Natur, Welt und Seele sind Setzungen des Geistes, Symbole für etwas, was nur erlebt und erlitten werden kann. Diese Tatsache, die ich die Tatsache der Transparenz nenne, besagt, daß alles seelische Leben Symbol ist für deutende Akte des Bewußtseins und alle Gegenstände des Bewußtseins umgekehrt Symbole für seelische Erlebnisakte. Und diese Grundtatsache des Seelen- und Geisteslebens gipfelt in dem Erlebnis der Bühnenwirklichkeit, denn alles, was auf dem Theater erlebt wird, ist reines Symbol. Dinge und Ich in Form der Bühnenrealität lösen sich auf in Ketten unendlicher symbolischer Beziehungen.«[22] Nicht die Wirklichkeit selbst ist tragisch, komisch, grotesk, es sind die wertsetzenden Fiktionen, Symbole und Transparente, die darüber entscheiden, was zu beweinen oder zu belächeln ist.[23] Das erinnert an Epiktets Ausspruch, es seien nicht die Dinge an sich, die die Menschen verwirrten, sondern die Meinungen über sie, die soviel Unheil anrichteten. Im Theater sieht Lessing das Spiel auf der Bühne zum Bildsymbol werden, durch das hindurch der Zuschauer vom »Traum unsres einmaligen Ich«[24] ergriffen wird. Ein Schauspieler wird unvermeidlich zur »Illusionsfassade«, zum Symbol, zum Objekt von Sympathieströmen oder negativen Identifikationen, das Publikum schlägt ihm einen ästhetischen Mehrwert zu. Später wird Lessing seine theaterkritischen Reflexionen auf die massenpsychologischen Identifikationen im politischen Erfahrungsraum übertragen; er wird die Verehrung für historische Personen, für agierende Politiker und Generäle mit der Schauspielervergötterung in Zusammenhang bringen; er wird aus der alten Metapher des Welttheaters eine sozialpsychologisch fundierte Theorie historischer Symbolfiguren und politischer Repräsentanten entfalten. Dies ist das Zentrum von Lessings »Philosophie der Not«.

Vorerst aber bewegt Lessing der außerordentlich reformbedürftige Zustand der deutschen Bühnen. Ohne den Anspruch besonderer Originalität veröffentlicht er in vielen Aufsätzen und Artikeln technisch-ästhetische, schauspielpsychologische, dramaturgische und kunstkritische Gedanken, wie sich zwischen »Festrauschbühne«[25] und Klassizismus ein neues Theater moderner Symbole bilden könne. Das symbolische Prinzip sei die Grundlage »aller echten Bühnenreform, von Laube bis zu Gordon Craig. Dieses Prinzip will die Bühne weder Plastikern, Architekten, Malern ausliefern, noch sich mit dem gewohnten realistischen Ausstattungs- und historisierenden Vollständigkeits-Wahn begnügen«.[26] Lessing verlangt den denkenden Schauspieler, der an der Entwicklung seiner Rolle beteiligt wird und so neue Formgesetze des Theaterspiels ermöglichen könnte. Dazu stellt er Überlegungen an, ob nicht die Schauspieler als »Lebens- und Wesensgemeinschaft, als Wirkungs- und Tatgenossenschaft«[27] zusammenwirken sollten. Eine »Disziplin der psychologischen Ästhetik«[28] müsse diese (und viele andere, hier nicht erwähnte) Fragen der Bühnenorganisation mitbedenken.

Wie schon in seiner Kritik an den rückwärtsgewandten Idealen mancher Lebensreformer, Pädagogen und Frauenrechtlerinnen streicht Lessing auch auf diesem Gebiet die Vorzüge der kulturellen Moderne heraus und grenzt sich scharf ab von romantisch-konservativen Wertvorstellungen. »Das Theater vertritt stets das Prinzip der ›Urbanität‹. – Man kann ein Gedicht, ein Gemälde, eine Zeichnung oder ein Musikstück in tiefster Einsamkeit, auf dem Lande genießen. [. . .] Aber zum Genusse des Dramas begibt man sich ›in die Stadt‹; man spielt Theater, wo man sich sieht und gesehen wird, und alle Dramatik wurzelt in sozialethischen Fragen und Beziehungen. – So ist denn seit früher Menschenvorzeit das Theaterspiel Träger aller vergesellschaftenden, sozialisierenden Tendenzen gewesen. Eben darin gründet sein Zusammenhang mit Kultur, Politik und Moral. [. . .] Die agrarische Bestrebung, die zur Dezentralisation der großen Städte führt, die romantische Kulturflucht, die eine ›Rückkehr zur Natur‹ verlangt, der Anarchismus, der die Gesellschaft atomisieren will und jenes religiöse Priestertum, das die Frage der Einzelseele vor allen sozialen Fragen zu bebauen hat, – sie alle stimmen in der Abkehr vom Theater überein. [. . .] Zunächst aber entspricht die Liebe zum Theater immer einem Verständnis städtischer und ethischer Bedürfnisse. Die Entwicklung der Bühne wird daher stets mit zentralisierenden, kommunistischen Idealen verbunden sein. Denn das Theater spiegelt nach der historischen wie der psychologischen Seite nur die ›Facies‹ kultureller Vergesellschaftung. Das Studium des Theaters ist daher auch die wichtigste Quelle für Kulturpsychologen und Soziologen.«[29]

Als Lessing mit Beginn der Herbstspielzeit für die »Göttinger Zeitung« das Amt des Theaterkritikers antritt, spürt er schon bald, daß in einer Stadt wie Göttingen das Publikum für urbane Vorstellungen nicht sonderlich zu erwärmen ist. Obwohl er die Trauer- und Lustspiele, die Schwänke, Possen und Komödien dieser Provinzbühne durchaus wohlwollend und mit Verständnis für die Konzessionen an einen durchschnittlichen Publikumsgeschmack bespricht, treffen Beschwerdebriefe in der Zeitungsredaktion ein, man schimpft über seine Sprache und seinen Stil, empört sich über seine sarkastischen Aperçus und polemischen Seitenhiebe. Nach einem Jahr gibt er die Arbeit auf und verabschiedet sich von seinen Lesern mit der ironisch eingefärbten Feststellung, er habe nicht ahnen können, wie schwer es sein würde, »den Aristarch von Göttingen zu spielen«.[30] Einige Monate vorher schwante ihm so etwas bereits, als er Schopenhauers Urteil über dessen Göttinger Zeit zitierte: »Jeder, der die Fackel der Aufklärung trägt, mag gefaßt sein, daß ihm die Schnuppen auf die Finger fallen.«[31]

Die beiden Stars des Göttinger Ensembles waren Harry Liedtke, der später so populäre Filmschauspieler, und Carla Mann, die Schwester der Gebrüder Mann. Mit diesen von ihm hochgelobten Schauspielern freundete Lessing sich an, und man traf sich mit anderen Bekannten mittwochs zum Eierlikör und las Gedichte vor.[32] Und dann war da noch Otto Hapke, der Inhaber eines Nachtcafés und Herausgeber einer Theaterzeitschrift, für die Lessing Beiträge lieferte. Hapke und der Mittwochskreis gehörten zum »anderen Göttingen«. Das Café

Ich bezeuge hiermit, daß Herr Dr. Theodor Lessing im Sommersemester 1906 und im Wintersemester 1906/07 meine philosophischen Vorlesungen besucht und sich an meinen philosophischen Übungen für Fortgeschrittene mit sachlicher Vertiefung und reifem Verständnis beteiligt hat.

E. Husserl
ord. Professor a. d. Universität [Göttingen]

Schriftliche Bestätigung Husserls für Lessing, doch das Verhältnis war gespannt, da der »fortgeschrittene« Schüler nachts im »Café Hapke« Theaterkritiken für die Zeitung schrieb.

Hapke half dabei als Rückzugsterrain der ästhetischen Avant-
garde bei der Bewältigung des Kleinstadttreibens. Im stillsten
Winkel des Cafés saß ein Kreis aufgeschlossener Leute beisam-
men, tauschte Lesefrüchte aus, lästerte über Nichtanwesende
und vergnügte sich am Spiel mit Worten und Zitaten. Alles fand
sich im Café Hapke; es war eine Gegenstadt, ein Ort, an dem
Schriftsteller aus ihren neuesten Werken vorlasen und wo die
Göttinger Malaise für Stunden suspendiert schien.

Im Februar 1906 kommt Frank Wedekind zu einer Lesung, es
folgen Heinrich Mann, Hugo von Hofmannsthal, Rudolf Borchardt, Maximilian Harden, Gerhart Hauptmann und Richard
Dehmel. Zu Hofmannsthals Vortrag strömen immerhin an die
zweihundert Zuhörer herbei.[33] Lessing selbst liest am 15. Dezember 1906 neuromantische Dichtung vor: Verlaine, George,
Wolfskehl und – Theodor Lessing.

Während Heinrich Manns Lesung empfand der Berichterstatter etwas vom Wesen der in den halbbeleuchteten Räumen
des Café Hapke sich mählich ausbreitenden Stimmung des
Literarischen: »Heinrich Mann las mit sachlicher, verschleierter
Stimme, hinter deren stiller Objektivität tiefe suggestive Kräfte
liegen. Draußen regnete es und es tropfte und rüttelte gegen die
Fenster.«[34] Im Einerlei des kleingefalteten Stadtgewölbes war
dieses Café so etwas wie ein kosmischer Punkt, ein kleiner
Fixstern. Nicht lange. Denn nachdem Husserl Lessing bedeutet
hatte, er würde ihn nicht habilitieren, konnte Lessing nicht
länger in Göttingen bleiben. Mit einer Empfehlung Husserls[35]
reist er ab und landet dort, wo er nicht wieder hatte ankommen
wollen: in Hannover.

Im Reich der Zyklopen
Als Philosoph in Hannover

Jede andere Stadt wäre ihm recht gewesen, nur nicht Hannover, das so viele traumatische Kindheitserinnerungen wachrief. Aber hier konnte er sich endlich habilitieren. Im Oktober 1907 hält er die Probevorlesung zur Erlangung der *venia legendi* an der Königlichen Technischen Hochschule, im Dezember folgt das philosophische Antrittskolleg. Von außen betrachtet hatte Lessing sein Ziel erreicht, er war Hochschullehrer geworden, zwar nur als Privatdozent mit einem eher symbolischen Entgelt, doch das konnte sich ja noch ändern.

An dieser Hochschule jedoch nicht. Philosophie war dort Luxus und eine Sonntagsangelegenheit. Lessings Kollegen forschten im höheren Auftrag des wilhelminischen Staates, sie bildeten Techniker und Ingenieure aus, wollten Deutschlands Platz an der Weltmachtsonne sichern helfen; Philosophie war ihnen Hekuba. Diese Technische Hochschule wollte handfeste Forschung im Dienste der internationalen Wettbewerbsfähigkeit leisten und dem naturwissenschaftlich-technischen Bedarf der expandierenden Großraumpolitik des Kaiserreichs nachkommen.

Zudem hatte sich seit den sechziger Jahren des vergangenen Jahrhunderts die Arbeitsteilung und Spezialisierung innerhalb der Wissenschaften beschleunigt und vervielfacht, hatten die Naturwissenschaften ihre Eigenständigkeit gegenüber der philosophischen Fakultät gewonnen und sich zunehmend professionalisiert. Immer weniger kam es auf die hervorragende Einzelleistung des Gelehrten der alten Schule an; die Kompetenz rühriger Fachleute, komplex denkender und hochgradig spezialisierter Einzelwissenschaftler war gefragt, sie trieben den zusehends anonymer werdenden Großforschungsautomatismus der modernen Hochschulen und Universitäten voran.[1] Szientifische Strenge wurde gegen die vormalige Leit- und Orientierungsrolle der Philosophie ins Spiel gebracht, man verwies sie unter die schönen Künste, die Literatur. Philosophie, bar jeder wissenschaftlichen Nachprüfbarkeit, taugte allenfalls zur Erbauung nach Feierabend, zur unverbindlichen Einsichtnahme in die weltanschaulich-metaphysischen Gefilde des menschlichen Geistes. Wirklichkeit aber schien nur nach einem technischen Maßstab berechen- und verstehbar, erklärungsbedürftig einzig nach dem Prinzip des kleinsten Kraftaufwandes.[2] Die Philosophie antwortete auf diese Triumphgeste der natur- und technikwissenschaftlichen Fächer mit mehreren, von ihrer Existenzkrise stark geprägten Lösungen. Sie versuchte entweder wie diese Wissenschaften zu sein und erkannte die Erklärungswissenschaften widerspruchslos als einzig mögliche Philosophie des Zeitalters an; oder sie verwandelte sich in ein kritisches, literarisch inspiriertes Genre. Schließlich konnte sie auch ihre methodologischen Prinzipien umformulieren, um auf diesem Wege neues Ansehen als Disziplin zu erlangen und, derart rehabilitiert, in Konkurrenz zum empirischen Szientivismus erfolgreich bestehen zu können.[3]

Prekär wie die Lage der deutschen Philosophie war auch Lessings Situation an der Technischen Hochschule in Hannover. Wie nicht anders zu erwarten, schert Lessing sich keinen Deut um die krisenhafte Großwetterlage der Philosophie. Er präsentiert in seinen beiden ersten Vorlesungen das eigene philosophisch-politische Programm. Und das heißt: »Philosophie als Tat«. Es sei die unabweisbare Aufgabe jeder philosophischen Arbeit, die auseinanderstrebenden Disziplinen zusammenzudenken, die Integrität des Philosophierenden aber bemesse sich an seinem verantwortungsethisch vermittelten, praktischen Verhalten. Jedes Fach, auch die Fachphilosophie, habe ihre unschätzbare Berechtigung, nur müsse es daneben immer auch eine »Philosophie als Tat« geben; sie müsse in den gesellschaftlichen Prozeß eingreifen und jedes reine Lehrbuchwissen verabschieden. Eine Philosophie, die mit den Ereignissen des täglichen Lebens nicht Tuchfühlung halte, verflache zum Betrieb von Fachgelehrten, die ohne Blick für das Ganze ihres Tuns weiterforschten und sich um die Folgen ihrer Arbeit nicht kümmerten. Lessings Vorstellung von Philosophie ist aktivistisch; wie die Linkshegelianer wollte er die philosophischen Begriffe verlebendigen und zur Gesellschaftstheorie umformen. Die von Fichte entliehene Denkfigur der Tathandlung steht bei der Konstituierung einer »Philosophie als Tat« Pate. Scharf abgegrenzt von aktionistischen Strampeleien und vom Putschismus (»Propaganda durch die Tat«), wehrte Lessing sich gegen jede unzulässige Vermengung von Sollen und Sein. Die Tatphilosophie ist ihm keine Ermächtigungsklausel zum putschistischen Fuhrwerken einer tugendterroristischen Metaphysik, sie ist auch nicht, wie bei Moses Hess, »Philosophie *der* Tat«; man sollte sie viel eher im Zusammenhang sehen mit den später, Anfang der zwanziger Jahre, im Marxismus einsetzenden Anstrengungen, den orthodoxen Determinismus zugunsten einer antidogmatischen, subjektiven Praxis aufzugeben (Adler, Lukács, Korsch, Bloch).

Eisige Ablehnung, falls man Lessing an der Technischen Hochschule überhaupt zur Kenntnis genommen hat, wird ihm entgegengeschlagen sein. Diese philosophische Programmatik war ein Aufruf zur Umgestaltung der Gesellschaft, und die dazu beigebrachten Argumentationsketten interessierten unter dieser Voraussetzung erst gar nicht. Nach einem Satz Kants sind die Fachgelehrten und Wissenschaftler wie Einäugige, Zyklopen; und nachdem Lessing am Ende seiner Probevorlesung dies zitiert, setzt er mit einem Blick in die Kollegenschaft hinzu: »Jene Zyklopen [. . .] waren die ersten Techniker. [. . .] Nun dröhnt ihr Schritt durch die Jahrtausende, und unsre Zeit ist das zyklopische, das einäugige Zeitalter geworden. Viele blühende Gärten wird der täppische Fuß des übersichtigen, allzu scharf sehenden Riesen vernichten, so lange das zweite Auge ihm fehlt. Darum hoffe ich, daß im Reiche der Zyklopen dem zweiten Auge, der Philosophie, eine bescheidene Stätte gegönnt wird.«[4]

In diesen Jahren wurde die Auseinandersetzung mit der Wertphilosophie (dem Verhältnis von Sein und Sollen, Sein und Gelten in der Nachfolge von Lotze, Meinong und anderen) für Lessing, wie für viele andere, zu einer Hauptbeschäftigung.[5] Von Kant kommend, seinen »Absolutismus der Ethik«[6] rühmend, aber seine »psychologische Notbrücke«[7] kritisierend, referiert er die spinozistische Philosophie und kommt auf die jüdischen Denker zu sprechen, denen allen eine spezifische Form des Ethisierens eigen sei. Ihr philosophisches Ziel finde in rastloser Aktivität und in der Bevorzugung von sozialen Aspekten seinen Geltungsgrund.[8] Innerhalb der rege geführten Diskussion um die Aufwertung und Neubewertung des »Werts« wurde wohl der Ethisierung und damit auch der ins Praktische verlängerten philosophischen Dimension mehr Aufmerksamkeit geschenkt, doch die Antwort auf den fragwürdig gewordenen Identitätssatz des absoluten Idealismus, auf die in Frage gestellte Beziehung von Sinn und Sein, erschöpfte sich in weltanschaulicher, idealistisch verbrämter Metaphysik.[9] Der jüdische Sozialphilosoph Theodor Lessing dagegen transponiert dieses Problem im Anschluß an die Theorien von Meinong, Ehrenfels und in Anlehnung und Weiterführung einiger Gedanken Franz Brentanos, in die Frage nach einer ideal- und idolkritischen Wissenschaft. Eine »Zukunftswissenschaft der Legitimität«[10], so Lessings Charakterisierung der zentralen philosophischen Aufgabe, sollte das gesellschaftlich präformierte Beziehungsverhältnis von Wert und Wirklichkeit erforschen. Im Hintergrund dieser Fragestellung steht die Annahme Lessings, daß es unbezweifelbare Tatbestände der Wirklichkeit gebe: Not, Schmerz und Leiden.[11] »Innerhalb unserer seelischen Lebensabläufe aber spielen Erlebnisse logischen Stutzens und Verwunderns oder ethischer Stockung und Beunruhigung genau die gleiche Rolle, welche der Schmerz im körperlichen Leben spielt.«[12] In der jüdischen Denk- und Handlungstradition sei eben dieses Hineingestelltsein in Schmerz und Kampf, in Leid und Widerstand, eine wertformende Erfahrung gewesen, und daher seien die Juden immer gezwungen gewesen, »Werte«

zu schaffen, »um vor sich und andern gerechtfertigt dazu-
stehn«.[13]

Der Glaube an Werte überhaupt aber folge dem Wunsch, der
Sehnsucht nach etwas Festem, nach einem in der Wirklichkeit
real gegebenen Ideal. Individuen und Völker legten sich gern die
Werte zu, von denen sie meinen, sie seien nur ihnen und sonst
niemandem eigen. Sie projizierten sie in die Vorgeschichte und
glaubten, daß durch diese rückverlegte Verzeitlichung das Ideal,
der Wert, die Norm in den geschichtlichen Gegenwartsraum
eindringe. Der Übergang zu Wahnprojektionen von Ideal und
Wert sei damit gegeben. Das Bedürfnis nach Sinngebung interpretiert Lessing als das Verlangen nach beruhigender, nicht aber
intellektuell befriedigender Erkenntnis des Ganzen. Zur Befestigung der Werte und Ideale gehöre es im historischen Prozeß,
daß ein Volk das andere herabzusetzen versuche, indem es die
Vorzüglichkeit der eigenen Werte akzentuiere. Denn jedem
Wert sei einbeschrieben, mit jedem anderen konkurrieren zu
müssen, mithin den anderen Wert ab- oder aufzuwerten.[14] Wer
nun aber Werte realisieren möchte, die mit dem Prinzip der Not
korrelieren sollen, müsse das Engere eines Kreises der Wirklichkeit am Besten des weitesten Kreises bemessen. »Hier also zeigt
sich, daß die absolute Gültigkeit apriorischer Wertgesetze mit
der Relativität aller Erfahrungswerte zusammengehen muß. Der
praktische Imperativ für jeden empirischen Einzelfall würde
unter Voraussetzung dieser theoretischen Erwägungen somit in
der Tat nur lauten ›make the best of it‹. [. . .] Oder: Mindere den
Schmerz. Dies ist der einzig mögliche aktuelle Imperativ sittli-
chen Handelns; just die Umkehrung von Kants: ›Du kannst,
denn du sollst‹.«[15]

Es sind Juden gewesen, die das ihnen zugefügte Leid umformten
in die Erkenntnis ihrer Schuld, einer kollektiv begriffenen
Schuld, die nicht nach den tatsächlich Schuldigen, den Urhebern
und Verantwortlichen fragt, sondern immer die Schuld auf sich
nimmt, was ähnlich entlastende Funktionen ausübt wie der
umgekehrte Prozeß der Suche nach einem Schuldigen, einem

Sündenbock. Man rückt Ereignisse und Personen in ein genehmes Licht und ist erst dann zufrieden, wenn auch noch das Unbegreifbare, Unfaßbare in ein logisches Raster gepreßt worden ist. »Und selbst ein Chaos von Höllenqual würde unser Geist kausal verknüpft denken. Hinter blind waltenden Schicksalen suchen wir die Hellsicht einer ›Vorsehung‹. Und wir logisieren so lange am Leben herum, bis es uns aus ›Weltvernunft‹ geboren scheint.«[16] Das Bedürfnis nach einem sinnvollen Leben wird ersetzt durch das Bedürfnis nach einer sinnhaften Auslegung eines ganz und gar chaotischen Lebens.

Es erinnert an Paretos Unterscheidung von Residuen und Derivationen, von instinktiven, recht willkürlichen Handlungsvollzügen und den dazu nachträglich erfundenen, logisch scheinenden Erklärungen, die nur dem unbezwinglichen Bedürfnis und Vergnügen entstammen, jede noch so unlogische Handlung mit dem Anschein logischer Bündigkeit auszustatten. »Wir sind ›von Natur‹ so ungeistige Wesen, Gerechtigkeit, Geist, Urteilskraft sind unter uns so selten, daß wir nichts nötiger haben als den platten Glauben an die Geistigkeit unseres Seins. [. . .] Jede unabänderliche Tatsache deutet der Mensch um in Akte des eigenen Willens. Was er schlechterdings hinnehmen muß, wird nachträglich sanktioniert dadurch, daß freier Wille, Schicksal, Schuld, Gott, Sinn, Wert hinter den Geschehnissen angesetzt werden.«[17] Wenn Ethik eine Motivationskraft sein soll, die auf Freisetzung von ideologischen Zurechtlegungen abzielt, dann muß sie im Widerspruch zur jeweiligen Faktizität des historisch Gegebenen stehen. Alle Akte der Werthaltung müssen auf »richtige Rangierungsvollzüge hinauslaufen, die ein System reiner Wertgesetze voraussetzen, gleich Gesetzen der reinen Logik«.[18]

Und so erscheint es Lessing nicht zulässig, einen anderen, damals sehr verbreiteten Terminus: »Leben«, zu einem absoluten Prinzip zu erklären und als »Lebensphilosophie« zu systematisieren. Die verschiedenen Lebensphilosophien würden mit totalisierenden Ansprüchen jede Möglichkeit der richtigen Wertschätzung auslöschen, doch gäbe es zugleich die Gegenströmung, einen für wertvoll erachteten Wert um seiner selbst willen zu hypostasieren und das Leben völlig zu negieren. »Reiner Kultus des Lebens schlösse von sich aus: Urteilsentscheide und Wertentscheide. Reiner Kultus des Wertes mündete in Aufhebung des Lebens selbst.«[19]

Diese Vorstudien zu einer philosophisch begründeten Ethik leiteten in den folgenden Jahren zu Lessings geschichtsphilosophischer Kritik an der sozialpathologischen Legitimation von Macht und Herrschaft über. Sich selbst gab er die Lebensmaxime, »das jeweils Bestmögliche und für den gegebenen Umkreis unsrer jeweiligen Erfahrung Erreichbare zu vollenden«.[20]

Der Antilärm-Verein

Angefangen hatte es in München, in der Müllerstraße 17, der lautesten Wohnung, die er je gemietet hatte. Zwei Varietés, eins lag zur Straße hin, das andere zum Hinterhof, raubten dem lärmempfindlichen Studenten den Nachtschlaf und bald auch die Geduld.[21] So schrieb Lessing um 1900 zwei große Aufsätze über die Plagen eines Großstädters, der umrauscht sei von unerträglichem Getöse, vom Quietschen der Straßenbahnen, dem Klappern der Droschken und Handkarren, vom Gedröhn der ersten Automobile. Was Lessing wortreich beklagte, forderte nach Gegenwehr und Organisation. In New York war 1906 die »Society for the Suppression of Unnecessary Noise« unter der Ägide der Millionärin Julia Barnett-Rice gegründet worden, in Rotterdam, Brüssel, Wien und London entstanden ähnliche Zirkel gegen den als immer lästiger empfundenen Lärm.[22]

Zunächst ohne Kenntnis von der Existenz dieser Organisationen, verfaßte Lessing die Streitschrift »Der Lärm« und sammelte von Hannover aus Verbündete und Kampfgefährten gegen die moderne Sozialseuche. In seiner Wohnung in der Stolzestraße 12 A richtete er im Dezember 1908 ein Büro ein und mußte bald zwei Sekretärinnen beschäftigen, um die eingehende Post, die vielen Anfragen und Beschwerden über unnötigen Lärm bearbeiten zu können.[23] Selbstgewiß verkündete der Herausgeber und alleinige Redakteur des vom neugegründeten »Antilärm-Verein« getragenen Mitteilungsorgans »Der Antirüpel. Recht auf Stille. Monatsblätter zum Kampf gegen Lärm, Roheit und Unkultur im deutschen Wirtschafts-, Handels- und Verkehrsleben«, daß man vielleicht bald mit 6000 Mitgliedern rechnen könne.[24] Als zwei Jahre später eine Arbeitsbilanz gezogen wurde, hatte der Verein ganze 1085 Mitglieder geworben, die meisten in Berlin, Hannover, München und Frankfurt am Main.[25]

In der öffentlichen Diskussion um die Ziele des Antilärm-Vereins überwog der hämische Spott über die Zimperlichkeiten bürgerlicher Mittelschichten; die Arbeiterparteien blieben taub gegenüber der Warnung, daß der feinste Sinn des menschlichen Körpers, das Ohr, des Schutzes bedürfe. Die Klagen über Pferdegeklapper und Räderrasseln, über teppichklopfende Hausfrauen, Drehorgelmänner, plärrende Zeitungsjungen und peitschende Fuhrleute verhallten ungehört; Autos und Flugzeuge beherrschten das Straßen- und Luftbild des Kaiserreichs noch nicht. Dennoch saß der Schock der neuen Lärmquellen den meisten in den Gliedern. Ohnehin hatten die Menschen die überfallartigen Schübe der kapitalistischen Modernisierung des Landes über sich ergehen lassen müssen und waren dem plötzlichen Einbruch ganz neuartiger Geräusche hilflos ausgeliefert. Rauchende Fabrikschlote, zersiedelte Landschaften und die um sich greifende allgemeine Beschleunigung des Lebenstempos, die Hektik und Anonymität, das waren nicht zu übersehende und zu überhörende Einschnitte in den überkommenen Lebensgang der Städte und Dörfer. »Nervosität, Großstadt, Armut«[26] seien denn auch die drei Wesenselemente für die Entstehung der sozialreformerischen Antilärmbewegung gewesen. Während die amerikanischen Vereinigungen sich auf die gesetzgeberische Eindämmung des Lärms beschränkten, die Lärmquellen der Fabriken und Büros aber davon ausnahmen, weil die soziale Zusammensetzung (mittleres und gehobenes Bürgertum) lediglich die Gestaltung von liberaler Stadtpolitik zuließ, nahm

Lessing Themen der industriellen Umweltverschmutzung, der Wasserverseuchung und der Abfallbeseitigung ebenso auf wie Fragen öffentlicher Lärmbegrenzung. Das geschah häufig im Widerspruch zu den Mitgliedern, die, dem Bürgertum angehörend, angewidert waren vom Lärm der kapitalistischen Neuzeit und ihrer Apparatur, die aber auf die Vorteile dieser modernisierten, lauter gewordenen Welt auch nicht verzichten wollten. Es war der Mediziner und Psychologe Lessing, der den verschreckten Zeitgenossen vor Ohren führen wollte, daß mit der Verdammung der modernen Technik nichts erreicht werde, und es dennoch wichtig sei, Ursachenforschung zu betreiben, um tatsächlich Abhilfe schaffen zu können.

So legten die Antilärm-Vereine Pflasterlisten der übelsten Straßenzüge an, machten Vorschläge zur Einrichtung von Ruhezonen um Schulen, Krankenhäuser und Wohngebiete, gifteten die Mitglieder in Leserbriefen gegen die alltäglichen Belästigungen durch laute Nachbarn, unterbreiteten Juristen Eingaben für einen gesetzlich geregelten Landschaftsschutz und fochten vor den Gerichten gegen die gesundheitsschädigenden Geräusche der modernen Zivilisation.

Die »Antilärmiten« hatten unter dem Gespött der vielen uneinsichtigen Zeitgenossen nicht wenig zu leiden, besonders die Automobilklubs verharmlosten den Lärm und verulkten Lessing als »Lärmprofessor«. Der hatte, lange bevor das Auto zum weitverbreiteten Fortbewegungsmittel wurde, vor der radikalen Verwandlung der Morphologie der Stadt gewarnt. »Blaue Benzinwolken rollen mit grauenhaftem Gestank über die Dächer. Bleichen das Grün der wenigen Bäume, wandern über das kleine schmale Stückchen schmutziggrauen Himmel, das zwischen den kahlen Steinmauern irgendwo noch auftaucht. Gräßliche Signale durchbrechen von Zeit zu Zeit die erstickende, bleierne Dunstschicht.«[27] Ungewöhnliches Zukunftsgespür verriet der Göttinger Stadtrat, als er durch die Polizei das »Auspuffen der Automobile in der Stadt« verbot.[28] Ein Reichsgesetz gegen Lärm kam nicht zustande, doch dafür wurden Polizei und Justiz um so häufiger zu Hilfe gerufen. Manche dieser Eingriffe der Lokalbehörden gerieten in den Bereich der unfreiwilligen Komik. So untersagte eine neugeschaffene Straßenpolizeiverordnung in Nürnberg allen Frauen, ihre »Kleider auf der Straße nachschleppen zu lassen«.[29] Oder ein Altersheimdirektor in London verfügte die Entfernung von Schnarchern und ließ sie in die Abteilung für Taube verfrachten.[30]

Am 1. Juni 1911 verabschiedete Theodor Lessing sich von den Lesern des »Anti-Rüpel«, da er wieder mehr Zeit zum philosophischen Schreiben haben wollte. An der unverminderten Aktualität des Kampfes gegen den Lärm und andere gesundheitsschädigende Immissionen zweifelte er nicht: »Unsere Sache kam noch zu früh, wird sich aber immer wieder melden und wird siegen.«[31] Morgen schon würden Millionen »unter den Verkehrsformen leiden, die heute nur die Qual einiger Hundert sind«.[32]

Bald würde auch der letzte südamerikanische Urwald durchzogen sein vom schrillen Pfeifton gewaltiger Räum- und Planiermaschinen. Der weiterbestehende Antilärm-Verein versuchte mit ausgefallenen Mitteln, die manchmal inspiriert waren vom Spleenigen des besten angelsächsischen Humors, die vermehrten Lärmquellen zu verstopfen. Mit dem Klingklanggloria von 1914, als die Kanonen läuteten und die Kirchenglocken schossen, wie Karl Kraus richtigstellte, setzte ein vierjähriges Kriegsgetöse ein, und niemand blieb davon verschont.

Hinaus in die Welt

»Deutschland um 1910 glich einem engen, hohen Haus mit vielen Stockwerken, die untereinander wenig Verbindung hatten, während innerhalb eines jeden der einzelne unter schärfster Aufsicht von allen stand. Das war ein System, wenn man will, war es sogar ein Symptom.«[33] Das kaiserlich regierte Deutschland litt am Symptom der ununterbrochenen Krisen und Konflikte, und das nicht zuletzt deshalb, weil die machthaltenden Eliten über kein einheitlich geformtes politisches Konzept verfügten. Der seit 1909 als Reichskanzler eingesetzte Geheimrat Theobald von Bethmann Hollweg führte aus, was Militär, Bürokratie und Hofkamarilla vorzeichneten, er verrückte den symbolischen Gehalt der Außen- und Innenpolitik und beließ im wesentlichen alles beim alten. Bis auf einen, alles andere überschattenden Faktor, der die deutsche Politik bis auf weiteres uneingeschränkt prägte und Ziellinien vorgab: das ungeheure Anwachsen der militärischen Haushaltsausgaben und die propagandistisch gesteuerte Orientierung des Zeitgeistes an schlichten, aber markigen, leicht verständlichen, aber lebensgefährliche Sicherheit verheißenden Symbolen soldatischen Brauchtums und nationaler Stärke.[34]

Es ertönte der Ruf: »Hinaus in die Welt!«, und die Wucht der symbolischen Drohgebärden mußte überspringen in die blutige Wirklichkeit einer rollenden Kriegsmaschinerie. Die beiden Marokko-Krisen (1909/10 und 1911) waren Erprobungshandlungen für das, was keiner öffentlich unumwunden auszusprechen sich wagte und was dennoch für die politisch-militärische Führung des deutschen Kaiserreiches einzig eine Frage der Zeit und des richtigen Zeitpunktes zu sein schien: Krieg.[35] Der »Panthersprung nach Agadir« (1911) riß für einen gefährlichen Augenblick den ideologischen Schleier von der kriegerischen Physiognomie eines Staates, in dem Tirpitz seine massenpsychologisch gewitzte Mobilisierungskampagne auf hohen Touren weiterlaufen ließ, in dem Massenarbeitslosigkeit herrschte und in dem eine Randepisode etwas von der Verselbständigung der politischen Machtebenen und einem tiefgehenden Desperatismus enthüllte: Der Reichskanzler mußte seinen Staatssekretär erst betrunken machen, um erfahren zu können, welche Vorhaben dieser mit sich herumtrug.[36]

Zu einer tragikomischen Groteske wuchs sich auch der peinliche Zwischenfall am Hofe aus, als der Chef des Militärkabinetts, Graf Hülsen-Haeseler, als Ballerina verkleidet, am 8. Februar 1909 vor seiner Majestät zarte Schritte (pas seul) vorführte, um den Monarchen und sein Gefolge aufzuheitern. Der Graf tanzte und tanzte – bis er in seinem nicht ganz standesgemäßen Gewand tot zusammenbrach.[37] Und wirklich, Deutschland glich diesem Haus mit den vielen Stockwerken: In einem produzierte man Kanonen und U-Boote, in einem anderen blühten die vom Kaiser protektionierten Wissenschaften und Künste, und wieder auf einem anderen Stockwerk herrschten Hunger, Not und Verzweiflung, während in den oberen Etagen imperialistische Eroberungspolitik geschmiedet wurde; nur wenig Verbindung bestand dazwischen, und doch war es ein System der schärfsten Aufsicht. Vor allem aber erlebten die nationalistischen Verbände, die Alldeutschen, der Flottenverein, der Bund der Landwirte und zahllose andere kleinere politisch-pathologische Einheiten, eine Blütezeit. Ein »Volk in Waffen«, wie Ludendorff 1912 schrieb, das müßten die Deutschen wieder werden wie einst in großer Zeit.[38] Trotz »Zabernaffäre« und der 1913 bis dahin größten Heeresverstärkung zu Friedenszeiten überließ die parlamentarische Vertretung die Politik einer zusehends militarisierten Staatsführung.[39] Nach Meinung der Generalität konnte es seit der Adaptierung des von Moltke propagandistisch ausgeschlachteten Schlieffenplans[40] nur den einen Ausweg geben: unbegrenzten Krieg. Seit 1908 hatte ein internationaler Rüstungswettlauf begonnen, der die deutschen Militärs unter Druck setzte, da sie selbst den Faktor Zeit und die daraus sich ergebenden Folgen für die Mobilisierung zur Bedingung ihres Handelns gemacht hatten.[41]

Um 1909 zeichnet Theodor Lessing ein kleines Stimmungsbild, seinen Eindruck von der politischen Lage dieser Nation. »Deutschland war vielleicht niemals kläglicher als heute, wo es eine sichere, unbestreitbare Weltmacht ist und dennoch geistig vom Zeitalter seiner tiefsten politischen Ohnmacht, vom Zeitalter seiner Klassiker zehrt. Aber kommt es denn überhaupt darauf an, daß bestimmte nationale Formationen ›Deutschland‹, ›England‹, ›Frankreich‹, ›ewig‹ erhalten bleiben, oder kommt es auf Wohl und Wehe von Menschen an, die diese Kulturen verkörpern und tragen?«[42]

Kosmopolitische Ideen hegten in diesen Vorkriegsjahren in Deutschland nur wenige, und der militärische Code deutscher Weltmachtpolitik enthielt Sprengsätze, von deren Wirkkraft sich auch ihre eifrigsten Verfechter keine Vorstellung machen konnten: Zerstört wurde zuletzt die Epoche des 19. Jahrhunderts. Die archaischen Energien fütterten einen Komplex, in dem kapitalistische Gewinnsucht, feudale Gewalt und imperialistische Politik zu einer sozialpathologischen Einheit verschmolzen. Bei Hegel hätte man lange zuvor nachlesen können: »Wie für das Prinzip des Familienlebens die Erde, fester Grund und Boden, Bedingung ist, so ist für die Industrie das nach außen sie belebende natürliche Element das Meer. In der Sucht des Erwerbs, dadurch, daß sie ihn der Gefahr aussetzt, erhebt sie sich zugleich über ihn und versetzt das Festwerden an der Erdscholle und den begrenzten Kreisen des bürgerlichen Lebens, seine Genüsse und Begierden, mit dem Elemente der Flüssigkeit, der Gefahr und des Unterganges.«[43]

Vorkriegsruhe im Lande Jäö

Man sagt wohl nichts Neues, und es ist auch kein Wort der Beleidigung, daß die Hannoveraner keine Vertreter zügelloser Lebenslust sind; hier spielt viel sich ab im nicht greifbaren Bezirk innerer Vorbehalte, spröder Zurückhaltung. Der das Ausgelassen-Spielerische nur an ausgewählten Tagen als angemessen empfindende Hannoveraner lehnt instinktiv die heitere Leichtigkeit im täglichen Umgang ab; nicht etwa, weil ihm dies mißfällt, sondern aus Gründen, die in der Eigentümlichkeit dieses Landstriches liegen, in der bleiernen Rätselhaftigkeit des Ortes.

Nachdem Lessing sich 1907 hier wieder niedergelassen hatte, empfing er auswärtige Besucher, Freunde und Bekannte wie einer, den das schöne Bild der Stadt immer aufs neue dazu reizte, das Unbekannte zu zeigen und »Das verborgene Hannover« vorzuführen. Bei Rundgängen durch die Stadt entdeckte er den erstaunten Neuankömmlingen oder Durchreisenden manch hübsches Detail und plauderte über die »civitas hanovere« fast schon wie ein eingefleischter Bürger, einer jedoch, der die Schattenseiten über dem Schwärmen nicht aussparte. »Wenn die Leute im Ausland von Hannover sprechen, dann sagen sie: Welche nüchterne Stadt. Welche st-eife St-adt. Ja Flötjepipen! Was wissen die Leute von den verborgenen Schönheiten dieser keuschen und herben Jungfrau? Was sieht man von ihr auf Bildern? Café Kröpcke und was drum herum, das Hoftheater, die Georgstraße. Das halten die Leute für Hannover. Und von der Natur kennen sie nichts als Tiergarten, Eilenriede und Maschpark. Wir aber wollen das verborgene Hannover betrachten, das von den wenigsten gekannte. Welche ungeahnten Entdeckungen gibt es da noch.«[44] Leider ist nur ein handschriftlicher Entwurf des Textes erhalten geblieben, in dem die andere Seite Hannovers methodisch dargestellt werden sollte. Man kann sich aber gut vorstellen, daß Lessing die kleinen Seitengassen und Hinterhöfe bei seiner Stadtführung ebenso berücksichtigt hat wie die nicht so auffälligen Naturschönheiten und stadttypischen Kuriositäten.

»Wo immer ich gehe, auf den Straßen, in den Läden, in der Eilenriede, auf der Masch, überall höre ich merkwürdige fremde Worte. Es ist eine Stadt von fabelhafter Eigenart. Eine Sorte Menschen, derentgleichen in ganz Deutschland nicht zum zweiten Mal vorkommt.«[45] So lauscht er auf die charakteristischen Redensarten der Alteingesessenen, notiert die Mundart und Privatsprachen aus dem Umkreis, zeichnet die Lieblingswörter der Hannoveraner auf, die Klang- und Lautmalereien, die Schilder- und Anzeigensprache, die Familienstereotypen und stadteigentümlichen Klischees. Alltagsszenen und Atmosphärisches aus dem *juste milieu*, dem Arbeiterviertel, dem komischen Gespreize des vornehmen Beamtentums. In kleinen Genrebildern schildert er das märchenhafte Treiben der Leute im Lande »Jäö«, wo man das »raanste Deutsch« zu sprechen vorgibt.

Lessings sprachpsychologisches Porträt von Hannover ist Anthologie der Redensarten, kulturgeschichtliche Dokumentation und satirische Erzählkunst in einem. Théodore le Singe, ein aufgeweckter pubertierender Franzose, wird von seinem Vater nach Deutschland geschickt, um in jener Stadt die deutsche Sprache zu erlernen, »wo der deutsche Laut am reinsten und richtigsten gesprochen wird«.[46] Er ist sichtlich überrascht von den Spracheigentümlichkeiten der Hannoveraner, hat jedoch bald einige Grundregeln herausgefunden. »Das a spricht der Hannoveraner meistens wie äö (Jäö). Nur kurzes a wird nahezu rein gesprochen (z. B. Gu'n Tach = guten Tag; machste ässen = magst du essen?). Das aa schwebt in der Mitte zwischen äö und öö. Ich schreibe daher z. B. aan päör Häöre = ein paar Haare, Äöle = Aale. Das ei klingt wie aa (Ba'er Laane liecht 'er Laanekanäöl = bei der Leine liegt der Leinekanal). Das e ist wie ä; wird aber oft sehr gedehnt (Schwäärt, Pfäärd). Schwierig ist die Wiedergabe von ei bei nachfolgendem ch und sch. Man benötigte dazu eines Schriftzeichens ähnlich dem untergeschriebenen Jota der alten Griechen. Ich deute die Sprechweise an, indem ich schreibe statt leicht laaicht, statt Eiche Aaiche, statt kreischen, kraaischen. Das s vor Konsonanten wird scharf gesprochen. Und nun laßt uns reisen in das Land Jäö.«[47] Sagt Theodor Lessing und bietet sodann dem Leser witzige Szenen aus dem Leben hannoverscher Bürgerkinder und ihrer »hübschen Familien« an. Die Verständigung funktioniert zunächst nur mäßig, so daß Tante Rieckchen das eine ums andere Mal wie baff ausruft: »Himmlisch, Mile! Der junge Mann is häärig! Der is jäö ganz gediegen! Der verßteht kaan Deutsch!«[48] Zum Glück ist da Hélène, die den Knaben mit Geduld und wachsender Zuneigung anlernt. Als die beiden sich dann endlich kriegen, denkt sie im stillen (wobei ihre Augen weit hinausblicken in ferne Zukunft): »Dem will ichs Deutsche baabringen!«[49]

Der da mit Ironie und viel Sympathie die sprachlichen und gedanklichen Schnitzer seiner Mitmenschen registriert, auch alte jüdische Redensarten sammelt[50] und in sozialphysiognomischen Genreszenen etwas widerzuspiegeln sucht vom Gesicht einer Stadt, vom Ss-stammtisch, vom Café-Konzert im Tivoli, von der »Fotografierbude bei Belläövistäö« – den hannöver-

schen Holzbock ficht er nicht an. Das bleibt Lessing nicht
verborgen. »Städte haben Gesichter. [. . .] Alles Menschliche
läßt sich zurückführen auf Tier- und Blumengesichter. Bald tritt
diese, bald jene Naturseele im Menschen hervor. Und so wie die
Menschen sind, so sind unsere Städte. Berlin erinnert an Mimi.
Das ist das dressierte Hippopotamus in Schönbrunn: ein Dick-
häuter, ein sagenhaftes Mammut. Paris? eine leichtfüßige Giraf-
fe. Funkelnd das Fell; zu kleiner Kopf, zu langer Hals; riesen-
schlanke Beine, Grazie nie ohne Würde. Hamburg . . . oh!
köstlicher, frischer Schellfisch! Dresden: Du liebes graues Perl-
huhn, so vornehm, so sauber, so bürgerlich (etwas dumm);
Potsdam: ein verschnupfter Pfau: schlägt Rad, hat eine heisere,
schnarrende Stimme. Hannover, meine Heimat: ein Haid-
schnuckenschöpsengesicht, sehr lieb, sehr treu, aber nicht ohne
bösartige Voreingenommenheit.«[51] Seine schonungslosen Analysen der deutschen Mentalität (über Hannover weit hinausgrei-
fend) gipfeln in der These, daß die deutsche Landschaft ganz
wunderbar sei, wenn nur die Menschen nicht wären.

Doch Lessing, trotz vieler Zurücksetzungen und Verletzungen, liebt diese Stadt als die vorgefundene Heimat, als den
Boden seiner augenblicklichen Lebenslage. Und gab es in
Hannover nicht auch eine jüdische Tradition, deren Wurzeln
freigelegt werden müßten? So geht er diesen Spuren des Ver-
schollenen nach, erforscht seine Genealogie, schlägt in alten
Folianten nach, findet vergessene Namen von Angehörigen,
sammelt Anekdoten und historische Daten, lenkt seine Schritte
häufig zum jüdischen Friedhof. Sein Schicksal sei es gewesen,
dort bleiben zu müssen, »wo meine Gräber waren«.[52] Die
Ruhestätten seiner Großmutter Therese Federschneider (nach
der er seinen Vornamen Theodor erhalten hatte) und von
Jeanette Heilbronn, ihrer jüngeren Schwester, liegen unmittelbar nebeneinander »auf der höchsten Spitze des Friedhofs, in
welchem, da der Raum zu klein wurde und der Judengemeinde
kein neuer Raum zur Bestattung ihrer Toten zugewiesen wurde,
so, wie auf dem alten Friedhof in Prag immer das folgende
Geschlecht über den Resten des vergangenen gebettet wurde,

BEKANNTE NACHKOMMEN DER JENTE HAMELN

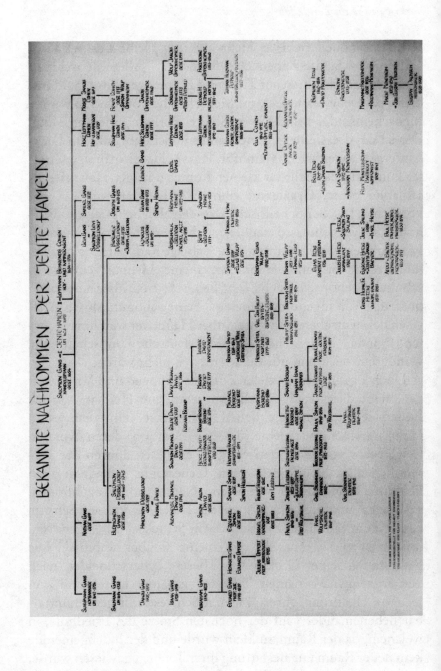

bis aus dem Friedhof ein Berg ward. Es ist dies das letzte Grab gewesen, welches auf dem alten Friedhof angelegt wurde und zugleich das erste, welches im Gegensatz zu den anderen Gräbern eine Inschrift in deutschen Lettern trägt. Wenn ich unter der Tränenweide auf dieser Bergspitze stand, so hatte ich das Bewußtsein, die letzte Blüte dieser aller zu sein.«[53]

Als Heranwachsender schon hatte Theodor Lessing die Wirklichkeit des »Hohen Ufers« erfahren: als deutscher Jude in Hannover unerwünscht zu sein. Gedichtzeilen des Jugendlichen lesen sich heute, nachdem vor allem die Friedhofskultur Zeugnis gibt vom einstmals alle Sphären der Gesellschaft anregenden jüdischen Leben, wie ein Warnzeichen: »Denn ich bin vom Stamm, der schon lang seine Früchte getragen, / Wir glühten einst groß, doch verglühten zu windig bewegt, / Verkannte Wanderer, an Ufer der Fremde verschlagen, / Und auch nicht ein Schüler bleibt, der unsre Gräber pflegt.«[54]

Gegen Traurigkeiten anschreibend, nie vergrätzt und verhärmt, skizziert Lessing das Idyllisch-Philiströse der kleinen Welfenresidenz, wo das Geistesleben sich »nur inkognito entfalten konnte«; alles verlor sich schließlich »in Hannovers Heidesand«.[55]

Eine Ansichtskarte vom Sommer 1907 nimmt uns zurück in die Zeit, als man in Hannover sich für die »Kaisertage« festlich einstimmte.[56] Man sieht die Bahnhofstraße, den mit exotischen Pflanzen geschmückten Vorplatz, Laternen, davor haben Jung und Alt Stellung bezogen. Kleine Mädchen mit Strohkrempenhüten, in halblangen Matrosenkleidchen; ein paar Buttjers in Kniebundhosen. Am linken Bildrand geht gerade ein für die damalige Zeit recht repräsentatives Paar in die Bahnhofstraße hinein, auf der ein eigens für die Kaisertage entworfenes Monument steht. Die Dame trägt ein bis auf den Boden herabfallendes, wallendes Kleid, ihr streng hochgestecktes Haar krönt ein fashionabler Hut. Ihren Begleiter ziert ein dreiviertellanger Anzug, Bowler und Spazierstöckchen sind obligate Accessoires. Festtagsstimmung liegt in der Luft, girlandenumkränzte Hausfassaden grüßen, Fahnen knattern im Wind; doch alles

beherrschend und die Blicke auf sich ziehend steht in der
Bildmitte eine Ehrenpforte, zwei spitz zulaufende Pfeiler, zu-
rechtgestutztes Grün; zwischen beiden schlägt ein hoher Bogen
eine Brücke, auf der der Reichsadler prangt, gekrönt vom
Tombakhelm, dem absoluten Symbol des kaiserlichen Deutschland. – Hannover hatte seinen (relativen) Frieden mit dem
preußischen Staat geschlossen; die seit 1890 regelmäßigen Visi-
ten des Kaisers in seiner »Königlichen Haupt- und Residenz-
stadt« dienten der Anbindung ans Reich; und war es wieder
einmal soweit, mochte die Natur fürs »Kaiserwetter« zuständig
sein, die Stadtväter und Lokalhonoratioren setzten alles daran,
mit Chorsingen, Paraden, Zapfenstreich und Ehrenbezeugungen Wilhelm II. zu schmeicheln. Klatschende, schwitzende,
Fähnchen schwenkende Massen bezeugten an den Straßenrän-
dern, auf den Bürgersteigen ihre Liebe, Treue und Gefolgsam-
keit, für Augenblicke alle Nöte und Sorgen vergessend.

»Die Rangfolge war wie in den Kinderspielen: König, Edel-
mann, Bürger und Bettelmann. Der vierte Stand murrte und war
stark vorhanden, aber machtlos. Die gottgewollte Ordnung
hatte gewiß in Hannover ihren sichersten Platz.«[57] Die mitunter
doch in ihrer wohlgefälligen Ruhe aufgestört wurde: Zwar war
die Georgstraße weiterhin der Prachtboulevard zum Flanieren,
besonders an Sonntagen traf man sich hier, wenn auch sonst die
Klassen sich gegeneinander abschotteten; am 12. Januar 1908
aber zwang eine Spontandemonstration zur Unterbrechung des
gewohnten Platzkonzertes einer Militärkapelle.[58] Die sozialen
und politischen Widersprüche brachen so unvermittelt in die
schön polierte Spiegelfläche Hannovers ein, in eine Stadt mit
277 000 Einwohnern, von denen nicht mehr als Zehntausend
das Wahlrecht besaßen. Das wohldurchdachte Zusammenspiel
von allgemeinem und gleichem Wahlrecht auf Reichsebene,
Dreiklassenwahlrecht auf Landesebene und Zensuswahlrecht
auf städtischem Terrain gewährleistete die Stabilität der herrschenden Monarchie.[59] Und auch Hannover glich in diesen
Jahren der Vorkriegszeit einem Haus mit vielen unverbundenen
Stockwerken, und immer öfter knisterte es im Gebälk. Die

tragenden Säulen des Staates vermochten das antiquierte Unge-
tüm kaum noch für längere Zeit aufrechtzuerhalten, nicht etwa,
weil die anstürmenden Unterklassen daran rüttelten, sondern
weil die herrschenden Klassen unfähig waren, ihr von Byzanti-
nismus und imperialistischen Phantasien zerfressenes System
der Herrschaftssicherung vor sich selbst zu retten.

Aber noch war Friedenszeit. Und noch konnte eine Reihe
größerer Streiks (1905/06; 1910–12) in Hannover dokumentie-
ren, daß der soziale Gärstoff nicht ohne weiteres eingefroren
werden konnte.[60] Mit Stadtdirektor Tramm war ein Mann an
Formung und Zielsetzung der Stadtentwicklung beteiligt worden, der mit Nachdruck den Bau eines neuen Rathauses vor-
antrieb und am 20. Juni 1913, rechtzeitig vor Kriegsbeginn,
in Anwesenheit Seiner Majestät das Prachtstück feierlich ein-
weihte. »Alles bar bezahlt!« psalmodierte Tramm gegenüber
dem Kaiser, zehn Millionen Goldmark hatte das Gebäude ver-
schlungen. Das Selbstbewußtsein des hannoverschen Bürgertums fand in diesem Monument neuen Bürgerstolzes seinen Ausdruck.

Am 10. Juni 1914 ertönten musikalische Festklänge dann in
der neu erbauten, dem römischen Pantheon nachempfundenen
Stadthalle. Damit ging für Hannover nicht nur eine Ära neuen
Bauens zu Ende; es war dies auch der symbolische Schluß-
akkord eines so nie wiederkehrenden Aufwands an Material und
Geld, an Bombast und Phrase. Die im Café Kröpcke sitzenden
Außenseiter, die Intellektuellen, Künstler und Bohemiens, zu
denen auch Theodor Lessing zählte, mochten böse Ahnungen
haben, sie mochten mit publizistischen Mitteln auf das Mei-
nungsklima einzuwirken versuchen, ändern konnten sie nichts.
Als theatertheoretischer Korrespondent belieferte Lessing die
»Schaubühne«, die Zeitschrift, in der Theaterkritik immer auch
Zeit- und Gesellschaftskritik war; er knüpfte Kontakte zum
Hoftheater in Hannover und verdiente sich als Gutachter, der
von der Intendanz in die nähere Auswahl gezogene Bühnenwer-
ke zu beurteilen hatte, ein Zubrot zu den 300 Reichsmark
Einkunft eines Privatdozenten.[61]

Das Wahrzeichen des Zeitalters, das Theater, schlug Lessing
noch immer in Bann, und er legte sich mächtig ins Zeug für das
hannoversche Theaterwesen, das in den ersten beiden Jahrzehnten des angebrochenen Jahrhunderts in neuem Glanz erstrahlte:
Neben dem Hoftheater an der Georgstraße gab es noch das
Residenztheater, das Deutsche Theater, die Schauburg und das
Mellini-Theater mit Artistik, Varieté und Revue. In der Schauburg spielte man die Klassiker der Moderne, wenn auch nur
übers Jahr 1911/12, denn dann wurde sie Unterschlupf für das
Berliner Theater des Westens, schließlich aber in ein kommer-
zialisiertes Operetten-Theater umgebaut.[62] Lessing verfaßte
einen Aufruf an die Hannoveraner und den Kaiser, dieser
Spielstätte des modernen Theaters finanzielle Hilfe zu leisten.
Das kunstbegeisterte Bürgertum müsse sich um das Renommee
Hannovers als Stadt der schönen Künste sorgen. »Es ließe sich
neben dem festen Repertoire aus dem goldenen und silbernen
Zeitalter deutscher Dichtung manches moderne Wagnis unternehmen.«[63] Der Kaiser war jedoch zu sehr mit anderen Wagnis-
sen, auf anderen Bühnen und Schauplätzen okkupiert. Die
große Zeit des hannoverschen Theaters war nach Lessings
Empfinden ohnehin vorbei, ein wenig wehmütig erinnert er an
die Zeiten, als unter dem Mäzen Georg V. viele Größen der
Schauspielkunst in Hannover residierten. Das Jahr 1866 habe
der bis dahin unabhängigen Stadtkultur den Todesstoß versetzt.
Die Ausläufer dieser nach Albert Niemann benannten »Nie-
mann-Epoche« habe er noch miterleben dürfen, zu der Zeit, als
sein Vater kranken Mimen und Sängern wieder auf die Beine
geholfen habe. »Der Zauber des jungen Albert Niemann muß
unbeschreiblich gewesen sein. Das Publikum [. . .] fragte vor
jeder großen Oper ängstlich, ob Niemann wohl bei guter Laune
sei. War er bei Stimmung, so war die Leistung übergewaltig,
hatte er dagegen keine Lust, sich anzustrengen, so hieß es
einfach: Heute will er nicht. Dem vergötterten Liebling wurde
nichts übel genommen, seine bloße Erscheinung entzückte zu
Jauchzen und Tränen. [. . .] Er war ein Hüne, ein Titan, ein
Gigant. In seiner überschüssigen Jugendkraft liebte seine Laune

tolle Streiche. Eines Nachts wurde er mit einem meiner Onkel, der ein Strick war und jung verbummelte, wegen Unfugs auf die königliche Wache abgeführt; aber im Arrestlokal begann er, Richard Wagners große Arien zu singen, und die entzückte Stadt versammelte sich draußen und applaudierte stürmisch. Nie komme ich an der alten Stadtwache vorbei, ohne zu denken: Da saß Albert Niemann.«[64] Wenn er aber heute, 1911, durch die Straßen Hannovers bummle, »und diese neuen seelenlosen Häuser und langweiligen Menschen sich mir entgegenballen wie eine Faust, die nie sich mir öffnen wird, weder um zu geben noch um zu nehmen«, dann seien es die hinter alten Fenstern auftauchenden legendären Schattengestalten aus lang vergangener Zeit, die einen trostvoll anblicken und »von denen andre nichts mehr wissen«.[65] Erinnerungen aus der Kindheit kommen wieder, damals, als er den kleinen Helden zu spielen versuchte und Deutschland vor bösen Mächten schützen wollte. »Das war ein Zeitalter theatralischen Rausches.« Heute lasse das Publikum sich leicht abspeisen, ohne Sehnsucht nach den großartigen Darbietungen von einst. »Das waren noch Gefilde der bürgerlichen Phantasie, während der Holzbock von heute mit geistvollen Reden der Potentaten und Schilderung ihrer Reiseabenteuer an die Herzen pocht.«[66]

Nach seiner gescheiterten Ehe und dem Tod seiner Tochter Miriam im Frühjahr 1912 durchlebt Lessing lange Phasen mit Selbstvorwürfen und Todessehnsüchten, sein Arbeitsrhythmus brach auseinander, er verwirft seinen bisherigen Lebenswandel und glaubt, alles falsch angefaßt zu haben. Ein Vierzigjähriger, nach vielen Jahren des Umherwanderns noch immer ein unstetes, flüchtiges und bitteres Leben führend.[67] Mit siebenunddreißig läßt er nochmals ein Jugendwerk drucken, »Saat im Schnee«;[68] die Bildsymbolik ist autobiographisch. Er: der Keim; die Umwelt: der Schnee – »Ja! wir alle sind zu früh aus der Erde hervorgebrochen, jung und übermütig, unter Geröll von Bauschutt überdeckt mit Schnee.«[69]

Er zieht mit seiner neuen Familie an den Rand der Stadt, nach Anderten, eine Häuseransammlung dicht an der Stadtgrenze. Das gemietete Haus tauft er »Villa Miriam«, sein Arbeitszimmer »Nirwana«. Den Dörflern muß der ganz unkonventionell gekleidete Professor nicht ganz geheuer gewesen sein, immerhin aber war er nach dem Gesetz verheiratet: mit Adele (»Ada«) Grote-Abbenthern. Am 8. Februar 1913 wird die Tochter Ruth geboren.[70]

Es schien damals, als könne der weiterhin in Geldnöten steckende Philosoph die zurückliegenden privaten Sorgen und Schmerzen vergessen, hätte nicht einer seiner zahllosen Aufsätze einen Sturm öffentlicher Entrüstung hervorgerufen, der sich vom Kulturspektakel zu einer regelrechten Kampagne gegen Lessing auswuchs.

Zwischen Kaftan und Smoking
Ostjüdische Parias. Westjüdische Parvenus

Die Tradition in Theodor Lessings Familie lag auf der Linie sogenannter »Schutzjuden«, die das zweischneidige Entgegenkommen des deutschen Staates akzeptiert und sich unauffällig in das bestehende gesellschaftliche System eingefügt hatten, mit der Auflage, keine religiösen, kulturellen, sozialen oder politischen Sonderrechte zu beanspruchen. Diese Gefügigkeit war auch Liebe zu einem Land, dessen Sprache und Kultur die deutschen Juden über alles stellten und die sie wie niemand anders sonst lebendig hielten und fortbildeten. Die Doppeldeutigkeit der jüdischen Emanzipation im Gefolge der europäischen Aufklärung vermochte diese, trotz ihrer grandiosen Freiheits-, Gleichheits- und Brüderlichkeits-Utopien, nicht aufzulösen. Und so wie die Gebote und Tugenden der Aufklärung nur für kurze Zeit auch den politischen Raum erfaßt hatten, um sich alsbald in platte Bourgeoisideale zu verflüchtigen, stand niemals ein allgemein für alle Juden geltendes Recht zur Diskussion, sondern immer nur die wohlwollende Gewährung von Freiheitsrechten, die jederzeit wieder kassiert werden konnten. Und dieses Zugeständnis an die Juden war verknüpft mit der Bedingung, alles zu unterlassen, was dem deutschen Staat hätte Schaden zufügen können: Dieser Fall wäre genau dann eingetreten, hätten die Juden ihre unabhängige Identität eingefordert. Nur die Selbstverleugnung ihrer Geschichte, das Vergessenwollen, wieviel Not, Schmerz und Leid darin enthalten war, sollte den westeuropäisch angepaßten Juden die ständig unter Vorbehalt stehende Möglichkeit der Integration geben. Die Verleugnung ihrer historischen Wurzeln aber warf die deutschen Juden in den Ausnahmestatus zurück, den sie seit jeher einzunehmen gezwungen waren. Die intellektuelle Aufklärung führte in der politischen Konsequenz zu neuerlicher Entfremdung, zu Ruhelosigkeit, Verlorenheit und Wanderschaft; einzig Beruf und Bildung konnten Erfolg, Ruhm, Anerkennung und Geborgenheit vermitteln. Darum setzten die westeuropäischen Juden alles daran, in die besseren Etagen des gesellschaftlichen Gefüges aufzusteigen, nicht allein um des Macht- und Prestigegewinns willen, sondern um verlorene Identität in den Bereichen zu kompensieren, in denen immer schon Juden gearbeitet hatten. Nur waren diese Berufe nicht aus freien Stücken gewählt, vielmehr wurden die als Ausnahmejuden von der elenden jüdischen Bevölkerung abgesonderten einzelnen zu vielfältig verwendbaren Vermittlern herangezogen, und das auf den Gebieten, in denen das etablierte Herrschaftssystem weder Fähigkeiten noch Neigungen entwikkelt hatte und vor allem kein eigenes gesellschaftliches Reservoir besaß: Geldgeschäfte, Diplomatie und Kommunikation.

Doch auch diese Dienste wurden geleistet unter dem ständig drohenden Entzug von vorübergehend zugestandenen Privilegien, so daß die auf diese Weise individualisierte »Judenfrage« den ausgeschlossenen Parias weder Bildung noch Einkommen und Emanzipation brachte, dafür aber die verewigte Aussichtslosigkeit, die in einer nicht abreißenden Kette von Elend, Gewalt und zivilisatorischer Dürftigkeit bestand. Und die Ausnahmejuden waren nur solange begünstigt, wie sie sich von der elenden Masse durch ihr Parvenudasein abhoben, wie sie jede Berührung mit den entfernten Verwandten tunlichst mieden. Und obgleich die Juden die Nähe zu den politisch und wirtschaftlich Mächtigen suchten, waren sie selbst nie ernsthaft an einer direkten Machtausübung interessiert. Darum zerfiel ihre Sonderrolle in dem Maße, in dem die nationalstaatliche Ordnung auf Eigenmittel zurückgreifen konnte und sich nach Meinung der Emanzipation gewährenden Deutschen überdies die Gefahr einer Verselbständigung der Juden anzudeuten schien, die das gesamte Judentum zu einem selbstbewußten, nicht mehr kontrollierbaren Kollektiv hätte zusammenschmieden können. Mit der Verhängung des Ausnahmestatus über die

»Hof- und Geldjuden«, dann auch über die jüdische Intelligenz (kurzes Intermezzo in den Aufklärerdachkammern und Salons in Berlin) wurden die immer schon mit Verdacht belegten Juden nun unter einen Generalvorbehalt gezwungen, der psychologisch auf die Offenbarungsformel abzielte. Das Vertrackte daran war, daß den privilegierten Juden scheinbar noch die freie Wahl einer entsprechenden Erklärung blieb: Denn von nun an »mußte jeder einzelne beweisen, daß er, obwohl Jude, doch kein – Jude war. Und mußte damit nicht nur Teile seiner ›zurückgebliebenen Glaubensbrüder‹, sondern das ganze Volk verraten wie sich selbst«.[1]

Paria und Parvenu waren die beiden Sozialcharaktere innerhalb der internationalen jüdischen Notgemeinschaft, der Diaspora, die sich geographisch zwar nach Ost- und Westeuropa ordnen ließen, die jedoch ebensosehr durch die zutiefst heterogene Gemeinschaft des gesamten Judentums geformt waren. Beide Charaktere erinnerten daran, daß man sich deutlicher und klarer als bisher über die gesellschaftliche und politische Lage der Juden verständigen mußte, was allerdings erschwert wurde durch die Tatsache, daß die Juden auch als privilegierte Außenseiter niemals politische Machterfahrungen hatten sammeln können. Dazu wäre ein Stück Land, eine greifbare Heimat nötig gewesen, ein Motiv, das die zionistische Bewegung in den Vordergrund ihrer Kämpfe um einen eigenen Staat stellte. Weit eher aber war es die unaufhörlich geäußerte Verdächtigung, es könne zu einem Staat im Staate kommen: Da die Juden sich immer als Berater und Vermittler nützlich gemacht hatten, entstand in der wahnhaften Wahrnehmung der deutschen Gesellschaft das Bild vom Juden als Drahtzieher und ränkeschmiedendem, finsteren Gesellen, der die ganze Welt versklaven wolle. Das Paradoxe der weiteren Entwicklung war dann die Verlagerung der von Juden ausgeübten Tätigkeiten vom staatlichen Bereich in die Sphären der Gesellschaft, der Kultur und Wissenschaft. Das imperialistische Staatswesen entledigte sich Ende des 19. Jahrhunderts seiner Stützen, die während der absoluten monarchistischen Herrschaftsperiode viel zum Erhalt

des Systems beigetragen hatten. Die Söhne der emporgekomme-
nen westeuropäischen Juden ergriffen die gehobenen Berufe,
wurden Mediziner, Rechtsanwälte und vor allem Kulturproduzenten. Daß sie damit auch eine alte jüdische Tradition der
Bildung und Gelehrsamkeit fortsetzten, war ebenso wichtig wie
die Möglichkeit eines individuell erkämpften Auswegs, ein
Notausgang zum Erfolg. Ihn machten sie zur Grundlage einer
internationalen Heimat.

Die Scheinwelt der Literatur und des Theaters war kein
gleichwertiger Ersatz für kulturelle und politische Freiheit, erst
recht kein Ersatz für Macht. Doch mit der Internationalisierung
der erfolgreichen Ausnahmejuden rückte eine Minderheit dieser
tüchtigen Repräsentanten in ein Licht, in dem sie allzuleicht als
Symbol für eine verhaßte gesellschaftliche Ordnung, den Kapitalismus und die politische Demokratie, identifiziert werden
konnten.[2] Die Assimilation an den hochgepriesenen deutschen
Kulturstaat ließ die gleichwohl nie völlig assimilierten Ausnahmejuden vergessen, daß es neben der bewundernswerten Fülle
deutscher Musik, Literatur, Kunst und Philosophie (zu deren
hohem Ansehen die deutschen Juden mehr als genug geleistet
hatten) auch noch einen politischen Erfahrungsbereich gab, in
dem die sozialpathologisch verformten Vorstellungen vom »typisch Jüdischen« Platz griffen. Doch trotz der ununterbrochenen Beispielserie des Judenhasses und trotz des virulent gewordenen, aggressiven politischen Antisemitismus vertrauten die
gebildeten Juden auf den überempirischen Kosmos der lange
zurückliegenden Aufklärung; sie konnten nicht glauben, daß es
neben Schiller, Lessing und Goethe auch solche Deutsche gab,
die kaum etwas von den Genannten gelesen hatten und die in
»dem Juden« das schlechthin Dämonische wiederzuerkennen
meinten. Selbst das Bildungsbürgertum dachte nur im Ausnah-
mefall wirklich kosmopolitisch und humanistisch oder zeichnete sich gar durch praktizierte Toleranz aus; die nationalistisch
Auftrumpfenden, national sich Brüstenden aber verteufelten
den »jüdischen Rationalismus« und labten sich am selbsteinge-
machten Hausschatz nordischer Herzensbildung.

Die traumatische, ins Überschwengliche sich steigernde Anlehnung der deutschen Juden ans deutsche Kulturerbe[3] und der gleichzeitige Mangel an politischem Realitätssinn blockierten die rechtzeitige Wahrnehmung der tödlichen Gefahr. Wieviel an politischer Erfahrung sich auf die moralische Stärke eines Menschen übertragen kann (und wie wenig die gebildeten deutschen Juden davon in sich ausgebildet hatten), konnte man während des Lebens und Sterbens in den Zwangsarbeits- und Vernichtungslagern des NS-Staates bemerken. Die westjüdischen Bürger, nun zu Objekten ungehemmten Terrors geworden, glaubten noch nach Jahren des Eingesperrtseins und im Angesicht des täglichen Todes daran, es könne sich in ihrem Fall wohl nur um einen Irrtum oder ein Mißverständnis handeln, daß man ausgerechnet sie verschleppt habe. Als deutsche Juden kehrten sie sogar einen ausgesprochen »deutschen Standpunkt« heraus, schworen noch im KZ auf Ruhe und Ordnung und schoben die Schuld an den Verhältnissen im KZ auf das persönliche Versagen der internen Lagerverwaltung, also oft auch auf andere Juden, die in der Lagerhierarchie einen Verteilerposten ergattert hatten. Es war dies ein schreckliches Resultat der gescheiterten Aufklärungs- und Emanzipationsphase in Deutschland, das seinen nicht mehr zu überbietenden Abschluß in dem Verhalten der mißhandelten, zu jeder Tages- und Nachtzeit vom Tode bedrohten Juden fand, die aus Angst nichts taten, was den Zusammenhalt der Gefangenen hätte festigen können und statt dessen jede Gestik und Mimik unterließen, die möglicherweise als »typisch jüdisch« vom Terror- und Todespersonal hätte erkannt werden können, da die Juden meinten, das würde vielleicht »den Antisemitismus unnötig herausfordern«.[4] Die Geringschätzung des aktiven Kampfes für die kollektive Selbsterhaltung der jüdischen Identität sowie die gleichzeitige Überschätzung der kulturellen Errungenschaften einer klassengespaltenen und völkisch-nationalistisch aufgeheizten Gesellschaft zeigten den von den westjüdischen Parvenus eingeschlagenen individuellen Schleichweg als reale Phantasmagorie. Der Parvenu stürzte; und fand sich zusammen mit dem ohnehin entrechteten Paria wieder als ein »Outlaw der ganzen Welt«.[5]

Einer der nicht wenigen sich viel zu spät auf seine jüdische Herkunft besinnenden deutsch-jüdischen Schriftsteller, die nach 1933 in der Emigration über das Wesen der deutschen Juden sich ihre Gedanken machten, war Alfred Döblin. Nachdem er die drei jüdischen Nöte aufgezählt hat: Lebensunsicherheit, wirtschaftliche und innere Unsicherheit, holt er weit aus und nennt das historische Unglück der Juden eine seit zweitausend Jahren anhaltende Pendelbewegung. »Sie versuchen es immer wieder, und wie sie es machen, ist es falsch: wenn sie sich zurückziehen, vertrocknen sie, und wenn sie sich ausdehnen, verlieren sie sich. Woher kommt das, was legt auf sie diesen qualvollen Zwang? Dieser Pendelschlag ersetzt bei ihnen die Entwicklung, er ist das qualvolle Surrogat einer Geschichte, die ihnen versagt ist. Sie sind nicht tot und daher müssen sie aufnehmen, aber sie sind nicht richtig lebendig, daher können sie nicht richtig aufnehmen (assimilieren). Sie müssen aufnehmen, aber das geschieht unter Fremdvölkern und da verliert man sich, – sie müssen sich zurückziehen, aber da stößt man auf die Priester und Bücher und man vertrocknet. Diese krampfhaften Zuckungen, dabei diese Monotonie!«[6] Döblin geißelt die träge Hilfsbereitschaft der alteingesessenen, westjüdischen Parvenus, die den Flüchtlingen aus dem Osten ein »Gemisch aus Wohltätigkeit und Fußtritten« verpaßt hätten. »Man füttert und expediert.«[7] Oft sei es in der Geschichte geschehen, daß die etablierten Juden härter gegen ihre elenden Brüder und Schwestern sich verhalten haben als das auch nicht eben begeisterte »Wirtsvolk« der Deutschen, eine Anspielung auf den seit 1880 einsetzenden Flüchtlingsstrom aus Rußland und Polen.[8] 1900 waren es 41 000, 1910 schon 79 000, 1914 dann 90 000 Juden, die nach Deutschland kamen.[9] Zwischen 1880 und 1914 flüchteten mehr als eineinhalb Millionen Ostjuden, die meisten in die Vereinigten Staaten.[10] 1871 lebten nicht mehr als eine halbe Million Juden in Deutschland, 1,2 Prozent der Gesamtbevölkerung; 1914 waren es zwar hunderttausend mehr, doch im Verhältnis zur Gesamtbevölkerung nur noch 0,9 Prozent.

Das Spiegelbild der verdrängten eigenen Vergangenheit schreckte die westjüdischen Parvenus, man wollte mit solchen Erinnerungen so wenig wie möglich behelligt werden. Als Theodor Lessing, ein kleiner Steppke noch, seine sichtlich in Verlegenheit gebrachte Mutter danach fragte, wer denn ein Jude sei und wie der aussehe, zeigte sie ihm einen auf der Straße an ihnen vorbeigehenden Kaftanjuden mit Schläfenlocken.[11] Das war »der Jude«, die Familie Lessing hatte mit solchen Subjekten nichts zu tun. Nicht ein leiser Bezug zur jüdischen Religion[12], kein jüdischer Brauch wurde im Hause Lessing gepflegt. Mit solcherlei Dingen konnte Lessings Vater, der praktische Arzt, keine Patienten heilen, also war das nur Geschichtsplunder und kein Aufhebens wert. Eine Tante beschränkte ihren hebräischen Wortschatz auf deftige Scheltworte.[13] Es mußte erst zu den großen antisemitischen Kampagnen und Vernichtungsfeldzügen kommen, bis viele aus Theodor Lessings Generation sich auf jüdische Traditionen zu besinnen begannen.

»Seit frühester Jugend hatte ich den Wunsch, Galizien zu sehen«[14], schreibt Lessing 1909. Ins größte Kronland der Habsburger Monarchie, ihr von 1772 bis 1918 zugehörig, wo jährlich Zehntausende verhungerten, die wenigsten ein Auskommen hatten und wo das Völkergemisch aus Polen, Ruthenen, Deutschen und Juden den verelendeten Ostjuden nur die schmutzigsten Ghettos zum Existieren übrig ließ[15], in ein soziales Niemandsland mit armseligen Hütten, in denen Krankheit, Siechtum und Tod hausten, gedrängte Enge ohne Licht und Wärme – nach Galizien kam Theodor Lessing 1906, ins Land der ostjüdischen Bauern und Proletarier, von denen Joseph Roth gesagt hat: »Vor Schiffen hat der Ostjude Angst. Dem Schiff traut er auch nicht. Seit Jahrhunderten lebt der Ostjude im Binnenland. Er fürchtet die Steppe nicht, nicht die Grenzenlosigkeit des Flachlandes. Er fürchtet die Desorientierung. Er ist gewohnt, dreimal am Tag sich gegen Misrach, den Osten zu wenden. Das

ist mehr als eine religiöse Vorschrift. Das ist die tiefgefühlte
Notwendigkeit, zu wissen, wo man sich befindet. [. . .] Auf
dem Meer aber weiß man nicht, wo Gott wohnt. [. . .] Man
kennt seine Stellung zur Welt nicht. [. . .] Wer so tief das
Bewußtsein im Blut hat wie der Ostjude, daß es jeden Augenblick gelten kann zu fliehen, fühlt sich auf dem Schiff nicht frei.
Wohin kann er sich retten, wenn etwas geschieht? Seit Jahrtausenden rettet er sich. Seit Jahrtausenden geschieht immer etwas
Drohendes. Seit Jahrtausenden flieht er immer. Was geschehen
kann? – Wer weiß es? Können nicht auch auf einem Schiff
Pogrome ausbrechen? Wohin dann?«[16]

Voller Verehrung blickten die galizischen Juden nach Wien
und erkannten in Kaiser Franz Joseph einen gütigen Schutzpa-
tron, der sie nicht wie Zar Alexander III. den Hetzmassen der
Pogrome aussetzte;[17] erst mit dem Weltkrieg brach eine organisierte Haß- und Gewaltkampagne auch über die galizischen
Juden herein, wurden sie verschleppt, getötet. Lemberg, die
Stadt mit der größten jüdischen Gemeinde, war 1918 der
Schauplatz eines blutigen Gemetzels, das Polen unter den
jüdischen Bürgern anrichteten[18] – Lemberg war die Hauptstadt
Galiziens, Klein-Wien genannt. Es war die Geburtsstadt Martin
Bubers und ein Hauptsitz der jüdischen Aufklärung, der Haskala, die in Bubers Großvater einen einflußreichen Vertreter
besaß. Haskala und Chassidismus, die lebensfromme, vitale,
den ganzen Menschen erfassende Religion, hatten hier ihren
sozialen Ursprung.[19] Glaubensgegensätze und die widersprüchliche Sozialökonomie prallten hier hart aufeinander. Für die
westjüdischen Parvenus in Berlin, Hannover oder Düsseldorf
aber stand nur eines sicher fest: Diese ohne Lift, Kanalisation
und beheizte Wohnungen lebenden ostjüdischen Massen,
befangen in antiquierten religiösen Vorstellungen, waren ein
Stück Mittelalter, ohne Aussicht auf »Perfektibilität« und zudem eine Gefahr, weil sie als zusammengepferchte Massen
geradezu prädestiniert schienen für Umsturz und Revolution.
Noch einmal Joseph Roth: »Man will nicht durch einen
Fremden, der eben aus Lodz gekommen ist, an den eigenen

Großvater erinnert werden, der aus Posen oder Kattowitz stammt. Es ist die ignoble, aber verständliche Haltung eines gefährdeten Kleinbürgers, der eben im Begriff ist, die recht steile Leiter zur Terrasse der Großbourgeoisie mit Freiluft und Fernaussicht emporzuklimmen. Beim Anblick eines Vetters aus Lodz kann man leicht die Balance verlieren und abstürzen.«[20]

Es könnte gut möglich sein, daß Lessing im Reisegepäck eine zwei Jahre vorher publizierte Studie hatte, in der neben Impressionen über das zauberhafte Land auch Vorschläge zur Veränderung der sozialen Verhältnisse der jüdischen Bevölkerung zu lesen waren. Die beiden Verfasserinnen, Berta Pappenheim und Sara Rabinovitch, stellten darin ein erbarmenswertes Galizien vor: schmutzig, kulturell vernachlässigt und gestraft mit Kolonnen von Mädchenhändlern. Die unter dem Namen Anna O. weltberühmt gewordene, ehemalige Patientin Sigmund Freuds hatte unter ihrem richtigen Namen Berta Pappenheim bereits 1900 eine Broschüre mit dem Titel »Zur Judenfrage in Galizien« herausgebracht. Wie Berta Pappenheim schönt auch Lessing seine Beobachtungen nicht, schildert die dunklen Gassen des Ghettos, die herumlungernden Gestalten, die kranken Gesichter und gebückten Figuren, die weithin sichtbare Not. Obwohl seine Reise getrübt war durch die kleinen Gaunereien dieses Milieus, zeichnet er zuletzt ein viel wichtigeres, ihn tief beeindruckendes Bild, das Bild von galizischen Juden, von Kindern und Greisen, die wie verprügelte Tiere aussehen, aus deren Augen aber etwas Schönes strahlt: die Würde ungebrochener Menschen, zu denen Lessing ein Gefühl der Zuneigung und Liebe, ja, der Verehrung empfindet. Obgleich diese verarmten Menschen sich herumschlagen müssen mit dem Einerlei ihres entbehrungsvollen Alltags, seien sie darum doch nicht kulturell depraviert. Nirgendwo sonst habe er so sehr die wachsame Intelligenz auf den Straßen und in den Synagogen gespürt, das ständige Spähen und Lauern; Lebhaftigkeit aus einer inneren Defensive, die einem an die Not gewöhnten Geschlecht eigen sei. Mißtrauisch und neugierig begegnen die Ostjuden dem

Fremden und zeigen dann ihren beweglichen Scharfsinn. Im
engen Nebeneinander sozialen Gefühlslebens und der gelebten
Frömmigkeit des Chassidismus offenbare sich die Größe der
ostjüdischen Kultur und Moral, so daß es sich von selbst
verbiete, diese ganz andere Welt mit westeuropäischen Augen
bewerten zu wollen.[21]

Manche der jüdischen Intellektuellen aus Deutschland und
anderen westeuropäischen Ländern haben ihr verschollenes
Judentum in einem galizischen Schtetel wiederentdeckt, die
meisten während und nach dem I. Weltkrieg. Kurt Tucholsky
reagierte in Rumänien und im Baltikum allerdings schroff
ablehnend, genau wie Gustav Mahler, der 1903 an seine Frau
Alma aus Lemberg schrieb, daß die Juden »hier herumlaufen
wie anderswo die Hunde. [. . .] Mein Gott, mit denen soll also
ich verwandt sein?«[22] Arnold Zweig hingegen sprach 1920
begeistert von den Liedern und Tänzen, der Sprache, den
sozialen Gemeinschaftsformen und erkannte in den geschunde-
nen ostjüdischen Parias das Motiv, sich über die Nichtigkeit des
blasierten westjüdischen Parvenus bewußt werden zu können
und, wie Karl Kraus später formulierte, »Kaftan gegen Smoking« zu stellen.[23]

Alfred Döblin reiste zwanzig Jahre nach Lessings Erkun-
dungsfahrt durch Polen, kam auch nach Krakau, Lemberg und
Warschau und faßte seine Erlebnisse in einem Buch zusammen,
das zu den schönsten Schriften gehört, die es über die von den
Nazis ausgelöschte Kultur Galiziens und seiner Menschen gibt.
Auch er vermerkt, daß man hier frei sei von neurotischer
Mimikry, die das westjüdische Bürgertum bald in die beschleu-
nigte Auflösung und individuelle Vernichtung treibe.[24] Eine
»Generation von Stehaufmännern« nannte sie Alfred Kerr und
versuchte diese These am Beispiel des preußischen Juden, des
Industriellen, Politikers und Intellektuellen Walther Rathenau
zu belegen.[25] Doch auch galizische Schriftsteller wie Joseph
Roth überwanden ihre Selbstzerrissenheit nicht, blieben un-
glückliche, einsam an sich leidende und sich selbst hassende
Ohnmächtige. »Ich, der Einzige unter Allen, lebte ohne Zu-

kunft, ohne Liebe, ohne Freundschaft, ohne Anschluß. Alle
hatten eine Gegenwart, auf der sie ein Jahr ums andere auf-
schichteten zu einem stattlichen Turm. [. . .] Jeder hatte sich für
irgendeine Richtung der Windrose entschieden und marschierte
in Gemeinschaft mit seinen Gesinnungsgenossen geradeaus zu
seinem Ziel. [. . .] Ich schwamm, wie ein Baumstamm auf der
Oberfläche des Meers, und hatte doch das Gehirn eines klugen
Menschen. [. . .] Ich sehnte mich nach der Bewußtlosigkeit
eines Holzstammes.«[26] Roth nannte das Dünkelhafte, die kalte
Gleichgültigkeit der westjüdischen Bourgeoisie beim Namen,
als er einen namhaften jüdischen Bankier, vier Monate vor der
Machtergreifung der NSDAP, ohrfeigte und ihm ins Gesicht
brüllte: »Saujude!«, da dieser gelassen angemerkt hatte, daß die
Nazis vielleicht ein paar arme Juden totschlagen würden, »aber
uns kann doch nichts passieren«.[27]

Im August 1909 kommt Lessing, unterwegs als Antilärm-
Botschafter, ins Londoner Eastend, wo die geflüchteten Juden
wohnen. Am Hafenkai entdeckt er einen abgemagerten, ausgebrannten, stumm vor sich hinstarrenden Menschen, dessen tote
Augen so aussehen, als ob sie »zu einem einzigen Blick [. . .]
gerinnen, [. . .] der die Unentrinnbarkeit der eigenen Vernichtung einsieht. Und der schweigende Blick dieses Auges schnitt
mich wie ein Messer, wie ein Vorwurf dafür, daß ich Leben und
Arbeit habe«.[28]

In einem jiddischen Theater erlebt er, wie schon in Galizien
während eines chassidischen Gottesdienstes, die ihm als zu
fanatisch erscheinende, wild gestikulierende Art der Schauspieler und Zuschauer; daneben aber die schmerzliche Selbstironie,
selbstkritisches Gelächter, große Gefühle. Als ein frommer Jude
dann auf der Bühne, vor dem Vorhang, einen Dank an den
gestorbenen Direktor des Theaters vorliest und sagt, daß sie alle
hier erst durch das Theater Menschen geworden seien, kennt
Lessings Rührung keine Grenzen mehr. So zwiespältig und
durchaus gemischt seine Zuneigung zu den osteuropäischen
Juden auch war, mit Selbstverwunderung bekennt er: »Welche Menschen! welche Menschen! Ich werde mein Lebtag nicht

klug werden aus diesem Volk, das mir im tiefsten Herzen fatal ist, und dem ich in einem noch tiefern mich verbunden fühle!«[29]

Espritjuden. Philosemiten. Satiriker

Ohne eine Prise weltmännischer »Wurstizität« könne man den »Durchbruch« im geschäftlich organisierten Geistesleben niemals erreichen, schrieb Lessing, als er ehrgeizigen Debütanten des Feuilletonismus einige satirisch aufgelockerte, aber ernst gemeinte Ratschläge auf den Weg zum todsicheren Erfolg mitgeben wollte.[30] Die Angehörigen der liberalen Großgemeinde des kulturellen Bürgertums in Deutschland hatten ihre festen sozialen Verhaltensmaßregeln wie andere Gruppen und Kreise auch, nur wurde durch die feine Zutat von Geist und Reflexion das oft schnöde Rangeln um Posten, Einfluß und Macht, um Anerkennung, Honorare und kulturelle Hegemonie beschönigend verdeckt. »In dieser Republik waren einzig vernehmbar Skandale, Schicksalsschläge oder Schicksalsgeschlagenheit, Komplotte und Attentate. Es gab Kammerbeschlüsse, nichtsbedeutende Krönungen, viele Ermordungen durch das Wort. Von den Räubereien spreche ich nicht. Dieses ganze ›intellektuelle‹ Volk war wie das andere. Man fand darunter Puritaner, Spekulanten, Prostituierte, Gläubige, die Gottlosen gleichsahen, und Gottlose, die sich als Gläubige ausgaben; es gab heuchlerisch Einfältige und wahrhaft Dumme, und Autoritäten, und Anarchisten, bis herab zu den Henkern, deren Schwerter von Tinte troffen. Und die einen wähnten sich Priester und Würdenträger, andere Propheten, andere Cäsaren oder auch Märtyrer, oder von alledem ein bißchen. [. . .] Jeder dieser Dämonen beschaute sich recht oft in einem papiernen Spiegel; er betrachtete darin das höchste oder das niedrigste aller Wesen.«[31] So Paul Valéry über die Welt der Papiertiger. Nie um eine Antwort verlegen, mal weit in die Kulturgeschichte der Menschheit zurückschreitend, mal kühn und keck in ihre künftige vorausschauend, haben die Repräsentanten der Kultur immer etwas auf Lager, womit sie glänzen, blenden und reüssieren können. Als freier Mitarbeiter in diesem Seifenblasenkosmos nahm Lessing die bescheiden zur Schau gestellte Selbstgefälligkeit der Literaten, Kritiker und Feuilletonisten immer wieder aufs Korn, im Abfertigen war er selbst nicht untalentiert: »Die ›Kulturmenschen‹ aber (meistens ältere bebrillte Affen mit einem Doktortitel) plätschern im großen Lebensmeer umher, ähnlich dem Tintenfisch; – ein Geschöpf, das man nicht anrühren kann, ohne daß es sogleich das klare Wasser mit seinen Tintenejakulationen meilenweit verdunkelt.«[32]

Das Posieren mit Werten, nach denen keiner lebt und auch keiner zu leben vermag: Diese Malaise der Kulturrepräsentanten beschäftigte Lessing vor allem als eine der jüdischen Schriftsteller und Kritiker. Sie seien geniale Grenzenlose, »die aus allen Töpfen naschen, [. . .] alles wollen, alles können, aber immer nur als Spiegel«.[33] Das seit frühester Kindheit zum Trauma gewordene Bild autoritärer, rechthaberischer Führerfiguren kehrte beim Betrachten des Kulturbetriebs wieder, Lessing wandelt es zur Figur des »lebenden Spiegels«. Er könne sie nicht lieben, diese »großen Spiegel, die teilnahmslos spiegeln und so tief sind wie die Welt«[34], die über alles reden könnten und denen auch zum Schandbarsten noch eine kluge Antwort einfalle, die über Gott und Tod sprächen, »als handle es sich um eine Weinsorte«.[35] Ihre Gefühle seien immer schon präpariert, stets abrufbereit würden sie zu Zeilen verarbeitet. Übrig bleibe ein schöngeistiger Gestus, der hinter dem Kulturproduzenten stehende Mensch aber regrediere zum Empfangsbehältnis für alles Schreckliche und Schöne, von allem unberührt.

Für diese »Tragödie des Kulturkönnertums«[36] böte sich nun aber kein lehrreicheres Beispiel an als die den Geist zur »Massenangelegenheit«[37] verwertenden »Espritjuden«[38], denen die Formel »Volk des Buches« zum dogmatischen Glaubensbekenntnis geworden sei. Schrankenlose Wissensgier, Lernsucht und Karrierebesessenheit machen sie zu unerfreulichen Vertretern eines ohnehin nicht angenehmen Kulturbetriebs. Ihr großer

Irrtum sei es jedoch, zu glauben, man würde sie überall lieben und verehren, wenn sie als großartige Künstler und Wissenschaftler, als Politiker und Ingenieure stets als die Besten im internationalen Konkurrenzkampf hervorgingen, hasse man sie um so mehr. So war Lessings oft harsche Kritik an den jüdischen Kulturproduzenten eingebunden in eine allgemeine Kritik des Kulturbetriebs, zugleich aber eine »Charakterologie modernen jüdischen Geistes«.[39] Walther Rathenau, selbst einer aus der Garde überaus erfolgreicher deutscher Juden, faßte diese Malaise in eine Anekdote, die symbolhaltiges Gleichnis auch für sein verzweifeltes Bemühen war, auf allen Gebieten des Lebens immer der Erste, Klügste und Geschickteste sein zu müssen: »Der liebe Gott hat es bei der Erschaffung der Welt gemacht wie ein guter französischer Koch, der eine Zutat, die er am Abend zum Diner gebrauchen will, schon am Morgen vorbereitet. Er hat sich den Luxus gestattet, eine Portion reinen Geistes, eine bestimmte Masse Hirnsubstanz in einen Topf zu tun, zu versiegeln und zwei Jahrtausende sozusagen in die Tiefe des Meeres zu versenken. In ihren wasserdichten Topf hat er ihr nur ein Buch [...] mitgegeben und sie im übrigen hermetisch abgeschlossen gegen die übrige Welt und in sich fermentieren lassen. Was ist die Folge gewesen? Zweitausend Jahre hat diese Masse Geist immer wieder dieselben Gedanken bis zur äußersten Verfeinerung und Kompliziertheit durchgedacht.«[40]

Viele der westeuropäisch assimilierten deutschen Juden, die mit ihrer jüdischen Tradition nichts mehr zu tun haben wollten, verhielten sich auch in ihrem öffentlichen Auftreten so, als säßen sie in einem Vakuum, und wunderten sich, wenn die ganz anders beschaffene Wirklichkeit über sie hereinbrach. Jüdische Selbstverkleinerung, jüdischer Selbsthaß erschwerte ihnen die Wahrnehmung der feindlichen Umgebung. »Denn im Spiegelbild der Umgebung siehst du jede deiner Schwächen vertausendfacht. Zerschlage den Spiegel, du zerschlägst nicht das Bild.«[41]

Als einen dieser sich ständig ihrer Leistung versichernden Spiegelgeister sah Lessing den Literaturkritiker Samuel Lublinski. Ein berufsstolzer ehemaliger Zionist, die Verkörperung des

westeuropäisch-jüdischen Intellektuellen, der in selbstgewisser
Manier die Literatur mit Noten schulmeisterte. Kaum war
Theodor Lessings satirisches Porträt dieses Großkritikers in der
»Schaubühne« erschienen, ging eine Solidargemeinschaft von
Journalisten und Schriftstellern gegen Lessing mit wütenden
Aufrufen vor: Man solle ihn niederknallen, mit der Keule
bearbeiten, als »zersetzendes Element« rasch ausschalten oder,
wie der prominenteste Scharfrichter, Herwarth Walden, sich
auszudrücken beliebte, man könne »ihm nur mit einer Revol-
verkugel sein Mundwerk stopfen«.[42]

Der Weltweise schreibt keine Satire, er definiert sie. Schopenhauer wußte, warum: »Die Satire soll, gleich der Algebra, bloß
mit abstrakten und unbestimmten, nicht mit konkreten Wer-
then, oder benannten Größen operiren; und an lebendigen
Menschen darf man sie so wenig, wie die Anatomie, ausüben;
bei Strafe, seiner Haut und seines Lebens nicht sicher zu
seyn.«[43] Lessing aber hatte Lublinski als eine »fettgewordene
Synagoge« mit vorgestrecktem Embonpoint bezeichnet, mit
siebengescheiten Knopfaugen, die durch eine Brille blinzeln und
nichts sehen. Zwischen Lublinski und dem Leben stünde immer
der neueste Literaturkalender. Einen erfundenen Spaziergang
entlang der Münchner Bohemecafés nimmt Lessing zum Anlaß,
Lublinskis alerte Art zu karikieren. Ein Stichwort genügt: Ibsen
saß einst hinter diesem Kaffeehausfenster – und schon wird die
à propos-Sprechmaschine angeworfen: »Sofort hub er wieder
das literarische Beinchen und ließ Wässerchen. ›Ibsen!!‹ rief er,
ich muß zwar bemerken, daß ich mich mit gewissen Unklarhei-
ten seiner Problemstellung durchaus nicht einverstanden erklären kann. Wenigstens nicht voll und ganz. Aber immerhin
scheint mir die Moderne nicht denkbar ohne den Magus aus
Norden (so sagt er, natürlich! Er sagte ja auch nicht Bismarck,
sondern die Eiche im Sachsenwald).«[44] Das war auch eine
Parodie auf Maximilian Harden, dessen von Karl Kraus ver-
spottetes »Desperanto« den Vorwurf für mancherlei Bissig-
keiten abgab, denn Harden machte tatsächlich aus einem Wort
spielend einen ganzen Satz. Die Satire über Lublinski endet mit

einem Alptraum. Die in seiner Apsis liegende Bundeslade beginnt sich vom synagogenhaften Leib abzukalben: Aus der Apsis entsteigen lauter neue Lublinskis und wackeln »wie eine Armee winzig kleiner verfehlter Synagogen«[45] auf Lessing los. Diese Doubletten sind genauso gescheit, übergeschnappt, unglücklich-genial wie das Original; und so ziehen auch sie literarische Bilanzen, rubrizieren und katalogisieren und strekken ihre Bäuchlein voller Stolz in den leeren Weltenraum.

Wie Karl Bleibtreu, an dem Lessing die Tragik der kulturindustriellen Rastlosigkeit erlebt hatte, galt ihm auch Lublinski als Repräsentant eines »verfehlten« Kulturjudentums. Das Bild von der »verfehlten Synagoge« aber war kein Indiz für Lessings »jüdischen Antisemitismus« (wie sogleich aufgebrachte philosemitische Kreise verbreiteten): Hier hatte vielmehr ein selbstkritischer Jude, der sich den ostjüdischen Parias verbunden fühlte, zeigen wollen, wohin es die assimilierten Westjuden mit ihrer Kultur und Tradition gebracht hatten. Wie Alfred Döblin zwanzig Jahre später, hatte Lessing polemisieren wollen gegen die Vergeßlichkeit des arrivierten deutschen Judentums. »Ihr habt eure herrlich eingerichteten Synagogen mit Orgeln, Chören, erstklassigen Sängern als Vorbeter, habt Bünde von Frontsoldaten und zehntausend Kriegsopfer. Aber was ihr auch sagt, ihr mögt noch so viele Reformsynagogen, Übergangs- und Untergangssynagogen bauen – euer schönster Tempel wäre doch der, in dem verkündet würde: ›Von heute ab seid ihr keine Juden, seid nie Juden gewesen, alle eure Geburtsregister sind gelöscht, ihr seid Deutsche, Schweizer, Österreicher! Geht nun hinaus!‹ Zum ersten Male würde von allen in diesem Tempel, von Jung und Alt, wirklich gebetet werden! Ein ganz ehrliches Hallelujah würde schallen!«[46] Und so war Lessings Satire vor allem eine Situationsanalyse vom Nutzen und Nachteil der jüdischen Assimilation in Deutschland. Und ganz sicher hat Lessing auch an die befreienden Möglichkeiten eines Lachens der jüdischen Assimilanten über sich selbst erinnern wollen. Er porträtierte Lublinski mit physiognomischer Laune als aufgeplusterten Frosch im literarischen Tümpel. Doch das nahm die erboste Kulturwelt übel, obschon solche Vergleiche aus der Tier- und auch Pflanzenwelt nichts Ungewöhnliches waren, ja eine lange Tradition vorzuweisen hatten: Als Einmann-Parteien griffen Literaten und Kritiker immer wieder zu solchen Markierungen. Man bemächtigte sich des Sinnfälligsten, und das war eben die äußere Erscheinung. Wenn daher Alfred Kerr, selbst einer der Oberzensoren der Zeit, Lublinski mit seinem Goldfisch Moritz verglich[47], oder die Schauspielerin Tilla Durieux in ihren Lebenserinnerungen Kerr nachsagte, er blicke mit seinem merkwürdigen Bart »wie eine frisierte Wanze«[48] drein, oder Kerr die gerüchteweise ausgestreute Gewohnheit Maximilian Hardens, sich Rouge aufzulegen, in die Bosheit vom »Schminkeles«[49] ummünzte, oder die beiden Großauguren der Kritik, Harden und Kraus, hemmungslos einer dem anderen auf den Pelz rückten, in welchem Harden ohnehin seinen ehemaligen guten Kollegen Kraus vermutete: als »Krauslaus« – dann waren das alles vielleicht nicht erfreuliche, aber durchaus gebräuchliche Formen, die schon im 19. Jahrhundert üblich waren. So sagten Marx und Engels über Ruge, er stehe in der deutschen Revolution da »wie das Plakat an den Ecken gewisser Straßen: Hier ist es erlaubt, sein Wasser abzuschlagen«.[50] Und in Karl Kraus' »Fackel« konnte man lesen: »Herr Max Nordau ist wieder einem Eckstein der Kunst begegnet. Gewohnheitsmäßig hob er das Hinterbein und besprengte ihn mit dem unedlen Naß eines Feuilletons.«[51]

Der lockeren Satire Lessings folgte ein schroffes, böses Pamphlet. Thomas Mann trat auf den Plan und schien Lublinski in Schutz nehmen zu wollen vor den antisemitischen Verleumdungen des Doktor Lessing aus Hannover. Nicht ganz uneigennützig, sondern voller Dankbarkeit für den Kritiker, der die »Buddenbrooks« früh und richtig gewürdigt habe, bezeugte der Dichter dem Kritiker Respekt, der auch seine wohlverstandenen Grenzen kennt, und so schraubte Mann sein Lob zurück auf das von ihm für vertretbar erachtete Maß. »Nicht, weil er mich gelobt hat, sondern weil er mich gescheit gelobt hat, trete ich für ihn ein.«[52] Da Mann die physiognomische Phantasie Theodor

Lessings als antisemitische Hetzkarikatur mißversteht, glaubte
er, etwas Gutes über die äußere Erscheinung Samuel Lublinskis
sagen zu müssen. Viel sagt er nicht, aber der eine Satz reicht:
»Herr Lublinski ist kein schöner Mann, und er ist Jude.«[53] Ist
»Ausnahmejude« und nur deshalb überhaupt Gegenstand der
Erörterung für einen reputierlichen Repräsentanten der deutschen Kulturnation. Dem Ausnahmejuden sollte nichts geschehen, denn er war ausnehmend gescheit und begütert und dabei
doch so kultiviert. Ihn konnte das liberale deutsche Bürgertum
ohne schlechtes Gewissen in den literarischen Salon einladen,
denn er durfte dort als wahre Bereicherung des gepflegten
Gesprächs gelten. Der Ausnahmejude war das Schmuckstück
am Revers des deutschen Kulturbürgertums.

Heftig hat auch Thomas Mann dagegen protestiert, wenn er
jüdischer Herkunft bezichtigt wurde. Dann war derselbe groß-
mütig-gönnerhafte Autor durchaus bemüht, jeden Zweifel an
seinem Stammbaum »ruhig und bestimmt« auszuräumen und
dem durch seine überaus gründlichen Forschungen zur »jüdischen Frage« ausgewiesenen Adolf Bartels »ruhig und bestimmt« versichern zu dürfen, daß die »Buddenbrooks« »ein
ganz anderes, falsches Gesicht angenommen hätten, wenn der
Autor dieses Buches wirklich ein Jude gewesen sei«. Warum?
Thomas Mann stellt diese Frage vorsichtshalber gleich selbst
und antwortet: »Was wäre das Buch, das meinen Namen
bekannt gemacht hat, was wäre der Roman ›Buddenbrooks‹,
wenn er von einem Juden herrührte? Ein Snob-Buch.« Und
wenn schon nach der wahren Herkunft gefragt würde, dann, so
teilte er weiter mit, fließe eher lateinisch-portugiesisches Blut in
seinen Adern; doch setzte er schnell noch hinzu, er wäre
vollkommen damit einverstanden, wenn man ihn fürderhin als
einen »romanischen Artisten« ehren würde.[54] Geschrieben im
Jahre 1912, als die »Kunstwart«-Debatte entbrannte, in der die
vielbesprochene deutsch-jüdische Symbiose nochmals nach
Sinn und Widersinn befragt wurde.

Weniger zurückhaltend war Thomas Mann, als es galt, dem
Juden Theodor Lessing das Fell über die Ohren zu ziehen. Mit

allmählich sich steigerndem Haß und unverhohlener Häme bescheinigt er dem Philosophen (beide hatten sich in Lessings Schwabinger Jahren miteinander bekanntgemacht), er habe zusammen mit anderen »Schwabinger Ekstatikern beiderlei Geschlechts ganz nackend ein Feuer umtanzt« – nur noch unter »Gefährdung meines Wohlbefindens« könne Mann sich an diese Gräßlichkeiten erinnern. Lessing sei ein »Schreckbeispiel schlechter jüdischer Rasse«, das sich »durchs Leben duckt«, und das als »Zionist und Conférencier für Damen«, womit Lessings Vortragsarbeit in der Frauenbewegung gemeint war. Er sei zudem nicht mehr als ein »alternder Nichtsnutz«, der in Hannover als Privatdozent geduldet werde, ein »Schächer« und »ewig namenloser Schlucker«, der im übrigen »sein ärmliches Leben fristen, seine Nichtigkeit in Szene setzen« solle, so gut er könne. *Sapienti sat!* möchte man einwerfen, doch Thomas Mann fällt noch ein, seinem Opfer ein »verfehltes Ich« nachzurufen und rhetorisch verbrämt zu fragen, woher »dieser benachteiligte Zwerg, der froh sein sollte, daß auch ihn die Sonne bescheint«, das »innere Recht zur Aggressivität« nähme. Nun schien immer schon nicht jedem Juden in Deutschland die Sonne, und wenn es auch nur die der Toleranz gewesen wäre, und so beschloß Mann seine Ausführungen zur Enttarnung des Juden Lessing mit der eleganten philosemitischen Wendung, diese Figur sei nur »das schwächste und schäbigste Exemplar dieses in einigen Fällen doch wohl bewunderungswürdigen Typus«.[55] Sofort stürzte die antisemitische Propaganda auf Manns Verlautbarungen, um zu verkünden: ja, wenn selbst ein liberaler Bürger es sagte, dann ...

»Dies Geschehnis nun aber war es, was mich zu dem erweckte, der ich nachmals geworden bin: Psychologe am Geist, Skeptiker an der Kultur.«[56] So Theodor Lessing, rücksinnend. – Doch während dieser gegen ihn organisierten Kampagne beläßt er es nicht bei ängstlich-verhaltenem Rückzug, er schlägt satirisch zurück und versichert sich seines Rechtes, das komisch zu finden, was seinem Empfinden nach komisch ist. »Was ich verbrach? Ich habe parodiert. Ich habe Humorlosig-

keit, Emphatik, und talmudisch Literatur-Raisonnement eines
bedeutenderen Bildungsbürgers unbürgerlich-kapriciös, mit
Leichtsinn verspottet. Ich habe nicht gehässig moralisieren,
nicht menschlich kränken wollen. [...] Das Moralische versteht sich von selbst. Meine Satire sagt nicht gleich Eurem
Bürgergemüt: Ich bin der Adonis. Ihr seid die Mißratenen.
Sondern ich rufe lachend: Kinder, uns fehlt noch manches zum
Adonis.«⁵⁷ Thomas Mann sei eine »Goldschnittseele«, von
seiner Mama bei Wertheim in der Abteilung für kunstgewerbli-
che Raritäten eingekauft, seine moralische Entrüstung in den
Novellen und Romanen das Vergnügen »eines in satter Sonne
aufgekratzten Kulturgreises«. »Denn Tomi, unser liebes Bür-
gergöttlein, ist kein Welteinreißer, kein Ahasver, sondern ein im
Kunstbereich solide angesiedelter, satter, kleiner Hausbesit-
zer.«⁵⁸ Den Mannschen Romankosmos und seinen sozialen
Gehalt umreißt er als eine Welt der gutbürgerlichen »Moral des
gefüllten Gänsebratens und garnierten Caviars. [...] Es ist die
mittlere Breite eines gemütreichen bürgerlichen Liberalismus,
in der Tomis schöne Bilderwelt gedeiht. [...] Ihre Toleranz ist
Selbstgerechtigkeit, ihre Liberalität Seelendünkel«.⁵⁹

Im Getöse dieser literarischen Affäre schlachtet die antisemitische Presse auch Lessings Artikelserie über Galizien aus,
bringt Zitatfetzen, um zu zeigen, wie ein Jude treffende Bemerkungen über die Fragwürdigkeit der jüdischen Existenz macht.
Ein Journalist aus Lemberg veröffentlicht eine Broschüre mit
dem Titel »Die Entdeckungsreise des Herrn Dr. Theodor Lessing zu den Ostjuden«, worin dieser des »jüdischen Antisemitismus« bezichtigt wird. Aus dieser Tagesschrift spricht die Emp-
findlichkeit eines assimilierten Juden, dem jede Berichterstattung über die Verhältnisse in seinem Heimatland zuwider ist
und der mit der Auswahl der Lessing-Zitate auf die gleiche
Wirkung zielt wie die völkische Propaganda.⁶⁰ Mit donnerndem
Pathos wettert er gegen einen angeblichen Verräter an der
jüdischen Sache. Ohne Namen zu nennen, wischt er die Studien
von Pappenheim/Rabinovitch als feministische Einbildung und
maßlose Übertreibung zur Seite.

Die Ghettosituation und die Not der Juden seien der Hauptgrund seiner Reise nach Galizien gewesen, erwidert Lessing in einer Replik. Das Elend der dort lebenden Juden sei vielleicht von denjenigen, die jetzt über seine Sozialreportage herfielen, zu lange verborgen geblieben oder peinlich gewesen, darum ändere sich aber nichts an der Wahrheit und Objektivität der noch immer bestehenden Lage. »Wir sollten uns abgewöhnen, als Juden verletzt zusammenzuzucken, wenn irgendwer ein objektiv hartes, verdammendes Urteil über Jüdisches fällt und in falschem Solidaritätsgefühl zu glauben, daß unsere Art verunglimpft werde, wenn irgendwo auf dem Erdenrund einem jüdischen Menschen Makel anhaftet. Diese jüdische Reizbarkeit ist ein Stück sozialer Neurasthenie, eine Pathologik der Volksseele. Sie entspringt dem Zweifel und der Unsicherheit. Aber im selben Maße, als wir reif und sicher sind, legen wir alle pathetischen Sentimentalitäten ab und lernen, über uns selber die Wahrheit sagen und Wahrheit hören. Wir lernen auch den Ton des Schmerzes und tragischen Konfliktes verstehen, wenn ein Jude gegen Juden spricht. Wir zetern nicht sofort über Verrat und Abfall. [...] Ein Adelsvolk, in Abhängigkeit, Defensive und Niedrigkeit als Träger der höchsten ethischen Forderung – das ist die Tragödie des Judengolus. In diesem Notstand des Schlechtwerdens aber besaß der Jude eine originale Waffe, die das jüdische Genie zur höchsten Feinheit schliff. Eine Tendenz innerer Selbstschau, eine Fähigkeit zur kritischen Selbstbetrachtung, ja zur lächelnden Ironie über sich selbst, die die eigentliche Stärke jüdischer Geistigkeit ist.«[61] Juden und Deutsche taten sich schwer, danach zu leben und zu handeln; schon während der Lublinski-Kontroverse betrauerte der angegriffene Lessing das Unvermögen der Deutschen, wenig Sinn zu haben »für Geister, die Welt, Mensch und Ich als komische Phänomene begreifen«.[62] Gewaltige scholastische Traditionen belasten die deutsche Seele, nichts Graziöses und Naives komme darin vor, wohl aber die »Prämierung aller Knechtschaffenheiten«.[63] Dabei sei gerade ein »Erfreulichwerden der eigenen und fremden Dummheit«[64] das beste aufklärerische Mittel gegen die sauertöpfische Art, mit der in Deutschland Politik, die Beziehungen der Menschen untereinander zu letzten Fragen der Menschheit hochstilisiert würden. Er selbst habe bereits als Kind erfahren, wie man zum Schutz auch ernste Dinge besser in ein scherzhaftes Gewand kleiden solle, selbst wenn es schwerfalle.[65] »In dieser Zeit, glaube ich, gewann mein Stil jenen leisen Beigeschmack von Bitterkeit oder Ironie, der ihm so oft im Leben geschadet hat.«[66] Der Schulbub bereitete seinen Mitmenschen einen Spaß und war dabei selbst vom Mitlachen ausgeschlossen.

In kleinen Beobachtungen und theoretischen Bemerkungen hat Lessing seine Vorstellung von Witz, Satire, Ironie und Humor skizziert. »Ich empfinde mit Schärfe, mit Bitterkeit: die Einfalt, die Unzulänglichkeit einer Umwelt. Aber daß ich sie empfinde, sagt eben, daß ich selbst vom höheren Ideal besessen bin. Das gibt Humor von der Kehrseite: Satire. Sie ist intellektueller, ethisch interessierter, unnaiver. Erbarmungslos und unsentimental. Satire wächst mit ihrem Gegenstand. Denn um Hohes mit Recht und Berechtigung verspotten zu dürfen, muß der Satiriker auf noch höherer Warte stehen.«[67]

Satire, dieses »Phantasieren des Intellekts«[68] durchzieht Lessings Werk wie ein roter Faden; aber auch Humor, das Lachen über Verkehrtes, Unzulängliches, Mißratenes, das einem gerade dadurch näherrückt, daß man es mitfühlend lieben lernen, daß man Rührung empfinden kann über die vielen Schwächen und Einfältigkeiten der menschlichen Natur.[69] Habe man die Leichenbittermiene der unendlichen Betroffenheit überwunden und einen freien scharfen Blick für die Gegenstände und Ereignisse der Welt, dann sei nichts »ergötzlicher zu beobachten als die Verwandlung, welche an fast allen Leuten vorgeht, sobald sie in die Bannweite ihrer Amtshäuser und Geschäftssäle geraten, an grünen Tischen, auf kurulischen Sesseln, auf Kanzeln oder Vortragspulten Platz nehmen, Togen oder Talare angetan haben und sich nun im Beruf, im Amt, im Geschäft, kurz ›öffentlich‹ zu fühlen beginnen. Die Gesichter verändern sich. Sie bekommen einen Überzug von Wichtigkeit. Die Sprache nähert sich der allgemeinen Papier- und Buchsprache. Die Bewegungen erinnern sogleich an das Theater. Und die biedersten Naturen beginnen ebenso ›bedeutend‹ als unausstehlich zu werden. In zahllosen Fällen aber tritt der öffentlich gespielte Charakter so vollkommen an die Stelle des ursprünglich fühlenden, daß Stand, Klasse, Beruf, Vertretungswürde und eine wichtige Schauhaltung das Lebendige und somit das Persönliche völlig verdrängen. So kommt es denn dahin, daß die öffentlich gespielte Sittlichkeit und die einzelne Lebenshaltung weit auseinanderklaffen. Die öffentliche Meinung erheuchelt von Stunde zu Stunde Grundsätze, nach denen gar nicht gelebt wird, ja nach denen überhaupt nicht gelebt werden kann«.[70]

Noch eine »literarische Kampfhandlung« war zu bestehen, die aus einer Nichtigkeit entstanden wiederum zum Kaffeehausgespräch wurde: der Streit mit Siegfried Jacobsohn, dem Herausgeber der »Schaubühne«, für die Lessing seit 1907 Beiträge geschrieben hatte. Dem Zerwürfnis vorausgegangen war die von Lessing unautorisierte Veröffentlichung einer Expertise über ein neues Theaterstück des damals populären Autors Hermann Sudermann. In diesem für das königliche Hoftheater in Hannover erstellten Gutachten hatte Lessing von der Aufführung abgeraten, während zur gleichen Zeit in Berlin die Premiere bevorstand. Lessing schickte diese improvisierte Kurzkritik an Jacobsohn und fügte hinzu, daß man vielleicht später daraus noch etwas machen könne. Doch Jacobsohn war von dem nur für den Hausgebrauch bestimmten Verriß so angetan, daß er ihn ohne Einwilligung des Autors als Vorab-Verriß drucken ließ. Der Skandal war entfacht und konnte dem brüskierten Sudermann gar nicht ungelegen kommen, da er ihm viel zusätzliche Publizität und kostenlose Reklame verschaffte. Die in diese Affäre verwickelten Akteure indes verhielten sich geradeso, wie es der Theatralik öffentlich inszenierter Dramen angemessen war.

Lessing muß von seinem Posten als Gutachter am hannoverschen Hoftheater zurücktreten, ein die näheren Umstände der unerlaubten Veröffentlichung klärender Prozeß wird anberaumt, Briefe und Erklärungen herumgesandt, Intrigen gesponnen. Gegenseitige Beschuldigungen vernebeln den Tatbestand noch mehr, auch greift man auf gar nicht zur Sache gehörige Dinge zurück, um damit der Gegenseite eins überzubraten. Lessings Position war nicht gerade günstig, denn mittlerweile hatten seine Hochschule und das Hoftheater Zweifel an seiner Integrität, so daß er sogar um seine Stellung als Hochschullehrer bangen mußte, ja durch die ständig neuen Anwürfe in der Presse um seinen Ruf ernstlich zu fürchten hatte. Vor Prozeßbeginn fährt er nach Berlin und sucht Jacobsohn auf, um mit ihm die Prozeßstrategie zu besprechen. Man müsse unbedingt vermeiden, daß der sensationslüsternen Öffentlichkeit ein Spektakel zwischen sich gegenseitig beschuldigenden Juden geboten werde. Die Vermittlungsversuche scheitern, der Prozeß zieht sich, mit mehrmaligen Unterbrechungen, über zehn Monate hin. Am Ende müssen beide eine Geldstrafe zahlen. Heute liest sich das gut dokumentierte literarische Scharmützel wie eine schlechte Posse.[71] Engels schrieb 1840: »Wenn unsere Literaten anfangen, sich wie Bestien zu behandeln und die Grundsätze der Naturgeschichte praktisch anzuwenden, so wird die deutsche Literatur bald einer Menagerie gleichen.«[72] Mittlerweile hatte auch Jacobsohn Lessing öffentlich mit Vorhaltungen, Beschuldigungen und Anwürfen überschüttet; er zitierte Thomas Mann und bedauerte gegenüber den Lesern der »Schaubühne«, sie nicht »mit dem Geruch und Geräusch eines Insekts verschonen« zu können.[73] Mehr als fraglich, daß er Feuerbachs Epigramm kannte: »Ungeziefer erforscht kein unbewaffnetes Auge. / In sein Inneres dringt nur die Satire hinein«[74] – Jacobsohn war nicht sonderlich satirisch aufgelegt: »Man soll eben gegen Ungeziefer nicht so schonungsvoll sein, wie ich in Nummer 43 gewesen bin, weil man es sonst doch wieder zwischen die Finger nehmen muß.«[75] Um es zu zerquetschen?

Auch Lessing spart nicht an deftigem Vokabular, drischt auf Jacobsohn ein, nennt ihn greulich, prahlerisch, ehrgeizig, impotent; porträtiert ihn als ein »zwerghaft kleines, greisenhaftes junges Kerlchen, dick in Decken eingewickelt, Milch von Zeit zu Zeit schlürfend und dazwischen Marzipan knabbernd«.[76] Offensichtlich unter dem Druck der öffentlichen Kampagne, ließ er sich zu ganz unsatirischen Äußerungen hinreißen. Idealische Phrasen, wie sie Lessing in früher Jugend gepflegt hatte, überwuchsen die feine Satire, die Distanz zu sich selbst. Ein Resultat dieser nervtötenden Querelen war das Ende der Mitarbeit an der »Schaubühne«, und damit gleich auch an der 1918 neubegründeten »Weltbühne«. Erst die »Neue Weltbühne« druckte wieder einen seiner Aufsätze, einer seiner letzten im Exil geschriebenen, postum.

Andere Aufgaben warteten noch auf Bearbeitung und Erfüllung: die »Philosophie der Not«, auf vier Bände veranschlagt, und die 1914 bei Otto Hapke begonnene Herausgabe der gesammelten kleineren Schriften und selbständigen Veröffentlichungen. Die unter dem Titel »Philosophie als Tat« 1914 bei Otto Hapke erschienenen beiden Bände verrotteten in einem feuchten Lagerkeller.[77] Das Jahr 1914 konnte wie die folgenden Jahre für bücherschreibende Philosophen und Schriftsteller, die nicht Feuer und Flamme für den Krieg waren und Apologien fertigten, nichts Gutes verheißen. Im Mai reist Lessing noch nach Paris. Im August 1914 aber endete, wie er später sagte, seine Jugend, und alles, was vor diesem Datum lag, »war noch keine rechte Wirklichkeit«.[78]

Das Ende des 19. Jahrhunderts

»Jammergeschrei, Glockengebimmel, Pulverexplosionen«[1] –
für manche mochte der Weltkrieg wie ein erlösendes Gewitter
gewesen sein nach langer Friedenszeit der gespannten Tristesse,
Theodor Lessing erfaßte eine »Stimmung von Schmerz, Scham
und tiefem Menschenekel«[2] über die allgemeine Kriegseuphorie. Seine philosophische Arbeit schien überholt, das geplante
Hauptwerk ein Trümmerhaufen noch vor der systematisieren-
den Niederschrift. »Alles, wofür ich bis dahin redlich gedarbt
hatte. Bis zum Kriege war ich jung. Nun begann das Sterben.«[3]
Aber er hat nicht alles hingeworfen. Im Herbst 1914 hält Lessing
in Hannover eine Reihe von Vorträgen gegen den »Flammen-
rausch des Vaterlandes«. Spitzel gehen um, die militärische
Zensur greift in das Zeitungswesen ein. Seine erste kulturphilo-
sophische Abrechnung mit dem Weltkrieg kann erst im September 1917 bei Franz Pfemfert in der »Politischen Aktionsbiblio-
thek« erscheinen: »Europa und Asien«, die Gegenüberstellung
zweier Lebens- und Arbeitsstile, eine Kampfschrift gegen die
gewaltsame Entfesselung der europäischen Technik und Politik,
eine Absage an die zerstörerischen Potentiale einer kapitalistischen Maschinengesellschaft.[4]
»Im August 1789 beschlossen die Menschen, Weltbürger zu
werden. Im August 1914 beschlossen sie das Gegenteil.«[5] An
diese Tage werde er nie anders zurückdenken als »an die klarste
Offenbarung, die mir je zuteil ward über die schönen menschheitlichen Wahnideen. Ideale sind Krücken. Fortschritt ist nur
ein Trug. Geschichte: Lüge«.[6] Und Lessing ordnet mit Eifer,
Abscheu, Ekel und Entsetzen die Kriegsbegeisterungsphrasen
und Redeklischees über den gottgewollten Feldzug, die in
Broschüren und Büchern, Zeitungen und Zeitschriften epide-

misch erscheinen. Annexions- und Rachegelüste, Vergeltungs-
phantasien und die Bereitschaft zum Töten durchzogen diese
megalomanisch-triumphierenden Pamphlete und dickleibigen
Bücher, denn der erste Krieg europäischer Welten packte die
deutschen Schriftsteller und Intellektuellen bei ihrer nachgeord-
neten sozialen Stellung im Kaiserreich. Endlich konnten sie
beweisen, zu welchem Heldenmut – am Schreibtisch – sie fähig
waren. Mit stilistischer Prägnanz, die eine irrwitzige historische
Logik kaum zu verdecken mochte, hauchte man dem Gemetzel
Unumgänglichkeit ein, Sinnerzwingung trat an die Stelle des
triftigen Arguments, der ausgewiesenen Rede über Ursachen
und Wirkungen. Übernatürliche Kräfte mußten für die Legitimation des Krieges als einer heiligen Sache herhalten. Die
meisten der deutschen Philosophen, Schriftsteller und Wissenschaftler wurden zu wendigen Technikern des Geistes, demen-
tierten damit das letzte Quentchen an Weltbürgerlichkeit im
Dienste der sogenannten »Ideen von 1914«.

Schwer traf Lessing die Erfahrung, daß so viele seiner Bekannten, Freunde und Kollegen, wie etwa Harden, Borchardt,
Scheler und Simmel, sich unaufgefordert dazu bereitgefunden
hatten, ihre Intelligenz und Sprachgewalt der Kriegspropaganda
zur Verfügung zu stellen. So schrieb Scheler das Buch »Der
Genius des Krieges«, ein »bluttriefendes widriges Buch, das die
weltgeschichtliche Metzelei dialektisch rechtfertigt und mir
schlimmer schien als ein Mord«.[7] Der I. Weltkrieg wurde für
Lessing zum Wertmesser von Wahrheit und Lüge, viele seiner
Freundschaften zerbrachen daran. Denn jetzt, und keinen
Augenblick später, wollte er hören, wofür die Freunde sich
entscheiden und bekennen, dieser Krieg sei die »Nemesis für
unsere und aller Schuld«.[8] Angewidert sagt Lessing voraus, daß
eine Sorte Menschheit nach Ende des Krieges mit Sicherheit
wiederkehren werde, ungetrübt und unbeschadet und erhaben
über die blamablen Taten ihrer Kriegshetze: die »Kulturkokot-
ten«,[9] die unversehrt und munter obenauf sein würden und die
doch während des kollektiven Abschlachtens die einzige Stunde
versäumt hätten, »die das Leben uns aufspart, die wir eben

erkennen sollen, in der allein sich zeigt, wer und was wir denn
eigentlich sind«.[10] Sobald der Wind des Zeitgeistes sich drehe,
würden sie orakeln, daß sie sich weiterentwickelt und dazuge-
lernt hätten; dann könne man wieder die weltbürgerlichen
Phrasen hören. »Übermorgen aber, wenn die Glocken läuten,
werden sie mystisch-metaphysische Abgründe in ihren Seelen
entdecken und mystagogisch gegen allen Fortschritt und Freiheit des Geistes zetern. Just wie Ihr Beifall zollt, mehr oder
minder hochverehrte Zeitgenossen, just, wie Ihr's haben
wollt . . .«[11] An Thomas Manns Biographie mag man ersehen,
wie genau Lessings Prognose war: Es gelang diesem Schriftsteller tatsächlich, allen Wenden und Windungen der Zeitgeschichte ohne deutliche innere Krisen zu folgen: als Nationalist, der
den imperialistischen Krieg sittlich absegnete; dann als moderat
gewordener bürgerlicher Liberaler in der Weimarer Republik,
schließlich mit einigem Widerwillen während des II. Weltkriegs
sich zu einer antifaschistischen Haltung durchringend; er ver-
paßte den Anschluß nie.

Eines Tages würden die Militaristen auf unserer Seite sein,
meinte Lessing weiter, und sich kaum erinnern, je anders
gedacht und gehandelt zu haben. »Das heißt: Die Konjunktur
wechselt! Sie wird dann heißen: Pazifismus, Humanität und
›Nie wieder Krieg‹.« In Romanen und Filmen dürfe man dann
den Krieg noch einmal miterleben. »Denn bisher war unser
Leben Literatur, warum soll nicht eines Tages auch unser Tod
literarisch werden?«[12] Das gesamte Wesen dieser Öffentlichkeit
sei nichts weiter als Theater, und eine Waffe hätten die Sinnpro-
duzenten, mit der sie alles machen und erreichen könnten: »Das
ist, was sie Geschichte nennen. [. . .] Während die Schlacht
geschlagen wird, wird sie schon gefilmt, und die am Morgen
empfangene Wunde kannst du am Abend im Kino begutachten.«[13]

Mitbeteiligt an der ideologischen Aufheizung der Kriegs-
atmosphäre waren aber auch viele deutsche Wissenschaftler,
und unter ihnen taten sich die Historiker als besonders anpas-
sungswillige Kopflanger hervor. Ihre oft absurden Kausalitäts-

erschleichungen bei der Darstellung deutscher Superiorität über die ausländischen Erbfeinde seziert Lessing in seinem während des Krieges geschriebenen Buch »Geschichte als Sinngebung des Sinnlosen« als unterschiedliche Ausdrucksformen ein und derselben »logificatio post festum«[14], der nachträglichen Rechtfertigung von ganz sinnlosen, verbrecherischen Taten durch hohe Ideale und Werte. Dieses Antikriegsbuch war zugleich eine geschichtsphilosophische Abrechnung mit dem Historismus und der Historikerkaste, die an ihrer Lieblingsprojektion, daß geschichtlichen Prozessen ein Sinn einbeschrieben sei, auch mitten im Weltkrieg festhielt. Man produzierte unbeirrt weiter an nationalstolzschwellenden Kompendien deutscher Geschichtsverwaltung und ließ Außenseiter der Zunft wie Lamprecht und Kehr spüren, daß man nicht ungestraft methodische und theoretische Erneuerungen in die Geschichtswissenschaft einführen durfte.

Als Theaterkritiker hatte Theodor Lessing der Tragödie, dem Schauspiel überhaupt, die Funktion zugeschrieben, »anschauliche Sinngebung des an sich Leidvollen und Sinnlosen«[15] zu sein; als Erkenntniskritiker der Geschichtswissenschaft und ihrer logischen, noch mehr ihrer vor- und paralogischen Grundlagen, reaktivierte er diesen Gedanken in einer sozialpsychologischen Kategorienlehre. Diese soll die »Grundlagen der menschlichen Idole«[16] aufweisen und zeigen, daß es unmöglich ist, »geschichtliche Wirklichkeiten ohne Sinn vorzustellen, weil Bewußtseins-Wirklichkeit schon Gestaltet-sein in sich schließt«.[17] Geschichte ist nach Lessing die Realisierungs-Sphäre von Not und Idee, von Idealen und Idolen. Lediglich als Stoffsammlung könne die Geschichtswissenschaft noch von einiger Brauchbarkeit sein, wenn sie fernerhin in positivistisch-historistischen Stellungen verharren würde. Sie müsse aufgelöst werden in die verschiedenen Wissenschaften der sozialen Phänomene.[18]

In den zwei Büchern, dem über Geschichte und Geschichtswissenschaft und dem über das Verhältnis von Europa und Asien, synthetisierte Lessing die noch unausgeführte »Philosophie der Not« zu einer vorläufigen Zwischenbemerkung über die sozialhistorischen Fermente Not, Schmerz und Leiden. Unter dem unmittelbaren Eindruck der Kriegsereignisse wurde »Geschichte als Sinngebung des Sinnlosen« stilistisch zu einem bitteren, gehetzten Werk mit stakkatohaften Flackersätzen, voll von Verzweiflung, Zorn und Anklage über ein »Zeitalter der Verrohung und Verdummung«.[19] Beide Bücher sind nichts anderes »als ein einziger Aufschrei wider Zeit, Vaterland und Weltkrieg (also das Surren einer Mücke gegen das Weltrad)«.[20] Es wäre unklug, hatte Lessing noch im Winter 1913 in der Einleitung zur »Philosophie als Tat« geschrieben, gesammelte Schriften zu veröffentlichen, wenn man nicht die Gewißheit habe, »daß sie zu dauern wert sind, ganz gleich, ob sie faktisch fortwirken oder nicht«[21] – nun aber sieht er draußen in Anderten vom Arbeitszimmer aus die rollenden Eisenbahnwaggons voller Soldaten, die nach Belgien und Frankreich verbracht werden, am Bahndamm winkende Kinder, herüberwehende fröhliche Lieder, in der Augustsonne glitzernde und bekränzte Lafetten auf den Güterwagen, daraufsitzende jubelnde junge Männer. »Es waren Menschentrauben, überquellend von reifen Beeren, oder aufgewühlte Bienenvölker in rasendem Ausschwarm.« Diese Tag und Nacht seinen Arbeitsrhythmus durcheinanderschüttelnden Erlebnisse geben ihm das Gefühl, als habe man ihm Blei ins Gehirn gegossen. Freunde und Bekannte wundern sich, daß er noch keine Uniform übergezogen hat; er aber verfällt auf die Idee, einen »Aufruf an Europas führende Geister« zu schreiben, sie sollen ihr *Nein!* gegen den Wahnsinn des Krieges in die Welt hinausschreien. Er verwirft auch das, weil er weiß, daß diese Geister von anderen schon gerufen und erhört worden sind. Lessing versinkt in nächtliche Grübelträume, aber als er dann eines Tages versucht, seine wichtigsten philosophischen Manuskripte in eine eiserne Kassette verpackt im Garten zu vergraben, greift seine Familie ein und schickt ihn kurzerhand auf einen Ausflug in den Harz, wo er auf andere Gedanken kommen soll.

Im Zug nach Goslar lärmen aufgekratzte Vaterlandsschwärmer aus dem hannoverschen Umland, sind aufgemöbelt und zugänglich wie man es sonst von diesem so »langsamen Menschenschlag« nicht gewöhnt ist. Im Handumdrehen werde man das feindliche Ausland in die Tasche stecken, der Blitzkrieg werde Wundertaten hervorbringen, dröhnt es dem Reisenden entgegen. Man bedrängt ihn, in ein dreifaches *Hurra!* einzustimmen, so daß Lessing, endlich in Goslar angekommen, heilfroh in die einsamen Wälder zu entweichen hofft. Doch am Bahnsteigschalter hält man ihn auf und überprüft seine Ausweispapiere. Lessing sträubt sich gegen diese Überwachungsprozedur, und schon drängen neugierige Augen und Ohren heran, ein Volksauflauf entsteht, Gaffer und Schieler umringen ihn. Plötzlich ruft jemand laut und vernehmlich: Ein russischer Spion! Die Menge horcht auf, besieht sich das Äußere des Verdächtigen genauer: Ja, wenn eine männliche Person in diesen Tagen des kaiserlichen Triumphzuges statt des gezwirbelten Bärtchens einen dunklen, vollen Bart und ebenso dunkle, schwarz funkelnde Haare trägt, dann kann das nur ein Russe und also ein Spion sein. Mit großem Getöse schiebt die in Bewegung geratene Menge den vermeintlich enttarnten Agenten durch die Straßen bis zur nächsten Kaserne, johlend und schimpfend. Zwei Infanteristen halten mit aufgepflanztem Bajonett die tobende Masse zurück. Ein Leutnant erscheint – und erkennt in Lessing den Mann wieder, dem er vor Jahren »ein Zehnpfundpaket Gemüt«, lyrische Texte zugesandt hatte, und begrüßt ihn hocherfreut auf das herzlichste. Die Umstehenden sind sichtlich enttäuscht, hatten sie unterdessen doch schon mehrere Arten des Folterns und Abmurksens ersonnen, für einen russischen Spion sollte es etwas Besonderes sein. Nun aber weist der Leutnant den verdutzten Philosophen auf seine Rechte hin, die er als Arzt während des Ausnahmezustands für sich beanspruchen könne. Als Inhaber eines gültigen Militärpasses von 1896, in dem die Berufsbezeichnung Dr. med. eingetragen sei, stehe ihm der Rang eines Militärarztes und der Genuß seiner Privilegien zu, als Offizier sei er befugt, Automobile zu beschlagnahmen. »Mir ging zum erstenmal das Bewußtsein auf, wie hübsch es ist, der herrschenden Klasse zuzugehören, [. . .] und zum ersten Male verspürte ich ein leises, entferntes Spritzerchen von der allgemeinen Begeisterung, die jetzt die Welt ergriffen hatte; jedenfalls fühlte ich, daß es die Röcke sind, die Weltgeschichte machen.« Lessing rächt sich mit mildem Spott an dem Denunzianten, fragt ihn, ob er denn deutscher Soldat sei und gedient habe? Und als der, kleinlaut geworden, das bejaht, weist der frischgebackene Offizier ihn an, seine Tasche zum Bahnhof zurückzutragen. »Am Bahnhof sagte ich dem Dicken: ›Nun seien Sie nicht wieder so voreilig!‹ Er erwiderte: ›Nichts für ungut; es war fürs Vaterland!‹«

Auf der Rückfahrt nach Hannover freundet Lessing sich mit einem jungen Mann in Uniform an. Als beide in Hildesheim zu lange auf den Anschlußzug warten müssen, lädt Lessing den Jungen zum Requirieren eines Autos ein. Sein junger Begleiter schwärmt vom Krieg, er möchte bald zum Einsatz kommen. Er ist so ganz anders als der ungläubig zuhörende Philosoph, der mit gemischten Gefühlen heimwärts trabt, als sie in Hannover angelangt sind, und den Lieben daheim erklärt: »Ich habe gelernt, daß es feine Menschen gibt, die anders sind als ich. Und ich weiß nicht, ob sie nicht besser sind, und ich weiß nicht, ob sie nicht klüger sind, weil sie nicht so viel denken. Glücklicher und gesünder aber sind sie jedenfalls. [. . .] Nur: mitmachen den Unsinn, das kann ich nicht. Aber ich will versuchen, daß Ihr Euch meiner nicht zu schämen braucht. Morgen melde ich mich freiwillig als Hilfsarzt im Lazarett.«[22]

Kaiserin Auguste Viktoria besuchte im Jahre 1915 kurz das Lazarett in Hannover[23], man wird ihr gewiß nur die vorzeigbaren Ecken und nur die deutschen Verwundeten präsentiert haben. Das Barackenleben mit französischen, russischen, jüdischen und englischen Gefangenen sah anders aus. Lessing erlebte es als die von Schweiß, Eiter, Blut, Verstümmelungen und täglichem Sterben geprägte Hölle voller schrecklich entstellter Menschen, für die meist jede ärztliche Hilfe zu spät kam, und von denen viele doch ihre schweren Verwundungen heldenhaft ertrugen. Ganz andere Helden erlebte er in einem kleinen Bergstädtchen, wo hinter Tannen versteckt ein Erholungsheim für wildgewordene Offiziere lag, die der Frontkoller gepackt hatte. Vorsorglich waren sie aus dem Verkehr gezogen worden, weil sie bereits zu viele Kompanien in den Tod befehligt hatten. Von der Richtigkeit ihres Handelns fest überzeugt, haderten sie nun über ihr unverdientes Schicksal. »Da lagen ein Schock deutscher Helden in den hübschen grauen Liegestühlen und besetzten Calais, beschossen die Westminsterkathedrale, funkten Regimenter ab und ließen den Lord Grey (den damals verhaßtesten Staatsmann) an den Galgen knüpfen. Sie sagten: Dreschen; deutsche Hiebe; Stahlbad; eherne Notwendigkeit. Und ich fühlte ihnen den Puls. Abends stand ich im efeuumrankten Fensterbogen und über die schwarzen Tannenwälder gondelte der Mond. Die hübschen blonden Schwestern kamen in den koketten Rüschenhäubchen und verstauten die Helden in die Futterale. Da lagen sie freundlich und mordeten im Traum. Ich hatte sie aufrichtig lieb, denn ich freute mich, daß ich nicht auf ihr Kommando den Heldentod zu sterben brauchte fürs Vaterland.«[24]

»Der Name Hindenburg«, teilte Reichskanzler Bethmann Hollweg einem Briefpartner mit, »ist der Schrecken unserer Feinde, elektrisiert unser Heer und Volk [. . .]. Selbst wenn wir eine Schlacht verlieren [. . .], unser Volk würde auch dies hinnehmen, wenn Hindenburg geführt hat.«[25] So war es wohl. Und kaum einer der Rechtsintellektuellen konnte Hindenburgs Mythos widerstehen, Spengler träumte sogar von ihm.[26] Am 23. August 1914 begrüßte Generalstabschef Ludendorff den reaktivierten General auf dem Bahnhof von Hannover, und der stimmte dessen Aufmarschplänen ohne weitere Erwägung und »In Gottes Namen« zu. Von seinem Wohnsitz Hannover aus setzte Hindenburg sich an die Ostfront in Marsch. Der einzige Grund für seine Wahl zum Oberbefehlshaber der 8. Armee, so plauderte General Groener später in einem Brief, sei der Umstand gewesen, »daß man von seinem Phlegma absolute Untätigkeit erwartete, um Ludendorff völlig freie Hand zu lassen«.[27]

Diese Strohpuppe, nach außen hin deutsche Mannbarkeit, Opferwille, Beständigkeit und Echtheit verkörpernd, war in

Wirklichkeit ein von launischen Neigungen hin und her gerisse-
ner, urteilsunfähiger Mann; den Krieg erlebe er wie eine
»Badekur«, die ihm vortrefflich bekomme.[28] Die Fabrikation
eines Volkshelden nach der (keineswegs durch sein Mitwirken)
erfolgreichen Schlacht um Tannenberg aber glückte, die deutsche Bevölkerung nahm den Mythos an. »Die geschichtliche
Verklärung durch das Volk setzt irgendeine Verwandtschaft mit
den Verehrenden voraus. Die Masse kann nur solche Leitsterne
gebrauchen, die ihr sichtbar und begreiflich sind. Sie kann nur
solche Gaben und Leistungen gelten lassen, die eine Ermutigung
geben, daß sie auch für andere erreichbar und möglich sind.«[29]
So Theodor Lessing über die Rolle der »Großen Männer« in der
Geschichte.

In einem Gedenkblatt für die im Krieg an der Front gestorbenen Freunde aus früheren, besseren Tagen beschreibt er die
traurige weihnachtliche Ebene Nordfrankreichs, über der weiße
Nebel hängen, eisiger Wind treibt sie vor sich her, »als seien es
lange Totenzüge von Schatten, die das unerbittliche Schicksal
ins Ungewisse dahinjagt«. Durch die gefrorene Landschaft aber
stapfen in einförmigem Trott ungezählte Scharen deutscher
Soldaten mit ihren Geschützen, ihren Pferden und ihrem
Marschgepäck. Der Sicherinnernde löst aus der eisenklirrenden
Masse einige Gesichter und Namen, sieht Freunde wieder, die
vor Verdun starben; und setzt gegen den Karawanenzug der
Schattenfiguren »im eisernen Schmiedenetz der Disziplin« die
hoch über den Vorbeiziehenden ragenden militärischen Führer.
Von einem Turm aus beobachten sie bei Sekt und guter Laune
die unprächtige graue Parade und denken sich zündende Volks-
reden aus: Der Kronprinz, Zigarette im Mundwinkel, in
schmucker Husarenuniform; daneben hat Hindenburg Aufstellung genommen; und Erich Ludendorff, der Dritte im Bunde.
Die müde weiterhumpelnden Soldaten reihen sich um eine
weiße Mauer und erkennen jetzt, wer dort oben über ihnen
steht: »Jung, blond, gesund, gepflegt, ein leeres lachendes
Jungensgesicht; Deutschlands Kronprinz; rechts ein hoher her-
rischer Mann mit rohen seelenlosen Zügen; aber klug wie

Sperberblick und willensstark; links eine breite schwere Gestalt, ein gutes väterliches Gesicht, aber ganz geistesfern, unerlöst dumpf, die schwere stumpfe Masse der Erde, das waren Ludendorff und Hindenburg, die Genien des Krieges, der unverantwortliche aus Hochmut, der unverantwortliche aus Demut und zwischen ihnen der unverantwortliche Leichtsinn. Sie blickten herab auf die todgeweihten Namenlosen, als deren Dauer und Denkmal sie selber auf dem Turm der Geschichte stehen.«[30]

Das Vagantentum der kaiserlichen Politik steuerte mit diesem Krieg auf einen sozialen Siedepunkt hin, für die anwachsende Zahl der Unzufriedenen wurde die Sinnlosigkeit des Durchhaltens zu einer quälenden Wahrheit. Erst im nachhinein erfuhr man, wieviel katastrophale Unbefangenheit der oberste Kriegsherr Wilhelm II. im umherrollenden Speisewagen seines Sonderzuges an den Tag gelegt hatte. So beschäftigte den Monarchen vordringlich die Neuregelung des Gesellschaftslebens bei Hofe, und er erwog allen Ernstes, den Mitgliedern der Hocharistokratie das Geben von Gesellschaften in Hotels zu verbieten und nur noch ein Palais dafür zulassen zu wollen, sobald der Krieg beendet sei.[31] Die Ministerialbürokratie hatte noch im Januar nichts Wichtigeres zu tun, als ein Gesetz über Fideikommisse vorzubereiten, treue Diener ihres Herrn.[32] Was Wilhelm II. und seine Entourage an verantwortlicher Stelle taten oder unterließen, das war Lessing Beleg genug für die Absurdität historischer Symbole. »Zufallsschmarotzer«, die als »Vertreter und Zeiger (indices) ungezählter namenloser Millionen [. . .] auf allen Bühnen der Weltgeschichte die führenden Rollen gespielt, haben dank ihrer Dummheit, ihrer Gewöhnlichkeit, ihrer Niedertracht die Leben und die Lebenslose alle der zahllosen Geschlechter vorbestimmt.«[33]

Die nicht leicht zu erklärende Tatsache, daß die deutschen Arbeiter, nach erstem Zögern, nach Widerstand und Abwehr, fast wie von einer schweren Last entledigt dann doch mehr oder minder freiwillig in den Krieg für ein imperialistisches Staatswesen zogen, mag verständlicher erscheinen, wenn man das Überstreifen der Uniform als Ausbruch aus der eintönigen Öde des

Fabrikalltags zu begreifen versucht.[34] Eine trügerische Vorstellung, doch sie ergriff viele und rief »ein beinahe trunkenes
Zusammengehörigkeitsgefühl mit allen anderen in einem riesigen sozialen Ganzen: Deutschland«[35] hervor. Schon das Gefühl, Seite an Seite, gleich an gleich, einer neben dem anderen
zusammen für eine Sache zu kämpfen, reichte dazu aus, die
autoritäre Gewalt solcher Vergesellschaftung nicht zu bemerken
und sich mit der Vorstellung einzurichten, einer solidarischen
Gruppe von Gleichgesinnten anzugehören.

In zwei Novellen hat Theodor Lessing die verzwickte Lage
der aussichtslos ins Kriegsgeschehen hineingezogenen Arbeiter
beschrieben. »Kamerad Levi« erzählt von dem jungen deutschen Juden Siegfried Levi (die Verbindung von Vor- und
Zuname zeigt die deutsch-jüdische Symbiose), der freiwillig
zum Militärdienst sich meldet und seiner Ungeschicklichkeit
und Tolpatschigkeit wegen bald zum schwarzen Schaf der
Kompanie wird. Man verachtet ihn und wundert sich zugleich
über seine Beschlagenheit in tausend Dingen. Alle nehmen gern
seinen Rat an und freuen sich über allerhand nützliche Dienste,
die der pfiffige Levi seinen Kameraden erweist. Kein Drachen-
töter, doch ein listig dem Schicksal in den Rachen langender
Rechner und Organisator, der das Hakenschlagen von Kind auf
gelernt hat: der Phänotyp des deutschen Juden auf der Flucht
vor sich selbst und der feindlichen Umwelt. Man bedient sich
seiner, ist maßvoll freundlich, zollt ihm Respekt vor seiner
Leistung und ist froh, ihn auch als kühnen Lebensretter in
brenzligen Gefechtssituationen ausnützen zu können. Aber
man liebt ihn nicht. Als die Verpflegung der Soldaten immer
knapper wird, schlägt Levi den Offizieren vor, die herumstreu-
nenden, abgemagerten Schweine mit den Leichnamen der getö-
teten feindlichen Soldaten zu füttern; das wird als unehrenhaft
zurückgewiesen. Levi gibt nicht auf, zückt ein vorbereitetes
Blatt Papier, auf dem jeder Soldat mit seiner Unterschrift sich
einverstanden erklären soll, daß nach seinem Tode sein Körper
zum Wohle des Vaterlandes an die Schweine verfüttert werden
darf. Das Offizierskorps ist erstaunt über soviel Opfergeist,

aber es kommt trotz Einwilligung von fast dreihundert Soldaten nicht zur Annahme des makabren Vorschlags. Der Oberst lobt den rechtgläubigen Levi, er habe wahre Vaterlandsliebe bewiesen und verdiene das Eiserne Kreuz. Zur Auszeichnung aber bleibt keine Zeit mehr, denn in der folgenden Nacht stürmt Levi in die Dunkelheit des Schlachtfeldes, einen Revolver in der Hand. Man hört Schüsse, und findet tags darauf den toten Mann neben einem Pferdekadaver liegen. Levi hatte in der Nacht den Notschrei des verwundeten Tieres gehört und ihm den Gnadenschuß gegeben. Beim Rückzug war er dann von Stellungen der Engländer aus erschossen worden. Es sei merkwürdig, schließt Lessing die Novelle, »daß ein Mensch, der aus lauter Berechnung zusammengesetzt war, einen so sinnlosen Tod gestorben ist«.[36]

Die andere Novelle ist eine Friedensutopie, ein historischer Wachtraum. Französische und deutsche Soldaten liegen sich in den Schützengräben gegenüber und denken an die Heimat, warten das Morgengrauen ab, mit dem der Schußwechsel von neuem beginnt. Zwischen ihnen ein neutraler Streifen Land, dort bleiben die Toten, bis sie begraben werden. Beide Seiten respektieren diese Zeremonie des Abschieds und lassen einander unbehelligt. Bis eines Nachts ein offenbar Irrsinniger auf dem Landstreifen entlangtaumelt, einen schwerverwundeten feindlichen Soldaten birgt und auf das deutsche Terrain zieht. Es ist ein französischer Soldat, ein Arbeiter aus Rouen. Die Deutschen sind verblüfft über diese unlogische Handlung; doch allmählich lockern die feindseligen Fronten sich, nach und nach gehen die Mannschaften der beiden Seiten aufeinander zu und stehen plötzlich zu aller Verwunderung sich ganz nahe gegenüber. Noch können sie nicht recht verstehen, daß es nur der Tat eines einzelnen bedurfte, um die verhärteten Frontlinien auf diese wundersame Weise aufzubrechen. Da tritt ein deutscher Soldat vor, ein Hauptmann, und reißt wie selbstvergessen sein Eisernes Kreuz von der Brust und heftet es dem französischen Arbeiter an. Im Nu ist das Eis gebrochen, Bewegung kommt in die Mannschaften, voller Rührung erkennt jeder in dem Franzosen

den Kollegen, den Arbeiter, den anderen Menschen. Das ist
überraschend, seltsam und für manchen noch nicht ganz faßbar,
man ertappt sich beim Unmöglichen, glaubt es kaum, für kurze
Zeit stehen alle stumm und ungläubig da. Dann bricht jeder in
befreiendes Lachen aus, und mit der Plötzlichkeit eines hellen
Augenblicks erkennen alle Soldaten die »ungeheure Weltkomö-
die«, die sich durch sie hindurch und mit ihnen als (un-)
freiwillig Handelnden vollzieht. Sie fühlen sich herausgehoben
aus der tödlichen Nüchternheit des Krieges und werden zu
Brüdern in einem Wachtraum –: und müssen gleich wieder
Feinde in der historischen Wirklichkeit sein. Als ein Signal
ertönt, das zum Sturmangriff zurückpfeift, geht ein Erschrek-
ken durch die ununterscheidbar verschmolzenen Lager. Man ist
unschlüssig, ob man dem Befehl wirklich Folge leisten soll, man
möchte meutern, alles hinwerfen. Noch wie vom Traumnebel
umfangen geben die Soldaten sich die Hände und wünschen
einander alles Gute. »Aber plötzlich sich besinnend, was sie da
gesagt hatten und sich allesamt ganz unwahrscheinlich und nur
wie Masken in einer Komödie fühlend, lachten, grinsten,
prusteten sie wieder los.« Bis sie sich wieder ernst anschauen,
einander die Hände auf die Schultern legen und niedergeschlagen in ihre Stellungen zurückschlurfen. Wenige überleben
diesen Tag, und die Übriggebliebenen wollen etwas noch viel
Unglaublicheres gesehen haben als es die Verbrüderung im
Wachtraum über die Schützengräben hinweg schon war: Vor
dem Sturmbefehl sei eine Gestalt über das Totenfeld geschritten,
habe lange vor dem dort errichteten Holzkreuz gestanden und
sei dann wieder in der Ferne verschwunden. Da erst hätten sie
bemerkt, daß auf dem Haupt dieser schemenhaften Gestalt eine
Dornenkrone gelegen habe.[37] Die Gestalt Jesu Christi wird wie
die des Buddha und Laotse von Lessing als eine zeitlose,
antihistorische Macht ausgelegt;[38] und so wie der französische
Arbeiter ein Held gewesen sei »für ein größeres Vaterland, für
übervölkische Gerechtigkeits- und Wahrheitsreiche«[39], so gelten Lessing Buddha und Christus als Symbole »außerhalb von
Zeit und Geschichte«.[40] Die Dornenkrone, über dem Totenfeld

schwebend, ist ein lebendiges Ausdruckssymbol für menschliche Verständigung, kein Zeichen des Glaubens.

Die »Höllen der Jahre 1914 bis 1918«[41] förderten aber vor allem Symbole des Irrsinns zutage. So jenes zwischen den Trümmern einer zusammengeschossenen Stadt stehengebliebene Warenhaus. Gut erhalten, hinter zerbrochenen Glasfenstern, lag die Ware, die niemand mehr kaufen konnte, weil niemand mehr am Leben geblieben war. »Ringsum fror Tod.«[42]

Das deutsche Kaiserreich schlidderte nicht in diesen Krieg, es steuerte mit traumatischen Schüben voller Bewußtheit auf ein Ziel zu[43], das weit mehr als nur die Annexion großer Teile des östlichen und westlichen Europas umschloß. Raumphantasmagorien und Expansionspsychosen hatten lange vor dem Krieg schon die Vorstellungswelt der militärischen und politischen Eliten beherrscht. Nur Ludendorff überbot alle Aufmarschphantasien noch mit seinen Großraumplänen, die im Prinzip bereits das vordachten, was ein »großdeutsches Reich« nach 1939 in vollendete Tatsachen umschaffen wollte.[44]

Der I. Weltkrieg setzte die nationale Sammlungspolitik mit mörderischer Konsequenz fort, nun noch abgestützt durch den Burgfrieden mit der deutschen Sozialdemokratie, die Kriegskrediten zugestimmt und damit erst die totale Entfesselung des militärischen Geschehens ermöglicht hatte. Sosehr eine Selbsteinkreisungs-Politik friedliche Auswege und die baldige Beilegung begrenzbarer Konflikte verhindert hat, die militärische Logik hätte nicht von Anbeginn eine solche Wucht erreicht, wäre sie nicht getragen gewesen von der Kriegseuphorie aufgeputschter Massen. Nur kurz flammten nationale Gefühle und Leidenschaften auf. Der Krieg dauerte vier lange Jahre, während derer die enttäuschten und ausgehungerten Massen nur noch den »Verständigungsfrieden« herbeisehnten und immer mehr der bürokratischen Militärdiktatur Ludendorffs die Zustimmung aufkündigten. Die Zusammenarbeit zwischen Staatsapparat und Industrie funktionierte fast reibungslos, und es schien nur noch die Lösung der Frage anzustehen, wieviel Deutschland als zukünftige Großmacht an den zu erwartenden Annexionen verkraften könne. Dabei hatte bereits die im ersten Kriegswinter 1914/15 verlorengegangene Schlacht an der Marne die Deutschen an den Rand einer desaströsen Niederlage gebracht. Zwar gewann man in den folgenden Jahren manche wichtige Schlacht, doch eine endgültige Entscheidung über Sieg und Niederlage konnte nicht herbeigeführt werden.

Mit beschwichtigender symbolischer Politik suchte die militärische Führung die Bevölkerung darüber hinwegzutrösten, daß seit der Englandblockade von 1915/16 und der Einführung der Zwangsbewirtschaftung es nicht nur immer weniger zu essen gab, sondern darüber hinaus die Aussicht auf ein baldiges Ende des Krieges in immer weitere Ferne gerückt schien.[45] Denn das deutsche Reich hatte einen Krieg begonnen, ohne vorher Maßnahmen zur Regelung des Übergangs von Friedenswirtschaft zu Kriegsbewirtschaftung zu treffen. Erst die unter Rathenau eilends aufgebaute Kriegsrohstoffabteilung vermochte die entstandenen Engpässe der Versorgung zu überwinden und die Zufuhr von der Fabrik zur Front sicherzustellen. Dennoch mußte Brot rationiert werden, und in vielen Städten des Reiches brachen kleinere und größere Proteste vor den Lebensmittelgeschäften aus.[46]

Der I. Weltkrieg war in vielerlei Hinsicht das Ende des Traditionalismus, vor allem in der militärischen Strategie. Neue Waffen markierten den Beginn der Möglichkeit einer Massenvernichtung. Tanks und U-Boote zerstörten die hergebrachten Vorstellungen vom Kampf Mann gegen Mann. Für die deutsche Kriegsplanung verhängnisvoll war das Scheitern des Schlieffenkonzepts, da der Gedanke, zunächst nach Westen vorzupreschen und danach im Osten anzugreifen, rasch in sich zusammenfiel, weil man den Gegner unterschätzt hatte und weil die veraltete Flotte nicht die erforderliche Durchschlagskraft besaß.[47] Zwar konnte man, massenpsychologisch geschickt, Hindenburg nach der legendären Schlacht bei Tannenberg zum unbesiegbaren Heros hochstilisieren, aber das von Alfred Hugenberg im November 1914 vorgestellte Konzept perfekter

Die Mutter, Adele Lessing, geb. Ahrweiler (1848–1926) mit den Kindern
Sophie und Theodor, 1873

Der Großvater
Leopold Ahrweiler (1818–1898) und der
Vater Sigmund Lessing (1838–1896)

Meine Mutter erlitt Schläge mit der Reitpeitsche; wenn ich ihr zu Hilfe kommen wollte, dann erhielt ich auch Schläge, aber nicht vom Vater, sondern von ihr selber, denn das war ihre Weise, sich beim Mann einzuschmeicheln. Es war jene Sklavenseele, die zufrieden ist, wenn man ihre Ketten fleißig vergoldet.

Mein Großvater, reich geworden als Bankherr in Düsseldorf, war eine wunderliche Mischung von Schwärmer und Rechner. Er hatte alle Fehler eines Emporkömmlings; ein gesättigter Großbürger mit einem ängstlichen und bequemen Charakter. Zwischen Vater und Großvater hatte ihr ganzes Leben hindurch Haß und Feindschaft geherrscht. Der unausgesetzte Krieg der Eltern war ein Krieg zweier Familien.

Der Vater Sigmund Lessing
mit dem zweijährigen Kind, 1874

Theodor Lessing
mit seiner Schwester Sophie
(1873–1962), 1876

Der Vater haßte mich, ehe ich geboren war. Die Mutter liebte mich, so wie man eine Puppe liebt. Der Druck, den der Vater ausübte, war so schwer, daß ich noch als reifer Jüngling, wenn ich ihn mittags schlummern sah, unwillkürlich den Gedanken hatte: »Jetzt könntest du es tun. Erwürge ihn, und alle wären befreit.«

Eine süße blonde Maus, meine kleine Schwester Sophie, wurde von mir befehligt und geknufft; da machte ich dem Vater nach. Wenn wir Papa und Mama spielten, kratzten wir uns blutig.

Theodor Lessing, 1892

Ludwig Klages (1872–1956), um 1892

Aus dem Kinde der Wolken und Sterne wurde ein poëtisches Jüngelchen, krallwach und widerwärtig gescheut: Gebrannte Löckchen, auswattierte Taille, hellgelbe Lederhandschuh, elegantes Pousierstöckchen.

Unsre Eltern, unsre Lehrer, die Meinungen der Menschen, die ganze Wüste der Erfahrungen, an uns Jünglingen wurden sie machtlos. Denn was Klages sagte, galt für Lessing, und was Lessing sagte, galt für Klages.

Theodor Lessing über den vergötterten Freund aus Kindheits- und Jugendtagen. Später nannte Klages ihn einen *ekelhaften, zudringlichen Juden.*

Theodor Lessing als Student, 1894

Im Frühjahr 1894 geschah Merkwürdiges. Der Dekan der Medizinischen Fakultät Bonn, bei welcher ich zum Examen die Personalpapiere einzureichen hatte, blättert darin, blickt verdutzt auf und sagt naiv erschrocken ohne Rücksicht auf die umstehenden Studenten: »Teufel! Sie sind ja e Jud.« – »Jawohl, Herr Geheimrat.« Und ohne zu fühlen, wie undelikat diese Sympathiekundgebung ist, springt er auf, klopft mir den Rücken und tröstet: »Is nich weiter schlimm. Gott ne! Sein Se man zufrieden.«

Lessing mit Schopenhauerstock,
vor 1914

*Vom ersten Tage des Krieges an war ich: Frondeur
und Ethiker, die Zeit anklagend und das Vaterland, den Wahnsinn der Geschichte und die Verlo-
genheit der Historiker.*

Mit Schulklasse während des I. Weltkriegs, um 1917

*Pädagogik ist jene Wissenschaft, dank deren die   die unliebsamen Störungen von seiten des ne-
ältere Generation sich zu schützen vermag wider   aufblühenden Geschlechts.*

(von links):
Theodor Lessing, Erna Brause, Ada und
Ruth Lessing in Salzgitter, um 1922

Lessing mit Tochter Ruth in Salzgitter, um 1922

»Villa Miriam« in Anderten,
Tiergartenstraße 165, 1925

Der gewählte Reichspräsident Hindenburg vor der Abreise nach Berlin auf dem hannoverschen Hauptbahnhof mit Oberpräsident Noske (rechts vor Hindenburg stehend) und Vertretern der Stadt und der Presse, 11. Mai 1925.

Auf demselben Bahnsteig trafen Hindenburg und Ludendorff am 23. August 1914 zusammen, um über Berlin in die Gegend zu fahren, die eine Woche darauf den Schauplatz für die »Schlacht von Tannenberg« abgeben sollte.

Hochschulprofessor Theodor Lessing,

— hat er die Maske des biederen deutschen Oberlehrers mit weißem Bart nicht gut gewählt? — erregte durch freche Beleidigung Hindenburgs den Unwillen der Studenten der T.H. in Hannover. In einem „Offenen Brief an den Reichspräsidenten" führte der Jude Lessing die Erzählung Herodots von dem Feldherrn Papho an, der sich nach seiner Niederlage hundert Papageien abrichten läßt, die immerfort schreien „Paphon ist ein Gott", und fähr dann fort: „Eure Exzellenz hatten zu diesem Zweck hundert deutsche Professoren zur Verfügung." — In seinen „Kriegserinnerungen" bekennt Lessing: „Es gelang mir, mich zu drücken. Durch die Kriegsjahre mußte ich alle Monate zur Musterung. Die Ausmusterungen wurden immer strenger. Ich verwandte immer neu Listen, um der Front zu entgehen." Die hebräischen Schmarotze sind zu Erziehern der deutschen Jugend durchaus ungeeignet.

Bild und Text aus: *Der ewige Jude*, einer Steckbrief broschüre der NSDAP, die noch 1937 in hoher Auflage verkauft wurde. In dem NS-Buch *Juden sehe Dich an* wurde die Bildlegende zu Lessing nach seiner Ermordung um den Zusatz erweitert: *Erledigt!* (Aufnahme aus den Jahren 1925/26, als die antisemitische Hetzkampagne gegen den jüdischen Hochschullehrer tobte.)

Kein fröhliches Ausflugsbild von einem Professor (links neben dem Kleiderständer sitzend) und seinen Studenten, sondern ein Schnappschuß von einer Hetzjagd gegen einen jüdischen Hochschullehrer, den ein Trupp völkisch-nationalistischer Korpsstudenten bis zu einer Kaffeewirtschaft im Georgengar- ten getrieben hat. Man beschimpft ihn als *dreckigen Juden*, der *nach Jerusalem verduften* solle. Die langen Eichenknüppel bekräftigen, daß den Parolen irgendwann auch einmal Taten folgen können. (Aufnahme vom 3. Mai 1926.)

Am 8. Juni 1926 ist der Bahnsteig 3 des hannoverschen Hauptbahnhofs überfüllt: 1500 völkische Korpsstudenten mit Mütze und Band fahren mit einem Sonderzug nach Braunschweig, um damit den kollektiven Auszug der Studenten von der hannoverschen Hochschule anzudrohen. Die Waggons des Zugs sind mit Totenköpfen und Strichmännchen mit Hakennase beschmiert: *Lessing raus!* steht darunter. Aus einer lokalen antisemitischen Kampagne wurde ein nationaler Skandal, den das völkisch-nationalistische Lager als Teilstück eines Großangriffs gegen die Weimarer Republik begriff.

Am Rande des Zionistenkongresses,
Ende August 1933.

In Marienbad,
aufgenommen
am 26. August 193:
vier Tage vor der
Ermordung.

Straßenfront der »Villa Edelweiß«
in Marienbad, in der Lessing
ein Landerziehungsheim eröffnen wollte.

Als Lessing vor dem Sekretär seines Marienbader
Arbeitszimmers stand, schossen die Attentäter. Die
Porträtaufnahmen über dem Sekretär zeigen (von
links) Arthur Schopenhauer, Ludwig Klages, Imma-
nuel Kant, Wilhelm Jordan und Friedrich Nietzsche.
Zwischen den Blumentöpfen Photographien von Les-
sings Mutter mit dem Säugling und ein Porträtbild des
Vaters.

Die durchschossenen Fenster
in Lessings Zimmer. Zwischen
beide Fenster hatten die Attentäter ihre Leiter angelehnt.

Massenmanipulation konnte nur solange Wirkung zeitigen, wie die materielle Versorgung in zufriedenstellendem Maße gewährleistet war. Man solle, meinte Hugenberg, darauf achten, »die Aufmerksamkeit des Volkes abzulenken und der Phantasie Spielraum zu geben in bezug auf die Erweiterung des deutschen Gebietes«.[48] Der Repräsentant des monarchistischen Deutschland, der Kaiser, hatte sich schon während der ersten Kriegstage zurückgezogen und der Generalität die Planung und Durchführung der Regierungsgeschäfte überlassen. Die Figur des Kaisers wurde zu einem machtlosen Sinnbild, nachdem die wirkliche Gewalt an die militärisch-bürokratischen Systeme übergegangen war und die Volksmassen im Symbol des über allen Parteien schwebenden Kaisers nicht mehr die eigentliche Kraft des Krieges wiedererkannten: den Nationalismus.[49]

Da aber weder Bürgertum noch Proletariat in der Lage waren, die Macht an sich zu ziehen, entstand ein politisches Vakuum, das von dem die neu geschaffenen Tatsachen überblickenden Kopf, Ludendorff, mit der Einführung einer nach außen nicht ohne weiteres erkennbaren Militärdiktatur aufgefüllt wurde, und das bereits im Sommer 1916.[50] Die Auswechselung von Moltke und Falkenhayn (der eine drehte durch, der andere wurde geschaßt), die Übernahme der militärpolitischen Obergewalt durch das Gespann Ludendorff/Hindenburg eröffnete größere und zugleich rücksichtslosere Möglichkeiten der staatlichen Gewalt. Fast unbemerkt endete damit die bisher gültige bismarcksche Reichskonstruktion[51], und bis zum Sommer 1917 hatte sich ein Zweckbündnis aus Konservativen, Nationalliberalen und Zentrum hinter der Militärdiktatur gesammelt.[52]

Aus dem Blitzkrieg hatte sich inzwischen ein langwieriger Stellungs- und Grabenkrieg entwickelt, aus den ersten militärischen Erfolgen war kein politisch bedeutender Gewinn geschlagen worden. Und so wurde die Tirpitzsche U-Boot-Politik mit zunehmendem Andauern des Krieges zum Rettungsanker der einen »Siegfrieden« propagierenden bürgerlichen Kreise; es war wie ein »politischer Rausch«.[53] Die Autorität der Obersten Heeresleitung blieb solange gesichert, wie sie es verstand, der verbitterten Bevölkerung einzureden, daß Aushalten lohne, trotz der vielen zu beklagenden Hungertoten.[54]

Aber der Eintritt der Vereinigten Staaten ins Kriegsgeschehen im Januar 1917, die Proklamation eines Königreiches Polen, die Haltung Österreichs, Japans Beteiligung im Bereich der kriegführenden Mächte sowie der Abfall Italiens manövrierte die Oberste Heeresleitung in eine fatale Situation.[55] Die immer noch nicht in ausreichender Anzahl vorhandenen U-Boote mußten nun unter Zeitdruck und enormem Kostenaufwand produziert werden, während das Parlament mit einem unerwarteten Vorstoß zurückgewonnenes Selbstbewußtsein unter Beweis stellte, als es, zaghaft und halbherzig zwar, eine Friedensresolution verabschiedete. Die nunmehr verbündete ehemalige Anti-Bismarck-Allianz war Reichstagsmehrheit geworden und ließ im Sommer 1917 durch Erzberger diese Resolution vortragen. Sie drückte den Willen eines großen Teils der Bevölkerung aus, endlich einen »Verständigungsfrieden« herbeizuführen.[56]

Vorbereitet durch eine Kampagne der Obersten Heeresleitung, die dem Reichskanzler unverhohlen vorwarf, daß es ihm nicht gelungen sei, »die materiellen und psychologischen Reserven der Nation für den Kraftakt des Krieges zu mobilisieren und die innere Ordnung aufrechtzuerhalten«[57], stürzte Bethmann Hollweg. Sein Nachfolger, ein Günstling der Obersten Heeresleitung, wischte die Friedensresolution mit der Bemerkung beiseite, diese Erklärung gelte nur in der Form, wie er sie auffasse.[58] Verfassungsrechtlich herrschte ein Chaos zwischen zwei politischen Kraftzentren: der Obersten Heeresleitung und der Reichstagsmehrheit, wobei im Neben- und Gegeneinander die über die Truppen befehlende Oberste Heeresleitung zunächst die Fäden in den Händen behielt.[59] Doch schon der Winter 1917/18 (als Reichskanzler war Michaelis der alte Graf Hertling gefolgt), warfen die Militärs alle Kraftreserven in die sogenannte Westoffensive[60], die im März erfolgte und für kurze Zeit taktische Vorteile brachte.[61] Doch die Übermacht der Entente und der Mittelmächte, die nicht nachlassenden Probleme beim rechtzeitigen Transport der Soldaten an die jeweiligen

Frontabschnitte, die zunehmenden Unruhen im Innern des Landes und besonders die seit Januar 1918 durch eine Reihe von Streiks ausgelösten Revolten der Matrosen in den nördlichen Regionen –: das alles zusammengenommen führte eine bis zum Äußersten gespannte Lage herbei.[62]

Alte Strukturen des Zusammenlebens wurden durch den Krieg aufgesprengt, Wahrnehmungsformen änderten sich radikal unter dem permanenten Ausnahmezustand, und so wurde der I. Weltkrieg auch »der erste Krieg in der menschlichen Erfahrung«.[63] Die unter dem Banner des »Siegfriedens« ihre Privilegien verteidigenden Annexionisten ahnten, daß es nach Beendigung dieses Krieges nicht mehr so wie in der relativ goldenen Vorkriegszeit würde weitergehen können. Der spätere Putschist Kapp warnte denn auch vor einem »lauwarmen Frieden«, den würden die Massen ablehnen, um sodann in einem »demokratischen Sumpf« zu versinken.[64]

Nach der Massenabschlachtung vor Verdun, 1916, war der Krieg in seine totale Phase eingetreten; Erich Ludendorff hatte im selben Jahr diesen totalen Krieg als militärischer Schriftsteller in allen Dimensionen ausführlich beschrieben und die »seelische Geschlossenheit des Volkes« als die Basis des totalen Krieges bezeichnet, sie müsse mit Methoden der Massenpsychologie erhalten werden.[65] Apathie, spontan sich äußernder Unmut und Gefühle des Widerstands zeigten indes, daß diese Einheit und Geschlossenheit verlorengegangen war; Erzberger konnte mit der uneingeschränkten Billigung Ludendorffs rechnen, als er im Juni 1917 ein »geistiges Kriegsernährungsamt« einzurichten vorschlug.[66]

Ludendorff hatte die Bedeutung der Massen für eine neue Wege der Machteroberung und Machterhaltung bahnende Massenpolitik frühzeitig erkannt und im Juli 1917 dem neuen Massenmedium Film eine unschätzbare Wirksamkeit für die Massenhypnose zugeschrieben: »Der Krieg hat die überragende Macht des Bildes und Films als Aufklärungs- und Beeinflussungsmittel gezeigt.«[67] Eines der ersten Produkte der von militärischen Stellen gegründeten Filmgesellschaft war der Streifen »Die

Schuldigen des Weltkrieges«. Darin sah man die Konterfeis aus-
ländischer Politiker mit darübergeblendeten Textzeilen: »Wer
goß Öl ins Feuer?«, »Wer belügt und betrügt die ganze Welt?«.
Am Schluß des Films las man dann auf der verlöschenden Lein-
wand die Frage: »Wer hält das Strafgericht?« – woraufhin zualler-
letzt ein überlebensgroßes Porträt Hindenburgs erschien.[68]

Unter der Oberaufsicht von Tirpitz gelang es dem Bürgertum, eine Partei mit Massenanhang zu gründen; bereits im Juli
1918 hatte die »Vaterlandspartei« die Mitgliederzahl der Sozialdemokratie übertroffen.[69] Daß aus der Vereinigung von Masse
und Maske im Sinne der militärischen Strategie nur der Massen-
tod hervorgehen konnte, war Leuten wie Ludendorff bekannt,
er nahm das in Kauf. Und so ist Lichtenbergs Wunsch, er würde
etwas darum geben, genau zu wissen, »für wen eigentlich die
Taten getan worden sind, von denen man öffentlich sagt, sie
wären für das Vaterland getan«[70] spätestens mit dem I. Weltkrieg erfüllt worden. Das Studium der deutschen Geschichte,
und der Weltgeschichte dazu, könnte die Einsicht vermitteln,
daß es in der Geschichte oft so sei, »als ob statt fühlender
Menschen die Röcke, Uniformen, Amtsgewänder, Talare und
Kleider miteinander Verträge und Bündnisse, Kriege und Frieden machten, indes immer andere Seelen in die alten allegori-
schen Gewänder schlüpfen«.[71]

Nichts ist gegen Ende dieses Krieges klüger gewesen als der
Ludendorff im September/Oktober 1918 gelungene Coup, der
Reichstagsmehrheit die politische Macht geradezu aufzudrängen[72], um nach dem Waffenstillstand die Rolle des unbesiegten
Soldaten spielen zu können, der andere die eingebrockte Suppe
auslöffeln läßt[73] oder, wie General Groener sich auszudrücken
beliebte: »Es kam mir und meinen Mitarbeitern darauf an, die
Waffe blank und den Generalstab für die Zukunft unbelastet zu
erhalten.«[74]

In Hannover erlebte man die Tage des Großen Krieges wie
anderswo auch: Jubel, Abschiedszenen, vaterländische Lieder
auf den Kasernenhöfen und in den Kaffeehäusern der inneren

Stadt. Aber auch gedrückte Stimmung in den Arbeitervierteln, wo die blinde Kriegsfanatik nicht befolgt wurde, auch wenn die Sozialdemokratie am nationalen Fetisch festhielt und sich für einen Krieg aussprach, der als Verteidigungskampf verkauft wurde. Pflicht und Disziplin ließen die sozialdemokratischen Arbeiter schließlich zu den Waffen eilen. Nach anfänglicher Zurückhaltung sahen viele dem scheinbar baldigen Ende zuversichtlich entgegen.[75] Der sozialdemokratischen Zeitung »Volkswille« blieb es vorbehalten, mit chauvinistischem Vokabular dem mit Kriegsglück bedachten, seit langem in Hannover ansässigen General Emmich überschwenglich zu gratulieren; der spätere sozialdemokratische Oberbürgermeister Robert Leinert stimmte in den Haßruf ein, daß Gott England strafen möge.[76] Der »Volkswille« zog außerdem eine historische Parallele zwischen 1866 und 1914: Damals, beim Vormarsch der Preußen, sei es ein »Sieg des Schulmeisters« gewesen, nunmehr aber könne man mit gutem Gewissen vom »Sieg des Gewerkschaftsbeamten« sprechen.[77]

Mit neurotischer Angst klammerte die hannoversche Sozialdemokratie sich an den einmal verkündeten Burgfrieden und unterband jede Opposition dagegen rigoros.[78] Man stand fest zur imperialistischen Annexionspolitik, vermied öffentliche Veranstaltungen, gab sich unpolitisch, pflegte harmlose Freizeitablenkung.[79] Der seit langem herrschende lassalleanische Flügel der Partei hatte endlich einen Anknüpfungspunkt der Kooperation mit der kriegführenden Regierung entdeckt und glaubte, soziale und politische Reformen mit ihr durchsetzen zu können.[80] In der zentralistischen Organisation vorbildlich, in der Personalpolitik die Kontinuität des hierarchisch Unabänderlichen praktizierend, versagte diese Politik des Kleinmuts schon vor Beginn des Krieges und kapitulierte kampflos vor der Übermacht der Staatsräson. Nicht Klassenpolitik, sondern Arbeit fürs Gemeinwohl war das Ziel, und so verfaßte man Eingaben an die Stadtverwaltung.[81]

Selbst die Unruhen während der schlimmsten Hungerperioden blieben in Hannover nur Episode; drei Tage dauerte der

Protest, an dem sich auch nur einige Hundert beteiligten. Mal
rumorte es in der Markthalle (Oktober 1915), mal stürmte eine
tausendköpfige Menge das Rathaus. Aber das Ende dieser
Aktion geriet dann wieder lokalnotorisch bieder: Ein Polizei-
kommissar tauchte auf, redete eine Weile auf die Verbitterten
ein, und nach einer Stunde zerstreute die Menge sich.[82] Im
Januar 1917 fiel das Thermometer auf minus fünfzehn Grad, es
fehlte an Kohlen, und Steckrüben ersetzten die immer spärliche-
ren Kartoffelrationen. Wieder kam Unruhe auf, doch zu keinem
Zeitpunkt ging dieser Protest über Symptomkritik hinaus.[83] Bis
zum November 1918 ebbten auch die sporadischen Lebensmit-
telprotestaktionen ab. Keine politisch einheitliche Strategie war
vorhanden, und so zersplitterten die Aktionen dank der politischen Unbeweglichkeit der Sozialdemokraten zu ohnmächtigen
Verzweiflungstaten von einzelnen: ein Sprengstoffattentat auf
den Oberbürgermeister; ein anonymer Brief an die Stadt, in dem
»die Revolution« angedroht wurde. Als dann auch in Hannover
am Siebten des Monats die Wellen der Novemberrevolution
tatsächlich spürbar wurden, handhabte die örtliche Sozialdemokratie dieses für die deutsche Geschichte außergewöhnliche
Ereignis im Stil politischer Nachtwächter. Weder die im Reich
ausgebrachte Forderung der Sozialisierung noch die Aufstellung
von Arbeiterräten wurde in der philiströsen Welt der hannoverschen Sozialdemokratie einer Erwägung unterzogen. Die Par-
teispitze riß das Ruder an sich und proklamierte, daß das vor
dem Krieg gesteckte Ziel einer besseren und gerechteren Kom-
munalpolitik in demokratisch-parlamentarischen Formen erreicht sei.[84] In kaum einer anderen lokalen Arbeiterbewegung
lag die Initiative so sehr beim Führungskader wie in Hannover;[85] so versandete die revolutionäre Verheißung in der Wiederherstellung von Ruhe und Ordnung und brachte der Sozialdemokratie den Oberbürgermeisterposten ein.[86]

Theodor Lessing, der Mitte der zwanziger Jahre parteiamt-
lich aneckte, weil er auf einer öffentlichen Veranstaltung gesagt
hatte, die deutsche Sozialdemokratie kenne nur die »heilige
Herrschaft des Gewerkschaftssekretärs«[87], betrachtete den Zu-

sammenbruch des kaiserlichen Deutschland mit wenig Erwartung. Außerhalb von Hannover, in Städten wie München, Bremen, Berlin, hatten Arbeiterräte sich installiert; noch war ja alles im Fluß. Aber nüchtern konstatiert Lessing im November 1918 »unter der gesamten Geldmacht und Bürgerwelt Europas und Amerikas eine zwar nirgend ausgesprochene aber doch stillschweigende, geheime Übereinkunft, nur ja um Gottes willen die junge Weltrevolution in der Wiege zu erdrosseln und gleichsam den vulkanischen Flammenausbruch eines neuen Menschengeschlechtes unter den Aschenbergen der ›praktischen Politik‹ noch rechtzeitig zur nützlichen Herdflamme für den bürgerlichen Hausgebrauch herabzudämpfen«.[88] Eine Zeitlang waren die alten Mächte wie gelähmt und warteten ab, was kommen würde; und als nicht viel kam, gingen sie zur wohlorganisierten Rache über. Es fanden sich Männer, die die Flamme der Revolution nicht bloß zurückdrehten, sondern sie mit Blut löschten.

Die arglose Republik
Revolution. Konfusion. Reaktion

»Immer wenn Menschen in die Irre gehen, dann ziehen sie sich zurück auf den nackten Selbsterhaltungstrieb. Die soziale Republik, das demokratische Ideal war Kulisse. Hinter der Szene herrschte der Terror. [...] Aus der Revolution wuchs die Konfusion. Aus der Konfusion die Reaktion. Juden hatten auf den Trümmerstätten des völkischen Massenwahns gläubig die weißen Fahnen gerefft. Die alten Fahnen mit der betörenden Inschrift: ›Freiheit, Gleichheit, Brüderlichkeit‹. Nun, wo der Ansturm der proletarischen Masse erdrückt war und die neuen Besitzenden nichts sehnlicher wünschten, als ihre Macht sicherzustellen, da wurden auch die jüdischen Feuerköpfe schnell hinweggefegt. Sie hießen nach beendetem Kriege: Landsfremde, Blutfremde, Nichtdazugehörige. Die Epoche des Rassenantisemitismus begann mit dem Morde an dem weitsichtigen Karl Liebknecht und der hochgesinnten Rosa Luxemburg.«[1]

So Theodor Lessings Kurzgeschichte der Weimarer Republik. Das Schreckgespenst der sozialen Revolution war zum Zeitpunkt der Niederschrift dieser Bilanz, 1930, längst gegen die handfeste Wirklichkeit der sozialen und politischen, der ökonomischen und kulturellen Reaktion ausgetauscht worden. Die exponierte Stellung jüdischer Intellektueller während der Revolution von 1918, im Chaos mehrerer Legitimitätsquellen und offener Gestaltungsmöglichkeiten, war für Lessing die Bestätigung seiner Auffassung, daß die Juden ihre Erfahrung von Not, Schmerz und Leiden im Interesse der unterdrückten Volksmassen weitergeben müßten. Zugleich jedoch kritisierte er den zu abstrakten Radikalismus der jüdischen Intellektuellen, die als politisch Handelnde bei allen guten Vorsätzen und ehrlichen Absichten die Massenwirksamkeit politischer Phantasiebilder vernachlässigten. Sie seien zu tragischem Untergang verdammt, da sie kein Prestige kultiviert hätten, das unmittelbar im Resonanzkörper der Volksphantasie einzuschlagen vermochte. Es mangelte an Persönlichkeiten, in denen der Symbolgehalt der Revolution identifizierbare Gestalt angenommen hätte. Die aus dem Proletariat stammenden und erfahrenen Arbeiterführer waren entweder umgebracht oder integriert worden. So gab es nur »eine Fülle advokatorischer und aktivistischer Intelligenzen«[2], die alle scheitern mußten, da sie mit ihrem revolutionärem Radikalismus gewissermaßen nicht durchtrieben genug waren, Skrupel und Arglosigkeit trugen ein weiteres dazu bei, daß ein politisch erfolgreicher Kampf dauerhaft nicht organisiert werden konnte. Die Reaktion kam den radikalen Politikern mit Terror und Gewalt bei, und daß diese Liquidation der Emanzipationsbewegung durch die Politik der plötzlich an die Macht gelangten Sozialdemokratie erfolgte, dokumentiert für Lessing eine alte Erfahrung der Geschichte, wonach eine ins Hintertreffen geratene, gestürzte Klasse sich immer schon das Mittel zu Nutze gemacht hat, die feindlichen Kontrahenten zu umgarnen und »fanatische Vertreter der duldenden Parteien dadurch umzustimmen, daß man sie zu Ausführern und Verwaltern der von ihnen bekämpften Maßregeln macht«.[3]

Die Vereinnahmung der Opposition durch eine vorübergehend angeschlagene, ehemalige herrschende Klasse beschäftigt Lessing immer wieder, so auch in der politischen Parabel »Feind im Land«, die von der Ruhrbesetzung französischer Truppen im Jahre 1923 erzählt und um Strategie und Taktik der vormaligen Machthalter in Deutschland kreist. Um die Gefahr einer Übernahme der Regierung durch Aufständische abzuwenden, erwägen die versammelten Industriellen, Politiker und Militärs günstige Schachzüge. Eine »Diversion der Gefühle«[4] ist angesichts der unentschiedenen politischen Lage unausweichlich geworden, also muß dem rebellischen Volk mit einem »Boukett ideologischer Redensarten«, gespickt mit »Rosinen der volks-

tümlichen Sentenz«[5], der Wille zur radikalen Umgestaltung der
Verhältnisse ausgetrieben werden. Denn die Anfälligkeit der
Menschen für kleine Freundlichkeiten und Gaben ist unbe-
grenzt, auch proletarische Führer würden »lieber Zigarren
rauchen als Blut vergießen«.[6] Auf moralische Integrität kann bei
dieser Rettungsaktion keine Rücksicht genommen werden, es
geht schließlich ums Ganze; der »Selbsterhaltungsinstinkt einer
todesreifen Gesellschaft«[7] bedient sich dabei aller Mittel und
Finessen, um die »Komödie des kommunistischen Mensch-
heitsfrühlings«[8] möglichst rasch zu zerschlagen. Einen Industriellen läßt Lessing sagen: »Eine Meinung äußert man. Eine
glaubt man zu haben. Von einer sagt man, daß man an sie
glaube. Eine hat man. Hat man vielleicht wirklich eine?«[9] Das
scheinbare Einlenken der alten Cliquen wird charakterisiert in
einer fiktiven Unterredung des Reichskanzlers mit dem Reichspräsidenten; in diesen Sätzen spricht sich Lessings Analyse der
politischen Verhältnisse um 1918 aus: »Die Kommunisten
haben durchschaut, daß wir das nicht wollen können, was zu
wollen wir doch vorgeben müssen. Nun wollen sie uns dazu
zwingen, das ehrlich wollen zu müssen, was wir nur aus Politik
bisher gewollt haben. Sie tun daher so, als ob sie daran glauben,
daß wir ehrlich wollen, und zwingen uns dadurch, das, was wir
nicht wollen können, nun dennoch wirklich ehrlich zu wollen.«[10] So sieht Lessing in der deutschen Revolution von 1918
die schönsten Menschheitsutopien und Ideale zum formalen
Erkennungszeichen insgeheim entgegengesetzter Ziele und Absichten werden. Die Gegenrevolution maskiert sich, um den
Anschluß nicht zu verpassen, und redet von »Arbeit, Brot,
Frieden«; diese Glücksverheißungen sind aber nur »Aushänge-
schild für einen geheimen Klassenkampf«; tatsächlich rechnet
man mit der »Fügsamkeit und Leichtbeherrschbarkeit unseres
breiten schweren Volkes«.[11] Lessing zeichnet die unteren Klassen als viel zu gutmütig: »Wir haben die furchtbare Gewalt der
Vernüchterung schon einmal erlebt. 1918. Damals verlor das
Volk (und das ist das Herrlichste am deutschen Volke) seine
Revolution, weil es tiefer an das Recht als an die Macht glaubte.

Das Proletariat wollte gerecht sein. Gerecht sogar gegen alle, die an nichts glauben und nichts anderes wollen als: Macht.«[12] Die politische Reaktion verkleidet ihre Machtansprüche mit Gewändern aus dem nationalen Ideologiebestand und belebt sie massenwirksam mit alten Idealen der Folgebereitschaft und Unterordnung.[13] Nationale Leidenschaften werden wachgerufen, älteste Instinkte mobilisiert, jeder Appell an die Vernunft vermieden, denn, so heißt es in der Erzählung: »Kommunismus ist nur Sache der Intelligenz. Intelligenz aber ist Unnatur. Die Menschen sind von Natur Patrioten. Darum kann man mit ihnen rechnen.«[14] Lessing vergleicht die Deutschen mit einer Sonnenblume, »noch erdenschwer, noch roh, noch ungefüge und noch dumpf unerlöst aber so stetig und tief erfüllt von Sehnsucht nach göttlichem Licht, daß diese Sehnsucht sich schließlich an der Pflanze eigenem schweren Leibe verwirklicht«.[15] Im Herbst 1918 sei – um fünf Jahre zu spät – eine revolutionäre Situation entstanden, nachdem das Land entkräftet, das Heer zerstört, der Kaiser entflohen, der Bismarcksche Staat zertrümmert und die Könige und Fürsten verjagt worden waren. Das Volk habe sich in dieser Zeit der großen Desorientierung und im Augenblick der Niederlage heldenhafter bewährt »als im Ausbruch seines Übermächtigungswillens«.[16] Noch nie sei das deutsche Volk so sehr dazu bereit gewesen, »neu zu lernen und neu zu bauen«.[17] Das Vertrauen auf Veränderung aber wurde von den Realpolitikern kassiert und uminterpretiert. »Alle Ungerechtigkeiten und Unrechtmäßigkeiten der wirtschaftlichen Unterschiede bleiben! Aber es findet eine große Umschichtung der Machtmittel statt, auf welche die alles-könnende und alles-ausnützende ›praktische Intelligenz‹, das heißt sämtliche Gewinnmacher, Glücksritter, Praktiker und Rechner der Erde im Nu und auf der Stelle sich einrichten werden.«[18] Hätte im August 1914 ein »Hohngelächter freier, mündiger Völker« den Regierungen der Welt geantwortet, so wäre damals statt des Weltkrieges vielleicht ein revolutionärer Prozeß in Gang gekommen. Nun aber, 1918, sei der Augenblick dazu verstrichen, jeder Aufstand von vornherein nutzlos, denn

die in allen Sätteln gerechte Reaktion würde sich das Heft so
schnell nicht noch einmal wieder aus der Hand reißen lassen. So
werde die Geschichte dieser Revolution »banal, so namenlos
erbärmlich«[19] ablaufen, die historische Erfahrung einer richtigen Revolution werde verpaßt.

Die »braven Parteilichter der Sozialdemokratie« beerbten als
tüchtige Ordnungsstifter die Revolution.[20] Die Sozialdemokratie drehte die Flamme des Aufruhrs zurück und gelangte
obenauf, indem sie sich »als Larve und Maske vorband das
Abbild ihrer eigenen ehrlichen Gesichter«[21], so daß schließlich
»ungefestigte und wenig durchgebildete Proletarierschichten,
alle Sitze des Ranges und der Macht besetzend, ins Bürgerliche
umschlugen und insgeheim von den alten Machthabern umgarnt
wurden«.[22] Die Krisenhelferfunktion der Sozialdemokratie faßt
Lessing 1923 so zusammen: »Es ist das große Unglück unseres
Vaterlandes, daß das ganze Erbe der Revolution und die gewaltigen Ideen der großen Kommunisten und Utopisten heute in
die Hände von Machthabern gelegt sind, deren keiner zu diesen
Ideen, dank denen sie hochkamen, eine wesentliche Beziehung
hat. Diese Politiker als Sozialisten sind in Wahrheit ehrliche
Bürger und Kleinbürger. Sie hingen sich an die große Idee, wie
ein Knabe Papierschnitzel befestigt an einem Drachen, damit er
sie in die Lüfte trage. Sie haben auch immer nur von diesen Ideen
gelebt zu der Zeit, als sie für diese Ideen zu leben glaubten.
Daher wird die Verwirklichung dieser Anschauungen am wenigsten von denen zu erwarten sein, die sie im Munde führen.«[23]
Das zu taktisch bestimmte Verhältnis der führenden sozialdemokratischen Politiker zu ihrer historischen und theoretischen
Vergangenheit schränkte den Bewegungsspielraum ihres praktischen Handelns ein und untergrub gleichzeitig ihre legalisti-
schen Positionen während der Beteiligung an der Regierungsmacht. Denn es war absehbar, daß ihre Aushilfsdienste nur
solange in Anspruch genommen werden würden, wie dies für
die zurückgedrängten herrschenden Klassen zur Konsolidie-
rung einer stabilisierten politischen Normalität von Nutzen
war. Während des Krieges fabulierte General Seeckt von der

richtigen Mitte zwischen Militärdiktatur und Sozialdemokratie[24] – nun, nachdem die Sozialdemokratie Anteile der Staatsmacht errungen hatte, ging sie eine zu enge Verbindung mit Generalität und Freikorpsverbänden ein. Die historische Chance wurde vertan.[25] Noch vor der Konstituierung einer demokratischen Republik wurde so besonders ein Element für den Fortgang des republikanischen Lebens maßgeblich: das »Element der Vendetta«.[26] Die im Frühjahr 1919 durch die Lande marodierenden Banden der Freikorpseinheiten erschreckten mit ihrem weißen Terror; ein Zeitbeobachter hatte den Eindruck von einer »vollkommen entmenschten Soldateska«[27]. Noch 1920 notierte dieser Zeuge, Harry Graf Kessler, in sein Tagebuch: »Die Sicherheit für politisch Mißliebige ist gegenwärtig in Deutschland geringer als in den verrufensten südamerikanischen Republiken oder im Rom der Borgia.«[28] In einem Zugabteil trifft Kessler den politisch verantwortlichen Koordinator der Freikorpsverbände, der 1920 als Oberpräsident der preußischen Provinz nach Hannover abgeschoben wurde. »Noske ist offenbar ein ganz ehrlicher und eingefleischter Militarist, den die Offiziere mit Hilfe seiner Vorurteile und mit Schlagworten an der Nase herumgeführt haben. Er hat etwas von einem Bären mit einem Nasenring. [. . .] Wenn nicht so viel unschuldiges Blut an seinen Fingern klebte, wäre er eine etwas komische, fast sympathische Figur. Wo er allerdings in seinem gewaltigen Körper sein soziales Gewissen und sein sozialdemokratisch rotes Herz aufbewahrt, ist sein Geheimnis.«[29]

Die führenden Sozialdemokraten waren wegen ihrer eingeschränkten historisch-politischen Erfahrung nicht fähig, die sozialistische Programmatik in die Tat umzusetzen[30], es waren biedere Politiker, denen es völlig ausreichte, nun endlich auch einmal in der großen Politik mittun zu dürfen und von der Welt anerkannt zu werden; man sah die Chance, nun endlich die Schmach der Sozialistengesetze, den Ruch der »vaterlandslosen Gesellen« loswerden zu können.[31] Während Ebert sich an die Vereinbarungen mit der Obersten Heeresleitung hielt, sah die andere Seite keine Veranlassung, diese aus der Not geborenen

Kompromisse als verbindlich anzuerkennen. Auch wurden die Zugeständnisse Eberts an die Generalität von dieser nicht erwidert, und das, obschon die entkräfteten militärischen Instanzen ohne die politische Assistenz der Sozialdemokratie niemals aus ihrem desolaten Zustand nach dem Krieg hätten herausfinden können. Eberts Erscheinen in Berlin, die Abnahme einer »heimkehrenden«, in Wirklichkeit aber für diesen symbolischen Zweck verkleideten Truppe, der er bescheinigte, auf dem Feld der Ehre ungeschlagen zu sein[32]: Solche und ähnliche Szenen zeigen, welch hohen Preis die sozialdemokratische Führung für ihre Integration ins Lager der Ordnungsmächte zu zahlen bereit war.[33] Man hatte die alte Erkenntnis verdrängt, daß es in der Politik nur zwei entscheidende Mächte geben kann: »die organisierte Staatsgewalt, die Armee, und die unorganisierte, elementare Gewalt der Volksmassen.«[34] Es sollte sich zu bald schon bitter rächen.

Lessings Kritik an der sozialdemokratischen Ordnungspolitik lautete: »Der äußerste Notausgang der logificatio post festum ist allemal die folgende Geschichtslogik: Diese Revolution war historisch notwendig, um der Menschheit zu zeigen, daß sie nicht notwendig ist.«[35] Die Verteidiger der Integration innerhalb der Sozialdemokratie schätzten die Legalität wie einen Religionsersatz, und das, obwohl sie selbst von außerlegalen Mächten emporgetragen worden war: vom Arbeiter- und Soldatenkongreß und von der Obersten Heeresleitung.

Die Generalität schätzte an Ebert seine »Kunst des Abbiegens« und das »Regieren durch Verzögerung«.[36] Im Verlauf der Auseinandersetzungen um die Sozialisierung und die Betriebsräte übte der Ordnungs- und Integrationsblock der Sozialdemokratie mit Erfolg die Kunst der Verschleppungstaktik und vermischte politische Zugeständnisse mit dem Androhen und der tatsächlichen Anwendung von unmittelbarer Gewalt.[37] Doch Niederschlagungspolitik wurde nicht belohnt, weder die Zerschlagung der Spartakus-Aufstände und der großen Massendemonstrationen, noch die Niederwerfung der vor allem im Ruhrgebiet kämpfenden »Roten Armee«, im Frühjahr 1920,

durch Freikorps und Reichswehr. Eine gründliche Personalpolitik in Verwaltung, Armee, Polizei und Justiz wurde nicht
durchgeführt, das alte monarchistisch und militaristisch gesinn-
te Personal blieb unbehelligt und konnte jede Reform blockieren. Die Reorganisation der politischen Rechten setzte zu dem
Zeitpunkt ein, als erkennbar war, daß die Sozialdemokratie ihre
Position gegenüber den Altmächten nicht durchzusetzen vermochte und überdies zur Verteidigung ihrer Regierungsmacht
auf die Werkzeuge der Konterrevolution zurückgriff, anstatt
eine republikanische Armee und Polizei, eine nicht an den
Idealen des Obrigkeitsstaates orientierte Justiz aufzubauen. So
servierte die Sozialdemokratie den neuerwachten, aus der politischen Erstarrung gestärkt hervorgegangenen Kräften der nationalen Reaktion die Massenbewegungen der Januaraufstände
»auf einem silbernen Tablett«.[38] Die Sozialdemokratie nahm
dazu die Hilfe von Landsknechten in Anspruch, die ihre
blutigen Karrieren unter Hitler vollendeten.[39] Sie verleugnete
die großen Leistungen der revolutionären Massen im November
1918 und März 1920[40] und lieferte die Lebensgrundlage ihrer
eigenen politischen Zukunft den Kräften der Vergangenheit ans
Messer. Während der Januaraufstände zeigte sich, daß auch die
Massenbewegung sich von der Autorität der Ämter dirigieren
ließ; sie ließ sich abweisen von Bürokraten, die sich – »ein
Hauch« von Opera buffa liegt in der Luft«[41] – wegen fehlender
Unterschriften weigerten, ein Regierungsgebäude den Revolutionären zu überlassen. Der eingefleischte Glaube an die vorgesetzte Behörde war nicht mit einem Handstreich zu beseitigen.
Der Arglosigkeit der Aufständischen stand der kalte, blanke
Haß der Freikorpsverbände gegenüber.[42] Das Eingeständnis
Ludendorffs, es sei die größte Dummheit gewesen, »daß sie uns
alle am Leben ließen«, kennzeichnete die arglose Republik,
denn sollte er jemals wieder an die Macht kommen, er würde
»mit ruhigem Gewissen« Ebert und Genossen baumeln lassen.[43]
Ein Volksbeauftragter merkte 1919 dazu an, die Berliner Stra-
ßenbeleuchtung werde nicht besser, wenn man Tirpitz an einer
Laterne aufhängen würde.

Nachdem man sich der alten Ordnung ausgeliefert hatte, besaß man kein Mittel mehr zur Entfaltung einer eigenständigen sozialdemokratischen Politik. Mit der Breitseite der Gewalt konnten die alten Mächte zurückschlagen. Die im November 1919 durch Hindenburg in die Welt gesetzte »Dolchstoßlegende« war der Eröffnungszug, an den sich eine Hetzkampagne gegen den ersten Reichspräsidenten der Republik, Friedrich Ebert, anschloß. Damit demonstrierte die nationale Rechte, wozu sie fähig war. Ebert versuchte auf juristischem Wege ein Verbot dieser Dolchstoßlegende zu erwirken, doch dieser Legalismus war naiv. Ehe es zu einer Entscheidung kam, starb Ebert an den Folgen einer Krankheit, deren operative Heilung er wegen der fortdauernden juristischen Querelen immer wieder aufgeschoben hatte. »Er wurde zu Tode gehetzt mit einer Lüge, mit dem Vorwurf eines Verrats, den er nie begangen hatte. Aber dieser Vorwurf hätte ihn nie treffen können, wenn er nicht einen anderen Verrat tatsächlich begangen hätte.«[45]

Der einzig wirkliche Gegenspieler zu Ebert war ein jüdischer Realist und Revolutionär: Kurt Eisner; er wurde ein Opfer des von Ebert mitentfesselten völkisch-nationalistischen Terrors.[46] Theodor Lessing erinnert sich an Eisners Charisma und an das der anderen jüdischen Politiker: »Wo immer Juden zu geschichtlichen Größen werden, da ist ihr tragischer Ausgang ganz unvermeidlich. [. . .] Gestalten wie Rathenau, Liebknecht, Eisner waren unvergleichlich seltener und bedeutender als Männer wie Ebert oder Hindenburg; aber nur der abstrakte übervölkische, allverbindende Geist, nimmermehr der Volksboden der Geschichte vermochte sie zu tragen. Ihre Werte wurden ebenso schnell entfrommt, wie die Hindenburgs und sogar Eberts erhöht und verklärt wurden.«[47]

Welche Form der Repräsentation die neue Republik bei der feierlichen Vereidigung ihres ersten Reichspräsidenten wählte, hat Graf Kessler als Augenzeuge festgehalten. »Ebert, im schwarzen Bratenrock, klein und breitschulterig, mit einer goldenen Brille, kam nach einem Orgelvorspiel auf die Bühne vor [. . .]. Als Ebert den Eid leisten soll, fehlt das Manuskript. Es muß erst gesucht werden. Peinliche Pause, da die Orgel aufgehört hat zu spielen. [. . .] Ebert redet. Alles sehr anständig, aber schwunglos, wie bei einer Konfirmation in einem gutbürgerlichen Hause. Die Republik sollte Zeremonien aus dem Weg gehen; diese Staatsform eignet sich nicht dazu. Es ist, wie wenn eine Gouvernante Ballett tanzt. Trotzdem hatte das Ganze etwas Rührendes und vor allem Tragisches. Dieses kleinbürgerliche Theater als Abschluß des gewaltigsten Krieges und der Revolution! Wenn man über die tiefere Bedeutung nachdachte, hätte man weinen mögen.«[48]

Im März 1920, ein gutes halbes Jahr nach Eberts Vereidigung, laufen in Berlin Gerüchte um, Hindenburg solle zum Reichspräsidenten ernannt werden[49], im Oktober drängt die DNVP in Hannover darauf, einen neuen Reichspräsidenten wählen zu lassen. Der Artikel 48 der Weimarer Reichsverfassung sprach dem Institut des Reichspräsidenten umfängliche Befugnisse zu. Die Figur selbst mußte nicht einem Diktator gleichen und schon gar nicht besonders intelligent sein, sie mußte repräsentationsfähig sein und gewisse Eigenschaften in sich bündeln, die man der Bevölkerung als ausgesprochen deutsch nahebringen konnte.

1923 zeichnet Lessing ein satirisches Porträt eines solchen Reichspräsidenten. »Guschen Ehrlich war ein kreuzbraver Mann; aber er gehörte zur schweren Masse der Erde. Als seine Partei nach dem verlorenen Kriege dank der großen Revolution zur Regierung kam, da hatte es sich herausgestellt, daß sie keinen besaß, der die zum Herrscherstuhl notwendigen Eigenschaften in genügendem Maße aufwies. Denn jene ungeheure Pyramide von Sitzangelegenheiten, welche man: ›der Staat‹ nennt, wird von einem merkwürdigen Gesetz geregelt, nach welchem das Gehirngewicht in umgekehrtem Verhältnis zum Gesamtkörpergewicht zu- oder abnehmen muß, je nachdem sich die betreffende Sitzangelegenheit näher der Spitze oder näher der Basis der Pyramide befindet. Oder (um einfacher und klarer zu reden): Schwere Gehirne haben das Bestreben, ihre Träger wie Blei nach unten, leichte Gehirne haben das Bestreben, ihre Eigner wie Kork nach oben zu tragen. Und so wird der oberste Sitz der Stuhlpyramide am zweckmäßigsten besetzt durch ›massive Körper mit relativ leichter Gehirnmasse‹.« In dieses soziologische Gesetz sei die lange Zuchterfahrung monarchischer Geschlechter eingegangen, doch das bringe die jetzt an die Macht gelangte Partei in Verlegenheiten, da ihre Mitglieder in der Regel viel zu intellektuell seien, weil sie, nach Lessings Not-Prinzip, durch lange politische Verfolgung und erlittenes Leid ihre Urteilskraft haben schärfen können. Ein Experimentalpsychologe wird beauftragt, den Eignungsindex jedes Parteigenossen festzustellen; bei Guschen Ehrlich hatte man dann den besten Näherungswert gemessen, er wäre fast schon ein Hohenzoller, und deshalb habe man ihm zum Präsidenten gemacht. »Und weil er ein herzensguter Mann war und nahe beim Wasser baute, so begann er seine Erlasse an das Volk gerne mit dem zeitgemäßen Satze: ›In dieser schwersten Stunde meines Lebens‹ und endete mit folgender Wendung: ›Bedenken Sie, meine Herren, daß wir vor der Weltgeschichte die Verantwortung tragen für alle noch ungeborenen Geschlechter.‹ – Kein Politiker kümmerte sich um seine Reden, kein Minister hörte sie bis zu Ende. Aber man wußte allgemein, daß dieses Register notwendig gezogen werden müsse auf der lyrischen Orgel des Volksgemüts. Einer mußte eben als tragische Muse des ausgemergelten Vaterlandes dienen, und dazu eignete sich keiner so gut wie Guschen Ehrlich.«[50]

Die Republik verdankt ihren Namen der Angst der Republikaner: In der Stadt Goethes und Schillers, dem Mittelpunkt weltbürgerlich-kulturellen Lebens, suchten sie Schutz im Symbolischen; der wirkliche Wind der Republik wehte von Berlin, genauer: von Potsdam her;[51] als Ort zur Konstituierung des ersten demokratisch-republikanischen Gemeinwesens in der deutschen Geschichte schien den Republikanern Berlin ungeeignet, da die heftigen Straßenkämpfe die Umgebung unsicher machten. Weimar dagegen verfügte über eine würdige Stätte der geselligen Begegnung: das Theater, und dorthin begab man sich, während draußen ein Freikorps zum Schutz der Parlamentarier um das Gebäude strich.[52] Das Erstaunliche an der Weimarer Republik sei nicht ihr vorzeitiges Ende gewesen, meinte Heinrich Mann rückschauend, diese Republik habe vielmehr ihr frühes Ableben an den Anfang ihrer Existenz gesetzt, ihr Beginn war schon das Ende.[53] Zur Legitimation ihres Bestehens hatte sie sich die Kultursymbolik des deutschen Idealismus und Klassizismus ausgeliehen, doch bewachen ließ sie sich von schwerbewaffneten politischen Verbrechern, die sich ganz anderen Symbolen verpflichtet fühlten als dem »jüdischen Putzlappen« aus den Farben Schwarz, Rot und Gold.[54] Die lange Reihe der politischen Attentate und Morde an Vertretern der republikanischen, demokratischen, sozialistischen und kommunistischen Parteien durch paramilitärische Verbände hatte auch zum erklärten Ziel, den Symbolgehalt der Republik zu treffen. Die nationale Rechte pflegte ein viel stärkeres Verhältnis zu Symbolen und Mythen als das demokratische Lager, das sich mit den Postulaten der aufklärenden Vernunft begnügte. Als Hindenburg im November 1919 vor den parlamentarischen Untersuchungsausschuß trat, dämmerte einem begeisterten Anhänger, daß hier mehr als nur ein verdienter alter Militär erschienen war: Hindenburg wirke in seiner leuchtenden Uniform wie eine wuchtige Bildsäule, wie ein menschgewordenes Götzenbild, das man lieben und verehren müsse.[55] Der Mythos des aufrechten Kriegers, eine Epiphanie in Fleisch und Blut wurde hier vermeldet, ein wackerer Soldat, ungebrochen auftretend vor einer Schar von grauen parlamentarischen Mäusen, sich auftürmend zu übermächtiger Größe wie eine Gestalt aus großer grauer Vorzeit, ein allem Zeitlichen entrückter Hüne, ein wahrer deutscher Mann. Und damit ein Versprechen, ein politischer Garant, ein die Gemüter bewegendes Bild. Und daneben die Kultursymbolik Weimars, um Anschluß an noch ungelebte republikanische Traditionen bemüht, wohl auch auf nationale Heroen anspielend, aber eben auf solche, die die meiste Zeit ihres Lebens auf Dichterstühlen zugebracht hatten. Die militärischen Helden der Weimarer Republik waren von anderem Kaliber.

In Michel Tourniers Roman »Erlkönig« unterhalten sich ein ehemaliger Kombattant des I. Weltkriegs und ein französischer Intellektueller über die politischen Symbolstrukturen der Weimarer Republik. Diese ist, als das Gespräch stattfindet, bereits zerschlagen, der II. Weltkrieg tobt. Der zum Nationalsozialisten gewordene Kriegsteilnehmer schildert seinem ausländischen Zuhörer die äußeren Umstände, die zur Konstituierung der Republik führten: »›In den Symbolen liegt alles‹, erklärte er, ›und ich habe begriffen, daß man die Größe meiner Heimat endgültig zu Grabe trug, als 1919 die Nationalversammlung, die im Stadttheater zu Weimar tagte – zu Weimar! in einem Theater! ein Schmierenstück, wahrhaftig! –, die ruhmreiche, unmittelbar vom Deutschritterorden herstammende kaiserliche Flagge Schwarz-Weiß-Rot abschaffte, und die schwarz-rot-goldene Fahne, die wie eine Giftblüte den Barrikaden von 1848 entsprossen war, zum neuen Symbol der Nation machte. Damit war ganz offiziell eine Ära der Schande und des Verfalls eröffnet.‹«[56]

Ein kleines Vorspiel zur Demontage dieser verhaßten Symbolik war der Propagandakrieg gegen die Weimarer Farben, der im sogenannten »Flaggenstreit« seinen Höhepunkt fand. Die Farben Schwarz-Weiß-Rot als symbolische Bedeutungsträger des untergegangenen Kaiserreiches wurden von den nationalistisch-völkischen Gruppen und Parteien zu einem politischen Machtkampf benutzt, bei dem die Gemüter aufgeheizt und mobilisiert wurden, um das schwarz-rot-goldene Staatswesen zu stürzen. Immerhin mußte Reichskanzler Luther nach einer Änderung der Flaggenverordnung am 5. Mai 1926 gehen, als herauskam, daß er dem Druck des Reichspräsidenten Hindenburg und seiner Kamarilla nachgegeben und verfügt hatte, daß die außereuropäischen Auslandsmissionen sowie die auf Seewegen erreichbaren Gesandtschaften und Konsulate die Handelsflagge zu hissen hätten; die aber war nach 1918 gar nicht erst umgefärbt und nur mit einer kaum sichtbaren schwarzrotgoldenen Gösch ausgestattet worden.[57] An Ausreden mangelte es nicht, wenn die der Republik feindlich gesonnenen Gruppierungen versuchten, das Flaggen der gültigen Fahne zu umgehen. So meinten Berliner Hoteliers 1927, sie könnten anläßlich des wiederkehrenden Verfassungstages die schwarz-rot-goldene Fahne nicht heraushängen, die zwar die offizielle Reichsflagge sei, aber eben auch Streitobjekt der Parteien, man wolle, um potentielle Gäste fürchtend, nicht den Unwillen eines Teils der Bevölkerung auf sich ziehen.[58]

Es scheine, argumentierte Theodor Lessing im gleichen Jahr, daß »die gesamte Lebenskraft des einzelnen wie der Völker und schließlich das Leben des ganzen Menschengeschlechtes sich erschöpft in Erzeugung und Auferbauung ungeheurer Symbolbilder«[59] und daß hierzu jede soziale Gemeinschaft und Gesellschaft, jede Stadt, jedes Dorf, jedes Haus, jeder Klub eine Geschichte ihrer Identität nur erlangen könne, wenn sie sich dazu symbolischer Formen bediene. »Fahnen, Signaturen, Embleme, Abzeichen und Gesten [. . .] verfestigen und unterhalten tagtäglich das Bewußtsein dieser scheinlebendig lebendigen Einheit.«[60] Doch auch bewegliche Symbole, repräsentable Menschen, sind brauchbare historisch-politische Wertträger für diese sozialpathologische Einheit einer Stadt, einer Nation und eines Staates. Jede durch Zufall, Arrangement oder ideologische Planung in die Geschichte hineinfallende Person kann plötzlich der Exponent von Massenstimmungen werden, sobald sie auf ein »Podest der Werte«[61] gestellt ist und Ruhm und Erfolg an sich zieht. Diese Figuren sind selbst von geringer Bedeutung, denn »schon gegebene Gegensätze und Spaltungen« bemächtigen sich dieser Personen und finden »in ihnen eine greifbare Symbolik«.[62] Die Massenpsyche ergreift sie sich; aber nicht jedes präsentierte Symbol greift durch die Masse hindurch. Ohne ein wenig »patriotische Phantasmagorie«, wie Engels 1886 in einem Artikel über die politische Lage Europas vermerkt hat, geht das nicht. »Aber es genügte nicht, diese Phantasmagorie hervorzurufen, man mußte auch etwas tun, um sie in den Bereich der Realität zu rücken.«[63]

Lessings Ideal- und Idoltheorie schließt an solche Überlegungen an. Er bezieht sie unmittelbar auf geschichtsimmanente

Prozesse der Not und auf das Bedürfnis nach Sinn und Zusammenhang; darum nennt er die Geschichte das »Mausoleum der Wunsch-Anbilder und Wahnformen«[64], die Mystifikation des öffentlichen Lebens durch die von Herrschern und Beherrschten geteilten Massenvorurteile der Zeit. Keine andere politische Geschichte sei vielleicht »so reich an erhabenen Lügen wie die deutsche«, und deshalb sei ihr innerer Werdegang nichts als eine »einzige Kette ideologisch gerechtfertigter Gewaltakte«.[65] Verschlagenheit und Betrug, Hinterlist und Eidesbruch, Niedertracht und »stiernackige Rammklotzigkeit«[66] kennzeichne deutsche Tugenden. Der offensichtliche Mangel an Treue zum eigenen Selbst zwinge die Deutschen dazu, sich Objekte ihrer Treue in der Vergangenheit zu suchen. »Gerade darum, weil der Deutsche das Ideal der Treue nötig hat, nötiger z. B. als das Ideal der Freiheit, darum stellt er so gern sich selber dar als den seit alters treuherzigen Helden mit hellem Haar und blauen Augen.«[67] Massenwirksame politische Schauspieler dieser schlecht geschriebenen Theaterstücke über Ehre, Glauben und Treue habe es in der deutschen Geschichte in jedem Jahrhundert übergenug gegeben. Wer die Vorbereitungen zum Auftritt der weltgeschichtlichen Charaktere kenne, mache sich keine Illusionen mehr über die wahren Absichten dieser Darsteller und erkenne die Theatralik des Politischen.

Lessing hat, was man gegenwärtig als »impression management« oder »Fantasy messages«[68] bezeichnet und in Studien unter Titeln wie »Politik als Ritual«[69] abhandelt, in eher verstreuten, aber systematisch rekonstruierbaren Bemerkungen zur Theatralik und Symbolik in der politischen Geschichte eingefangen. »*theatrum mundi*, [. . .] wohl aber läßt sich Alles unter der Optik des Theaterspiels betrachten, kann Alles in die Ausdruckskultur des Bühnenspiels eingehen. [. . .] Die Bemerkung, daß unser Leben Theater sei, [. . .] diese Bemerkung berauscht ja nicht eben mit dem Duft besonderer Originalität. Denn von Augustus [. . .] bis auf Napoleon [. . .] hatte wohl Jeder [. . .] irgendwann einmal diese Erleuchtung des wundersamen Schaubühnen- und Spielcharakters dieser Welt. Und manchmal, im härtesten Augenblick, wo Lebensangst Euch den Atem verschnürt (in der Klinik vor Operationen auf Tod und Leben, im Gerichtssaal vor der Urtheilsverkündung, im Schulsaal vor dem Examen, an der Börse, im Cirkus, vor schwerem Lebensentscheid), kommt zu Euch die freie Zuversicht: Es ist ja gar nicht so wichtig angesichts der Sternenwelten! Es ist Schauspiel, das grausame, grauenhafte, fröhliche Menschengewimmel. All seine Rohheit, Ungerechtigkeit, Bestialität, Quälerei: Alles ein Spiel. So liegt im Wesen des Lebens, daß von allen Künsten nur Theater das Menschliche erschöpfen kann.«[70]

In welchem Maße die Metapher des Welttheaters seit der Antike über das Mittelalter bis in die Neuzeit hinein für die Ausdeutung der menschlichen Geschichte eingesetzt worden ist, geht schon daraus hervor, daß man ein ganzes Buch mit »Metaphern für Geschichte«[71] füllen kann. Unausschöpfbar ist der Reichtum an Anspielungen und überaus ernst die Frage, was Theatermetaphern für die Erkenntnis historischer Strukturen und Ereignisse zu leisten vermögen. Das reziproke Verhältnis von Person und Klasse, von Charaktermaske und Geschichte, wird im Verlauf des 19. Jahrhunderts zur wichtigsten politischen Denkfigur für die analytische Charakterisierung gesellschaftlicher Macht- und Herrschaftsbeziehungen. Lessings Hypothesen über die Theatralik der Macht im Hinblick auf eine »Philosophie der Not« erinnern an typologische Erkundungen von politischen Zeitgestalten, wie sie Marx und Engels vorgelegt haben. Und wie diese Autoren ist auch Lessing davon überzeugt, daß ohne illusionistische Draperie die Herrschaft von Menschen über Menschen gesellschaftlich nicht legitimiert werden kann. Übereinstimmung läßt sich feststellen auch in der Beobachtung des Wechsels von Charaktermasken und theatralischen Ausdrucksformen, der den geschichtlichen Einschnitten folgt. So ist die Theatralik der geschichtlichen Mächte immer eine beredte »Bildersprache unserer Zustände«[72], in der sich der »Symbolcharakter der Geschichte«[73] abbildet. Allerdings spiegelt er sich nicht einfach wider, vielmehr wirken die historischen

Charaktermasken auf das objektive Geschehen mit ihrer produktiven Subjektivität zurück.

Es mag naheliegen, Kapitel historischer Werke mit Überschriften wie »Bühne« und »Drama« zu schmücken;[74] doch
bleibt es eine äußerliche Redeweise, wenn man pauschal geschichtliche Abschnitte »tragisch« nennt und wenn unter Tragik
nichts anderes verstanden wird als »allseitige tragische Verstrik-
kung« und gemeinsam geteilte Schuld aller handelnden Zeitgenossen.

»So wie der Erfolg eines Theaterabends, ganz gleichgültig, ob
das gespielte Stück etwas tauge oder unbedeutend sei, immer
mitabhängig ist von der Tätigkeit einer bezahlten oder freiwilligen Claque, so sind die Urteile über das Theater des Lebens von
den Geschichtsschreibern abhängig; diese aber sind, freiwillig
oder unfreiwillig, nur eine organisierte Claque, die von ihrem
Staat oder ihrer Partei dafür bezahlt wird, daß ein bestimmtes
Theaterstück nicht durchfalle, wofür sie ihre Nahrung und
einen bevorzugten Freiplatz im Parkett erhalten.«[75] Auch diese
Erkenntnis Theodor Lessings erinnert an Formulierungen von
Marx und Engels, die in ihrer Schrift »Die deutsche Ideologie«
die Denker einer herrschenden Klasse als »aktive konzeptive
Ideologen« darstellen, »welche die Ausbildung der Illusion
dieser Klasse über sich selbst zu ihrem Hauptnahrungszweige
machen«.[76]

Die Anlehnung an Johannes Scherrs *theatrum mundi*-Kon-
zept der Geschichte bestimmt Lessings machtskeptische Perspektive und seine Vorstellung von einer anderen als nur
legitimatorischen Geschichtsschreibung. »Man darf bekannt-
lich Menschen und Dinge nicht allzu genau ansehen, wenn man
seine Illusionen behalten und nicht widerwärtig enttäuscht
werden will. [...] Die Zeit webt um geschichtliche Gestalten
her einen Nebelschleier, welcher wie ein Nimbus schimmert,
wenn das falsche Licht wohldienerischer Pseudo-Historik dar-
auffällt. Aber Weltrichterin Historia, die weder zur höfischen
Kammerzofe noch zur Bosselerin einer Partei herabsinken
kann, thut nur ihre Schuldigkeit, wenn sie diesen Nimbus

zerstört und jenen Nebelschleier wegwischt. Wie klein, wie erbärmlich klein erscheinen dann gar viele der ›Großen‹, so im Buche der Geschichte verzeichnet sind! Wie mancher Held verhässlicht sich zum Halunken, wie mancher Heiland wird zum Humbuger, wie manche Heroine sinkt ab zur Hetäre!«[77] So hat Lessing die vielen »Kleiderpuppen« der Weltgeschichte entkleidet und als »Gruppensymbole«[78] in einem »Zufallspossenspiel«[79] vorgeführt, »Schauspieler und Schauspielerinnen in dem großen Narrentrauerspiel«.[80] So hat Engels Metternich, Talleyrand und Louis-Philippe »drei höchst mittelmäßige Köpfe, und darum höchst passend für unsere mittelmäßige Zeit« genannt; sie gelten dem deutschen, alles bewundernden Bürger »für die drei Götter, die seit dreißig Jahren die Weltgeschichte wie eine Puppenkomödie am Drähtchen haben tanzen lassen«.[81]

Die weltgeschichtlichen Figuren verflüchtigen sich nicht einfach in der Spitze akkumulierter Machtinteressen, sie bleiben bei Lessing wie bei Marx und Engels einflußreiche Größen eines Systems von Machtbeziehungen, sind darin bedeutsame Sinnbilder. Ist das Rollenschema aber einmal aufgeteilt, lassen sich die Vorurteile einer ganzen Klasse nicht abstreifen »wie ein alter Rock«[82], doch vermag es eine zur Macht drängende Klasse gleichwohl, den vergangenen Zeiten und ihren Geistern ohne weiteres »Namen, Schlachtparole, Kostüm« zu entlehnen, um in dieser »altehrwürdigen Verkleidung und mit dieser erborgten Sprache die neue Weltgeschichtsszene aufzuführen«.[83] Auch die bürgerliche Revolution wurde dramatisch inszeniert, mit Anleihen aus heroischen Epochen, und obgleich die Durchsetzung der bürgerlichen Gesellschaft keine heroische Sache gewesen ist, entnahmen die Bürger dem historischen Fundus Draperien und Masken. Sie feierten die Revolution in den Togen römischer Senatoren.

Lessing verbindet seine Analysen historischer Maskeraden mit der Tradition der Physiognomik, mit der symbolischen Gestalterforschung und den französischen Physiologien, die eine Naturgeschichte des Sozialen zu begründen versuchten und die Balzac in seiner »Menschlichen Komödie« zu einer unter-

haltsamen, erzählten Soziologie ausgebaut hat. Wie Balzac hat
auch Lessing die menschliche Gesellschaft und Geschichte als
Botaniker und Zoologe beobachtet und in satirische Lebensbil-
der übertragen. Während Balzac aber vor allem Kleidung und
Gestik der menschlichen Komödie zum Ausgangspunkt seines
sozialphysiognomischen Romanpanoramas wählte, bezieht
Lessing die verschiedensten Ausdrucksmittel in die Konstruktion seiner Theorie bildsymbolischer Figuren ein. Diese sozial-
und kulturphysiognomischen Ausdrucksbeobachtungen sind
Anleitungen zur Enttarnung der Theatralik in Staat und Gesellschaft, multiversale Blicke auf das Ausdrucksspektrum der
menschlichen Gestik und Mimik. Was ihm beim Betrachten
eines Ameisenhügels, eines Hühnerhofes oder einer Froschge-
meinde sinnfällig wird, was ihm beim Anblick einer Birke, einer
Mohnblüte oder eines Schneeglöckchens eröffnet, ist die Möglichkeit, vom Außermenschlichen ausgehend zu einer kultur-
philosophischen Typologik der menschlichen Geschichte zu
gelangen. »Man stelle sich die Menschenseele am richtigsten
vor, wenn man sie unter dem des Bildes eines riesenhaften
botanisch-zoologischen Gartens denkt, in dem alle nur möglichen Lebensformen irgendwo ihr Winkelchen haben. [...]
Bald tritt dieses, bald jenes Element auf die Bewußtseinsbüh-
ne.«[84] Spiegel- und Urbilder der Gesellschaft, die nicht zu
voreiligen Analogieschlüssen verleiten sollten, da die Ähnlichkeit zwischen Mensch, Tier und Pflanze gewisse gemeinsame
Nenner erzwingen mag, das tier- oder pflanzenhafte Aussehen
eines Menschen jedoch einen ganz anderen Sinn verkörpern
kann, als es eine flüchtige Beobachtung nahelegt. Diesen Symbolcharakter hat Lessing als wiederkehrenden Grundzug aller
Kultur- und Herrschaftssysteme begriffen.

Es sind »meistens kleine konkrete Züge«[85], an denen sich ein
Ganzes oder mindestens ein exemplarisches Teilstück des Ganzen aufschlüsseln läßt; die Memoiren des Herzogs Saint-Simon
haben diese Wesenszüge sehr eindringlich ans Licht befördert.
In den Kurzporträts morbider Aristokraten gegen Ende des
17. Jahrhunderts schaut uns das Gesicht einer abgewirtschafte-

ten Klasse an, in der ohne Unterschied das Raubtierhafte sich bemerkbar macht: Mardervisagen, Adlernasen und Geieraugen überwiegen, das Aasgeierhafte schwebt über allem. Saint-Simon war ein zupackender Beobachter, der die Oberfläche seiner Objekte solange ins Visier nahm, bis diese ihm ihre innere Wahrheit aushändigen mußten. Diese Lese- und Dechiffrierkunst wollte Theodor Lessing verwissenschaftlichen. Es sollte eine geschmeidig arbeitende, phänomenologisch gewitzte Theorie sein, die Dinge, Figuren, Gestalten und Oberflächen würdigt. Der Auseinanderfaltung seiner Erkenntnislehre, der Dreisphärentheorie, nachzugehen, mußte bedeuten, Gestalt, Form und Idee voneinander zu scheiden. Und das hieß: Gestaltsymbolik als Typologie der menschlichen Gestalt, Morphologie der Tiere und Gestaltkunde der Pflanzen und Elemente; Formsymbolik als Untersuchung von Artefakten sowie abschließend eine Phänomenologie der Landschaften und Kulturen.[86] Eine »Universale Symbolik«[87], die das Totalgeschehen im Mikro- und Makrokosmos beleuchten und, wann immer möglich, die Phänomene selbst zum Sprechen bringen konnte ohne den lästigen Zwischenhandel der Theorie.

In Goethe verehrte Lessing diesen großen Sinn, der das Mehr an Welt im ungetrübten Blick seines Auges gespiegelt hat. Doch auch Lessing verfügte über einen untrüglichen »Spurensinn«[88], der das von Lichtenberg apostrophierte »BilderBuch der Welt« umsichtig durchwanderte. »Ein Botaniker aber, der die Blumenwelt liebt und ordnet, vergewaltigt damit nicht die Natur. Auch wir sind Botaniker des Geistes. Besessen von unausschöpflichem Hunger nach Einsichten in neue Feinheiten, Abgründe, Dunkelheiten, Geheimnisse, Kontraste, Lebenslügen und Schlupfwinkel.«[89] Es sei aber zu befürchten, so Theodor Lessing Mitte der zwanziger Jahre, daß sich die moderne Zivilisation immer mehr einer »Physiognomik des Blödsinns«[90] angleiche und man in Amerika schon das technokratisch gestylte Männergesicht erlebe, »das nie entspannte, glattrasierte, energiestrotzende Chauffeursgesicht. Und alle Frauen werden bald aussehen wie gutgepflegte, schöne, kaltherzige Pantherkatzen.

Die Urgesichter der Erde aber sieht man nur noch da, wo
Verworrenheit herrscht: Armut, Laster, Schmutz, und das nun
ist das große politische Problem der Erde.«[91] Für den kritischen
Zeitgenossen werde es immer unmöglich bleiben, ganz genau
den »Grund- und Generalnenner im Antlitz der Gegenwart«[92]
auszumachen, doch soviel sei sicher: »Jedes Antlitz, jeder Leib
sind Niederschläge der Geschichte, aus der sie wurden und des
Zeitalters, das durch sie hindurchgeströmt ist.«[93] »Und wie die
Physiognomie der Häuser und Paläste, so auch ist das Antlitz
der Menschen!«[94]

Marcel Proust war es, der in seiner »Suche nach der verlorenen Zeit« sich nicht scheute, wie ein Botaniker oder Zoologe, ja
wie ein Geologe seine Objekte zu betrachten, die Menschen mit
nüchternem Blick zu erfassen – »und wenn sie daraufhin auch
wahren Monstren glichen«.[95] Während Historiker in der Regel
sich darauf versteifen, politische und gesellschaftliche Ungeheuer zu Götzen zu machen, wie Johannes Scherr bemerkt hat,
drehte Proust das soziale Kaleidoskop in die umgekehrte Richtung und zeigte die Götzen als Ungeheuer.[96] Viele Bewegungen
einer Unzahl von Personen seien dazu nötig, die Eigentümlich-
keiten einer Klasse zusammenzustellen und das »Bild einer
Person mittels einer vielen gemeinsamen Schulterbewegung«[97]
zu modellieren. Dazu brauche der physiognomisch begabte
Beobachter, der Künstler und Wissenschaftler, ein Gefühl für
das Allgemeingültige. »Denn er hat den anderen immer nur
zugehört, wenn sie, wie dumm oder töricht sie auch sein
mochten, dadurch, daß sie wie Papageien wiederholten, was die
Leute gleichen Charakters sagten, sich zu weissagenden Vögeln
und Sprachrohren eines psychologischen Gesetzes gemacht
hatten.«[98]

Manche Wahrheit, ließe sich dem mit Lessings Worten
hinzufügen, müsse man nur von der »historischen Einkleidung«
befreien, »um Bild und Sinn zu offenbaren«.[99] Die bildsymboli-
sche Strategie einer ästhetisch verbrämten Politik will Gefolgschaft von Sinn- und Bildhungrigen erzwingen, die nach ge-
danklichem Inhalt und politischem Kalkül kaum noch zu fragen

gewohnt sind; solange diese Sinngebung bedeutungsloser Figuren durch Medium und Mechanik der Symbole störungsfrei arbeitet, wird die Legitimität einer Herrschaftsordnung nicht in Frage gestellt. Es sei immer wieder erstaunlich, meinte Etienne de la Boëtie, wie leicht man doch die Menge zu fassen bekomme, wenn man sie gehörig umschmeichele: »Theater, Spiele, Farcen, Schauspiele, Gladiatorenkämpfe, exotische Tiere, Orden und Ehrenzeichen, Bilder und anderes mehr«[100] – vorzüglich geeignet zur Betäubung der Sinne. Und der kaum weniger skeptische Bernard Mandeville antwortete auf die Frage, wohin man zu blicken habe, »um jene leuchtendschönen Eigenschaften der Staatsminister und der großen Fürstengünstlinge zu gewahren, die in Dedikationen, Adressen, Nekrologen, Grabinschriften und Gedenktafeln so herrlich ausgemalt werden [...]: *ebendort* und nirgendwo anders hin. Worin sonst ist die Schönheit einer Statue zu entdecken als in demjenigen ihrer Teile, den man sieht? [...] Dies hat mich oft veranlaßt, die Tugenden großer Männer unsern riesigen chinesischen Vasen zu vergleichen: sie nehmen sich prachtvoll aus und haben etwas ungemein Dekoratives an sich; ihrer Massigkeit und ihrem Werte nach zu urteilen, möchte man glauben, sie seien sehr nützlich, – aber man schaue in Tausende von ihnen hinein, und man wird nichts darin sehen als Staub und Spinnweben«.[101]

Dann und wann feiert die symboldurchwachsene Wirklichkeit Feste unfreiwilliger Entweihung. Die Zylinder zu den Gründungsfeierlichkeiten der Weimarer Republik waren noch nicht in Auftrag gegeben, da verfielen die ehemaligen Paladine des abgedankten Kaisers auf die Idee, die Automobile der Obersten Heeresleitung mit roten Fähnchen am Kühler kutschieren zu lassen[102], um so den revoltierenden Soldaten und Arbeitern »Flagge zu zeigen«. Es war ein zu durchsichtiges symbolisches Manöver, mit etwas Tuch und Farbe die Seele der Aufständischen zu erobern. Von anderer Machart (und anderer Komik) war das sozialdemokratische Bemühen, in Berlin die Revoltierenden von der Straße zu ziehen, indem man rote Fahnen

schwenkte und sie als Symbole von Ruhe und Ordnung ausgab;
aber auch das wurde von den Demonstranten nicht so aufgenommen, wie man es gerne gehabt hätte. Die Sozialdemokratie
ließ nicht locker und organisierte den Verkauf von roten
Kokarden; doch welche Überraschung, als unter den Plaketten
das knallige Rot zusehends verblaßte und ein allzu bekanntes
Gesicht aufschimmerte: Hindenburg. Die Kokarden hatten
einmal als Hindenburg-Embleme ihren vaterländischen Dienst
getan, und da in der Eile nichts anderes greifbar war, hatte man
sie mit schlechter, bald wieder abblätternder roter Farbe über-
tüncht.[103]

Aus Hannover meldete die Bürgerin Vicki Baum: »Die
Revolution war, glaube ich, nach russischem Muster geplant:
rot, proletarisch, radikal. Es wurde dann aber eine durch und
durch deutsche Revolution: wohlorganisiert, geordnet, sauber,
nüchtern. Das Theater bekam Befehl, weiterzuspielen wie
gewöhnlich. [. . .] Zwischen dem Theater, dem nahegelegenen
Bahnhof und dem Viertel, wo wir wohnten, bauten die Sparta-
kisten Barrikaden, die jedoch bei Nacht mit den roten kleinen
Laternen des Straßenamts gekennzeichnet wurden, damit sich
niemand beim Überklettern die Zehen stieß. Ein besseres
Symbol für diese ruhige, ordentliche Revolution kann ich mir
nicht denken.«[104] Der Kleiderwechsel in der deutschen Revolution ging manchmal wie ein plötzlich gefaßter Entschluß vor
sich, und es blieb kaum Zeit zur Vorbereitung. So steckte die
sozialdemokratische Reichstagsfraktion ihren Parteivorsitzen-
den Philip Scheidemann in den Frack einer kaiserlichen Exzellenz[105], und so gekleidet erschien er vor dem neugebildeten
Kabinett des Prinzen Max von Baden.

In den Ankleidezimmern des Weltgeschichtstheaters könne
man erfahren, hat Theodor Lessing angemerkt, was nachher auf
der Bühne mit salbungsvollem Ernst zum besten gegeben werde.
Ein anderer Analytiker der Beziehung zwischen Kleider-
ordnung und Revolution, Marx, skizzierte bereits 1852, was
nach 1918 in Deutschland sich nochmals abspielen sollte:
»Wenn irgendein Geschichtsausschnitt grau in grau gemalt ist,

so ist es dieser. Menschen und Ereignisse erscheinen als umgekehrte Schlemihle, als Schatten, denen der Körper abhanden gekommen ist. [. . .] Eine Republik, die nichts anders ist als die zusammengesetzte Infamie zweier Monarchien [. . .], Kämpfe, deren erstes Gesetz die Entscheidungslosigkeit ist, im Namen der Ruhe wüste, inhaltslose Agitation, im Namen der Revolution feierlichstes Predigen der Ruhe, Leidenschaften ohne Wahrheit, Wahrheiten ohne Leidenschaft, Helden ohne Heldentaten, Geschichte ohne Ereignisse; Entwickelung, deren einzige Triebkraft der Kalender scheint, durch beständige Wiederholung derselben Spannungen und Abspannungen ermüdend; Gegensätze, die sich selbst periodisch nur auf die Höhe zu treiben scheinen, um sich abzustumpfen und zusammenzufallen, ohne sich auflösen zu können; prätentiös zur Schau getragene Anstrengungen und bürgerliche Schrecken vor der Gefahr des Weltunterganges, und von den Weltrettern gleichzeitig die kleinlichsten Intrigen und Hofkomödien gespielt. [. . .] Die Revolution selbst paralysiert ihre eigenen Träger und stattet nur ihre Gegner mit leidenschaftlicher Gewaltsamkeit aus. Wenn das ›rote Gespenst‹, von den Konterrevolutionären beständig heraufbeschworen und gebannt, endlich erscheint, so erscheint es nicht mit anarchischer Phrygiermütze auf dem Kopfe, sondern in der Uniform der Ordnung, in roten Plumphosen.«[106] Oder erst einmal – noch schreibt man nicht das Jahr 1933, sondern 1918 – im Frack einer kaiserlichen Exzellenz.

Entwertete Welten, wölfische Zeiten
Leben im Wartesaal

»Alle großen Städte«, heißt es in Julien Greens Roman »Treibgut«, »kennen Zonen, denen nur das Halbdunkel ihr wahres Gesicht gibt. Am Tag verstecken sie sich, nehmen ein banales, biederes Aussehen an, um sich vor den Augen aller zu verstellen. Es braucht hierfür nur vier Arbeiter mit einer Schaufel in der Hand, die sich an einem Sandhaufen zu schaffen machen, oder eine ordentlich gekleidete Frau, die einem kleinen Kind die Seine zeigt; nichts ist ehrbarer als dieses Flußufer, dieser verlassene Hafen.

Aber im Abendnebel erwacht der gleiche Ort zu einem Leben, das den Tod zu parodieren scheint. Das Helle färbt sich fahl, das Schwarze verblaßt und schimmert in leichenhaftem Glanz, froh, endlich da zu sein. Das Licht der Gaslaternen bewirkt diese Verwandlung. Beim ersten Strahl dieser anderen Sonne schmückt sich das Nacht-Land mit all seinen Schatten, und die Dinge beginnen ihre bedrohlichen, wunderbaren Mauserungen. Der sinnlich glatte Stamm der Platanen scheint mit einem Schlag aus aussätzigem Stein gebildet; das Straßenpflaster gleicht in seinen Farbtönen und den üppigen Marmorierungen dem Fleisch Ertrunkener; das Wasser selbst deckt sich mit dem Glanz verschiedenster Metalle; da ist nichts, was nicht die vertraute Atmosphäre verlöre, die der Tag ihm leiht, um sich nun in eine Gestalt zu kleiden, aus der das Leben gewichen ist. Diese verfremdete Natur, die weder wächst noch atmet, in der alles huscht und grinst, ist wie die Bühne, auf der jeden Augenblick irgendeine geheime Tat passieren kann; mit ihren traurigen Lichtern, die der Wind zu Boden drückt und zerstreut, ihren Ratten, dem Modergeruch, der auf ihren Wassern schwimmt, ihrer Stille, ist sie die Verbündete des Diebes, der seine Beute mustert, und die Schützerin der kärglichen Ausschweifung der Armen.«[1]

Das tägliche Leben im Hannover der Nachkriegs- und Inflationszeit sah wie im gesamten Deutschland ärmlich, elend und grau aus; nicht erst im ersten großen Jahr der Inflation, 1923, durfte an der Beständigkeit der Welt und an Deutschland gezweifelt werden. Schon die heimkehrenden, stellungslos umhersuchenden Soldaten fühlten bald, daß nicht nur ein Kaiser heimlich davongeschlichen war und ein chaotisches Trümmergelände zurückgelassen hatte. Wie in eine Zeitkapsel eingeschlossen und nun freigesetzt, erscheinen die Akteure, die Hauptdarsteller und Randfiguren, die Versprengten des Krieges und des Kaiserreiches. Aber sie kommen wieder ans Tageslicht, um die Republik zu zerstören; und die normalen Kriminellen mustern in aller Ruhe die Beute, während naßkalte Winter ein Massensterben einleiten, das sich hinzieht bis weit in die Periode der Inflation. Den Toten des Krieges folgten die Verhungerten: Im Januar 1919 stieg die Zahl der durch die alliierte Blockade gestorbenen Menschen auf achthunderttausend an. Auch in Hannover darbten viele der Heimgekehrten und Ausgepowerten dumpf dahin, sie konnten sich die Lustbarkeiten nicht leisten, die nach und nach in den Geschäften nun wieder angeboten wurden. So im »Automatischen Restaurant« in der Georgspassage, wo man für einen Groschen ein belegtes Brötchen bekam oder ein Glas Bier und wo im hinteren Teil dem Flanierenden sich eine Phantasielandschaft auftat mit Schießständen, Musik und Wasserfall, mit Schaukästen, in denen fliegende Bilder am Auge vorbeisausten. Oder im Kaufhaus Bormaß in der Großen Packhofstraße, das Alltagsutensilien und unerschwingliche, aber schöne Luxusartikel vorrätig hielt. Die »Decla-Lichtspiele« flimmerten unterdessen den Habenichtsen die Hungerträume weg.

Das Stadtbild veränderte sich in den zwanziger Jahren: Hochhäuser an der Ihmebrücke und am Geibelplatz erhoben sich übers kleinstädtische Ambiente, das Anzeiger-Hochhaus und die vertikal sich erstreckende neue Stadtbücherei waren architektonische Merkzeichen einer neuen Zeit, milchig-weißes Licht strahlte von den Bogenlampen, die Straßen, Ecken und Plätze erleuchteten, deren Schein fiel auch auf die Litfaßsäulen, die oben gleich Burgturmspitzen abschlossen. Der Ballhof, einst auch Versammlungsstätte der hannoverschen Sozialdemokratie, um 1900 in Privatbesitz übergegangen, wurde Lagerhaus, im Weltkrieg Lazarett und wurde während der Inflation zum Kino. Bald wieder vergessen waren die vaterländischen Kundgebungen in der Stadthalle gleich nach Kriegsbeginn, der Auftritt eines Ludwig Ganghofer, der die neuesten Nachrichten von der Front in lyrische Verse goß und über die miserable Akustik des Kuppelsaals fluchte.

Es dauerte noch einige Zeit, bis die kärglichen Jahre nach dem verlorenen Krieg es dem einen oder anderen erlaubten, abends »in Gesellschaft« zu machen, zum »Tivoli« zu fahren, wo Musik und Tanz mit feenhafter Beleuchtung auf die vergnügungssüchtigen Bummler warteten. Das Varieté kam groß in Mode, die traditionellen Gartenbesuche gingen spürbar zurück. Man wollte Buntes und Exotisches, und man bekam es. Grock und Rastelli traten hier auf, aber vor allem luden die aus dem Boden schießenden Tanzsäle zu musikalischer Unterhaltung: »Königsworth« in der Brühlstraße, das »Ricklinger Gesellschaftshaus«, die »Lister Mühle«, das »Schützenhaus« und, nicht zuletzt, das Prunkstück: »Bella Vista«.[2]

»Wir gehen in die Stadt«: Diese Fanfare zum Ausschwärmen meinte das Oval mit der Georgstraße als Mittellinie und mit Steintor, Aegidientor, Bahnhof und Marktplatz als Punkte der Randlinie. Am Steintor, in die Schiller- und Goethestraße hinein, reihten sich Deutsches Theater, Konzerthaus, Kammerlichtspiele, das Kleinkino »Biotophon« und zwei Tanzpaläste aneinander. Der eine trug den Namen »Palais de Danse«, hieß dann »Fledermaus« und verschwand nach einer Weile wieder. Das »Moulin Rouge«, das nach 1914 unter dem germanisierten Namen »Rote Mühle« neueröffnete; es entwickelte sich zu einem prominenten Treffpunkt als Bar und Tanzpalast und bot

Kabarett mit Gaststars wie Claire Waldoff, Fred Endrikat und Joachim Ringelnatz.[3]

Die Arbeiter von Hanomag und Conti, den Eisenwerken Wülfel oder den Lindener Eisen- und Stahlwerken, der Woll-Wäscherei und Kämmerei Döhren oder auch der Mechanischen Weberei Linden, von Bahlsen, Sprengel oder einer der großen Brauereien blieben in ihren Stadtbezirken, trafen sich beim Bier in einer der unzähligen Eckkneipen. Die hannoversche Misch-ökonomie, Investitionsgüter-, Gummi-, Verbrauchs-, Nahrungs- und Genußmittelindustrie[4] entließ ihre Beschäftigten am Abend in Stehbierhallen, Restaurationsbetriebe und politische Versammlungsräume. Ein Vers transponiert das traditionelle Klein-Klein des Fleckens am hohen Ufer in die Parodie des Biedermännischen: »O Insel der Bierseligen! / Am hohen Ufer spielen die Kinder. Der Horizont ist zugebaut. / Seit 1914 ist vieles anders geworden. Nur das Geistige: Status quo. / Kondensierte Familienatmosphäre – / Frida! Die Filzschuhe!«[5] Das wurde im November 1919 geschrieben; im Februar des Jahres stieg die Gesamtzahl der Arbeitslosen in Deutschland auf eine runde Million an, Filzschuhprobleme hatte keiner von ihnen; wohl aber richteten die halbwegs Davongekommenen der hannoverschen Bürger und Kleinbürger den Zeitumständen zum Trotz ihr schlichtes Gemüt auf Behaglichkeit ein.

In Schwabing war der Niedergang der Boheme Anfang der zwanziger Jahre eine vollendete Tatsache; und nun erstand sie wieder auf, eben da, wo man es nicht erwartet hatte: in Hannover. Parallel zur Niederschlagung der politischen Aufstände und revolutionären Bewegungen entstand eine kleine Gegenstadt: in Cafés, Nachtbars, in Werkstätten, in Verlagen, in Privatwohnungen und im »Rat geistiger Arbeiter«. Bis Mitte der zwanziger Jahre lebte und arbeitete eine Boheme in Hannover, wogegen Schwabing nur noch das Anfahrtsziel lüsterner Touristen war, ein Museum abgetaner Weltanschauungen.[6] Es war in Hannover keine faulenzende Gesellschaft, die im Kaffeehaus den Tag vertrödelte, obschon man das natürlich auch genoß. El Lissitzky und Kurt Schwitters sind nur zwei Namen für die vielen anderen, die dazu beitrugen, daß Hannover neben Berlin und München jetzt zu einer kulturellen Metropole wurde, in der Kunst und Leben zu Hause waren. So etwa beim Mäzen Garvens, in dessen Galerie zwischen 1920 und 1923 Herwarth Walden, Schwitters, Albrecht Schaeffer und andere auftraten. Oder im offenen Haus des Sanitätsrats Catzenstein, in anderen liberalen, großbürgerlichen und jüdischen Häusern. Ein pfiffiger Jungverleger, Paul Steegemann, um den herum eine Clique von Mitverschworenen sich sammelte, gab Bücher in Druck, die provozieren sollten und für die auch Staatsanwälte sich zu interessieren begannen. In der »Tee-Diele« (Große Packhofstraße) und auch in der »Golgatha-Bar« traf man Steegemann und Gefolgschaft an. Und man ging durch den Hintereingang ins Zentralcafé Kröpcke, den geistigen Umschlagplatz der Stadt, flegelte sich auf ein Sofa aus Plüsch und grabschte, wie von Steegemann berichtet wurde, darunter, um die dort deponierten Unterlagen hervorzuholen und mit einem frischgebakkenen Autor einen Vertrag perfekt zu machen.[7] Eine bunte Gesellschaft: Lokalmatadore aus Redaktionen, Ateliers, dem Funkhaus, dem Theater. Im raffiniert konstruierten Café Kröpcke mit seinen Damen-, Rauch- und Spielzimmern, den Salons und Nischen, in diesem von außen sich als eiserner Rundpavillon darstellendem Bau versammelten sich die unabhängigen Köpfe Hannovers, tauschten Komplimente und Spott, wechselten die Plätze, um den Kreis der Eingeweihten zu vergrößern oder zu verengen, und erkannten Theodor Lessing als den »geheime[n] Patron«[8] der geselligen Runde an, die mit weithin sichtbarem Erkennungszeichen, durch das Tragen sogenannter »Bomben«, melonenförmiger Chapeaus, auffiel. Hier konnte der sonst so auf Natur versessene Philosoph in vollen Zügen die Dinge des zivilen Fortschritts genießen: Brasilzigarre und Wein, und das ungesunde Leben aufgeräumter Stimmungen in verräucherten Räumen mitmachen.

Das weltoffene Hannover prallte mit dem uniformen in oftmals grellen Kontrastbildern aneinander. So marschierten 1921 zur Entbietung des letzten Grußes Chargierte der hannoverschen Studentenkorporationen zum Hauptbahnhof und erwarteten dort den Sarg mit der verstorbenen letzten deutschen Kaiserin Auguste Viktoria.[9] Die schlagenden Verbindungen waren seit 1920 organisiert in akademischen »Zeitfreiwilligenbataillonen«, die während des Kapp-Putsches paramilitärische Schützenhilfe leisteten. Damals konnten die bewaffneten Chargierten noch von streikenden Arbeitern in die Technische Hochschule eingeschlossen, später zum Hauptbahnhof abgedrängt und schließlich gezwungen werden, mit einem Zug abzufahren. Aus den schon anrollenden Waggons aber feuerten die nationalistischen Studenten in die Menge, es gab viele Verletzte und ein Todesopfer.[10] Nach der Niederschlagung der Ruhrkämpfe kehrte eines der Studentenbataillone über Hannover in seinen »Heimatstandort« zurück und defilierte an der Villa eines Militärs vorbei, der die Parade grüßend abnahm.[11] Als der von der Massenpropaganda als ungeschlagen gefeierte Held von Tannenberg, von Kolberg kommend, im Hauptbahnhof Hannover einfuhr, standen Ehrenformationen auf dem Bahnsteig bereit. In Reih und Glied begrüßten die Vertreter der Behörden, Delegierte der Vereine und Verbände und der schlagenden Verbindungen, umschlossen von einer jubelnden Menge mit schwarz-weiß-roten Fähnchen, den Veteranen und Ehrenbürger, den Generalfeldmarschall Paul von Hindenburg.[12]

Der Bahnhof. Ohne ihn sähe die jüngere Geschichte Hannovers anders aus. Und seltsam, wie dieses Tor zur Stadt seit den gloriosen Jahren des Neubaus wie ein Glanzstück dasteht, ein Ort, vor dem Aufnahmen mit nobler Gesellschaft und allerhöchsten Gästen gemacht werden, denen ein »Großer Bahnhof« bereitet wird. Das war zu Kaisers Zeiten. Nach dem Krieg hockte, verlaust und verdreckt, ein Publikum davor, von dem kein Photograph Notiz nahm: das Treibgut aus den zurückgekehrten Armeen, die Ludendorff und Hindenburg befehligt hatten.

Der Bahnhof wurde eine verruchte und verrufene Gegend, in der man sich als unbescholtener Bürger nur ungern lange aufhielt. In diesem Umkreis an- und abfahrender Züge trug

Dunkles sich zu, wurden Verbrechen ausgeheckt, ging schwarze Ware um; in der großen Empfangshalle, dem Vorraum des Kopfbahnhofs, sammelten sich nächtens die Obdachlosen. Mit der Rückkehr der ehemaligen Soldaten, die meist nicht mehr in ihren zivilen Beruf zurückfanden, dem Elend, der Arbeitslosigkeit und der allgemeinen Verrohung der durch den Krieg radikal veränderten Sitten und Umgangsformen, wurde Hannovers Bahnhofshalle zum Symptom; ein Brennglas, in dem das sich zusammenzog, was fünf Jahre Krieg den Menschen zugefügt hatten an Not, Schmerz und Leiden. Dem teilnehmenden Beobachter Theodor Lessing bot sich hier das »Schauergemälde der Jahre 1918–1924«.[13]

Die Not bemächtigte sich aller Sphären der Gesellschaft. Jede vormalige Sicherheit war zum Teufel. Nach dem folgenschweren Schock der Niederlage, den angedrohten Reparationsforderungen der Siegermächte begann mit der 1923 einsetzenden totalen Geldentwertung eine politische Entwicklung, die auf 1933 zulief. »Die Wahrheit ist, daß das Dritte Reich von Anbeginn das Produkt der Symbole selber ist, die selbstherrlich ihr Spiel treiben. Kein Mensch hat die doch wirklich beredte Warnung der Inflation 1923 begriffen, dieses Wolkenbruchs von wertlosen Papierscheinen, von Geldsymbolen, die nichts mehr bedeuteten und mit der Zerstörungswut eines Heuschreckenschwarms über das ganze Land herfielen. Aber denken Sie daran: in eben diesem Jahr, als ein Dollar gleich 4,2 Billionen Mark ist, marschieren Hitler und Ludendorff in München mit einer Handvoll ihrer Anhänger zum Odeonsplatz, um die bayerische Regierung zu stürzen.«[14]

Überdies wuchs im Krieg eine Generation heran, die ans Morden und Töten gewöhnt war. Man requirierte und stillte rasch seine Bedürfnisse. Und hatte man nicht während des Krieges legal, unter der Oberaufsicht des Staates, genau das gleiche getan?[15] Schon nach 1914 hatten sich Kinder und Jugendliche zu Räubercliquen zusammengeschlossen und mit organisiertem Diebstahl ihr Auskommen gesichert. Die Väter waren an der Front, und die Mütter wußten nicht, was die

Sprößlinge anstellten, da die finanzielle Aufbesserung des Haushaltes alle ihre Zeit verschlang. So war man froh, wenn es überhaupt weiterging und man einigermaßen über die Runden kam. Und natürlich gab es viele Ausreißer, denen keiner eine Träne nachweinte, obdachlos Gewordene, Entlaufene und Straffällige, die durch die Stadtwüsten streunten. Ein Heer von Wanderern, das nach dem Krieg über Land zog und nachahmte, was die Väter in großem Ausmaß und mit Absegnung des Staates getan hatten: Töten und Beute machen. »Die ersten Jahre nach dem Friedensschluss waren durch eine ausserordentliche politische und soziale Aktivität charakterisiert. Man schuf neue Verfassungen, neue Symbole, neue Gesetze. Vor allem die leitenden Politiker gaben den Eindruck äusserster Aktivität. Sie erklärten, daß sie es seien, die praktisch arbeiteten, die nicht träumten, sondern die Realität veränderten, die endlich ›zupackten‹. Es geschah viel, doch nichts, was an die Fundamente rührte, und infolgedessen nichts, was auch nur den Beginn zu wirklichen Veränderungen darstellte. [. . .] Die Resultatlosigkeit der Bemühungen führte bald zum ›Glauben an die Zeit‹. [. . .] Geduld wurde zum Fetisch und Ungeduld zum schweren Vorwurf. [. . .] In den ersten Jahren nach dem Krieg erwartete man das Wunder von der Rückkehr der Monarchie und von den alten Flaggen, nachher von ›Führern‹ und ›einer‹ Umwälzung.«[16]

Der Krieg fraß sich, nach 1918, im Inneren des Landes weiter fort. Die Entwertung des Geldes war zugleich die Entwertung des bisherigen Lebenssinns. Mißtrauen, Verdacht, eine instinktive Abwehr gegenüber der nüchternen Rechenhaftigkeit des Zeitalters kamen auf, ein Sog, von dem die Zeitgenossen sich fortgerissen fühlten. Hatte der Weltkrieg den Menschen zum ersten Mal in totaler Weise die Dimension massenhafter Vernichtung vor die entsetzten Sinne geführt, so schleuderte die Not- und Inflationszeit endgültig alle überkommenen Wertvorstellungen und sozialen Normen durcheinander. Zwar war die Inflation zunächst Teil eines kapitalistischen Krisenzyklus, sie war aber auch eine Form der Rache von den nun wieder

Morgenluft witternden alten Herrschaftsgruppen für den Revo-
lutionsschreck von 1918.[17] Der Verlust der Geldguthaben, die
Erfahrung umsonst geleisteter Arbeit aber wirkte tief hinein in
die kollektive Mentalität. Die Flüchtigkeit aller Werte, nicht nur
des Geldes, wurde Zeitphänomen, der Glaube ans Haltbare war
zerstört, bei gleichzeitiger Hoffnung, es möge wieder zu gesi-
cherten Verhältnissen kommen. Nicht im Verborgenen blieb die
Gruppe der industriellen Großverdiener, doch mehr noch als
diese zog die im ausgepowerten Volk sich bewegende Gruppe
der Inflationsgewinnler, zogen die Raffkes und Schieber, die
riesige Vermögen zusammenspekulierten, den Haß der Leute
auf sich.[18] Hunger und Schlemmerei, Armut und Reichtum
waren in diesen Jahren deutlich sichtbare Gegensätze. Die einen
wurden immer dünner, die anderen »taten dicke« und wurden es
auch. Und die Mode wandelte sich, die Umgangsformen, Gier
nach dem schnellen Vergnügen machte sich bemerkbar, ein
Rausch der Abwechslung. Ausgelassen tanzte man im Trubel
der Inflation, denn die Erfüllung vieler Sehnsüchte war während
der langen grauen Kriegsjahre zurückgestellt worden, nun
wollte man im Nu das nachholen, was in dieser Zeit des Sterbens
und der Entbehrungen nicht möglich gewesen war. Und so
breitete ein Fieber sich aus, dessen Kurve steil anstieg und von
dem kaum jemand verschont wurde. Nicht vornehm ging die
Welt zugrunde, nein, laut und tanzend, im Vollgefühl der
Kräfte, in düsterer Befürchtung, daß ohnehin bald alles zu Ende
sein würde. Nicht im Politischen allein, auch in der Ethik des
täglichen Umgangs war etwas in Bewegung gekommen. In den
Zeitungen konnte man nun nicht mehr die vielen schwarzum-
randeten Todesanzeigen lesen (obgleich die Zahl der Hungertoten bis Mitte der zwanziger Jahre nicht weniger wurden), dafür
inserierten neue Bars, Dielen, Spielklubs, Destillationsläden
und Vergnügungslokale und lockten mit Lebensfreude und
Lust. Etwas Erotisches lag in der Luft, die Deutschen schienen
vom preußischen Asketentum Abschied zu nehmen, und wie im
Zeitraffer durchliefen manche diesen Prozeß des Umlernens,
ließen sich treiben mit dem neuen Geist dieser Zeit, der rand-

scharf am Weltuntergang entlangtanzte. Die Lebensdevise war:
Jetzt oder nie. Oder: Man lebt ja nur so kurze Zeit und ist so
lange tot.[19]

Ausreichend Valuta zum Tanz auf dem Vulkan mußte man
allerdings schon haben und die »Erotisierung des Bürgers«[20] war
oft nicht mehr als der Zusammenhang von Geld und Erotik. Das
zeigte sich im Heraufkommen alter Stimmungslagen inmitten
der neuen. »Aber die Hauptsache war doch: Erotik und Geld
[. . .] ›Hier knallte die Sipo, da knallten die Korke, und wenn
der Index stieg, sagten wir: Knorke‹, hat Erich Weinert später
über diese Zeit gedichtet. Es war das ›cunonische‹ Zeitalter.
Wilhelm Cuno, Generaldirektor der Hamburg-Amerika-Linie,
wurde Regierungschef. Ein Mann des Geldes in einer Epoche
des Geldes. Es war Inflation. ›Endlich wieder ein Wilhelm‹,
sagten die Alten.«[21] Noch galt das ferne Berlin als die Stadt
nächtlicher Ausschweifungen, der ein völkisch-nationalistischer Zeitungsschmock attestierte, vom »seelische[n] Bolsche-
wismus des Kurfürstendamms«[22] kommandiert zu werden.
Noch war es die Wartehalle des Bahnhof Zoo, wo sich, in einer
Zeit, als Strom und Kohlen fehlten und die Lokale von der
Polizei zum Sparen von Energie früher geschlossen wurden,
Nachtschwärmer zusammenfanden: »Eine neue Bahnhofsro-
mantik ging auf. [. . .] In Spitzen- und Seidenkleidern, pelzbe-
setzten Ballmänteln und im Smoking saß das Amüsierpublikum
zwischen den müden Reisenden [. . .] Die andern, Gäste aus
Dollarika, aus dem holländischen Guldenland und mit Schmuck
behängte Emigrantenfrauen aus Rußland saßen neben Stars von
Bühne und Film, neben frecher Inflationsjugend, zwischen
Banklehrlingen und Dollarschiebern. Daneben drängte sich der
geschminkte Abhub der Straße, vor allem halbreife Weiblich-
keit. [. . .] Während man unter den Stadtbahnbogen weitertob-
te, standen draußen auf der Straße die Kriegskrüppel und boten
Streichhölzer oder Schnürsenkel an. Armselige Winkeldirnen
strichen herum, die selbst um die Preisgabe ihres Körpers
damals nicht den Unterhalt für den nächsten Tag erschwingen
konnten.«[23]

Haarmann als Symptom

Im Mittelpunkt zwischen Berlin, Köln und Amsterdam gelegen, wuchs Hannover während der Nachkriegszeit die Bedeutung einer Drehscheibe für Tausch- und Schiebergeschäfte zu.[1] Die Waren und ihre Agenten, die Hehler, Strezer und Schoresmacher, gelangten von dem Punkt aus in die Stadt, wo jeder Hannoveraner nach heiß begehrten Lebensmitteln sich umschaute: vom Hauptbahnhof. Nicht um den nächsten Zug abzupassen, ging mancher Einwohner der Stadt in die Grauzone des Bahnhofsgebäudes, sondern um sich mit schwarz geschlachtetem Fleisch zu versorgen, und war froh, wenn er selbst etwas Tauschbares mitnehmen konnte, gar die geforderte Summe Geld besaß. Die Lebemänner der Inflation und die Lumpenboheme verjubelten ihr Geld in den um den Bahnhof gelegenen Lokalen und Schluckstuben, in denen es hoch herging und wo die allnächtlichen Trinkgelage in rabiate Raufereien einmündeten. »Geht man«, schreibt Theodor Lessing, »vom Bahnhof aus die breite Baumallee der Bahnhofstraße entlang, so gelangt man nach wenigen Minuten in die Georgstraße, die Herzader der Stadt. Ein weiter Boulevard, lindenüberblüht, voller Beete, Gartenanlagen, Pavillons und Denkmäler. Und dort zwischen dem alten berühmten Hoftheater und den schönen Gartenanlagen des sogenannten Café Kröpcke befand sich um 1918 ein zweites Zentrum der Sittenlosigkeit.«[2] Im »Café Wellblech« und im »Schwulen Kessel« saß die Stricher-Szene[3], ein Areal, zu dem auch die Konditorei Kreipe zählte.[4] Ein weiterer Treffpunkt lag in der Nähe des Georgen-Hotels am Bahnhof; den vornehmen und finanzstarken Kreisen aus der guten Gesellschaft der Leinestadt aber standen die exquisiten Kabaretts und Theater und, sofern man »national« empfand, die Georgshallen zur Auswahl. Diese Herrschaften grenzten sich scharf ab von Besuchern des »Schwulen Kessels«, die sich jedoch im gepflegten Habit immer noch um einiges von der allerletzten Garnitur unterschieden, die das »Neustädter Gesellschaftshaus« in der Calenberger Vorstadt frequentierte; und selbst dieser hauptsächlich von Transvestiten aufgesuchte Tanzschuppen hatte noch Stil im Vergleich zu den Kaschemmen um den Ballhof herum: die Tanzdiele »Zur schwulen Guste«, in der Neuen Straße gelegen, eine der verrufensten Ecken der Altstadt[5], in der auch die »Wollburg«[6] lag, ein stadtbekannter Treffpunkt der hannoverschen Homosexuellen. »Aber das dritte Hauptzentrum alles Luder- und Lasterlebens war die malerische Altstadt, dort wo der Fluß, an dem sogenannten Hohen Ufer entlang, eine von vielen Brücken überquerte, als ›Klein-Venedig‹ bekannte, uralte Inselstadt bildet: [. . .] Dieser Stadtteil [. . .] war einst der vornehmste Stadtteil, ist aber im Lauf der Zeiten [. . .] zum ärmsten Kaschemmen- und Verbrecherviertel herabgesunken.« Es wurde in der Not- und Inflationszeit eine wahre »Brutstätte lichtloser, armutgelber, in Verfall und Moder atmender, zum Unglück verfluchter Geschlechter«.[7]

Zwischen der mittelalterlichen Altstadt am östlichen Leineufer und der frühzeitlichen Calenberger Neustadt wucherte in altem Gemäuer »Klein-Venedig«; heute sieht man an dieser Stelle neben mehrspurigen Autostraßen in Höhe des Duve-Brunnens nur einen öden Parkplatz. Wenn ein Kritiker der modernen Städte, Walther Rathenau, gesagt hat, daß in Struktur und Mechanik alle diese Häuseransammlungen sich gleichen und nur im alten Innern sich noch »Reste physiognomischer Sonderheiten als fast erstorbene Schaustücke« erhalten hätten, draußen jedoch das »internationale Weltlager«[8] sich ausdehne, dann war für die hannoversche Altstadt soviel gewiß: In diesem Slum, wo die Ärmsten der Armen einen Unterschlupf gefunden hatten und nur ein Charles Dickens, wie Lessing anmerkte, das Ambiente hätte malen können (die »Kreuzklappe« an der Kreuzkirche oder das »Kleeblatt«, später als der »Deutsche Herrmann« ein »Sturmlokal« der SA), setzten Trödler, Gauner, Zuhälter und Roßtäuscher, mit dem Leben pokernd, alles auf eine Karte, wenn sich eine gute Gelegenheit bot. Dazwischen die Kleinhändler, Zigarrenkioske und abgeschabte Lädchen, Friseure, Metzger, Gemüsehändler, aber auch halbseidene Verschläge, in denen Freischärler des Gewerbelebens, äußerlich tadellos korrekt auftretend sich mit dem Schein selbstbewußter Kaufmannsliebenswürdigkeit umgaben. Aber sie fügten sich ins Weichbild dieses Sammelsuriums von Animierbaracken und schmutzigen Absteigen mit den sprudelnden Hintertreppenromanen und den verfallenden, in fahles Licht getauchten Gassen. »Abends, wenn der Mond hing über den morschen Dächern und grauen Schloten und den gespenstigen schwarzen Fluß versilberte, kam die schwere, dürre, zermürbte, zerarbeitete Leidensmenschheit aus ihren alten Kästen hervor und hing und hockte über der stinkenden Lagune, [. . .] während die rätselhaften Sterne glitzerten im dunklen Wasser des in sich selbst versumpfenden Stromes.«[9]

In der Knochenhauerstraße, im Johannishof, wo Spielerherbergen und Absteigequartiere sich angesiedelt hatten, waren die Wohnungen verkommene Löcher; im Potthof stand das Waschfaß für alle Bewohner mitten im Raum, dort wurde gekocht, gegessen, gelebt, und in einem Verschlag nebenan geschlafen und geliebt.[10]

Eine »Insel der Bierseligen«, wie es der kleine Reim geträllert hatte, war dieses Klein-Venedig bestimmt nicht. Als Kinder am Hohen Ufer spielten, fanden sie Spuren eines Tuns, das bald die ganze Stadt in Angst und Schrecken versetzte; Spuren eines Tuns, von dem, wie Lessing formuliert hat, die »augenlosen Höhlen menschlicher Totenschädel klagten«.[11] Es habe sich oft gezeigt, schrieb Karl Kraus, daß die staatlichen Sicherheitskräfte eifrig bemüht seien, »den zu einer Verhaftung erforderlichen Tatbestand zu finden, und daß sie dafür in jenen zahlreichen Fällen, in denen ein Tatbestand schon vorliegt, auf die noch erforderliche Verhaftung verzichtet. Manchmal aber kommt es sogar vor, daß sie bei einem glücklichen Zusammentreffen von Tatbestand und Verhaftung diese freiwillig wieder ungeschehen macht und sich's an jenem genügen läßt«.[12] Es kommt mitunter aber auch vor, daß die Polizei den Tatbestand bis zur Unvermeidbarkeit einer Verhaftung hinausschiebt, einfach deshalb, weil mit der Verhaftung ein Schnitt ins polizeiliche System erfolgen würde, da der aufzudeckende Tatbestand Teil des polizeilichen Apparates wäre; so daß zuletzt die Behörde sich selbst hätte festnehmen müssen. Weithergeholt ist das im Fall der hannoverschen Bahnpolizei nicht, denn so wie in den frühen zwanziger Jahren die Bevölkerung auf dem schwarzen Markt ihre Lebensbedürfnisse befriedigt hat, so erledigte die Polizei ihren Auftrag zur Erhaltung von Sicherheit und Ordnung, indem sie zwielichtige Figuren aus der Unterwelt zu Hilfsdiensten heranzog und diese »Spitzel, Zuträger, Achtgroschenjungen, Provokateure und Vigilanten«[13] in ihr Überwachungssystem einbaute. Die Bahnbehörde, wie die anderen Zweige der Ordnungskräfte überlastet und personell schlecht ausgestattet, griff auf den fähigsten Mann der Szene zurück; und nicht lange, da war die Legende geboren, daß dieser Vigilant ein »Herr Kriminal« sei, nicht unbedingt ein Bulle, aber einer, der mit der Polente in außerordentlich gutem Kontakt stand. Diesen Mann ließ man die Bahnsperren passieren, damit er des Nachts die überfüllten Wartesäle durchstöbern konnte, Ausweise kontrollierend, das Telephon der Bahnhofswache mitbenutzend; dieser Mann wurde auch von diensttuenden Beamten mit Ehrbezeugungen gegrüßt:[14] Fritz Haarmann lebte in beiden Welten.

Er dient der Polizei als Spitzel und deckt zugleich seine Kumpane aus dem Milieu; und er nutzt diese Mittelstellung zwischen den Fronten dazu aus, »seiner eigenen, in tiefster Heimlichkeit wuchernden Mordwollust«[15] zu frönen. Dieses bald als Monstrum, Vampir, Werwolf und Oger in den Schlagzeilen auftretende Wesen ist wendiger und einfallsreicher als die normalen Diensthabenden, ein Experte und Fachmann, da er vom Fach kommt und die Dinge sozusagen von innen heraus studiert. Er wird zu einem Ordnungsfaktor und einem »Auskunftbüro in allen Kriminalsachen«.[16] Die Gegend um den Bahnhof, die Wartesäle, die Treffs der Homosexuellen, das ganze Areal von Klein-Venedig: diese Lebensräume durchkämmt der allseits beliebte, wohlbekannte Mann nach Gelegenheiten, die ihm seine Triebnatur zudiktiert. Er sucht Knaben, die sich aus dem Elternhaus auf und davon gemacht hatten, um von der großen Welt einen ersten Bissen zu schmecken. Ihnen verspricht der bei den Homosexuellen ob seiner wollüstigen Gewaltsamkeit bekannte »Fatty«[17] das, wonach diese Jungen sich sehnen: Essen und Trinken, eine Schlafstelle, und: viel Abwechslung, Lebensreize.

Als »Herr Kriminal« auch bei den biederen Mitbewohnern seines letzten Domizils in der Roten Reihe Nr. 2 gut eingeführt (nach Aussage zweier älterer Damen habe Herr Haarmann Verdienstvolles bei der »Mitternachtsmission«[18] geleistet und dort den armen Jungens unter die Arme gegriffen), findet der Doppelspieler leicht Gelegenheiten. Und so werden seine mitternächtlichen Missionen zur schaurigen Serie von so bisher nicht gekannten Bluttaten; es wird der Wartesaal des Hauptbahnhofs zur Selektionsstätte für die unheimlichen Gelüste eines äußerlich auf Sauberkeit erpichten Massenmörders.

Eine ganze Stadt versteht die Welt nicht mehr. Als Haarmanns erstes Teilgeständnis veröffentlicht wird, packt die Hannoveraner der Schrecken, »und manch einer riegelte sich ein und übergab sich gründlich«.[19] Denn nicht nur hatte der Mörder seine Opfer wie ein Fleischermeister in einzelne Stücke zerlegt, zerteilt, fachmännisch ausgenommen – es war nicht auszuschließen, daß er Teile des Menschenfleisches auf dem schwarzen Markt verhökert hatte. So ging das Gerücht, nachweisen konnte man es nicht. Wahrscheinlich haben aber die Bewohner aus dem Haus in der Roten Reihe Nr. 2 von diesem Fleisch gegessen.[20]

Geahnt, daß ein unheimlicher Mordgeselle in der Stadt umgehe, hatte man in Hannover schon seit längerem. Und als Theodor Lessing am 8. Juli 1924 zum ersten Mal im »Prager Tagblatt« unter der Überschrift »Ein Kriminalfall« darüber berichtet, tastet auch er sich vorsichtig ans Unglaubliche heran. Eine »Epidemie des Aberglaubens« habe seit Monaten in Hannover und Umgebung um sich gegriffen, Gerüchte und Gruselgeschichten die Bevölkerung verunsichert. Die Dienstmädchen weigerten sich, in den Metzgerläden einzukaufen, und immer neue Vermutungen ängstigten die Einwohner. Im Februar 1924 waren aus der Ihme im Stadtteil Linden zwei menschliche

Oberschenkelknochen geborgen worden, an denen Fleischreste hingen. Es folgten weitere Funde: skalpierte Schädel und ein verknoteter Sack, der Knochenteile und Schädel enthielt. Vertreter der Polizei und Justiz und der Magistrat versuchten vergeblich, die Angst und die nun in der Bevölkerung aufkommende Empörung über die Untätigkeit der Behörden zu zerstreuen. Nachdem die Zeitung der KPD in ersten ausführlichen Berichten und Kommentaren einige Mutmaßungen über Täter und Hintergründe angestellt hatte, und prompt für vier Wochen verboten wurde, bediente der Polizeipräsident die Öffentlichkeit mit der Behauptung, die Kommunisten hätten es darauf angelegt, das Vertrauen in die Ordnung zu untergraben: Sie hätten zur Provokation Leichenteile in die Leine geworfen. Die Leute in der Altstadt dachten anders darüber, es kam zu spontanen Demonstrationen und Protesten gegen die Polizeibehörden, mehrere Hundertschaften der Bereitschaftspolizei wurden gegen die aufgebrachte Menge eingesetzt.

Das geschah, als endlich die Umgebung am Hohen Ufer systematisch durchkämmt wurde, als man den Wasserspiegel absenkte und während der Pfingstfeiertage weitere Leichenteile entdeckte. In einem der schönen Teiche der Herrenhäuser Gärten fand man einen Sack mit Knochen, von denen das Fleisch säuberlich abgeschabt worden war. Die noch gut erhaltenen Gebeine wiesen unmißdeutbare Markierungen auf, an den Gelenken entdeckte man »glatte Schnittflächen«.[21] Knochen, Rippen, Schulterblätter und Schädelteile von mindestens zweiundzwanzig Personen dokumentierten ein Verbrechen, das die kriminalistische Einbildungskraft fürs erste zu überfordern schien. Der Mörder lief immer noch frei herum.

Angestauter Zorn und Wut entluden sich über die Polizeibehörden, die alle Vermißtenanzeigen und Mutmaßungen über mögliche Täter achtlos in der Registratur hatten verschwinden lassen.[22] Zwar konnte die Polizei auf unzureichende personelle und finanzielle Mittel zur wirksamen Aufdeckung und Verfolgung der Verschwundenen verweisen[23], doch war das keine ausreichende Entschuldigung dafür, dem verzweifelten Drängen besorgter Eltern keine Aufmerksamkeit zu schenken, sogar Anzeigen abzuweisen, so daß einige Eltern auf eigene Kosten Vermißtenanzeigen in die örtlichen Blätter rücken ließen und von sich aus eine Belohnung für wertvolle Hinweise auslobten.[24] Erst nach den grauenvollen Funden erinnerte man sich an eingegangene Anzeigen, wobei die Polizei so tat, als hätte es die Vermißtenmeldungen nie gegeben.[25]

In der Zeit zwischen der ersten Anzeige gegen Haarmann und seiner Verhaftung fielen noch mindestens fünf Menschen diesem Täter zum Opfer.[26] Ein Zigarrenhändler hatte Verdacht geschöpft, meldete sich auf dem Polizeipräsidium, doch die daraufhin eingeleitete Hausdurchsuchung verlief erfolglos. Als der Mann später abermals Anzeige erstatten wollte, schickte man ihn als notorischen Querulanten fort, obgleich er zusammen mit seiner Frau beobachtet hatte, wie Haarmann eines Abends, mit Paketen und Säcken beladen, seine Wohnung verlassen und die schwere Last dann an der Masch in den Fluß geworfen hatte.[27]

Der Mörder verstand sich darauf, die Gesetze zu seinen Gunsten auszulegen, und das mit aller Impertinenz und Bauernschläue. Als die Polizei eines Nachts eine Durchsuchung bei Haarmann durchführen wollte und keinen Haftbefehl vorweisen konnte, wies er in aller Seelenruhe auf diesen faux pas hin und berief sich darauf, daß die Polizei nach dem geltenden Recht erst ab sechs Uhr morgens tätig werden dürfe, solange nicht ein ausdrücklicher Durchsuchungsbefehl vorliege. So mußten die Beamten wieder abziehen und fanden, als sie später wiederkamen, natürlich keine Belastungsstücke mehr vor.[28] Selbst die Anhaltspunkte des clandestinen Treibens führten nicht dazu, daß der Täter hätte dingfest gemacht werden können. Die Nachbarn schickten sich ins Unvermeidliche und stellten resigniert fest, daß diesem Haarmann einfach nicht beizukommen sei, zuletzt bekäme er doch immer Recht und stecke überdies mit den Bullen von der Bahn unter einer Decke.

Der Kommissar Zufall war es, der nach einer Reihe von für den Mörder günstigen Umständen[29] endlich den entscheidenden

Griff tat, wobei dieser Zufall wiederum aus einer blauäugig-tolpatschigen Polizeiaktion sich entwickelte. Da Haarmann die einzelnen Beamten gut kannte, war die hannoversche Polizei-führung auf den Einfall gekommen, zwei junge, mit den örtli-chen Gegebenheiten nicht vertraute Kriminalbeamte aus Berlin anreisen zu lassen. Sie sollten sich, als scheinbar Obdachlose, am Bahnhof herumtreiben, um den mutmaßlichen Täter auf frischer Tat zu ertappen. War dies gegenüber einem so durch-triebenen Mann schon von Anfang an eine polizeitaktische Fehleinschätzung, so kam noch erschwerend hinzu, daß man nicht Sorge für den Fall getroffen hatte, daß die mit Haarmann befreundeten Beamten von der Kriminalwache bei dieser Ent-tarnungsaktion nicht ungebeten dazwischenfunkten und alles verdarben.

Haarmanns tolldreistes Verhalten führte schließlich doch dazu, daß man ihn verhaften konnte. Ein Jüngling, den er schon mehrere Tage bei sich hatte übernachten lassen, war im Warte-saal der 3. und 4. Klasse des Hauptbahnhofs in einen Streit mit seinem Gönner geraten und wollte Geld sehen, beschimpfte ihn als Lumpen und Mörder. Haarmann schleppte den Knaben auf die Kriminalwache, in der Hoffnung, daß man den Aufsässigen dort festnehmen würde. Nur der zufälligen Anwesenheit eines Vertreters der Schutzpolizei[30] (oder eines Beamten des Un-zuchtdezernats[31]) war es zu danken, daß man statt dessen Haarmann in Gewahrsam nehmen ließ, gegen den vernehmli-chen Widerstand der Bahnhofswache. Fürwahr eine, wie der Kriminalreporter Hans Hyan anmerkte, »seltsame [. . .] Fang-methode«.[32]

Haarmann war den unteren Chargen der Bahnpolizei nicht nur von fern freundschaftlich verbunden gewesen, sondern hatte ihnen recht freigiebig Sachgeschenke gemacht, in den bahnhofsnahen Schuppen soffen die Uniformierten quietsch-vergnügt mit ihrem »Kollegen«, der mit Runden nicht geizte. Unter den trinkfesten Hütern von Ruhe und Ordnung befand sich auch ein Kriminalbeamter von Adel, der bei den regelmäßi-gen Saturnalien auf einen für ihn reservierten Spitznamen, wie sonst nur unter Ganoven üblich, hörte: Kritze-Kratze.[33] – Diese subalternen Beamten waren dem netten Kollegen Haarmann aus der Altstadt, der auch ohne Uniform als patenter Kerl galt, dankbar, denn er erledigte manchen schwer lösbaren Fall für sie. Sein größter Auftraggeber und Förderer, ein Kommissar Müller, verhalf Haarmann zu ersten Lorbeeren. Doch gekrönt wurde Haarmanns polizeihygienische Tätigkeit vom Angebot eines ehemaligen Kommissars namens Olfermann, mit ihm zusammen ein Detektivbüro zu gründen. Damit war Haarmann auf dem Gipfel seiner Machtbefugnisse angekommen, jetzt konnte er einen ordentlich gestempelten, quasi amtlichen Ausweis auf dem Bahnhof vorzeigen, konnte verhaften und beschlagnahmen, konnte sich die schönsten Knaben aussuchen, ohne in den Verdacht des Herumlungerns zu geraten. Das Unternehmen nannte sich »Amerikanisches Detektivinstitut Lasso«; mit Haarmann stand ihm als Chef ein Hehler, ein Mörder und Dieb vor, ein Berufsverbrecher, der nun eine »Art selbständige Polizeimacht«[34] geworden war. Er kannte die Kniffe und Tricks, den Kodex der Beamten besser als diese und verstand es, aufkommende Verdachtsmomente im rechten Augenblick zu zerstreuen, begangene Delikte zu vertuschen und die gelegentlichen Fahndungen nach Beweismaterial zu vereiteln. Er nutzte die Nachlässigkeit der Behörden aus, kehrte immer den »Erzschauspieler«[35] hervor; »die Heuchelei unserer Gesellschaft noch überheuchelnd«, markierte er das »reuige Lamm und gebesserte Schäfchen«.[36] Sein Befähigungsnachweis war der Erfolg, mit dem er als Händler, trotz Knappheit und Mangel, Lebensmittel und Textilien herbeischaffte. Und so profitierte scheinbar jeder vom zwar nicht eben unbescholtenen, doch nie und nimmer des vielfachen Mordes für fähig gehaltenen Fritz Haarmann, der zwischen 1918 und 1924 wenigstens vierundzwanzig Menschen tötete und der im Verdacht steht, weit mehr, fast sechzig Menschen umgebracht zu haben.

In den reinlichen Sphären der Stadt, weitab von der Sphäre sozialer Wracks und Outcasts, nahm man angewidert die Morde und Perversitäten zur Kenntnis. Das Kapitalverbrechen zog jedoch immer größere Kreise und erreichte schließlich in seinen Ausläufern die Sphäre einer indignierten Gesellschaft: »die Stadt der Korrekten«.[37] »Es war der letzte makabre Pinselstrich, der das Bild des damaligen Nachkriegsdeutschland vollendete«[38], stellt die hannoversche Bürgerin Vicki Baum nüchtern fest und fügte hinzu: »Eine kalte, windige, ungesunde Stadt; an der Oberfläche bigott und heuchlerisch, darunter ein trüber Sumpf.«[39] Ein Sumpf, in den auch die ehrenwerte Bürgerschaft eingesunken war, die nun die juristische Aufarbeitung in Windeseile hinter sich bringen wollte. Unter keinen Umständen sollte eine öffentliche Aussprache beginnen, in der die beteiligten Behörden der Stadt womöglich hätten zur Rechenschaft gezogen werden können.

Theodor Lessing, der nun regelmäßig als Zeitungskorrespondent über die Schlag auf Schlag ans Tageslicht gelangenden Vertuschungsaktionen hinter den Stadtkulissen berichtete, mußte während des Prozesses vor dem Schwurgericht erkennen, »daß man eine Schlange nicht richten kann, ohne zugleich den Sumpf mit vor Gericht zu stellen, daraus allein die Schlange ihre Nahrung zog«.[40] Die »Herren im Gehrock, korrekt und sachlich, gewandt, geschmeidig, einer mit dem anderen vertauschbar«[41], hatten wohlwollende Vertrauensleute in der Gerichtsbarkeit, der Staatsanwaltschaft, bei Polizei und Presse und nicht zuletzt im Oberpräsidium des Gustav Noske. Betretenes Schweigen, als die Rede darauf gekommen war, Haarmann habe für die Wohlhabenden unter den hannoverschen Homosexuellen den Zubringer gespielt und außerdem die Jünglinge, so sie den verwöhnten Lüstlingen nicht mehr genügten, getötet, um gefährliche Mitwisser und mögliche Erpresser ein für allemal zum Schweigen zu bringen.[42] Das alles waren nicht mehr als Gerüchte, doch Haarmann gelang es mit völlig unbewiesenen Behauptungen vor Gericht, »einen der angesehensten Großindustriellen Hannovers, der für Kultur und Bildung der Stadt unendlich viel tat«[43], aus Hannover wegzuekeln: Aus purer Lust am Erfinden, listig-verschlagen und Spott über die tölpeligen Behörden ausschüttend, lastete Haarmann Herbert von Garvens vierzig Knabenmorde an. Viele Homosexuelle verließen nach Bekanntwerden der Mordserie fluchtartig die Stadt[44], während die Behörden nichts Besseres zu tun hatten, als einige der Lokale, in denen die Homosexuellen sich häufig getroffen hatten, mit Räumungsklagen zu überziehen.[45]

Man scheute den Skandal; aber indem man ihn zu umgehen suchte, schuf man ihn, und einen zweiten dazu, einen Justizskandal sondergleichen. Dabei ging man so weit, den Mörder als Entlastungszeugen für die »in Hannover herrschenden Zustände«[46] aufzufahren. Mit Einverständnis der interessierten, informell sich verständigenden Kreise der Stadt fädelte man die Anklage so ein, daß nur der Vorwurf des heimtückischen Mordes zur Verhandlung zugelassen wurde; man rechnete nicht damit, daß es gegen derlei Verschleierung und Verharmlosung von den verschiedensten Seiten der öffentlichen Meinung heftigste Proteste geben würde. Die hannoversche KPD berichtete in langen Artikeln über das Schicksal der jungen Männer und ließ die barsch abgefertigten Eltern zu Wort kommen, klagte ein politisches System an, das einen Lustmörder zum Polizeiagenten gemacht hatte und immer noch zu decken suchte. »Fort mit dem Haarmann-System!« hieß es, und die KPD zog historische Parallelen zu dem seit 1920 als Oberpräsident in Hannover residierenden Gustav Noske, dem die junge Republik den Spitzelapparat und die sumpfige Atmosphäre verdanke. Der »Bluthund« Noske und der blutdürstige Haarmann: das war eine agitatorisch wirksame Konstellation, mit deren Hilfe das verhängte Schweigen über die politischen Hintergründe gebrochen werden sollte.[47]

Haarmann selbst hat die KPD als ein sicher interessantes Studienobjekt für Sexualkriminologen abgetan, ein Sadist und weiter nichts. Wenn man dem Unerklärlichen dieses Lebens und Triebschicksals ein wenig Sinn abtrotzen wollte, mußte man wohl das Ineinander von individueller Psychopathologie und ihren gesellschaftlichen Bedingungen beleuchten. Eben dies hat Theodor Lessing versucht, wenn auch »mit Widerwillen, ja oft mit Ekel«.[48] Es behagt ihm nicht, in diesen »Ekelsumpf«[49] zu steigen, aber die offenkundigen Beschwichtigungen und Schachzüge der städtischen Obrigkeiten treiben Lessing dazu, der Sache nun wirklich auf den Grund zu gehen.[50]

Er liest sich in jeden der vor Gericht verhandelten Fälle ein, zieht zusätzliche Informationen hinzu und ist schließlich so gut präpariert, daß er glaubt, als psychologischer Sachverständiger auftreten zu können.[51] Dazu kommt es nicht. Eine Mauer des Schweigens wird gebaut, durch die hindurchzudringen Lessing nur schwer gelingt. »Oberpräsident, Regierungspräsident, Polizeipräsident, die Kommissare – das sitzt alles da in ledernen Stühlen und sieht dem Schauspiel zuckender Todesnot zu; weit davon entfernt, im Herzen zu sprechen: mea culpa! [. . .] Man wäre jeder möglichen Rücksicht von meiner Seite gewiß gewesen, wenn man sachlichen Willen zur Wahrheit bewiesen und mir nicht vor Augen gestellt hätte das traurige Kleinstadtschauspiel gekränkten Juristenehrgeizes, medizinischer Selbstgerechtigkeit und amtlichen Machtmißbrauchs; das Schauspiel eines aufgescheuchten Ameisenhaufens, der den störenden Fremdkörper stechend und säurespritzend zu entfernen trachtet.«[52]

Lessing behauptet, daß diese Form der Rechtsfindung, daß schon vor Beginn der Mordserie die sich widersprechenden psychiatrischen Gutachten über Haarmann diese Verbrechen mitverschuldet hätten.[53] Als es geschehen war, wollte niemand von etwas gewußt haben, die Oberwelt des Bürgertums ebensowenig wie die Unterwelt in Klein-Venedig, da jede Sphäre ein vitales Interesse daran hatte, nichts Genaueres wissen zu wollen und lieber wegsah: »So half die ganze Umgebung eben doch auch an den Mordtaten mit.«[54] 1907 hatte Lessing in Göttingen einmal beiläufig bemerkt, er habe viele Kriminalprozesse verfolgt, sie seien die »beste Schule der Psychologie«[55], aber was nun in Hannover sich abzeichnete, war ein Schulbeispiel für die Ausklammerung der Psychologie als beratende Wissenschaft zur Aufhellung von Straftaten. Nicht einmal die »Anfangsgründe der Kriminalpsychologie«[56] wurden berücksichtigt, und als man Lessing als psychologischen Sachverständigen nicht hören will, versucht er wenigstens als Berichterstatter für das »Prager

Tagblatt« nachzuholen, was der Gerichtshof mit Entschieden-
heit von sich gewiesen hatte. Das empfindet der vorsitzende
Richter als anmaßende Einmischung in die inneren Angelegenheiten der Justiz. Nach dem 11. Verhandlungstag schließt er
Lessing vom Prozeß aus, begründet mit dem denkwürdigen
Satz: »Wir können im Gerichtssaal keinen Herren dulden, der
Psychologie treibt.« Er sei als Reporter, nicht als Schriftsteller
zugelassen worden. Noch deutlicher wird der Landgerichts-
direktor, der Lessing vorhält: »Sie sind Professor? Wie ist denn
das möglich? Als Professor schreiben Sie Feuilletons?« Der
Oberstaatsanwalt sekundiert: »Ich bin Mensch und möchte Sie
ungern ums Brot bringen.«[57] Lessing, aber nicht den zahllosen
Sensationsreportern der Boulevardblätter entzieht man die
Pressekarte, obwohl diese ausschließlich die auflagensteigernde
Melange von Blut und Sex in ihre Geschichtchen rührten,
politische und soziale Hintergründe bewußt aussparten.[58]
Niemand ergriff Partei für die Angehörigen der Opfer, sie
wurden beschimpft und beleidigt von einer selbstbewußt auftrumpfenden Justiz, die schon vor Eröffnung der ersten Sitzung
den Überblick verloren hatte und versuchte, diesen scheußli-
chen Fall mit einem Todesurteil so rasch wie möglich zu den
Akten zu befördern; dem Gericht assistierten Anwälte, Psychiater, Geschworene und eine reißerische Presse.

Von einer gründlichen Durchleuchtung des Lebenslaufes von
Fritz Haarmann, seiner Kindheit, seiner sozialen Umwelt er-
hofft Lessing Aufschluß über Motive und Ursachen. Mit Akri-
bie hat er in seiner sozialpsychologischen Studie »Haarmann –
Die Geschichte eines Werwolfs« die Stationen eines Verbrecher-
lebens geschildert. Die familiären Bedingungen waren wenig
geeignet, einen Musterknaben aus Fritz Haarmann zu machen.
Der Vater, ein geldgieriger, sauflustiger, habsüchtig-verschlage-
ner und aggressiver Mann, haßt und prügelt das jüngste Kind
Fritz, das, großgeworden, zurückschlägt. Später führen Vater
und Sohn gegeneinander endlose Prozesse um Geld und Erb-
schaften. In der vielköpfigen Familie gibt es ständig anderen
Streit und Krach, jeder wirtschaftet in die eigene Tasche. Seine

Mutter liebt Fritz abgöttisch und mit gleichbleibender Schwärmerei. Er ist ein miserabler Schüler, laboriert an Halluzinationen, geistige Störungen treten früh auf. Beim Militär untersucht man ihn und tippt vage auf Epilepsie. Haarmann wird von nun an immer wieder in diverse Anstalten eingewiesen und immer wieder entlassen; kein Jahr vergeht, in dem er nicht auffällig wird und zwischen die Mühlsteine von Justiz und Psychiatrie gerät. Wechselnde klassifikatorische Etiketten werden ihm angeheftet: gemeingefährlicher Geisteskranker; unheilbarer, angeborener Schwachsinn; Neurasthenie. Nach einem Ausbruch aus einem der Irrenhäuser flieht er in die Schweiz, arbeitet dort ein Jahr lang und ergattert ein Unbescholtenheitszeugnis der Polizei. Er verlobt sich und trennt sich nach drei Jahren wieder. Auch wenn ihm die Psychiater alle erdenklichen Defekte zuschreiben, eines ist er gewiß nicht: auf den Kopf gefallen. Er nutzt mit Bauernschläue die Lücken in den Gesetzen aus und kommt ohne viel Anstrengung zu einer Vollrente als Invalide und Erwerbsuntüchtiger.

1901 stirbt die Mutter, zwei Jahre später versucht der Vater, den widerspenstigen, nichtsnutzigen Sohn in eine geschlossene Anstalt zu schaffen, doch der untersuchende Arzt stellt lakonisch fest, daß Fritz Haarmann zwar ein moralisch wenig erbaulicher Mensch sei, egoistisch, roh und faul, aber nicht geisteskrank. Es liege mithin kein Grund vor, ihn auf Dauer in eine Irrenanstalt zu sperren. Und damit steht der Entfesselung noch schlummernder Triebenergien nichts mehr im Weg.

Zunächst beginnt die Karriere eines Verbrechers: Einbruchdiebstähle, Betrügereien, vereinzelt Sittlichkeitsdelikte, weswegen Haarmann von 1906 bis 1912 nur wenige Monate außerhalb der Gefängnismauern zubrachte. Lessing sieht es als eine glückliche Fügung an, daß Haarmann auch während des Weltkriegs eingebuchtet war: »Nicht auszudenken, was ein solcher Mensch in einer Zeit, wo jeder Gewaltinstinkt dem ›Feinde‹ gegenüber freigegeben wurde, an Verbrechertaten hätte begehen können«.[59] Im April 1918 wird Haarmann entlassen, kehrt nach Hannover zurück. Und mordet zum ersten Mal. Er zieht

zwischen April 1918 und Juli 1921 häufig um, handelt mit
gestohlenen Waren am Umschlagplatz Hauptbahnhof. Zwi-
schendurch verhaftet man ihn mehrmals wegen unzüchtiger
Handlungen, doch setzt er nach seiner Freilassung sein schiefes
Leben fort.

Man hat ihm im Prozeß für das Jahr 1918 nur einen Mord
nachweisen können, den er auch eingestanden hat; die Mordserie setzt 1923 ein. Es ist aber wahrscheinlich, daß er zwischen
1918 und 1923 mehr als diesen einen Mord begangen hat. Dieser
erste, zunächst unaufgeklärte Mord und Haarmanns Entwicklung bis 1923 reicht nicht hin, die Koinzidenz zwischen polizei-
licher Inkompetenz und verbrecherischer Gerissenheit beweis-
kräftig aufzuzeigen; das Dickicht von Klein-Venedig tat ein
übriges zur Verdunklung der Tatbestände. Denn als die An-
wohner häufig junge Männer in Haarmanns Wohnungen ein-
und ausgehen sahen, war ihre Aufmerksamkeit in eine andere
Richtung gelenkt. Man hörte wohl verdächtige Geräusche, die
nachts aus dem Zimmer drangen, ein Hacken und Klopfen,
doch man nahm an, daß Haarmann illegal beschafftes, gehams-
tertes Fleisch zerlege, als Händler von zweifelhafter Ware war
er stadtbekannt. Als eine Vermieterin ihn fragte, ob sie denn
auch etwas vom Schlachtfleisch abbekommen könne, übergab
ihr Haarmann einen Sack mit Knochen, aus der könne sie Sülze
zubereiten. Sie tat es, verzichtete aber auf den Genuß, denn ein
merkwürdig fremder Geruch stieg aus dem Kochtopf, die
Knochen sahen so unnatürlich weiß aus.[60]

Als 1918 die Kripo Hannover in Haarmanns erster Absteige
aufkreuzte und ihn zusammen mit einem Minderjährigen im
Bett überraschte und festnahm, verzichtete man auf eine gründliche Durchsuchung seiner Wohnung. Zur Rechtfertigung dieser Unterlassung erklärte später der vernommene Beamte, dazu
habe er keinen Auftrag gehabt. Hätte er einen Stapel Zeitungs-
papier hinterm Ofen gelüftet, es wäre der Anfang vom Ende der
Haarmannschen Bluttaten gewesen: Unter dem Stoß Altpapier
lag der Kopf des ersten Opfers.[61] Eine andere Denkwürdigkeit:
Nachdem die Polizei es für nicht zweckdienlich erachtet hatte,

den Bitten eines Ehepaares nachzugeben und eine Fahndung nach ihrem verschwundenen Sohn einzuleiten, beauftragten die Eltern ein Detektivbüro mit der Nachforschung, setzten zudem eine Suchanzeige in die Zeitung. Bald darauf meldete sich ein Mann bei ihnen: Er sei Kriminalist und würde gern einmal eine Photographie des vermißten Jungen genauer in Augenschein nehmen. Es war Haarmann. Die Leiche des Knaben wurde einige Wochen später stranguliert in einem Kanal aufgefunden.[62]

Daß gerade im Offenkundigen sich deutliche Spuren verbergen können, zeigt eine Episode aus dem Jahr 1923. Zwei Freundinnen Haarmanns, Prostituierte aus Klein-Venedig, ist merkwürdig zumute, als sie einen überaus blassen, ja fast schon weißgefärbten jungen Mann auf Haarmanns Pritsche liegen sehen. Sie geben sich nicht mit der Auskunft zufrieden, der Besuch sei sehr erschöpft und wolle nur etwas ausruhen; sie kehren am Nachmittag zurück. Die Fenster der Wohnung sind sperrangelweit aufgerissen, ein ekelerregender Gestank steht im Zimmer, die beiden Frauen bemerken auf dem Bett die Kleidungsstücke des jungen Besuchers; er selbst ist in der Wohnung nicht mehr zu sehen. Wieder beruhigt Haarmann die beiden Frauen. Der junge Schnösel sei weitergereist und habe, da er sich in Geldnöten befunden hätte, ihm seine Klamotten als Gegenwert überlassen. Die beiden Frauen bleiben argwöhnisch, fühlen die Lüge hinter den Worten. Zwei Tage später finden sie in Haarmanns Wohnung eine blutverschmierte Schürze und einen Topf mit Fleischstücken. Beherzt greifen sie sich zwei davon, beide Stücke sind behaart, und gehen damit zu Kriminalkommissar Müller. Daß dieser Haarmanns bester Vertrauter und Auftraggeber ist, können sie nicht wissen. Und Müller wiederum weiß nicht, was sein zuverlässiger Kollege nebenberuflich treibt. Doch als die Frauen Haarmann verdächtigen, seinen jungen Freund umgebracht zu haben, reagiert Müller zunächst verärgert und ungläubig, denn schließlich handelt es sich um seinen wichtigsten Mann in der Unterwelt Hannovers. Er begleitet die beiden Frauen aber doch zum Gerichtsarzt Schack-

witz, der mit der Bonhomie des »smart matter of fact man«[63] auf
eine Mikroskopierung der Fleischstücke verzichtet und den
Frauen fröhlich lachend, die Stücke an die verschnupfte Nase
haltend, bedeutet, er könne zwar im Moment nicht so gut
riechen, aber es sähe ja wohl ein Blinder, daß dies Schweineschwarten seien.

Offenkundig hätte auch sein können, daß ein Kriminalbeamter den Hut eines der Ermordeten trug. Oder daß Haarmanns
Freund Hans Grans sich eine Kollektion von Anzügen zusam-
mengestellt hat, die ausschließlich von Haarmanns Opfern
stammten. Eine kleine Wagenladung voll, wenigstens vierhundert Asservate, haben die Ermittlungsbehörden zuletzt nach
langem Sortieren zusammengetragen.[64] Der Mörder selbst hat
keines der erbeuteten Kleidungsstücke angezogen, er begnügt
sich mit einem kleinen schwarzen Schnurrbart, den er sich auf
seinen sexuellen Streifzügen durchs nächtliche Hannover ins
Gesicht klebt, nicht etwa zur Tarnung, sondern aus nur ihm
selbst erklärlichen Lustempfindungen.[65] Immer wieder hört,
sieht, denkt man sich in seiner Nachbarschaft einiges: hört bis in
die frühen Morgenstunden hinein dumpfes Hämmern und
Klopfen, auch Geräusche einer Säge; sieht hinter den zugezoge-
nen Fenstern schattenhafte Gestalten auf und ab gehen; denkt
sich Schweinigelgeschichten. Die Menschen dort wohnen dicht
an dicht, Tapetenwände sind es oft nur, welche die Räumlich-
keiten voneinander abtrennen; aber an Mord will keiner glauben,
eher schon an unanständige Handlungen, die in diesem Milieu
toleriert werden.

Gefährlich für Haarmanns Doppelleben war vielleicht nur
seine Freundschaft mit dem um zwanzig Jahre jüngeren Hans
Grans, den er im Oktober 1919 kennengelernt und mit dem
gemeinsam er allerhand Betrügereien und unsaubere Handels-
transaktionen unternommen hatte. (Und den das Schwurgericht
als Mitschuldigen wegen Anstiftung und Beihilfe zum Mord
zunächst zum Tode verurteilte, dann aufgrund eines kurz vor
Haarmanns Hinrichtung herausgeschmuggelten Bekennerbrie-
fes, der Grans' Unschuld dokumentierte, von diesem Vorwurf

freigesprochen und in einem zweiten Verfahren zu zwölf Jahren Haft verurteilt hat. Diese Strafe verbüßte er bis zum Jahr 1938, dann wurde er, zum »politischen« Häftling erklärt, in ein Konzentrationslager verbracht, aus dem ihn 1945 englische Truppen befreiten.)[66] Dieser junge Mann war ein ehrgeiziger Intelligenzverbrecher, der rücksichtslos und ohne Skrupel seine Umwelt auf Profit abtaxierte, als Zuhälter sein Geld hereinholte und zäh darauf achtete, daß zuletzt immer er den längeren Strohhalm zog. Er hatte wie Haarmann eine gehörige Latte an Straftaten vorzuweisen, gemeinsam verlängerten sie diese um ein Vielfaches. Das Duo quartierte sich im »Christlichen Hospiz« ein, die richtige Adresse für zwei seriös gekleidete Handlungsreisende, die »in Wäsche machten« und nicht übel dabei verdienten. Und die Gefallen aneinander fanden. Grans nutzte Haarmanns Schwäche für junge Burschen aus und hielt den manchmal allzu zudringlichen älteren Kumpanen auf Distanz; zwei ideale Partner, jeder vervollständigte die Defekte und Gelüste des anderen: »Sie vegetierten so hin, im angenehmen Kommunismus der Unterwäsche.«[67]

Es liegt nahe zu fragen, ob Grans nicht doch von den Morden gewußt haben muß, Lessing spricht von einer Art dunkler Mitwisserschaft[68], die aber keine Beihilfe einschließe. Grans verhielt sich vermutlich wie alle anderen in Klein-Venedig. In den beiden letzten von Haarmann gemieteten Behausungen, in der Neuen Straße 8 und der Roten Reihe 2, wurde kräftig auf den Putz gehauen, man aß reichlich und trank noch viel mehr, Haarmann galt auch hier als der großherzige »Beschützer und Herbergsvater«. Niemand hätte sich wohl den Gelagen so ungezwungen hingegeben, hätte er gewußt, daß unter der Treppe, neben »Näschereien, Käse, Wurst, Schokolade für die hübschen Jungen«[69] – Töpfe mit Menschenfleisch aufbewahrt wurden.

Die Beziehung der beiden Verbrecher deutet Lessing mit sozialphysiognomischen Bildern, welche der dunklen Seite der Zoologie entnommen sind. Grans, eine Hyäne auf den Spuren eines Werwolfes[70], der Aasgeier, der auf Haarmanns Beute sich stürzt[71]; und dieser ein »gefräßiger Krake«[72], der Lebewesen verschlingt: »Man denke sich in den Tiefen der Untersee einen zähen, klugen Taschenkrebs, welcher nistet auf dem Höhlenhaus eines im Dunkel sich vollsaugenden, schleimigen Quallentieres, etwa eines pflanzenhaften Riesenpolypen, so hat man ein ungefähres Bild für die merkwürdige ›Symbiose‹ von Triebverbrechen und Intelligenzdrohnentum, von Lebensirrsinn und Geistschmarotzerei.«[73] Im Sumpf der hannoverschen Altstadt gedeiht das ungleiche Paar prächtig, jeder bewundert »den Ausfall im andern: der gerissene Fuchs den Wolfsblutdurst, welcher zwecklos ins Bodenlose springt; der irrsinnige Wolf aber jene Fuchsbesonnenheit, die nie etwas ohne Vorteil tut«.[74] In Lessings Studie wird die pathologische Symbiose gebrochener Naturen rekonstruiert, werden zwei Pole analysiert, die sich »aufeinanderpfropften und in künstlicher Vernietung wieder zur perversen Einheit banden, was von Natur aus heillos auseinanderbrach«.[75] Die Technik, mit der Haarmann seine Opfer tötete, das Zerbeißen des Kehlkopfes, das fachgerechte Aufschneiden des Körpers[76] korrespondiert mit der Entindividualisierung seiner Opfer. Haarmann stürzte sich auf anonyme Körper. An die Gesichter der jungen Knaben konnte er sich kaum erinnern.

Gattungsgeschichtliche Wollust- und Aggressionsphantasien kamen in Haarmann zum Vorschein, sein unkontrolliertes Triebleben erinnert Lessing an den Urmenschen, den Freud als ein leidenschaftliches, grausames und bösartiges Tier beschreibt, das vor dem Verspeisen der eigenen Artgenossen nicht Halt gemacht hat.[77] Lessing versteht Haarmann als einen »Regiefehler der Natur«[78], ein enthemmter Saurier inmitten einer halbwegs zivilisierten Welt, die vor der fürchterlichen Gewalt ihrer eigenen Vergangenheit zurückschreckt. Die marodierenden Freikorps erscheinen in diesem Zusammenhang als militärisch-politische Repräsentanten einer zeitgenössisch-atavistischen Wolfsmoral. Stellt man zwei Aussagen Lessings, zu unterschiedlichen Anlässen verfaßt, nebeneinander, erkennt man die dem Autor vielleicht selbst nicht bewußte, sachliche

Koinzidenz: »Sie gingen töten, nicht anders wie sie zum Sport-
fest gehen.«[79] Und: »Haarmann tötete schließlich so leicht, wie
er sich die Stiefel putzte.«[80] Zu eben dieser Zeit bekannte sich
Oswald Spengler, mit zivilisierter, kulturphilosophischer Pro-
sa, zum Prinzip Raubtier als Vehikel der Politik: »Das Raubtier
ist die höchste Form des freibeweglichen Lebens. Es bedeutet
das Maximum an Freiheit [. . .], sich kämpfend, siegend,
vernichtend zu behaupten. Es gibt dem Typus Mensch einen
hohen Rang, daß er Raubtier ist.«[81] Und Haarmann, hätte er so
formulieren können wie der im Leben ständig wehleidige
Raubtierphilosoph, hätte seine Empfindungen beim Morden
vielleicht in Worten umrissen, wie sie Spengler am Schreibtisch
tötungslustig gefunden hat, als er vom »Rausch des Gefühls«
fabulierte, »wenn das Messer in den feindlichen Leib schneidet,
wenn Blutgeruch und Stöhnen zu den triumphierenden Sinnen
dringen«.[82] Spengler dachte an den Krieg, ans heroische Gemetzel; Haarmann dachte überhaupt nicht nach, er riß seine Beute
wie ein wildes Tier. Dieses sinnlose Überwältigen wehrloser
Opfer zur Befriedigung von Mordlust mußte in einer auf zivilen
Errungenschaften fußenden gesellschaftlichen Ordnung Entsetzen und Abwehr auslösen. Und doch gab es psychoanalytische
Erkenntnisse, die die hannoverschen Vorfälle hätten besser
verstehbar machen können, wenn man ihnen nur Raum in der
Diskussion über das Monstrum Haarmann zugestanden hätte:
so Freuds Spekulation über bestimmte Urphantasien, die jeder
Mensch als phylogenetischen Besitz mit sich schleppt, worin das
Individuum in seinem gegenwärtigen Erleben auf rudimentäre
Erlebnisschichten trifft, die unvorhersehbare katastrophale Reaktionen bewirken können.[83] Oder Lessings Spekulation, es
könnten mitunter Zeit und Raum durchsteigende Phänomene in
die Jetztzeit einbrechen, wie Haarmann normal gekleidet sein
und »der doch in den verschlagenen Wolfsaugen die Wirklichkeit trug schrecklicher Nachtmahr- und Wolfslegenden aus
Urzeiten«.[84]

Das Gutachten des Dr. Schultze aus der Göttinger Heil- und
Pflegeanstalt, in die Haarmann zur Beobachtung und psycholo-

gischen Einvernahme gebracht worden war, ging auf die sexuelle Entwicklung des Angeklagten erst gar nicht ein und konnte auch keine erhebliche Funktionsstörung des Gehirns feststellen. Nach der Hinrichtung Haarmanns veranlaßte der Reichsgerichtsrat Fritz Hartung eine gründliche Untersuchung des Gehirns im Kräpelinischen Hirnforschungsinstitut in München, die seine Vermutung bestätigte, daß Haarmanns Straftaten doch mit hirnphysiologischen Prozessen zu tun haben könnten. Das Gehirn war an mehreren Stellen mit der inneren Schädelhaut verwachsen, was auf eine früher erlittene Gehirnhautentzündung hindeutete, die zu epatanten Veränderungen der Charaktereigenschaften führen kann. Ein Unzurechnungsfähiger oder nicht ganz für seine Taten Verantwortlicher sei möglicherweise hingerichtet worden. Dieser Fall habe, führte Hartung weiter aus, seine Bedenken gegen die Todesstrafe sehr verstärkt.[85] Erstaunlich und erschütternd aber sei es für ihn, der im Justizministerium gearbeitet hat, immer wieder gewesen, wie häufig sich Zeitgenossen aus den verschiedensten sozialen Schichten um die Übertragung des Scharfrichterpostens beworben hätten; einer habe sich durch den Hinweis empfohlen, »er sei von großer, kräftiger Erscheinung, trage einen starken Schnurrbart und sei dem Feldmarschall Hindenburg sehr ähnlich«.[86] Widerwillig mußte die Polizeibehörde in Hannover während des Prozesses öffentlich zugeben, daß Zeugenaussagen zutreffend seien, wonach einzelne Beamte im Vernehmungszimmer Haarmann mit Gummischläuchen geschlagen und, um ihn gefügig und aussagewillig zu machen, auch eine Quetschung der Hoden vorgenommen hätten. Der vorsitzende Richter herrschte eine kritische Zeugin an, dies sei gut und und richtig gewesen, sonst würde Haarmann heute noch weitermorden.[87] Nicht die Beamten des Schwurgerichts übrigens betreuten den Angeklagten während des Verfahrens, sondern die düpierten ehemaligen Kollegen von der Bahnwache nahmen ihn unter ihre Fittiche (gemeinsam mit Gerichtsarzt Schackwitz, demselben Mann, der Leichenteile als Schweineschwarten diagnostiziert hatte) und prügelten und mißhandelten ihn und gaben ihm deutlich zu verstehen, welche Aussage er zu machen habe. Mögliche politische Spitzeldienste sollten unter keinen Umständen zur Sprache gebracht werden.

Obwohl Lessing, anders als Karl Kraus es getan hätte, die Unterlassungen und Versäumnisse, die Verfehlungen und Verletzungen der juristischen und der psychologischen Aspekte dieses Prozesses durch die maßgeblichen Instanzen nicht im oratorischen Stil eines Ersatzanklägers vorgetragen hatte, vielmehr seine Berichterstattung auf die nüchterne und ungeschönte Darstellung aller verfügbaren Fakten anlegte, empfand man in weiten Kreisen dies doch schon als eine, wie er selbst sagte, »Ephialtes-Tat gegen Heimat und Vaterland«.[88] Man brandmarkte ihn von seiten der nationalistischen Presse und Parteien als einen Mann, der sich erdreistet habe, das Triebleben einer verabscheuungswürdigen Bestie verstehen und wissenschaftlich erklären zu wollen. Nicht einmal der Ausdruck »Bestie« wurde von dieser scheinheiligen Kritik akzeptiert, das galt schon als eine Art Ehrentitel.[89] Haarmanns Rechtsbeistand, ein stadtbekannter völkischer Reaktionär, konnte unwidersprochen ausführen, »solche Unholde wie den Haarmann« könne nur eine Republik wie die Weimarer hervorbringen.[90] Doch mit dem Zurechtrücken falscher Tatsachenbehauptungen, mit polemischen Repliken und sachlichen Korrekturen hätte Lessing gegen solche Fronten nichts ausrichten können, unbeirrt arbeitet Lessing seine kulturkritische Sicht auf den Fall Haarmann weiter aus. Im Verhalten der beiden Verbrecher entziffert er ein Strukturmodell der gesellschaftlichen Beziehungen. Die beiden hätten getan, was in zivilisierteren Formen gesellschaftlichen Verkehrs durchaus anerkannt sei: »Wucher treiben mit dem Leben«.[91] Jeden Tag seien Mitglieder der bürgerlichen Gesellschaft bemüht, die für alle gemachten Gesetze zu umgehen, zu unterlaufen. Wenn sie dann als hochbetagte Jubilare von Vertretern ihrer Stadt zum siebzigsten Geburtstag für ihre unschätzbaren Verdienste gefeiert würden, könnten diese »Stütze[n] der kapitalistischen Gesellschaft« ungeniert und frei erklären: sie

Der Dekan der Fakultät
für Allgemeine Wissenschaften.
Nr. 475.
_____

Hannover, den 17. Februar 1925.

Herrn

Privatdozenten, Prof. Dr. L e s s i n g

H a n n o v e r.

Stolzestr. 47

Ich teile Ihnen hierdurch mit, daß die Fakultät
für Allgemeine Wissenschaften in ihrer gestrigen
Sitzung beschlossen hat, gegen Sie ein Disziplinarverfahren zu eröffnen, um die Frage zu klären, ob
durch Ihr Verhalten im Haarmann-Prozeß, das zu der
Entziehung Ihrer Pressekarte geführt hat, die akademische Standesehre verletzt worden ist,

Schreiben des Dekans der Technischen Hochschule Hannover an den Kollegen
Lessing wegen seiner kritischen Berichterstattung über den Mordprozeß Haarmann,
17. 2. 1925; drei Monate später begann die völkische Hetzkampagne gegen den
jüdischen Hochschullehrer mit der Beihilfe seiner Kollegen.

danken für alle erwiesenen Ehrenbezeugungen, und hinzufügen: man lebe nun vierzig Jahre in dieser Stadt und es sei ihnen nichts nachzuweisen.[92] In den Stadtwüsten der modernen Welt würden neue Raubtiere gezüchtet, solche in Menschengestalt, und dieses Wolfstum, ausgerüstet mit Radio, Elektrizität und seidener Wäsche, dürfe vielleicht als ein Wesensmerkmal genommen werden für die »Seele der abendländischen Wolfsmenschheit überhaupt; im Kleinen noch einmal dasselbe wiederholend, was im Großen darlebten fünf Heldenkriegsjahre, in denen jegliches Werktum des Mordens und der Wolfsmoral stand«.[93]

Es könne sein, daß noch eine Zeit kommen werde, wo man sich über Massenmörder vom Kaliber Haarmanns nicht mehr aufrege: dann aber sei das Zeitalter angebrochen, in dem man Haarmann als minderen Stümper belächele.[94] In der Formel: »Irrsinn und Teufelei! das sind die Pole dieser ›Besten aller möglichen Welten‹«[95], in der Koppelung von geistlosem Trieb und seelenloser Intelligenz (mit Max Webers Worten: »Genußmenschen ohne Herz und Fachmenschen ohne Geist«), der unendlichen Gier nach einem Zugewinn an Leben, im Intelligenzverbrechertum war die ganze Terrordynamik des nationalsozialistischen Staates vorgebildet. Lessing ahnte die sich abzeichnende »perverse Einheit« von wölfischem Blutdurst und füchsischer Schläue; im politischen Verbrechergespann Hitler/Goebbels wiederholte sich im Großen, was Haarmann/Grans im Kleinen vorgetan hatten. Wenige Monate vor Hitlers Inthronisation als Reichskanzler sah Klaus Mann in einem Münchner Kaffeehaus den erfolgreichsten Politiker der Weimarer Republik als Kuchen mit Sahne verschlingenden Gast und fragte sich, woran ihn dessen Gesicht erinnere. Chaplin habe ein ganz ähnlich gestutztes Oberlippenbärtchen, aber Chaplin sei der Inbegriff von Charme und Geist, und diese Eigenschaften besitze der neben ihm heftig schmatzende Kaffeehausbesucher nicht: »Während ich die Kellnerin rief, um meine Komsumtion zu bezahlen, fiel mir plötzlich ein, an wen der Kerl mich erinnerte. Haarmann selbstverständlich. Wieso war ich darauf nicht schon längst gekommen? Freilich doch, er sah aus wie der Knabenmörder von Hannover, dessen Prozeß unlängst Sensation gemacht hatte. [. . .] Die Ähnlichkeit zwischen den beiden Tatmenschen frappierte mich. [. . .] ›So was kommt nie zur Macht!‹ Ich war meiner Sache ganz sicher [. . .]«[96]

Am Abend vor der Urteilsverkündung trafen sich die gedemütigten und von den Institutionen übergangenen Eltern und Angehörigen der Opfer mit Lessing und hielten »Gericht über das Gericht!«.[97] Zu diesem Zeitpunkt war die Kampagne gegen Lessing in Hannover schon in Gang gekommen: Denunziation beim Kultusminister, Einleitung eines Disziplinarverfahrens, erste hinterhältige Pressenotizen.[98] Lessing aber schlug vor, man solle einen großen Findling aus der Lüneburger Heide auf den Platz vor der Roten Reihe setzen und darauf die Worte schreiben: Unser aller Schuld.[99] Zu solchen symbolischen Gesten war eine von ihrer Ehrenhaftigkeit und Anständigkeit zutiefst überzeugte Gesellschaft nicht fähig. Nach 1945 wurde ein Ehrenmal für die Opfer Haarmanns auf dem Stöckener Friedhof errichtet, auf dem man ihre Namen lesen, aber nicht ein Wort über die gesellschaftliche Mitverantwortung finden kann. Außer einigen untergeordneten Polizeibeamten, die für im Amt begangene Verfehlungen zur Rechenschaft gezogen wurden, gab es keine weiteren Maßnahmen gegen die höheren Dienstgrade und andere Personen, die im Dunkel der Anonymität verblieben. Der Groll rechtskonservativer und völkisch-nationalistischer Kreise gegen Lessing aber wurde nun, nach Abwicklung des delikaten juristischen Verfahrens, täglich größer. Zehn Tage nach Haarmanns Hinrichtung hatte man eine Handhabe gegen den Störenfried und Nestbeschmutzer. Es sollte sein Todesurteil werden.

Die Haarmann-Fama aber wurde weitergesponnen. Das Lied: »Warte, warte nur ein Weilchen, bald kommt Haarmann auch zu dir . . .« erfreute sich außerordentlicher Beliebtheit bei Jung und Alt, mit gruseliger Lust erzählte man hinzuerfundene Details zu dem ohnehin schon kolportagefähigen Stoff. Im

Sommer 1975, als die Bluttaten des Fritz Honka aus Hamburg in der Öffentlichkeit bekanntwurden, fand man in mehreren Stadtteilen Hannovers verstreute Leichenteile und vermutete sogleich einen neuen Haarmann. Die Hintergründe hierzu wurden nicht aufgeklärt, man schloß nicht aus, daß jemand sich einen makabren Scherz erlaubt hatte. Ganz ernst gemeint war hingegen eine Anregung, die aus dem gegenwärtigen Klein-Venedig, dem Steintorviertel mit seinen Kaschemmen, Peep-shows und Bordellen, vorgetragen wurde. Das verruchte, aber schwer heruntergekommene Viertel brauche wieder einen Haarmann: »Wegen der Reklame.«[100]

Neue und alte Horizonte
Europäische Sachlichkeit. Deutscher Nationalwahn

In den »Goldenen zwanziger Jahren«, zwischen 1924 und 1929
ging ein neuer Glaube an die Macht der Zeit um. Die Vorbilder
dazu kamen aus Amerika. Die Auflockerung der Lebenswelten,
die Aufwertung des Großstädtischen und Individualistischen
war ein Ergebnis der relativen ökonomischen Stabilisierung
nach 1924, mit der zugleich ein Stimmungs- und Typenwechsel
der Leitideale und Symbole einherging. Die deutsche Gesellschaft modernisierte sich, der Anschluß an die internationale
Industriekonkurrenz aber bewirkte auch eine Zunahme stan-
dardisierter Kühle im gesellschaftlichen Umgang: Der Satz, man
müsse auf den Boden der Tatsachen zurückkommen, wurde zur
Faustformel eines anderen Zeitgeistes. Rationalisierte Großfa-
briken, technisierte Arbeitsteilung und die Massenproduktion
von Konsumgütern waren die grundlegenden Voraussetzungen
für die Weckung bisher unterdrückter Triebwünsche. Daraus
entwickelten sich neue Sozialcharaktere, die die Anonymität in
der Massengesellschaft schätzten und als Vertreter neuer Sachlichkeit es sichtlich genossen, pragmatisch die Natur und die
Kultur, den Staat und die Gesellschaft unsentimental und
scheinbar unideologisch zu erleben. Volk und Vaterland, sakro-
sankte Symbole für viele ihrer Zeitgenossen, sagten diesen
Nachgeborenen des deutschen Obrigkeitsstaates nichts mehr.
Mit dem autoritären Gebaren und feudalmilitaristischen Geha-
be der traditionalistischen und nationalistischen Lager und
Verbände konnten sie nichts anfangen. Das war keine politische
Entscheidung, nur der Drang nach leichtem Leben, nach Sport
und Spiel. In dieser Angestelltenkultur der neuen Freizeit-
Moderne waren dynamische Typen gefragt, nicht markige

deutsche Helden mit weltanschaulichen Verhärtungen. Die Kultur der Oberschichten und die Populärkultur, vor 1924 noch scharf voneinander getrennt, verschmolzen zu einer allgemeinen Konsumkultur. Ein dynamischer Kapitalismus löste viele buntscheckige Bande auf, der Gleichheitsfluß neuer Sachlichkeit durchzog ein immer noch von den alten Eliten politisch beherrschtes Land. »Durch die Abwendung von ständestaatlichen Leitfiguren wie Offizieren, Geheimräten und anderen kam der durchtrainierte Sportsmann in Mode, der Professional, womit Hoffnungen auf eine Normalisierung, wenn nicht sogar Republikanisierung des öffentlichen Lebens verknüpft waren.«[1] Zwar waren diese neuen symbolischen Sozialcharaktere von industriellen Vorleistungen und konfektionierten Normen geprägt, doch daraus ließ sich noch etwas gestalten, und vor allem Frauen entdeckten neue, abweichende Verhaltensfiguren: den Vamp, das beruflich selbständige *girl*, den *Flapper*, der Inbegriff des immer *Up-to-date*-Seins. Eine neue Verständigung zwischen den Geschlechtern bahnte sich an: die freie Kameradschaft, die zu nichts verpflichtende Freundschaft und Liebe. Diesem Wunsch nach Unabhängigkeit entsprach die politische Liberalisierung, die in der sogenannten »Stresemann-Bonhomie« symbolhaft verdichtet war und sich sowohl gegen den November-Radikalismus von 1918 wie gegen die Traditionen des Wilhelminismus abzugrenzen versuchte. Doch dieses Reformprogramm, angetrieben und geleitet von einer instrumentellen Vernunft und allein möglich geworden durch eine beispiellose Taylorisierung und Rationalisierung der industriellen Arbeit nach 1924, bricht sich an Lebens- und Bewußtseinsformen, die noch vom alten System und seinen Werten geprägt sind. Neue Parteien und Sekten schießen aus dem Boden der ungeliebten Republik, die auf politische wie soziale Umwälzungen mit neuem Mystizismus und Nationalismus antworten. Aus jeder abseitigen Idee, jedem okkultistischen Phantasma wird im Handumdrehen ein eingetragener Verein, ein metaphysischer Zirkel, eine Erneuerungsbewegung, eine Kampftruppe zur Rettung Deutschlands vor modernistischen Gefahren. Tragikomische Kämpfe um den höchsten Punkt, dem absoluten Gipfelzentrum aller Welterklärung entbrannten – darunter machte man es nicht –, und das nachlesbare Resultat, in Traktaten, hektographierten Heften und Broschüren aufbewahrt, dokumentiert die große Rat- und Rastlosigkeit einer schwachen Republik. Der Teufelskreis von Krise, Krieg und Niederlage, von Versailler Vertrag und Inflation, von Reparationsforderungen und dem Gerangel um die Auszahlungsmodalitäten, vom »Geist von Locarno« und den eskalierenden Straßenkämpfen – solche Eckwerte der großen Tagespolitik bestimmten das tägliche Leben und führten zu Verwirrungen über den Nutzen einer demokratischen Gesellschaft.

Die Darstellung der politischen Konstellationen und Kräfte in der Weimarer Republik ist ein unerfreuliches Geschäft, ein filigranes Rekonstruieren verschlissener Koalitionsregierungen und desolater Minderheitskabinette. Zufällige Mehrheiten machten allzuoft das politische System zu einem Gegenstand der Berechnung, was zuletzt die stufenweise Selbstauflösung der Staatsform herbeiführte.[2] Das »Mausgraue« der demokratischen Parteien und ihrer Funktionsträger, die sinnentleerten Debatten in den Parlamenten imponierte einer bis 1930 stetig größer werdenden Zahl von Bürgern und Wählern nicht, auch empfand man hitzige Kontroversen als staatsabträglich und vertraute sich lieber der klaren Entscheidungsgewalt von Vorgesetzten an. Daß die Diskussionen in den parlamentarischen Vertretungen größtenteils tatsächlich aus Scheingefechten um Dinge bestand, die die Ministerialbürokratie längst vorab geregelt hatte, leistete dem noch Vorschub. Demokratische Kompliziertheiten ließen sich ohnehin kaum eindringlich in der Öffentlichkeit darstellen. So entfloh mancher Bürger der Weimarer Republik instinktiv dem Irrgarten undurchsichtiger, weil jeweils neu auszuhandelnder Politik in die trügerische Transparenz autoritärer Klarheit und Einheit.

Das Schema von Revolution, Konfusion und Reaktion, das Theodor Lessing entworfen hat, bestätigte sich in den verschiedenen Zerfallsphasen der Weimarer Republik. Der niedergeschlagenen Revolution folgte die weltanschauliche Aufheizung der Gemüter und Gehirne, »ein Kuddelmuddel, aus welchem heraus die konfuse Jugend Deutschlands sich in jeden Aberglauben und in jede Mystik hineinzustürzen«[3] bereit war. Es war die »jüngste Generation, die Krieg und Revolution noch nicht am eigenen Leibe erlebt hatte, unerfahren und unwissend«[4], die nun zum Adressaten nationalistischer Agitation und Propaganda werden konnte. Aber es gab auch die elegischen Weltverneiner, die nur in einem Punkt gleicher Meinung waren: »Die Welt ist eben des Teufels; bauen wir still unsern Kohl.«[5] Das war kein durchgehendes Reaktionsmuster, ein anderer Teil der jüngeren Generation wollte aus der Not der Geschichte lernen, wollte mehr wissen über die Beschaffenheit des Politischen, und zweifelte an den überkommenen Wertsystemen. Diese »problematische« Jugend besorgte sich Bücher, diskutierte mit Spaß an der Kontroverse, kämpfte für ein anderes Deutschland, für ein vereintes Europa. Sie interessierte sich auch für Philosophie und besuchte Volkshochschulkurse, wie sie Ada und Theodor Lessing in Hannover-Linden ab 1919 angeboten haben. Diese Lehrtätigkeit ist für Lessing die praktische Folgerung aus seiner »Philosophie der Not«, dem drängenden Sinnbedürfnis will er mit Zukunftsperspektiven auf ein republikanisches und demokratisches Deutschland entgegenkommen.

Die Volkshochschulen waren ein geeigneter Ort dafür. Aneignung von beruflichem Fachwissen und lebensorientierende Weltdeutung waren die beiden Hauptaufgaben der Volksbildungsstätten, die nun überall im Land sich ausbreiteten. In der Volkshochschulbewegung erfuhr die Lebensphilosophie eine Wiederkehr unter anderem Vorzeichen, nachdem sie mit der Diskreditierung und dem Niedergang der Aufklärung im 19. Jahrhundert nur noch als pädagogische Erbauungs- und Ermahnungsliteratur ein Kümmerdasein gefristet hatte. Die Volkshochschulen waren selbstverwaltet, was gerade in der Arbeiterbevölkerung tiefsitzendes Mißtrauen gegenüber Bildungsveranstaltungen abbauen half, wodurch die Volkshochschulen in der Weimarer Republik nicht unwesentlich an der politischen Willensbildung mitwirkten.[6] In den Anfangsjahren

von 1918 bis 1924 war es der Einfluß der bürgerlichen und
proletarischen Jugendbewegung, der die Volkshochschulen
nachhaltig formte. Und Hochschullehrer wie Theodor Lessing,
der an seine pädagogischen Erfahrungen in Dresden anknüpfen
konnte, führten vor, wie man dilettantisches Lernen überwinden und in wissenschaftliche Arbeit übertragen konnte.[7]
Zur Fünfjahresfeier der Volkshochschule Hannover-Linden
hält Lessing, der bis Ende der zwanziger Jahre in vierundzwanzig Semestern über siebzig Vorlesungsreihen und Arbeitsge-
meinschaften abgehalten hatte, eine Grundsatzrede über die
»Volkshochschule als Kulturwert«. Wissen sei Macht, darin
stecke ein positiver wie negativer Sinngehalt. Mit Wissen lege
man jedes Ereignis aus, revidiere durch Erfahrung und Erprobung solche Deutungen immer wieder aufs neue. Durch Wissen
könne man aber genausogut die Menschen unterjochen, indem
man es nicht mehr in eine ethisch begründete Sinnperspektive
stelle, sondern zum Instrument von Herrschaft und Macht
mißbrauche und eine »Technik des Todes« daraus schmiede.
Die Volksbildung müsse vermeiden, das Palaver der bürgerlichen Kultur nachzuahmen, sie müsse vielmehr eigene Traditionen und Träume wiedererinnern und so nach und nach das
erlernbare technische Wissen angleichen an eine philosophische
Weltdeutung. »Man bezeichnet das in Rußland mit dem wun-
derlichen Wort: Proletkult. Aber meint Richtiges.«[8] Sodann
gelte es, Bildung als freiheitssichernde Kraft zu begreifen, nur
selbsterkämpftes Wissen sei wirklich erfahrene Freiheit, Lossa-
gung vom »Götzendienst des Ich und der menschlichen Ge-
spenster«. Bildung und Wissen gründe in Bildern, in Vorstellungen von Schönheit. Ohne ökonomische Macht aber sei auch
Wissen nicht mehr als eine schöne Möglichkeit. Ohne Freistel-
lung von körperlich ermüdender und entnervender Fabrik- und
Büroarbeit werde es immer nur die Volkshochschulfreiheit des
Feierabends geben. Und das sei keine Freiheit. Ans Ende seiner
Rede stellt Lessing seinen kategorischen Imperativ: Es wäre
nicht zu fragen, was ihm selbst nottue, sondern: »Wer hat uns
nötig?«[9]

Wieder ist es das erlebte und philosophisch durchdachte Verhältnis zu seinem Judentum, das Lessing zum Anwalt der Notleidenden, zum Fürsprecher der vom Bildungskanon des Bürgertums Ausgeschlossenen macht. Die jüdische Pariatradition aber verbindet er mit Motiven aus der indischen Philosophie und entsprechenden Lebensformen, eine für sein Denken bedeutsame Verbindung, die Lessing seit seiner Freundschaft mit Al Raschid Bey nicht mehr aufgegeben hat. Viele seiner zentralen philosophischen Begriffe übersetzt Lessing in die Terminologie der indischen Sprache und der philosophischen Tradition des Buddhismus. Indien, vielleicht nur sein Traum davon, ist Urwald, undurchdringliches Dickicht, so wie es die Träume der Nacht sind, die konturlos schwimmen im Grenzenlosen. Hier wurde die *dukha-satya*-Lehre geboren, wonach jedes Wissen die Beseitigung eines kleinen Schmerzes ist und jeder Schmerz das Tor zu einer neuen Vollkommenheit. Die »Philosophie der Not« gründet in dieser Erkenntnis: »Sie durchschaut die wechselseitige Abhängigkeit von Wissen und Schmerz und weiß, daß Bewußtsein unwandelbar Funktion von Not ist.«[10] So sehr er die hinduistische Religion verehrt und liebt, zur Aufhebung des sozialen Elends in Indien findet Lessing sie nicht tauglich. Denn nur eine soziale Theorie oder religiöse Strömung wie der Buddhismus vermag die Not als überwindbare zu erkennen. »So ist ein Volk, welches [. . .] lebt nicht der harten Welt des Seins, sondern der weichen Welt des Werdens als eines beständig strömenden, tropisch bildenden Elements, wahrscheinlich angewiesen auf den Despotismus, auf eherne Zwangregeln. Zerbricht das Netz der Kastenordnung und befreit sich die Pariakaste, so wird auch der indische Naturmythos sich in Sittenlehren wandeln müssen.«[11] Das Christentum und der Buddhismus konkurrieren in der Bewertung des Lebens und des negativen Prinzips. Zwar dreht sich bei beiden alles um das Leiden am Leben und die Erlösung, beide haben einen gemeinsamen »Ursprungsort«: »Not, Schmerz, Leiden«[12] – doch wäre es dem Buddhisten unvorstellbar, die christliche Unsterblichkeitsidee, die Wiedergeburt im Kreislauf des Immergleichen miterleben zu wollen.[13] Der Kernbegriff der Erlösung mache den Buddhismus zum sozialistischen Prinzip Indiens. Dies, und nicht die Natur- und Lebensreligionen, könnten den Hungernden helfen; darum befürwortet der Ethiker und Sozialist Lessing die Geistreligion des Buddhismus. Nicht nur Indien, auch Japan und besonders China sind für Lessing anregende gesellschaftliche Gegenbilder zur europäischen Faktizität. Er bleibt sich dessen bewußt, daß seine Aussagen über Asien immer nur Tendenzaspekte sein können und schon die Polarität Europa – Asien die »Relativität solcher Entgegensetzungen«[14] einschließt.

In Wirklichkeit sei es sogar ein Irrglaube zu meinen, Asien sei immer noch das positive, zukunftverheißende Gegenstück zum untergehenden Europa, denn, so Lessing 1930, die ganze Erde sei schon »längst im Begriff, ein ganzes Amerika zu werden«.[15] Diese Riesenmaschinerie des Tauschwerts ergreife noch die entlegensten Traumgefilde und überziehe jedes unberührte Fleckchen Erde mit kapitalistischen Arbeits- und Lebenstechniken. Doch schließe das nicht aus, die Wahrheit dieser Polarität zu erkennen und sich doch zugleich immer der Relativität dieser Entgegensetzungen, die zudem nicht nur geographisch gemeint seien, bewußt zu bleiben. »Verlorener Seelen unermeßliches Gewimmel . . . abergläubisch, dumpf, unterdrückt, hoffnungslos und hilflos vor der Kultur und ihren Kräften und doch das Herz der Erde und das Blut ihrer alten Gemeinschaft, . . . das ist China! das ist Indien! Lebemaschinen, geschniegelt und seelenroh zugleich, selbstbewußt und selbstgerecht alle Werke der Geistigkeit aufsammelnd, genießend und erschaffend, als Eroberer und Herrenmenschen die ganze Erde übermächtigend, dank der bloß werktümlichen Überlegenheiten, . . . das ist Europa! das ist Amerika!«[16] In diese scharfe Kontrastierung aber schieben sich vermittelnde Instanzen, die Europas Scharfsinn und Asiens Tiefsinn nebeneinander erhalten sollen, so wie Schlaf und Wachen, Tag und Traum einander bedingen.[17] Es stehe im übrigen außer Frage, daß der asiatische Mensch sich ebenso »ausschließlich um sein liebes Ich dreht, wie ein jedes

Lebewesen sich selber Mittelpunkt der Welt ist. Da aber die Forderungen der Gruppe (Tradition, Brauch, Gesellschaft, religiöse Bindung) viel tiefer in das Privatleben sich hineinerstrecken als in Europa, so ist der Gegensatz von Privatmensch und Sozialmensch weniger fühlbar.«[18] Auch durch die asiatische Kultur, Geschichte und Philosophie gehe ein Bruch, zögen sich viele Bruchlinien und wie magnetische Polaritäten tauchten immer neue und andere Formen auf. Vergebens, da zwanghaft etwas stillstellen zu wollen: Der Magnetismus dieses unbeendbaren Prozesses sei stärker, »in wie viele Stücke wir auch den Magneten zerkleinern oder mit wie vielen neuen Stücken wir ihn vergrößern«.[19] Alles in allem lebe der Mensch in Asien »in andrer Naturverbundenheit, [. . .] einfacher, sicherer, aus innerer Verwandtschaft wissender um vorbewußte Quellen«.[20]

Der philosophische Brückenbauer Lessing, der jüdische Vermittler von Traditionen und Tendenzen bezieht die Lösung dieser Fragen stets auch auf die Lebensbedingungen und Zukunftsaussichten der Juden. Sie promoviert er zu Weltdiplomaten und Weltkämpfern der Not. »Können aber Juden eine Lösung finden, (und sie gehn als Juden unter, wenn sie sie nicht finden), dann finden sie den Ausgleich des alten Widerstreites nicht für sich, sondern: für alle. Ich wüßte aber nicht, von welcher Volksgruppe die Lösung des Kampfes zwischen Seele und Geist, zwischen konservativem Volkstum und übervölkischem Ziel (terminus a quo und terminus ad quem) eigentlich ausgehn sollte, wenn nicht von derjenigen, welche am tiefsten unter der Unlösbarkeit leidet. Denn alle Veränderungen in der Welt und an der Welt geht aus und kann nur ausgehn von der Welt wundestem und leidenstem Punkte.«[21]

In einem seiner theaterkritischen Beiträge für die »Volksbühne« attackierte Lessing die von der hannoverschen Sozialdemokratie ausgegebene Parole zur Steigerung eines festlichen Lebensgefühls (unter Ausklammerung politischer Aufklärung), als er Gerhart Hauptmanns Stück »Die Weber« mitten in der Inflationsperiode als das »Drama einer Klasse und eines Klassenkampfes« porträtierte. Der Held dieses sozialen Dramas sei kein isoliertes bürgerliches Individuum, sondern das »hungernde, verbrauchte und versklavte Proletariat«. Sein Gesang sei das »Lied von der Not«[22], das Mut zum Kampf und Widerstand gegen Not und Unterdrückung machen könne, verbunden mit der Hoffnung, daß einmal wieder bessere, glücklichere Zeiten kommen werden.

Sie kamen nicht. Und wenn die »Weltbühne« seit Juni 1932 in jeder ihrer Ausgaben eine »Wochenschau des Rückschritts« und eine »Wochenschau des Fortschritts« (meist stand da nur: »Entfällt«), gedruckt hat – in Hannover lief diese »Wochenschau des Rückschritts«, mit beträchtlicher Vorverlegung, schon seit 1925.

Öffentliche Pathologie
Hindenburg und der Fall Lessing

In den *faits divers*, den vermischten Meldungen der Tageszeitungen, sind sozialpathologische Reaktionsbildungen aufgespeichert, die, zusammengenommen, der Vermutung recht geben könnten, es gäbe ein Gefälle im politischen Prozeß der Geschichte; alle Bruchlinien eines Handlungsgefüges laufen von einem bestimmten Zeitpunkt an nur noch in eine einzige Richtung, eigendynamisch sich steigernd. Der Gegenstand, an dem diese irreversible Entwicklung erprobt wird, findet sich dann wie von selbst.

Am 8. Februar 1921 läuft ein auf den Namen »Hindenburg« getauftes Dampfschiff in Bremen vom Stapel, die Belegschaft protestiert gegen diese Namensgebung. Im Juni veröffentlicht Emil J. Gumbel, Professor für Mathematische Statistik, die Schrift »Zwei Jahre Mord«, in der die politischen Attentate und Fememorde der politischen Rechten konfrontiert werden mit ihrer milden, nachsichtigen Aburteilung durch republikfeindliche Richter. Im August wird die »Sturmabteilung« der NSDAP aufgestellt; wird Matthias Erzberger ermordet. Während man den ersten Verfassungsfeiertag begeht, erscheinen im April, zur Beisetzung der letzten Kaiserin Auguste Viktoria, Ludendorff und Hindenburg. – Im Juni 1922 wird Walther Rathenau ermordet. Im August erhält das Deutschlandlied den Rang einer Nationalhymne, während die Rechtsparteien den 18. Januar, den Tag der bismarckschen Reichsgründung von 1871, als Nationalfeiertag vorschlagen. Im Dezember werden die Kriegsschuldigenprozesse ohne eine Verurteilung ergebnislos eingestellt. Zwei Romane, »Bekenntnisse des Hochstaplers Felix Krull« von Thomas Mann und »Raffke – Der große Schieber«

von Hans Reimann, fassen Stimmungslagen der Inflation zusammen. – Im Januar 1923 wird nicht der achtzehnte zum nationalen Jubeltag, wohl aber der 14. Januar zum allgemeinen Trauertag über die militärische Besetzung Deutschlands durch französische und belgische Truppen. Im April weist der preußische Kultusminister auf die große materielle Not der studentischen Jugend hin. Im September wird die letzte Postkutsche in Hannover aus dem Verkehr gezogen. Im Oktober entsetzt Reichspräsident Ebert unter Zuhilfenahme der Reichswehr die kommunistisch-sozialistische Koalitionsregierung in Sachsen und Thüringen. In Bayern nennt der Stellvertreter des Monarchisten Kahr, Oberregierungsrat Hubert Friedrich Karl Freiherr von und zu Aufseß, die Reichsregierung eine »Judenregierung mit einem Matratzeningenieur an der Spitze«. Im November putschen Ludendorff und Hitler erfolglos in München. – Im Februar 1924 wird das »Reichsbanner Schwarz-Rot-Gold« gegründet. Im Mai ruft der »Börsenverein des deutschen Buchhandels« die Buchhändler dazu auf, ihre Kunden über die »Judenfrage« aufzuklären. Im Juli wird Ernst Toller nach langer Haft aus Bayern ausgewiesen. Und während beim Verfassungstag das »Reichsbanner« seinen ersten großen öffentlichen Auftritt hat, versammeln sich im August in Hannover die Mitglieder des »Deutschen Sängerbundes«; vierzigtausend Sänger beteiligen sich an einem Chorgesang am Hermannsdenkmal mit dem Text: »Deutsch singe, wen deutsche Mutter gebar, deutsch rede, deutsch denke, deutsch träume gar. / Dann, Deutscher, droht dir nicht Not und Tod, / Dann winkt dir ein neues Morgenrot!«. – Anfang 1925 muß der ehemalige preußische Landtagspräsident Robert Leinert nach der Wahlniederlage der Sozialdemokratischen Partei in Hannover auf das Amt des Oberbürgermeisters verzichten; der rechtskonservative Bürgerblock wartet mit einer Broschüre auf, in der mit dem »System Leinert« abgerechnet wird. In Preußen, das seit 1921 sozialdemokratisch regiert und verwaltet wird, richtet man bei den Polizeipräsidien »Kunstausschüsse« ein, die zur »Erhaltung der öffentlichen Ruhe, Sicherheit und Ordnung, insbesondere der öffentlichen

Sittlichkeit« beitragen sollen. Im Juli stellt das preußische Oberverwaltungsgericht fest, daß der Inhalt des sogenannten »Borkumliedes« völlig harmlos sei und hebt ein Verbot auf. In dem Lied heißt es unter anderem: »An Borkums Strand nur Deutschtum gilt. [. . .] Doch wer dir naht mit platten Füßen, mit Nasen krumm und Haaren kraus, der soll nicht deinen Strand genießen. Der muß hinaus!« (1923 bewertete das Reichsgericht den Refrain »Wir brauchen keine Judenrepublik, pfui Juden-republik« als unbedenklich, da die Angeklagten »nur die ge-genwärtige Staatsform des Reiches beschimpft haben«, nicht aber den deutschen Staat schlechthin; 1929 entschied das Reichsgericht, daß die Kennzeichnung der Reichsfarben mit »Schwarz-Rot-Hühnereigelb« bzw. »Mostrich« mit diesem Zusatz bedenkenfrei sei, da es das Wort selbst auch wäre.) Im Juli 1925 erscheint Hitlers »Mein Kampf« und wird innerhalb weniger Monate zehntausendfach verkauft. Im November or-ganisiert die NSDAP die »Schutzstaffel«. Im Herbst ziehen die Besatzungstruppen aus dem Ruhrgebiet ab. Im Dezember werden die Locarno-Verträge unterzeichnet. Im Oktober kommt es zu einer großen Protestversammlung gegen bürokra-tisch-polizeiliche Eingriffe in die Freiheit der Kunst und Literatur; in den Kinos läuft zur gleichen Zeit der Film »Volk in Not« an, ein Heldengesang auf den Mythos von Tannen-berg. Im April wird der Massenmörder Haarmann hinge-richtet.

Es sind aber vor allem zwei Ereignisse, die, vermittelt durch eine Reihe von politischen Verwicklungen und Zufällen, den Hintergrund bilden für die Sozialpathologie der Weimarer Öffentlichkeit: der Tod des sozialdemokratischen Reichspräsi-denten Ebert am 28. Februar 1925 und die Kandidatur des Generalfeldmarschalls Paul von Hindenburg für die Wahl des Reichspräsidenten am 8. April 1925.

Der dem pensionierten Soldaten durch Tirpitz und Gefolge aufgedrängten Kandidatur folgte bereits vier Tage später die Niederschlagung des gegen den Kandidaten noch anhängigen Kriegsverbrecherverfahrens. In einem großaufgezogenen Re-

klamefeldzug koppelte die nationale Rechte dann den Namen
Hindenburg mit einem legendär verklärten Deutschland zusammen; ein Organisationsoffizier überwachte und lenkte die For-
mierung der öffentlichen Meinung.[1] Die Presse beschleunigte
die Multiplikation des nationalen Symbols. Eine Reportage aus
dem »Hannoverschen Kurier« gibt Aufschluß über das serielle
Abspulen immergleicher Schemata zur Erzeugung eines Mei-
nungs- und Gesinnungsklimas, in dem Stimmungshorizonte
sich ausdehnten und Kristallisationspunkte eines völkisch-nationalistischen Codes gebildet wurden: die Semantik heroischer
Gewalt. Es ist eine Sprache der feierlichen Beschwörung und ein
Automatismus der Zweckpropaganda zur Aufheizung der Massenpsyche. Am 20. April 1925 findet in der hannoverschen
Stadthalle eine Wahlgroßkundgebung mit Hindenburg statt.
Der Reporter des »Kurier« skizziert Bilder aus der altgermani-
schen Sagenwelt. Beim »Lied der Deutschen« sieht er »hell
blickende Augen«, die zum »Führer aus großer Zeit« demütig
emporblicken. Ein Flugzeug kreist draußen über der Menge,
schwarz-weiß-rote Fahnen knattern im Wind, Väter heben ihre
Kinder in die Höhe, die angetretenen Kriegervereine ziehen in
Reih und Glied vorbei. Der Reichstagsabgeordnete des nationalen Blocks beendet seine Huldigung an Hindenburg mit den
Worten: »Wir wollen Dir treue Gefolgschaft leisten bis zum
letzten Atemzuge! Geächtet sei der, der am 26. zu Hause bleibt.
Unsere Losung ist: Vorwärts mit Gott und Hindenburg!«[2] Der
deutschnationale Abgeordnete preist seinen Kandidaten, Han-
novers Ehrenbürger, als den getreuen Eckart der deutschen
Volksseele: »Alle unsere guten Seiten, das Gottvertrauen, die
Vaterlandsliebe, der Mut, die Selbstlosigkeit, die Pflichttreue,
der Ordnungssinn und der seelische Reinlichkeitstrieb, sie leben
in ihm und heben ihn uns auf die Höhe des Idealmenschen.«
Ehrgefühl und Selbstachtung seien seit dem schmachvollen
Ende des Krieges zerbrochen gewesen, aber »Hindenburgs
Wahl schmiedet sie wieder, wie einst Jung-Siegfried Nothung«.
Der Tagesbefehl laute daher: »Losung Hindenburg, Feldge-
schrei Tannenberg!« Das »innere Tannenberg« gelte es wieder-

herzustellen, um die nationale Ehre gegen die ausländischen Mächte bewahren zu können.[3] Das alles war nicht sonderlich originell, es setzte sich zusammen aus den Phrasen und Stereotypen der »nationalen Opposition«, ein sozialpathologisches Wahngeflecht, das aber durch die modernen Massenmedien große Verbreitung erfuhr. Dennoch erreichte der Kandidat im ersten Wahldurchgang keine Stimmenmehrheit, erst im zweiten siegte er mit hauchdünnem Vorsprung vor den anderen Bewerbern.

In Hannover bekam er keine Mehrheit.[4] Am Abend des Triumphes aber ziehen Fackelträger durch die Stadt, defiliert die Prominenz aus Bürgertum, Militär, Bürokratie und Politik an der Villa Hindenburgs vorüber. Gleich drei Formationen wälzen sich durch Hannover: An der Spitze eine Kapelle, den Fridericus-Rex-Marsch anstimmend, dahinter eine Gruppe der hannoverschen Studentenschaft in vollem Korporationswichs und bunten Mützchen, dann die alten Herren der Burschenschaftlerverbände, die Schützenvereine, die Krieger- und Regimentsvereine, der Offiziersbund, die Marinevereine und auch der Orientverein, der einen kleinen Türkenjungen mit einer Halbmondfahne vorwegschickt. Es folgen die Sportvereine, das Handwerk, die Gesangvereine und nationalen Jugendverbände; am Ende die vaterländischen Verbände »in strammem Schritt und guter Marschordnung«. Sie singen: »Wir schlugen den Teufel für Dich aus der Welt.« Harry Graf Kessler schreibt am 15. Mai in Weimar in sein Tagebuch: »Alle Philister freuen sich über Hindenburg; er ist der Gott aller derer, die sich ins Philistertum zurücksehnen und die schöne Zeit, wo man nur zu verdienen und zu verdauen brauchte mit einem nach oben gerichteten Augenaufschlag. Hindenburg soll die Verhältnisse ›konsolidieren‹, das heißt wieder auf Philister zurückschneiden. Adieu Fortschritt, adieu Vision einer neuen Welt, die das Lösegeld der Menschheit für den verbrecherischen Krieg sein sollte; endlich wird man wieder als dicker Hammel oder gemästete Gans bequem leben können, bis der Schlächter kommt und den Blutlohn fordert.«[5]

Seit einer Woche erst war Hindenburg neues Staatsober-
haupt, als am 10. Mai 1925 sich in Hannover im Konzerthaus
am Hohen Ufer ein »Kampfausschuss gegen Lessing« bildet.
Anwesend sind nationalvölkische Korpsstudenten und auch
einige Professoren der Technischen Hochschule. Ein fünfköpfi-
ger Ausschuß wird aus der Versammlung heraus gewählt. Die
Forderungen gibt man in einer Resolution und einer Eingabe an
das preußische Kultusministerium bekannt. Darin wird erklärt,
die Behörden müßten unverzüglich Professor Theodor Lessing
den Lehrauftrag entziehen und ihm die *venia legendi* auf Dauer
aberkennen. Seit langem schon sei Lessing eine starke Belastung
für das Ansehen der Hochschule, und zumal seine Berichterstattung über den Haarmann-Prozeß habe gezeigt, daß er die
Unwahrheit und Lügen verbreite; außerdem habe er die deutsche Justiz und den Richterstand in den Kot gezogen: Grund
genug, ihn nicht länger an der Hochschule dulden zu können.
Sein Artikel über Hindenburg im deutschfeindlichen »Prager
Tagblatt« aber setze allem anderen die Krone auf. Er habe darin
seine unbestrittenen Fähigkeiten schamlos genutzt, um dem
Deutschtum schweren Schaden zuzufügen und einen Mann zu
schmähen, dem das gesamte deutsche Volk zu Dank verpflichtet
sei und zu dem die Studentenschaft in unbegrenzter Ehrfurcht
aufblicke. Einig wisse sich die versammelte Studentenschaft mit
den Professoren ihrer Hochschule in der Verurteilung Lessings.
Es sei der erklärte Wille, ihn »aus unseren Reihen auszuschließen, um damit den Schandfleck auf dem Schilde der Technischen Hochschule zu tilgen«.[6]

Der »Fall Lessing« hatte seinen Anfang genommen. Dem
ging ein am 8. Mai im »Kurier« entstellt nachgedrucktes Porträt Lessings über Hindenburg voraus, mit dem redaktionellen
Zusatz, man solle doch bei Lessing »vorbeischauen« und ihm
die Meinung geigen. Das tat ein Trupp völkischer Studenten;
aber Lessing war nicht zu Hause. So konnte man nur mit
Steinen werfen, ihm aber nicht, wie es die »Niederdeutsche
Zeitung« vorgeschlagen hatte, die »Palme des jüdischen Presse-
reptilismus« überreichen.[7] So begann ein lokaler Eklat mit

der Rache eines kleinen Lokalredakteurs, der Lessing nicht ausstehen konnte und schon lange nach einer Gelegenheit gesucht hatte, dessen Existenz in Hannover unmöglich zu machen.[8]

Dann aber bekam die Kampagne gegen Lessing Kontur und Farbe und wuchs sich aus zu einem nationalen Skandal: Nach einer Woche wußten zwischen Breslau und München die national gesinnten Zeitungsleser Bescheid über jüdische Machenschaften an einer deutschen Hochschule. Jeder der Meinungsmacher bediente sich dabei der Mittel, mit denen er vertraut war. So schnitt ein Kollege Lessings, Professor Cranz, den inkriminierten Hindenburg-Aufsatz aus, klebte ihn auf ein Stück Pappe, ummalte ihn mit Buntstift, versah das anprangernde Plakat mit dem handschriftlichen Vermerk: »Tiefer gehängt!« und pinnte es ans Anschlagbrett der Hochschule. Zwei Tage später rückte die »Niederdeutsche Zeitung« den Artikel eines Privatdozenten namens Müller in ihre Spalten. Der Kollege forderte Lessing ultimativ auf, sofort von seinem Lehramt zurückzutreten. Die Versammlung der vierhundert Studenten (ein kleiner Bruchteil der Gesamtstudentenschaft) und der sieben Professoren und Dozenten im Konzertsaal am Hohen Ufer erlebte den stellvertretenden Rektor, Professor Konrad Müller, der in einer Rede bekräftigte, er würde gegebenenfalls auf eigene Faust handeln, falls Regierung und Ministerium versagten. Dann werde er eigenmächtig Lessing die Abhaltung jeder weiteren Vorlesung untersagen.[9] Der Rektor weilte zu diesem Zeitpunkt in Amerika. Der Kampfausschuß ließ Flugzettel drucken und verschickte sie an alle überregionalen Zeitungen. Und bald flossen Geldspenden aus dem nationalistischen Bürgertum am Ort.[10] Ohne strafrechtliche Folgen blieb der von mehreren Ohrenzeugen beglaubigte Ausspruch des ehemaligen Haarmann-Verteidigers und enragierten Nationalisten Benfey, der in einem Straßenbahnwagen in Gegenwart von Ada Lessing gegenüber einem Gesprächspartner laut und deutlich, so daß es die Mitangesprochene hören konnte, sagte, er habe erst neulich einem Jungdo (Mitglied des Kampfbundes »Jungdeutscher Orden«) geraten:

»Nehmen Sie doch den Kerl und schlagen Sie ihm einen über den Schädel.«[11] Das war am 15. Mai.

Drei Tage später blockieren mit Bierseideln bewaffnete Studenten den Vorlesungsraum, so daß Lessing seine Vorlesung schließlich ausfallen lassen muß. Mittlerweile war der Rektor, Professor Vetterlein, von seiner Vortragsreise aus Amerika zurückgekehrt und hatte sogleich die für den 18. Mai angesetzte Vorlesung eigenmächtig und ohne Rücksprache mit Lessing gestrichen. In einem Brief an den »verehrten Kollegen« unterstellt er, daß Lessing mit dieser Maßnahme einverstanden sein werde.[12] Postwendend antwortet der, er habe zwar per Einschreiben protestiert, füge sich dennoch dieser Anordnung, lege zugleich jedoch Widerspruch gegen das eingeschlagene Verfahren ein, das jeder rechtlichen Grundlage entbehre.[13] Er sendet dem Rektor den beanstandeten Aufsatz im Original mit der Bemerkung, daß wegen dieser literarischen Arbeit »Rektor und Senat der Techn. Hochschule einem Mitglied des Lehrkörpers nicht nur jeglichen Schutz versagt, sondern Ehrenkränkung und unerhörte Beleidigungen bis zu körperlicher Bedrohung durchaus aktiv provoziert haben«.[14] Den Rektor charakterisiert er in einem anderen Aufsatz als einen eigentlich wohlwollenden Mann, der aber »kein Durchgreifer im Sinne des Rechts« sei.[15] Und er zitiert den Rektor, der im Februar gesagt hatte (als ein Disziplinarverfahren gegen Lessing wegen seiner Berichte über den Haarmann-Prozeß eröffnet worden war), so lange er Rektor sei, würde es keine akademische Disziplinarmaßnahme geben, »diese Blamage werde ich unserer Hochschule ersparen«.[16] Unter dem Druck der nationalistisch gelenkten öffentlichen Meinung, sicherlich aber auch den lokalen Gegebenheiten Rechnung tragend, greift Vetterlein jetzt doch zu diesem Instrument. Am 19. Mai kommt aber auch der erste öffentliche Widerspruch gegen die ins Rollen geratene Kampagne; er kommt von keiner Organisation, von keiner Partei. Lessings alter Lehrer Max Schneidewin druckt auf eigene Kosten eine kleine Schrift, in der er alle Vorhaltungen und Anwürfe als Unsinn zurückweist und Lessing, trotz mancher fachlicher

Einwände und politischer Differenzen, als bedeutenden Philosophen rühmt und das Recht auf freie Meinungsäußerung in Erinnerung ruft.[17] Frühzeitig wird auch die republikanisch-demokratische Öffentlichkeit auf den »Fall Lessing« aufmerksam. Carl von Ossietzky schreibt in diesen Tagen: »Der Werwolf Haarmann [. . .] ist nicht mehr. Mit wehenden Fahnen, die Zähne gebleckt, sind die nationalen Werwölfe auf den Plan getreten. [. . .] Zielpunkt des Kesseltreibens der nationalen Orthodoxie [. . .] ist kein regulärer Zeitungsartikel. Eher die Abhandlung eines Philosophen, den an den Männern der politischen Bühne allgemein Menschliches in individueller Ausprägung weit mehr interessiert, als ihr Programm. Im ganzen Wahlkampf ist kein höflicherer Artikel geschrieben worden.« Ein Lehrstück stehe der Republik ins Haus: »Der Fall Lessing, richtiger der Fall Technische Hochschule, hat zwei Seiten.« Die Wahrung der akademischen Lehrfreiheit und die Abwehr einer neuen Lawine von Majestätsbeleidigungsprozessen. Denn dies sei »ein Attentat zur Unschädlichmachung von Republikanern, die in der Republik allzuviel Monarchistisches finden«.[18]

Im Kultusministerium ist man derweil guter Dinge. Ein Regierungsrat teilt mit, das Ministerium werde eine ruhige Hand behalten.[19] Nach Rücksprache mit dem Oberpräsidenten Noske habe das Ministerium den Eindruck gewonnen, so der Regierungsrat am 20. Mai weiter, daß ein halbes Jahr Urlaub für Lessing zur allgemeinen Beruhigung der Situation gut wäre.

Nun hatte Noske bereits am 26. Februar, neun Tage nach der Eröffnung das gegen Lessing angestrengten Disziplinarverfahrens, in einem längeren Schreiben an Kultusminister Becker dringend davor gewarnt, diese Angelegenheit in der beabsichtigten Weise durchzuführen. Er habe während des Haarmann-Prozesses einige Tage die Verhandlung als Beobachter erlebt und könne bestätigen, daß beim Durcheinander dieses ungewöhnlichen Prozesses jedem Berichterstatter, also auch Professor Lessing, ein Fehler hätte unterlaufen können. Er sei ein angesehener Gelehrter und habe einen guten wissenschaftlichen Ruf. Außerdem gehe es in diesem Fall auch um die Erhaltung der Meinungsfreiheit, daher rate der Oberpräsident dem Minister, den »Fall« auf sich beruhen zu lassen.[20] Ein interessantes Dokument. Man muß bei der Bewertung dieses Briefes jedoch berücksichtigen, daß Noske, wie das »Prager Tagblatt« am 20. Mai anmerkte, Kurator der Technischen Hochschule Hannover war und seine Stellung in höchstem Maße gefährdet wurde durch Intrigen und Sammlungsbewegungen innerhalb der Professorenschaft, die durchweg antisozialdemokratisch eingestellt war. Das »Prager Tagblatt« interpretierte die Kampagne gegen Lessing deshalb als eine indirekte Kampfansage der reaktionären Professorenschaft gegen ihren Aufsichtsbeamten. Daher sei Noskes Position eng mit der Lessings verknüpft. »Für diesen ist die Sache gleichsam Kraftprobe: hat Präsidium und Kurator Macht und Einfluß auf die hann. Schulen oder setzen diese der Regierung gegenüber ihre Selbstverwaltung durch? [. . .] Übrigens sind Hindenburg und Noske auch persönlich verfeindet.«[21]

Am 23. Mai meldet sich der Pressechef des Oberpräsidenten zu Wort und bezeichnet die Agitation gegen Lessing als einen »Vorstoß gegen die Lehrfreiheit«. Dies sei ein öffentlicher Skandal, und man müsse sich fragen, ob Lessing einer in der Reihe derjenigen werden solle, die man wegen seiner republikanischen Überzeugung aus dem Amt entfernen wolle. Die preußische Regierung müsse den akademischen Behörden in Hannover schleunigst zeigen, daß sie noch Autorität besitze. Mehr als nur Lessings Person stehe auf dem Spiel, es handle sich um die »Existenzmöglichkeit verfassungstreuer Dozenten an Preußens Hochschule überhaupt!«[22]

Als isolierten Fall sah die völkische Rechte diese Angelegenheit nicht. Am 13. Mai lancierte man die Prägung »Trio« in die Öffentlichkeit und meinte damit neben Lessing die Professoren Nicolai und Gumbel.[23] Georg Friedrich Nicolai hatte schon 1920 die Sprengung seiner Vorlesungen durch Studenten erfahren müssen. Damals hatte ihm der Senat der Berliner Universität die Lehrbefugnis entzogen, und obwohl sich Nicolai über zwei Jahre lang gegen diesen Willkürakt zur Wehr setzte, mußte er schließlich resignieren und nahm 1922 einen Ruf an die argentinische Universität Córdoba an. Der Senat und die Studenten hatten ihm Fahnenflucht und Landesverrat vorgeworfen. In Wirklichkeit war Nicolai nach vielen Demütigungen und Schikanen durch vorgesetzte Militärs 1918 mit einem Flugzeug nach Skandinavien geflohen. Er war aber vor allem der Autor des Buches »Biologie des Krieges«, einer kritischen Widerlegung des Sozialdarwinismus, einer Warnung vor dem Völkermord: ein pazifistisches Grundbuch der Zeit. Vor seiner Emigration skizzierte Nicolai in einem Beitrag für die »Weltbühne« die Grundlinien der deutschen Universität in der Nachkriegszeit, hob die Sozialängste ehemals abgesicherter Hochschullehrer hervor, ihren Statusverlust und den Haß auf die unteren Klassen, die plötzlich ihre Domänen zu erobern schienen. Auch der deutsche Student spüre die soziale Deklassierung, die Entwertung der akademischen Laufbahn. Beide Gruppen brächten das mit der Umwälzung von 1918 in Verbindung und sähen in den »November-Verbrechern« die Urheber des Übels. Seinen eigenen Fall, aber auch andere bedenkend, kommt Nicolai zu dem Schluß: »Auch der treueste Freund deutschen Wesens muß resigniert schweigen, wenn er die brutale Intoleranz sieht, mit der die cives academici die anders denkenden Minoritäten niederschreien; oder auch wohl niederschlagen. Man kann je nach der Universität diese reaktionäre Mehrheit unter den Studenten auf 90 bis 95, unter den Professoren auf 95 bis 100 Prozent schätzen, darf dabei jedoch nicht vergessen, daß nur ein verschwindender Bruchteil, vielleicht Einer unter Zehnen, überhaupt politisch interessiert ist. Der Rest treibt einfach aus Bequemlichkeit in dem jetzt so breiten Fahrwasser der Reaktion [. . .] Der Durchschnitts-Student und -Professor ist eben kein aktives ›zoon politikon‹ [. . .] und beschränkt sich darauf, zu jener kompakten Majorität zu gehören, die Ibsen so lebenswahr und Le Bon so gewissenhaft analysiert hat.«[24]

1920 hatten sich die völkisch gesinnten Studenten im »Deutschen Hochschulring« (DHR) neu organisiert und im Grundsatzprogramm ihre »rassische Homogenität« hervorgehoben.

Ein Jahr darauf beherrschte der DHR bereits zwei Drittel aller in der deutschen Studentenschaft vertretenen Studenten. Ein ebenso großer Teil der Studierenden war in Korporationen organisiert. Im Sommer 1926 mußte man sogar schon die Mehrheit der deutschen Studentenschaft als nationalsozialistisch bezeichnen.[25] Unterstützt wurde der DHR, bis zu seiner Kapitulation vor dem »Nationalsozialistischen Studentenbund«, durch Alfred Hugenberg. Das reichte von finanziellen Zuwendungen über ideologische Handreichungen bis hin zur organisatorischen Befestigung des Ringes. Im Umland von Hannover wurde für die körperliche Ertüchtigung der völkischnationalistisch gesinnten Studiosi gesorgt. Vom 17. bis 29. April 1925, während der Kandidatur und Wahl Hindenburgs zum Reichspräsidenten, übten in einer zweckentfremdeten Volkshochschule hannoversche Studenten – den Arbeitsdienst. Im Schloß Colborn war das erste Arbeitslager auf dem Boden einer demokratisch verfaßten Republik gegründet worden.[26]

In der Woche nach dem ersten Briefwechsel stritten der Rektor und Lessing um die rechtliche Legitimation der Absetzung von Vorlesungen. Erst der Aushang des Rektors habe die Studenten mobilisiert, so Lessing, und daher seien sie dann auch dazu übergegangen, den Hörsaal 158 zu besetzen und seine laufende Lehrveranstaltung zu stören.[27]

Erste Solidaritätsschreiben trafen bei Lessing ein und ermutigten ihn zur Fortsetzung seiner Arbeit.[28] Am 30. Mai nimmt sich auch Robert Leinert als sozialdemokratisches Mitglied des Preußischen Landtags der Sache an, dankt Lessing für die Übersendung von Materialien zu diesem »nationalistischen Skandal«. Die sozialdemokratische Tageszeitung »Volkswille« hatte in einer Reihe von Artikeln das Kesseltreiben gegen den Dozenten dargestellt und die unrühmliche Rolle der hannoverschen Studenten in der jüngeren Geschichte in Erinnerung gerufen. »Durch diese mangelhafte Fassungskraft der teutonisch werdenden Ingenieure Hannovers wird aber nichts über Lessing bewiesen, sondern nur Besorgnis für die Zukunft der

deutschen Technik begründet.« Und man weist auf die tumultösen Vorfälle hin, die die Studenten während des Haarmann-
Prozesses in Lessings Vorlesungen veranstaltet hatten. »Der
Hannoversche stud. ing. als Nachrichter des Hannoverschen
Schwurgerichts war im Falle Haarmann so ziemlich der Schnittlauch in der Suppe.«[29] Am 28. Mai stellt die »Sozialistische
Studentengruppe« fest, daß entgegen den Meldungen der Presse
nur ein kleiner Teil der Gesamtstudentenschaft den »Fall«
Lessing verursacht habe, bis jetzt seien nicht viele neue Mitläufer hinzugekommen.

In einem von Lessing auf den 16. Mai datierten Briefentwurf
an den zuständigen Ministerialdirektor versucht er, seinen
Hindenburg-Artikel zu rechtfertigen. »Der Aufsatz, völlig
unpolitisch und weder nach rechts noch nach links irgendwie
interessiert, beabsichtigte in den Tagen, wo das Bild Hindenburgs fanatisch umstritten, bald verklärt, bald besudelt wurde,
ein aus persönlicher Anschauung gewonnenes, durchaus mit
Liebe geschriebenes Charakterbild zu geben.« Auch habe ihm
ein Ordinarius der Hochschule sofort einen zustimmenden
Brief geschrieben.[30] In einem anderen undatierten Entwurf
bekräftigt er seine Distanz zu allen politischen Lagern, er sei
»wie ein Abstraktum für die mir völlig ferne stehenden Zwecke
der Parteien mißbraucht«[31] worden.

Lessing unterscheidet vier gegensätzliche politische Reaktionen auf seinen Hindenburg-Aufsatz: Der nationale Heroismus
sieht darin eine schamlose, staatsgefährdende Verhöhnung; das
liberale Bürgertum empfindet das Porträt als eine Geschmacklosigkeit, aber harmlos; dem linksliberalen und republikanischen
Lager ist es nicht scharf genug und wäre daher besser ungeschrieben geblieben; die KPD sieht darin eine infame Kriecherei
vor Hindenburg.[32] Eine unbefangene Lektüre des berüchtigten
Porträts zeigt, daß alle vier Positionen an der Sache vorbeizielen, denn Lessing beurteilt Hindenburg als sozialphysiognomischer Beobachter und hebt die verschiedenen Schichten von
Hindenburgs Erscheinung voneinander ab. Das eine Spektrum
dieser »Illusionsfassade« umfaßt alle die Eigenschaften, die man

in der nationalen Öffentlichkeit als die einzig wahren Wesens-
merkmale Hindenburgs zu erkennen meinte: Ernst, gediegen,
einfach, gradlinig, treu und warmherzig, eine Mannesgestalt mit
einem guten, schweren, demütigen Antlitz, ein braver Soldat,
eine klare, wahre, redliche und verläßliche Natur, warmherzig
und naiv, ein Mann des Dienstes, treugläubig und einfältig.
Aber schon in dieser Aufzählung fallen einige problematische
Punkte auf (naiv und einfältig, treugläubig), die zweite Schicht
öffnet dann tatsächlich den Zugang zu dieser vieldeutigen Figur.

Im rückspiegelnden Blick seiner Begegnungen mit Hindenburg schildert Lessing seine Gefühlsreaktionen: Rührung, Er-
staunen über den Grad von Kindlichkeit, gemischte Gefühle
angesichts der Einfalt dieser historischen Figur. Im dritten
Zugang der Analyse aber wird deutlich (die drei charakterologi-
schen Schichten sind in der Darstellung ineinandergewirkt), daß
Lessing Hindenburg als massenpsychologisch bedeutsamen
Mythos studiert, der ähnlich wirksam werden könne wie Napoleon III. Den hatte Marx als einen großen Einfältigen charakterisiert, der aber gerade deshalb »vielfältigste Bedeutung« in der
projektiven Phantasie politisierter Massen annehmen könne:
»Eben weil er nichts war, konnte er alles bedeuten, nur nicht
sich selbst.«[33] Nicht anders hat Lessing die »Illussionsfassade«
Hindenburg beschrieben. Er sei ein Mensch, der nicht loskom-
me von der Begrenzung seines Selbst, ein »Eingespundener«,
auf einer Stufe der Entwicklung stehengeblieben, bei dem es
auch nichts zu entwickeln gebe, nur »unbedenkliche Entfaltung
eingeborener Vorurteile«. Hindenburg fühle sich dem »Ge-
sichtskreis der sauberen und gehaltenen Menschenschicht« zugehörig, und das als »Deutscher, Preuße, Christ, Monarchist,
Soldat, Kamerad«. Lessing vermag auf ihn nur zu blicken wie
auf eine Blume oder ein Tier und begreift dabei die »Doppelna-
tur alles Lebendigen«, fühlt die Komik und das Bedenkliche
dieses Mannes, der »mit der ganzen Schönheit der Unwissenden
durch Meere von Blut, durch Ströme von Galle, über Berge von
Hindernissen kinderleicht hinwegschreitet, von ungeheuren
Verantwortungen bedrückt und doch im Kerne unverantwort-

lich«. Denn er sei, wie ein seinem Instinkt nachgehendes Tier, nicht fähig, das Recht der anderen Seite auch nur zu sehen. »Welcher Mensch eignete sich besser zum Fetisch, zur Statue, zum Symbol?« fragt Lessing und erinnert daran, daß dieser Soldat mit den Mitteln seiner Zeit »mehr Menschen um der ›Ideale‹ willen in den Tod schicken konnte als Alexander, Cäsar und Attila«. Lessing erwähnt Hindenburgs intime Bindung an das ostelbische Junkertum und seine Unbildung und streift mit einem Satz den Charakterkern. »Ich will nicht sprechen von der Unmenschlichkeit und dem warmherzigen Egoistentum dieser naiven Selbstgerechtigkeit.« Und dann setzt Lessing am wunden Punkt, an der politischen Unmündigkeit Hindenburgs an. Dieser Mann werde sich als unpolitischer Soldat immer demjenigen zur Verfügung stellen, der seine eingefleischten Vorurteile bestätige und ihm eine Dienerrolle zuweise. Gewiß, Hindenburg sei durchaus als »Bernhardiner«, als treue Seele zu würdigen, aber »nur gerade so lange, als ein kluger Mensch da ist, der ihn in seine Dienste spannt und apportieren lehrt; in Freiheit würde aus ihm ein führungsloser Wolf«. Ohne Ludendorff zu nennen, spielt Lessing auf den unverantwortlichen Herrn des Bernhardiners an: »eine der übelsten und bösesten Naturen der Weltgeschichte«. Lessing beschließt seine charakterologische Spektralanalyse mit fünf Sätzen. Sie haben ihn bekannter gemacht als alles andere, was er sonst geschrieben hat. »Nach Plato sollen die Philosophen Führer der Völker sein. Ein Philosoph würde mit Hindenburg nun eben nicht den Thronstuhl besteigen. Nur ein repräsentatives Symbol, ein Fragezeichen, ein Zero. Man kann sagen: ›Besser ein Zero als ein Nero.‹ Leider zeigt die Geschichte, daß hinter einem Zero immer ein künftiger Nero verborgen steht.«[34] An Hitler konnte Lessing damals noch nicht gedacht haben, das war keine Prophetie: das Wortspiel[35] erwies sich jedoch als soziologische Extrapolation aus den Erfahrungen der deutschen Geschichte. Und wenn die völkische Kampffront Lessings frühere Essays und Feuilletons durchgeforstet hätte, um ihm etwas anzulasten, sie hätten Sätze entdecken können, die sich, 1911 geschrieben, 1918 nach der

Verleihung der Ehrendoktorwürde der Technischen Hochschule an Hindenburg, auf diesen hätten beziehen lassen: »Nur in Platos Idealstaat waren die Staatsmänner Philosophen. Aber an recht hohen Exponenten ließe sich heute zeigen, daß der Doktorhut der Philosophie für Enträtseler staatlicher Lebensfragen auch zur Fastnachtskrone werden kann.«[36]

Die Einschüchterungskampagne gegen Theodor Lessing setzte sich mit ungebrochener Kraft fort, so daß eine Aktionsgemeinschaft republikanischer und demokratischer Organisationen für den 4. Juni 1925 im großen Saal des »Volksheims« eine Kundgebung organisierte, auf der vor fast dreitausend Teilnehmern mehrere Redner sprachen, darunter auch der Rädelsführer der studentischen »Kampfgruppe«, Poehlmann, sowie einige seiner »Mitkämpfer«. Aufschlußreich war, daß Poehlmann Dinge ausplauderte, die er nur äußern konnte, weil ihm Einsicht in Lessings Personalakte gewährt worden war. Lessing hatte man dies stets verweigert.[37] So konnte ein privates Schreiben Lessings an einen Gerichtsreferendar in die Öffentlichkeit gelangen. Dieser Mann hatte bei Lessing angefragt, ob die im Hindenburg-Aufsatz zitierte Rede wirklich in diesem Wortlaut gehalten worden sei. Er habe Zeitungsberichte, die davon abwichen. Lessing antwortete, daß er als Charakterologe die Züge der Wirklichkeit überzeichnen müsse, um die Wahrheit und das Wesen der empirischen Person herauszulösen. So habe er auch das Recht, verschiedene Reden Hindenburgs miteinander zu kombinieren, um dadurch einen Gesamteindruck herzustellen. Dieses Mosaik sei dann kein Abklatsch der Wirklichkeit, zeige aber vielleicht das Wesentliche.[38] Da dieser Brief ohne Lessings Wissen und Zustimmung in seine Personalakte geleitet wurde und damit Poehlmann zur Einsicht vorlag, konnte die völkische Presse in der Folgezeit das Wort »kombinieren« dazu mißbrauchen, Lessing unwahrhafte Berichterstattung und lügenhaftes Zitieren vorzuwerfen. Wer den Einblick in die Personalakte möglich gemacht hat, läßt sich nach den erhaltengebliebenen Dokumenten nicht mehr rekonstruieren; man ist aufs Kombinieren angewiesen: Ein Landgerichtsdirektor teilte Lessing mit, er habe Lessings Schreiben an den Rektor weitergeleitet, da er selbst zur Aufklärung der Angelegenheit nicht in der Lage sei.[39] Auf der Kundgebung gegen die »Lessing-hetze« wurde von einem Vertreter der »Sozialistischen Studentengruppe Göttingen« eingeworfen, man habe verlauten hören, daß das preußische Kultusministerium darum gebeten hätte, von derlei »Kindereien« verschont zu bleiben. Und auch die Entourage des hannoverschen Oberpräsidenten tat den Terror gegen Lessing als Studentenulk ab, man solle dieser Sache nicht zuviel Bedeutung beimessen. Dieser Meinung war Noske auch noch, als es zum »Sturm auf den Hörsaal« (so Poehlmann in einem Pamphlet aus dem Sommer 1925) gekommen war; seine Position als Kurator und Kommissar der Technischen Hochschule nahm Noske nicht in Anspruch, um dem Recht zur Durchsetzung zu verhelfen.

Einen Tag vor der von den Korpsstudenten geplanten »Schwerpunktaktion« gegen Lessing, am 7. Juni 1925, erscheint im »Prager Tagblatt« ein offener Brief Theodor Lessings: »An den Reichspräsidenten.« Darin bittet er Hindenburg um Schutz und fordert ihn auf, das Gewicht seiner Autorität geltend zu machen. Dieser Artikel ist ein taktisches Unglück, da Lessing mehrere Perspektiven ineinanderdreht und verschiedene Adressaten gleichzeitig ansprechen möchte. Jede Gruppierung konnte ihm entnehmen, was ins jeweilige ideologische Konzept paßte, um es gegen den Artikelschreiber zu wenden. Daß Lessing auch noch seine Theorie historischer Symbole, das Mythischwerden geschichtlicher Größen darlegte, war wohl aufklärerisch gemeint, lieferte aber zur falschen Zeit und am falschen Ort nur Stoff für weitere propagandistische Salven. Lessing legte sein Verständnis von Wissenschafts- und Meinungsfreiheit offen und macht sich mit einem Seitenhieb auf die hannoversche Hochschulsituation (»Vetternwirtschaft und Klüngelwesen«) nicht eben neue Freunde, obgleich er betonte, »keine Sendung zum politischen Märtyrer« zu verspüren. In allzu pathetischen Worten entblößte sich ein in die Enge getriebener Mann, der unter hohem psychologischen Druck handelte und von seiner

Person nicht viel Aufhebens zu machen wünschte: »Aber auch
ich darf behaupten, daß nicht mein kleines dunkles Stück
Menschenschicksal hier in Frage steht, sondern auch etwas
Symbolisches: das Los der aufrechten aufrichtigen Wahrheit im
Deutschland der Gegenwart. Wenn man in Deutschland nicht
mehr die Wahrheit suchen darf oder wenn man in Deutschland
nicht mehr die Wahrheit vertragen kann, dann ist Deutschland
eben dahin. Und Fichte und Kant würden sagen: ›Dann soll
Deutschland dahin sein.‹ Man sagt nun freilich: ›So denkt kein
Patriot.‹ [. . .] Aber ich beklagte es sehr, daß so oft ich die
Wahrheit oder die Gerechtigkeit suchte, ich mich in Deutschland in Opposition befand.«[40] Daß die Presse größeren Anteil an
dieser Kampagne hatte als die Studenten und Professoren, ja
diese gar sich hinstellen könnten als »getäuschte Opfer einer
völlig wildgewordenen, anstandslosen Presse«, die in den Tagen
nach der Wahl Hindenburgs in eine Art »Machtrauschtaumel«[41]
hineingeraten sei, betonte Lessing mit Nachdruck.

Am 8. Juni 1925 postieren sich einige hundert Studenten vor
dem Eingang der Technischen Hochschule, belagern den Licht-
hof und die Gänge und versperren Lessing den Zutritt zu seinem
Kollegraum. Die sonst recht stattliche Hörerzahl von fast
hundert ist in Erwartung des angekündigten Terrors bis auf zwei
Studenten zusammengeschrumpft. Hanns Bunnenberg und Julius Freund verschaffen ihrem Professor schließlich Zugang zum
Übungssaal. Der »Kampfausschuss« kommandiert einen Studenten als »Geleitschutz« ab und bietet ihn Lessing an, da man
»Übergriffe« nicht ausschließen könne. Das weist Lessing zurück, doch der Student Dettmar, Sohn eines TH-Professors,
drängt sich mit in den Raum. Die Türen werden verschlossen.
Draußen tobt eine aufgeputschte Menge, die nähere Instruktio-
nen zum Losschlagen erwartet.

Der Rektor hatte tags zuvor angeordnet, daß Lessing seine
Vorlesung in einem Prüfungszimmer abhalten solle, wodurch
zwar die Zahl der Hörer erheblich eingeschränkt worden wäre,
zugleich aber mehr Sicherheit gegen möglicherweise gewalttäti-
ge Studenten gewährleistet sei, da der Raum unmittelbar ans

Rektoratszimmer anschloß. Das lehnt Lessing mit dem Hinweis ab, er müsse mit einem Projektionsapparat arbeiten. Die Vorsorge des Rektors bedeutete nichts anderes als die Preisgabe seines Hausrechts. Auf Lessings Bitte, doch dafür zu sorgen, daß seine Vorlesung störungsfrei ablaufen könne, antwortet der Rektor mit der Ankündigung, er wolle am Vormittag mit einigen Studenten sprechen und versuchen, mäßigend auf sie einzuwirken. Am Nachmittag läßt er ab fünfzehn Uhr alle Tore der Hochschule, bis auf das Hauptportal, schließen und die Tore zusätzlich mit schweren Ketten sichern.

Der zum Teil bewaffnete Haufen, der sich vor dem zugeriegelten Vorlesungssaal versammelt hat, rennt nun gegen die Tür an. Die Türklinke zerbricht unter der vereinten Kraft der mit schweren Stöcken schlagenden Studenten. Leider habe man dadurch nicht mehr ins Innere vordringen können, kommentiert Poehlmann diese Aktion später in einem Rechenschaftsbericht. Dafür baut man aus einigen Kommilitonen eine lebendige Leiter, um so dem Anführer einen privilegierten Blick durch die Glasscheibe am oberen Ende der Tür zu ermöglichen. Der Einfachheit halber zerschlägt er sie. Glassplitter fliegen bis zum Pult. Feixende Gesichter tauchen im oberen Türrahmen auf. Poehlmann macht eine ihn sehr befriedigende Entdeckung: Er habe beim Blick auf Lessing »sofort gesehen und an seinem Gesicht erkannt, wo der Mann sterblich ist«.[42]

Lessing muß einen durch den Lärm herbeigeeilten Saaldiener, der durch die Hintertür kommt, nach dem plötzlich nicht mehr auffindbaren Rektor suchen lassen. Endlich erscheint Vetterlein und geleitet seinen Kollegen aus dem Raum und aus der Hochschule.

Kurz darauf teilt man Lessing mit, daß die Hochschule ein Disziplinarverfahren gegen ihn anstrebe mit dem Ziel der Entfernung aus dem Lehramt.[43] Am 13. Juni wird der entsprechende Antrag von Rektor und Senat gestellt. Die beiden Publikationen über Hindenburg im »Prager Tagblatt« werden als Grund für diesen ungewöhnlichen Schritt angegeben. Poehlmann hingegen darf weiterhin unbehelligt ausposaunen, daß

Lessing nun genau wisse, daß, wer sich »mit seinen sogenannten
geistigen Waffen mausig« mache, auf Leute treffen werde, die
ihm eine gebührende Antwort erteilen würden. Der Rektor
hatte jedoch nicht klein beigegeben, sondern, wie sich nun
herausstellt, bereits am Vormittag des 8. Juni in einer Ansprache vor Studenten erklärt, daß die Hochschule zwar nicht in der
Lage sei, die durchaus begreiflichen Wünsche des »Kampfausschusses« zu erfüllen, da sie an ministerielle Verfügungen
gebunden sei; er glaube aber, den Forderungen der Studenten
doch entgegenkommen zu können, indem er ein Remotionsver-
fahren gegen Lessing in Aussicht stellte. Dann werde das
Ministerium zu entscheiden haben, ob Lessing weiterhin würdig sei, in Hannover zu lehren. Man müsse sich allerdings an die
Ordnung halten, was bedeute, daß sich die Studenten nicht zu
unüberlegten, rechtswidrigen Maßnahmen hinreißen lassen
sollten.[44] Das mäßigende Einwirken war ein aggressives Plädoyer für eine raffiniertere Taktik. Der Rektor hatte damit sowohl
gegen die kollegiale Solidarität wie auch gegen das Recht
verstoßen. Schon am nächsten Tag, dem 9. Juni, protestiert
Lessing in einer auch an die Presse verschickten Beschwerde-
schrift gegen die von Rektor und Senat getroffene Entscheidung. In einem Schreiben vom 11. Juni sendet er Kultusminister
Becker den Hindenburg-Aufsatz und bittet um Hilfe und
Unterstützung.[45] Becker antwortet am 12. Juni und fordert
Lessing auf, sich am 15. Juni in Berlin zu einer Einvernahme
über die Vorkommnisse einzufinden.[46] Die Terminplanung ist
Teilstück einer mutmaßlichen Beruhigungsstrategie des Kultus-
ministers, denn dieser wie auch der folgende Termin, der
22. Juni, ist ein Montag: Lessings Vorlesungstag. Doch ließ sich
die Zuspitzung der Lage durch solche Winkelzüge nicht mehr
aufhalten. Unterdessen war auch der Rektor mit zwei Vertretern des »Kampfausschusses« nach Berlin gereist und hatte dort
beim Kultusminister vorgesprochen. Poehlmann und der zweite
Hauptträdelsführer, Hilgenstock, verlangten vom Minister, daß
er sie anhören müsse, damit sie »objektiv« über die hannoverschen Zustände berichten könnten. Becker verbat sich dieses

Ansinnen und belehrte sie darüber, daß sie Staatsstipendiaten seien, sich in Zurückhaltung üben müßten und schon gar nicht in der bekanntgewordenen Weise gegen einen Hochschullehrer vorgehen dürften.

Zur gleichen Zeit werden in Hannover Vorkehrungen getroffen, Lessing auf kaltem Wege vom Hochschulbetrieb abzukoppeln. Der Rektor teilt ihm lapidar mit, es sei eine ministerielle Anordnung eingegangen, wonach Lessing in diesem Semester nicht mehr lesen solle. Für die Hochschule sei damit die Angelegenheit einstweilen erledigt, so daß der Rektor keine Ursache mehr sehe, auf Lessings Brief vom 19. Juni einzugehen.[47] (In diesem Schreiben hatte Lessing nochmals darum gebeten, die Hochschulbehörde möge die Sicherheit seiner Person und sein Recht auf Ausübung seiner wissenschaftlichen Arbeit garantieren, so wie er den Kultusminister um die Wiederherstellung seiner verletzten Ehre und um die Aufrechterhaltung der Ordnung an der Technischen Hochschule gebeten hatte.[48]) Am 21. Juni antwortet Lessing dem Rektor, von einer diesbezüglichen Verfügung oder Anordnung wisse er nichts, er müsse daher den Rektor ersuchen, seinen Vorlesungsanschlag ordnungsgemäß auszuhängen.[49] Am darauffolgenden Tag beantwortet der Rektor in einem überraschend persönlich gehaltenen, nicht mit dem Briefkopf der Universität versehenen Schreiben das »Bombardement« Lessings. Es läge ihm am Herzen, auch Lessings Interessen Gerechtigkeit widerfahren zu lassen, er bäte daher um ein persönliches Gespräch.[50] Während einer Unterredung mit dem zuständigen Ministerialdirektor muß sich Lessing den ernstgemeinten Vorschlag anhören, er solle doch freiwillig auf sein Recht auf Abhaltung von Vorlesungen und Seminaren verzichten, dürfe aber auch keine weiteren Stellungnahmen in der Öffentlichkeit abgeben. Selbstverständlich habe er den ersten Punkt ablehnen müssen, schreibt Lessing in einem Brief an Leinert, andernfalls hätte er sich mit gebundenen Händen ausgeliefert. Nach Rücksprache mit seinem Rechtsanwalt wolle er aber dem Ersuchen der Behörde bezüglich des zweiten Punktes nachkommen, wenn gleichzeitig die Hetzartikel des »Kampfausschusses« am Schwarzen Brett der Hochschule unterbunden würden. Doch nichts dergleichen geschieht, die Vertreter des »Kampfausschusses« bedauern vielmehr, daß man Lessing noch nicht verprügelt habe. Mittlerweile hatte die Meldung vom freiwilligen Verzicht längst Eingang in den Kreislauf der veröffentlichten Meinung gefunden, die Sache wird dargestellt, als handle es sich um einen zwischen allen Beteiligten einvernehmlich abgestimmten Vorgang. Daraufhin beschwert sich Lessing abermals beim Ministerium[51] – und der Gang zum Hauptbahnhof wird zum wiederholten Male ein Stapfen ins Unvermeidliche und Unvorhersehbare.

Nervenzermürbend war das ständige Zurechtrücken und Widerlegen von Zeitungsmeldungen und verleumderischen Kommentaren, und sosehr Lessing immer wieder den Akzent auf das durchaus Unpolitische seines Hindenburg-Porträts legte, war er sich doch bewußt über den politischen Stellenwert der Kampagne: »Aber es handelt sich nicht um mich und um mein Werk. Es handelt sich um [. . .] Symbolisches. Dies war die erste Kraftprobe des kommenden Deutschland. Jenes Deutschland, das auf den Staatsstreich hofft, auf die Militarisierung der Seelen und auf die Wiederkehr der ›großen Zeit‹. [. . .] Ein Deutschland hoffnungloser Verdummung; demutlosen Dünkels!«[52]

In einem undatierten, 1926 verfaßten Aufriß über seine Position in diesem politischen Skandal, der allmählich den Ruf der ganzen Stadt zu schädigen begann, gibt er zu bedenken: »Wäre ich heute Nationalist oder Faschist, dann ließen sich die Herzen entgiften. Man wäre nicht so blind. Nun aber bin ich ein Jude und ein Sozialist. Politische Motive, politische Waffen bedrängen mich, einen ganz unpolitischen Menschen. Ich würde diesen Kampf nicht führen, wenn nicht dahinterstünde das menschlichste Recht, das Recht auf Geistesfreiheit. Die Studentenschaft halte ich für verhetzt und in meinem Fall für nicht urteilsfähig. Ich würde den sämtlichen Studenten mit Freude jede Strafe ersparen. Ich bin auch einmal so ein fanatischer Student gewesen. Und wenn man mir immer wieder gesagt hätte, daß Professor Lessing eine Gefahr des Vaterlands und ein Schandfleck der Universität sei, dann hätte auch ich dem Professor die Fenster eingeworfen.« Ins Prinzipielle gehend, überdenkt er seine Beziehung zu Hannover: »Ich fühle Verpflichtung gegen die Heimat. Der Stadt Hannover ersparte ich gern die Ächtung oder den Niedergang ihrer Hochschule. [. . .] Vor allem: ich möchte im Lehrkörper mich als guter Kollege bewähren. Aber wie kann ich das? Wie darf ich das, so lange ich aus allen lokalen Presseschlünden bespieen werde? [. . .] Seit einem Jahr habe ich immer neu bewiesen, daß ich kein Zänker und nicht unvornehm bin. So aber wie die Zeitungen der Rechten, die politischen Parteien der Rechten und in ihrem Gefolge ein großer Teil der Akademiker gegen mich verfahren, so zwingt man mich zur Selbstwehr. Und so lange ich, um Zolas Wort zu brauchen, jeden Morgen diese kalte Kröte schlucken muß, kann ich nicht nachgiebig sein. Man kämpft anonym und mit vergifteten Waffen; ich werde trotzdem versuchen zu zeigen, daß auch der Geist eine Macht ist und werde der Jugend, der ich nie ein unwürdiger Lehrer war, vorleben, daß es nicht nur den Mut der Fäuste und Mäuler, sondern auch einen Mut des Herzens gibt.«[53] Verwaltungstechnisch würden sich immer Auswege finden, den Schein der Legalität zu wahren und begangenes Unrecht zu legitimieren. Rektor und Senat hätten sich nun aber zu weit vorgewagt und könnten nicht mehr den geordneten Rückzug antreten, von einem Schuldeingeständnis ganz zu schweigen. Die Hochschule müsse daher »nolens volens, mich anprangern, um vor der Welt und um vor sich selber sich entlasten zu können«.[54] An Techniken des Suchens nach belastendem Material, und sei es noch so geringfügig und gefälscht dazu, mangele es nicht. Jeder Fund, jeder Punkt könne dazu herhalten, ihn ins Unrecht zu setzen.[55]

Ehe noch im folgenden Jahr die Codierung der Gewalt zur Praxis eines grenzenlosen Terrors werden sollte, hatte Lessing in einer Art Katalog die Angriffsflächen aufgezählt, die Haß- und Kampfsemantik benannt, mit der seine Jäger gegen ihn vorgehen. »Trotze ich um des Prinzips willen, so sagt man

nicht: Er hat Mut! Sondern: Unverschämte Dreistigkeit, schamlose Zähigkeit. Verzichte ich aus Großmut, dann ruft ein
tausendstimmiges Echo: ›Der feige Jude kneift!‹ Entfährt mir
ein Laut des Wehs, so brüllt es aus hundert Zeitungsschlünden:
›Hörtet Ihr das weichliche Gewimmer? Kann er nicht frech sein,
dann wird er weinerlich.‹ Entfährt mir ein Wort empörten
Zornes, sofort schäumt es los: ›Der Verräter an unserem
deutschen Halbgott will sich noch mausig machen und stellt sich
hin als schuldloses Opfer.‹ Reizt man mich zu immer neuer
Selbstwehr, dann bekomme ich zu hören: ›Er macht für sich
Reklame; sein trauriger Ruhm ist ihm zu Kopf gestiegen.‹ Bin
ich nachsichtig und demütig in mir selbst, so schreit man:
›Schamlose Selbstbeweihräucherung!‹ Spreche ich einfach, naiv,
wie ein unbefangener Mensch, dann heißt es: ›Welch Mangel an
Takt, welche Mängel an Vorsicht, Haltung, Geschmack; wie
unfein und wie wenig Zurückhaltung.‹ Übe ich wacheste Zucht
und wäge hundertmal jedes gesprochene Wort, so heißt es:
›Berechnete Phrasen, gewolltes Pathos, äußerst geschickter
Faiseur.‹« Wie das enden solle, wisse er nicht, doch gäbe es
Siege, die den Siegenden bedrücken müßten. Er zitiert am Ende
seines ersten großen Aufsatzes über die gegen ihn gerichtete
Kampagne aus einem ermunternden Brief die Zeilen: »Alles,
was der Mühe wert ist, erlebt zu werden, das beginnt jenseits der
Folter! Zähne zusammen und durch! bis man alles, aber auch
alles unter und hinter sich gebracht hat. Dann kommt der
Moment, wo der Pöbel violett wird vor Wut. Denn er merkt,
daß er einem nichts mehr tun kann. Und dann ist plötzlich
Ruhe. Denn er kann nicht einmal seiner Gemeinheit die Treue
halten. Die Reserven verbombardierten Unrats werden still
wieder ergänzt. Und eines schönen Tages schäumt die Volksseele aus einem anderen Rinnsal.«[56]

Im preußischen Kultusministerium kommt man am 24. Juni
zu einer Entscheidung: Becker bestimmt in einem Erlaß, man
müsse zwar das in Form und Inhalt von Lessing über Hindenburg Geäußerte mißbilligen, könne aber trotz der vom Ministerium festgestellten Unrichtigkeiten keinen zureichenden Grund

erkennen, um Lessing disziplinarrechtlich zu belangen und ihm die Lehrberechtigung zu entziehen. Der Minister bedauere des weiteren, daß der Lehrkörper der Technischen Hochschule Hannover nicht beruhigend auf die Studentenschaft eingewirkt habe und es statt dessen zu beanstandenswerten Ausfällen zweier Mitglieder der gelehrten Körperschaft gegen einen ihrer Kollegen gekommen sei. Ferner bestimmt der Minister die sofortige Auflösung des sogenannten »Kampfausschusses«, doch von disziplinarischen Maßregelungen sieht er ab, mit dem Hinweis, daß die Gründung dieses Ausschusses »in gutem Glauben« erfolgt sei. Nur gegen den Studenten Poehlmann müsse ein Disziplinarverfahren eingeleitet werden. Der Minister erwarte im übrigen, daß es nunmehr zu keinen weiteren Störungen der Vorlesungstätigkeit von Herrn Professor Lessing komme, andernfalls sähe er sich gezwungen, die Hochschule bis auf weiteres schließen zu lassen.[57]

Der Rektor schreibt Lessing daraufhin einen wiederum persönlich gehaltenen Brief und empfiehlt ihm nochmal den Verzicht auf weitere Vorlesungen zur »Beruhigung der Gemüter«.[58] Am 27. Juni wird in eine gemeinsame Erklärung außer den vom Minister verfügten Punkten auch Lessings vorläufiger Verzicht auf Vorlesungen aufgenommen. Zugleich wird unmißverständlich deutlich gemacht, daß Lessings Recht auf ungehinderte Ausübung seiner akademischen Lehrtätigkeit davon unberührt bleibe und der Ausfall der Vorlesungen nur unter der Bedingung anerkannt werde, daß künftig ein dauernd wirksamer Schutz dieser Vorlesungen gewährleistet sein müsse. Rektor und Senat erklären hingegen ihr Bedauern über die Beeinträchtigung von Lessings Lehrtätigkeit und geben der Erwartung Ausdruck, daß die Studenten die Freiheit der Lehre und Forschung respektieren werden. Jede weitere Störung werde streng bestraft.[59]

Die Kampagne schien beendet. Doch kurz darauf, bei der Übergabe des Rektoramtes an Professor Oesterlen, folgt ein neuer Eklat. Die korporierten Studenten bleiben dem feierlichen Akt fern, um so ihren Unwillen gegen den alten Rektor zu demonstrieren, der nach ihrer Meinung zu nachgiebig mit

Lessing umgegangen sei. Sie ziehen mit Fackeln auf einem
vierspännigen Wagen durch die Stadt und protestieren gegen die
Auflösung des »Kampfausschusses« und den, aus ihrer Sicht,
faulen Kompromiß. Dabei nehmen sie gleich noch die Gelegenheit wahr, gegen eine kleine jüdische Studentenverbindung, die
Vereinigung »Sulvia«, zu hetzen und ihr das Recht, an Hoch-
schulfeiern teilzunehmen, abzusprechen.

Die versammelte Professorenschaft läßt den auch für ihr
Selbstwertgefühl nicht gerade schmeichelhaften Kompromiß,
das mittelbare Eingeständnis ihrer Mitschuld an den Ausschreitungen, nicht auf sich beruhen. Ohne Lessing davon zu unter-
richten, beruft der neugewählte Rektor Oesterlen eine Sitzung
ein, auf der eine einmütig gefaßte Erklärung verabschiedet wird:
Darin verwahrt sich die Professorenschaft gegen die Behauptung, die Anklage gegen Lessing hätte etwas zu tun mit »Lehrfreiheit, Politik oder Rassenfragen«. Man müsse die »Erledigung« der noch offenen Punkte von seiten des Kultusministeriums abwarten. Als Tatsachenbehauptung aber stellte man fest:
»Die Wertung dieses Falles wird in letzter Linie von der
Einstellung jedes Einzelnen zu den Begriffen der wissenschaftlichen Wahrhaftigkeit, des akademischen Anstandes und der
Eignung zum Erzieher der Jugend abhängen.«[60] Diesen Beschluß verschickt man an dreihundert Tageszeitungen, die
diesen Stoff gierig verarbeiten. Entgegen der gegenüber Lessing
vom ehemaligen Rektor gemachten Zusicherung, daß der freiwillige Verzicht auf den Vorlesungsrest – das Sommersemester
neigte sich ohnehin dem Ende zu – die Garantie der Sicherheit seiner weiteren Hochschularbeit einschließe (obwohl mit
der getroffenen Vereinbarung keineswegs eine ausdrückliche
Ehrenerklärung abgegeben worden war), verbreitet Oesterlen
am Tag der Dreiererklärung von Kultusminister, Rektor und
Senat sowie Theodor Lessing, die Behauptung in der Presse, der
Hindenburg-Aufsatz sei zu keinem Zeitpunkt von der hannoverschen Behörde zum Anlaß genommen worden, um gegen
Lessing vorzugehen. Die wirklichen Gründe hierfür lägen auf
»ganz anderem Gebiet«. Genaueres sagte Oesterlen nicht, doch

Andeutungen und Anspielungen reichen aus, die völkisch-nationalistische Presse liefert die Ergänzung und Vertiefung des Gesagten. Bis Ende Juli 1925 kam da einiges zusammen; der von Lessing beauftragte Ausschnitt-Dienst hatte alle Hände voll zu tun.

Es war von Lessing wohl nicht zu erwarten, »um des Friedens und der Ehre unserer Hochschule willen«, diese sublime Verunglimpfung seiner Person hinzunehmen und auf sich beruhen zu lassen, wenn immer neue Ereignisse ihn belehrten, daß sein Wille zur Verständigung nur zu seinen Ungunsten ausschlagen würde.

So erwähnt er die Aktion der Korpsstudenten während der Rektoratsübergabe und berichtet von einer am 10. Juli im Konzerthaus von ungefähr zweihundert Studenten besuchten Veranstaltung, mit der, entgegen allen Vereinbarungen, die Obstruktion gegen die ministerielle Verfügung fortgesetzt worden war. Auf dieser Versammlung hatte Poehlmann verkündet, er hoffe, daß nach der Auflösung des »Kampfausschusses« dem soeben gegründeten »Ausschuß für kulturellen Wiederaufbau« seitens des Kultusministeriums das erforderliche Vertrauen entgegengebracht werde. Zufälligerweise, fügte er mit Schmunzeln hinzu, seien die Mitglieder des neuen Ausschusses mit denen des alten identisch. Dies, führt Lessing weiter aus, müsse den Eindruck erwecken, als ob ein Teil der Studentenschaft mit heimlicher Billigung oder gar Unterstützung der akademischen Behörde dieses ungesetzliche Vorgehen betreibe. Drei Fragen stellt Lessing an Rektor und Senat: Ob Poehlmann schon gemäß der Erklärung des Ministers disziplinarisch belangt worden sei; welche Vorwürfe Rektor und Senat gegen ein Mitglied des Lehrkörpers noch erheben würden; und welches die Gründe für die gegen ihn betriebene Hetze seien, wenn ausdrücklich politische, rassische und akademische verneint würden. Er sei nach den bisherigen Erfahrungen nicht mehr in der Lage, die gegen Rektor und Senat geübte Rücksicht walten zu lassen.[61]

Die Vernichtung von Lessings bürgerlicher Existenz wurde in den Semesterferien fortgesetzt. Ein deutschnationaler Abgeordneter zitierte Lessings ironische Selbstbeschreibung: er sei charakterlos; daraus müsse politisch etwas folgen. Dabei hatte Lessing damit nur sagen wollen, er könne sich nicht auf ein eindeutiges Charakterbild festlegen, er brauche das freie Schalten zwischen verschiedenen Ausdrucksformen.[62]

Ein anderer leidgeprüfter Dozent für Philosophie, der mit seinem Werk »Das Wesen des Christentums« es sich mit Gott und der Welt verdorben hatte, Ludwig Feuerbach, hat auf einen ähnlichen Vorwurf geantwortet: »Charakterlosigkeit ist daher jetzt die notwendige Eigenschaft eines echten, rekommandablen, koschern Gelehrten – wenigstens eines solchen Gelehrten, dessen Wissenschaft ihn notwendig in Berührung mit den delikaten Punkten der Zeit bringt. Aber ein Gelehrter von unbestechlichem Wahrheitssinne, von entschiedenem Charakter, der eben deswegen den Nagel mit einem Schlage auf den Kopf trifft, der das Übel bei der Wurzel packt, den Punkt der Krisis, der Entscheidung unaufhaltsam herbeiführet – ein solcher Gelehrter ist kein Gelehrter mehr – Gott bewahre, er ist ein ›Herostrat‹ –, also flugs mit ihm an den Galgen oder doch wenigstens an den Pranger! [...] Der Tod am Pranger, der bürgerliche Tod, ist ein höchst politischer und christlicher, weil hinterlistiger, heuchlerischer Tod – Tod, aber Tod, der nicht scheint, Tod zu sein. Und Schein, purer Schein ist das Wesen der Zeit in allen nur einigermaßen kitzlichen Punkten.«[63]

Die aus dem Zusammenhang gerissenen Zitatfetzen und kolportierten Ansichten über Lessings moralische und wissenschaftliche Integrität waren Rauschsurrogate für eine bürgerkriegsbereite nationale Rechte; der entfachte Skandal war wirklich ein skandalon, ein krummes Stellholz in einer Falle. Jede Gelegenheit wurde ergriffen. So bediente der »Völkische Beobachter« seine Leserschaft mit der Schlagzeile, Lessing sei ein Professor, der einen »Bordellpoeten und Mädchenhändler« bewundere: Der Verleger Paul Steegemann hatte seinen Autor Walter Serner in der Verlagswerbung als Hochstapler, Zuhälter und argentinischen Bordellbesitzer reißerisch angepriesen, Lessing wiederum hatte Serners Roman »Die Tigerin« rezensiert.[64]

Lessing war unterdessen mit seiner Familie ins Salzkammergut, an den Attersee, in die Ferien gefahren und wohnte dort beim Schriftsteller Rudolf Hans Bartsch. Doch blieb er nicht untätig. Ein vom 26. Mai bis 3. Oktober 1925 geführter Briefwechsel belegt, daß Lessing sich um ein Vorwort von Maximilian Harden für eine geplante Broschüre mit den beiden Hindenburg-Aufsätzen bemüht hat. Zwar hatte Harden am 27. Juni zugesagt, doch die folgenden vier Wochen zeigen einen ängstlich besorgten Lessing, der immer wieder an Harden, der sich in dieser Zeit einer Operation unterziehen mußte, schreibt und ihn anfleht, er möge ihn nicht im Stich lassen. Nur Harden könne dieses Vorwort schreiben, denn dieser sei eine nationale Instanz. Es komme auf »Grundsätzliches für das jetzige Deutschland« an, es gehe nicht um seinen besonderen Fall.[65]

Anfang Oktober, Lessing ist längst nach Hannover zurückgekehrt, dankt er Harden für das fertiggestellte Vorwort.[66] Man merkt dem Vorwort ein wenig die Verlegenheit an, mit der Harden es geschrieben hat, wiewohl seine Verteidigung der Meinungsfreiheit und seine Schützenhilfe für den Sozialpsychologen Theodor Lessing unzweideutig ist.[67] Der Verlag annonciert mit dem Slogan: »Jeder Akademiker ist Käufer« und wirbt mit der Ankündigung: »Noch rechtzeitig zu den Verhandlungen im Preuß. Landtag«; Mitte Oktober ist die Broschüre auf dem Markt.[68] In die Sommerfrische, an den Attersee, wird aber auch noch andere Briefpost adressiert, so mehrere Schreiben von Rechtsanwalt Katz, der seinen Mandanten auf dem laufenden hält über verschiedene anhängige Verfahren: Privatklagen gegen Poehlmann, gegen Professoren und Zeitungsredakteure. Da in einigen dieser Fälle die Klagefrist abzulaufen drohte und die zuständige Staatsanwaltschaft es ablehnte, die Eröffnung eines Strafverfahrens einzuleiten, verwies man Lessing auf den privaten Klageweg. Auch diese Dinge ziehen sich über den Sommer hin.

Lessing erhebt schließlich am 10. August beim Generalstaatsanwalt in Celle Beschwerde mit Bezug auf die Weigerung der Oberstaatsanwaltschaft Hannover, sechs von ihm eingereichte Strafanzeigen weiterzuverfolgen: es bestehe kein öffentliches Interesse. Eine von Lessings Anzeigen betraf einen Drohbrief, in dem seine Ermordung angekündigt wurde.[69] Die Relevanz dieser Anzeigen wurde von Oberstaatsanwalt Wilde beurteilt, und der hatte Lessing vom Haarmann-Prozeß noch in guter Erinnerung. Lessings Anwalt bittet den Sozialdemokraten Leinert, persönlich beim Justizminister vorstellig zu werden und die Verschleppung oder Mißachtung der Strafanzeigen durch den auf diese Weise sich offenbar Genugtuung verschaffenden Oberstaatsanwalt zu unterbinden. Erfolglos. Auch sind Lessing und sein Anwalt bemüht, an Hindenburg heranzukommen. Zumindest stellen sie Überlegungen in dieser Richtung an, um mit der Autorität des Reichspräsidenten den im nächsten Semester möglicherweise wieder aufflammenden Konflikt einzudämmen, wie es in einem Schreiben an Geheimrat Saenger heißt.[70] Freunde und unbekannte Verehrer schreiben Lessing solidarische Grüße und bestärken ihn darin, trotz der unerträglichen Situation nicht zu resignieren und an die vielen anderen zu denken, die mit ihm einig seien.[71] Doch am 22. August gesteht er in einem Brief an seine Frau Ada, ihn mache »diese andauernde Hetze fast lebensüberdrüssig [. . .], selbst Morde verjähren nach 20 Jahren [. . .]. Der böse Wille kuckt diesen Leuten aus allen Poren heraus«.[72] Er rechne auch damit, Deutschland bald schon verlassen und anderswo neu beginnen zu müssen. Lessing bezweifelt, ob dieses Deutschland des Jahres 1925 noch seine Heimat sein könne. Aber was verliere er an den Deutschen, wenn das, was man ihm antue, deutsch sei; wie könne es da ehrenvoll für ihn sein, als Deutscher zu gelten?[73] Mit dem Vorgefühl eines Verfolgten, der wie ein Reh den Jäger früher bemerkt als dieser das Jagdobjekt, mit diesem Spürsinn für Kommendes, fügt er einer autobiographischen Skizze hinzu: »Es ist möglich, daß solch ein fanatischer Querkopf mich niederschlägt, wie sie Rathenau und Harden niedergeschlagen haben. Nun, dann werde ich zu Gott beten, daß es schnell geschehe. Am Leben gehangen, das habe ich nie. Und auf den Tod freue ich mich als auf die beseligende Heimatheimkehr.

[. . .] Ich weiß: diese Scham- und Ehrfurchtslosen können mich auch mißhandeln, und dann freilich werde ich leiden.« Er fühle sich indes mit den Mächten der Natur im Bund, und so könne ihm aller Hohn und alle Verfolgung nichts anhaben, was immer auch noch kommen möge. Und darum wolle er »noch eine Zeitlang kämpfen, daß auf Erden das Leiden der Menschen ende und Gerechtigkeit und Wahrheit werde«.[74] Eine kleine Gruppe aus dem Kreis um Walter Hammer, ein linkssozialistisches Überbleibsel der Jugendbewegung, ediert ein Sonderheft über Theodor Lessing, den diese Jugendlichen und Junggebliebenen damit als ihren Vordenker ehren.[75] Die Solidaritätstelegramme, Karten und Briefe aus allen Teilen der Republik beweisen ihm, daß er kein ganz heimatloser Außenseiter ist; aber es distanzieren sich auch Gruppen innerhalb des liberalen und sozialistischen Lagers. So protestiert der Bezirksverband Großberlin des »Bundes Entschiedener Schulreformer« (dessen Mitglied Lessing ist) gegen die »chauvinistische Dunkelmännerei«, doch die Ortsgruppe des Bundes in Hannover verweigert ihrem Bundesgenossen die Solidarität.[76]

Mit Franz Pfemfert unterhält sich Lessing in einem Brief über die Bedeutung seines Hindenburg-Porträts. Da er befürchtet habe, daß man ihn der »Liebedienerei« bezichtigen werde, habe er in einem zweiten Aufsatz die politische Gegnerschaft zu Hindenburg zu begründen versucht, aber die Redaktion des »Prager Tagblatt« habe gemeint, das zu veröffentlichen wäre überflüssig, da es keinen Zweifel über das im ersten Aufsatz Gesagte geben könne. Von allen deutschen Schriftstellern aber sei Pfemfert der einzige, der das Hindenburg-Porträt als Lobeshymne aufgefaßt habe, was immerhin weitaus richtiger sei als der Vorwurf, ihn verunglimpfen zu wollen. Er, Lessing, werde sich immer auf die Seite der Ärmsten und Hoffnunglosesten schlagen, dennoch habe er ein ästhetisches Faible für Figuren wie Hindenburg, wenn auch nicht für deren politischen Kurs: »Ich kann den dicksten Spiesser und Kapitalisten als Typus mit Rührung, mit Behagen, mit Liebe sehn und dennoch vollkommen mit denen fühlen, welche sagen: dieser Typus gehörte an den Galgen. Glauben Sie

denn, da ich doch einmal Gelehrter und Charakterologe bin,
wenn ich etwa ein Buch über den alten Leberecht Blücher schrie-
be und wenn ich die Lebenskraft, die Gradlinigkeit, die Naivität
dieser Natur schildern würde, so umschlösse das ein prinzipielles
Bekenntnis zu all dem Dummen und Schädlichem, dessen Träger
dieser Numeroeinsmann war? [...] Oder nehmen Sie an, ich
bewundere die Schönheit von Panther und Tiger (so wie man
Cäsar und Napoleon bewundern kann), liegt darin ein Bekenntnis zu Panthermoral und Tigerhaltung?« Sollte einmal ein Tiger
aus dem Dickicht hervorbrechen, und er würde unter dessen
Klauen verenden, so werde er nicht blind bleiben für die »Schönheit funkelnder Lichter im Felle des Todfeinds.«[77]

Aus dem lokalen Eklat wurde ein nationaler Skandal. Er diente
der Vorbereitung staatlich organisierten Terrors. Noch befeh-
deten sich die völkisch-nationalistischen Gruppen und Organisationen, aber schon jetzt war ablesbar, daß die vereinigten
reaktionären Oppositionsbünde fähig sein würden, die Weimarer Republik zu unterminieren. Die populistischen und sozialpathologischen Regressionen wurden während der Kampagne
gegen Lessing dynamisiert, die ihrerseits das Zusammenwach-
sen der politischen Rechten gefördert hat. Die Verschärfung
und Eskalation dieser zunächst ganz amorphen Hetzkampagne
durch hypnotische Bilder nationaler Ehre stellte einen Stim-
mungshorizont her, auf dem die ideologischen Botschaften und
Machtphantasien korrespondierten mit der Strategie des Roll-
kommandos, mit Protestformen, die zur Erprobung von Techniken der Machtergreifung angewandt wurden. Anstiftung,
Aufwiegelung, Offensive, Rückzug und Vorstoß bildeten eine
fast militärpolitische Einheit, und die sich zuerst noch zurück-
haltenden Kreise des Bürgertums wurden zu Mitläufern der
Gewalt. »Die Übertragung einer Panik, einer Angstpsychose,
einer Gemeinschaftsangst, bedarf des Mitahmens von Aus-
drucksbewegungen. Aber könnte diese Mitahmung nicht auch
eine körperliche Seite haben. Und vielleicht gar eine chemische
oder biochemische Seite?« fragt Theodor Lessing in einem

wissenschaftlichen Feuilleton mit dem Titel »Eine Mausemutter tötet ihr Junges«.[78] Das Einzigartige dieser sich weiter beschleunigenden Kampagne war die geballte Intensität und wütende Intransigenz, mit der sie politisch wie psychologisch vorangetrieben wurde. Dabei stand der Feldzug gegen den jüdischen Professor Lessing nicht vereinzelt im politischen Raum der Weimarer Republik, er hatte traurige Tradition.

Als 1907 an der Berliner Universität völkische Studenten in einer juristischen Vorlesung deutlich ihr Mißfallen zum Ausdruck brachten, weil der Professor den Kommentar zu einer Gesetzessammlung benutzte, dessen Verfasser Levy hieß, fügte der Professor ermahnend hinzu, daß Levy ermordet worden sei – da erscholl lauter Beifall von den Rängen. Andere Kampagnen wie die gegen Ernst Cohn, Gumbel oder Nawiasky entfachten, dokumentierten neben dem antisemitischen Haß auch die Bereitschaft zu Mord und Totschlag, lokale Besonderheiten fielen da so gut wie gar nicht ins Gewicht.[79]

1922 war es schon nicht mehr möglich gewesen, einen im Anschluß an die Beerdigung Walter Rathenaus vorbereiteten Gottesdienst abzuhalten, da die Berliner Universitätsspitze vor den Einschüchterungsparolen der völkischen Terroristen zurücksteckte.[80] Auch gegen Theodor Lessing konzentrierten sich die Haßenergien und Vernichtungsphantasmen auf einen Punkt: »den Juden«. Die *pressure groups* handelten in einem gut bestellten politischen Kraftfeld, die Schubkraft dieser Bewegung war erstaunlich, die Versäumnisse der republikanischen Öffentlichkeit offenkundig. Jede Gelegenheit wurde genutzt, um ein Signal zu geben zu einer Kampagne, mit welcher man die terroristische Synthese gesellschaftlicher Widersprüche weitertreiben zu können hoffte, und jedes dieser Signale wurde verstanden als Aufruf zur moralischen, zur physischen Liquidierung ausgesuchter Opfer.

Liest man die Zeitungen der völkischen Organisationen, aber auch die des sich nobel national brüstenden Bürgertums, ist ein sozialneurotischer Grundzug unübersehbar: die projektive Verhäßlichung des anderen Menschen, seine Vertreibung aus

der menschlichen Gesellschaft und seine Verwandlung in ein
widerwärtiges Monstrum. Man nannte Lessing »eine Aasfliege«
und fragte, ob »das Reich des Teufels« denn in Preußen schon
Einzug gehalten hätte. Es liegt im Wesen sozialpathologischer
Reaktionsbildungen, daß diese sozialen Gruppen und politischen Parteien als »Augenblicksgemeinschaften«[81] agieren, ihren Zusammenhalt fanden sie im gemeinsamen Objekt ihres
Hasses, die blinde Tatgewalt schloß die Auflösung aller Eigen-
tümlichkeiten notwendig ein: »Sie wollte in jedem Besonderen
das Ganze haben und könnte es nicht anders als durch Zerstörung des Besonderen, denn der Fanatismus ist nur das, die
besonderen Unterschiede nicht gewähren zu lassen«, wie schon
Hegel wußte.[82] Sprache und Ausdrucksgestik der an der Kampagne gegen Lessing beteiligten Studenten, Professoren, Partei-
männer, Abgeordneten und Redakteure ist in Victor Hugos
Roman »L'homme qui rit« eingefangen: die anthropologische
Verwandtschaft von bösartiger Heiterkeit, Wut und Nachahmung[83], so wie im Haß gegen Verhaßte sich immer auch der
Hang dokumentiert, den Gehaßten untergründig zu bewundern
und zu kopieren.[84] Die Aussagen kennzeichnen ihre Urheber,
nicht den Gebrandmarkten. So sei Theodor Lessing: ein ge-
schäftstüchtiger Jude, der sich im Schmutz suhle und eine
unsaubere Seele habe; ein Schädling, dem es am völkischen Takt
fehle und der zur Rasse jener famosen Juden gehöre, die alles
Erhabene in den Dreck zögen, bestialisch und verkommen seien
und ihre wahre Freude an allem Schweinischen hätten; Lessing
gehe jeder vaterländische Anstand ab, er habe kein Schamgefühl
und lebe am liebsten, wie alle seine jüdischen Kumpane, in
schmuligen Ecken. Dort bereite man abgekartete Spiele vor, um
den aufrechten Nachbarn übers Ohr zu hauen und in verborgenen Winkeln unaussprechliche Taten und Schweinereien auszu-
hecken.[85] Mit stereotyper Mechanik ist von der Reinhaltung
und Säuberung der deutschen Hochschulen die Rede, vom
Schandfleck und von schmutzigen Phantasien, von der Beflek-
kung deutscher Seele, vom Angriff auf edle Gesinnung, Ehrlich-
keit und Anstand. Es ist dies die zu Protokoll gegebene Selbst-

bezichtigung einer sozialpathologisch deformierten menschlichen Identität.

Zu Weihnachten 1925 erörtert Lessing im »Prager Tagblatt« den massenpsychologischen Verschmelzungsprozeß von Individuum und Führer und vergleicht zwei Nationalsymbole aus Italien und Deutschland, Mussolini und Hindenburg, miteinander. »Die Nation kann immer nur solche Individuen zur Illusionsfassade der Geschichte verwenden, die in einem mystischen Sinne dem Wesen und Wollen und mithin auch der Verständnisfähigkeit der großen Massen entgegenklingen. [. . .] Ich habe das am eigenen Leibe verspürt und bin überzeugt, daß irgendein Selbstausheilungsprozeß der Nation diesen Wahnsinn und Unfug nötig macht. [. . .] Daß das deutsche Volk den alten Hindenburg zum Symbol erkor, war politisch und wirtschaftlich ebenso ungeschickt als es ideologisch tief und wundersam ergreifend war: über die Leichen wirklich politisch Einsichtiger und Kluger hinweg griff das Volk nach dem Traum, der seinen eigensten Instinkt am reinsten verkörpert, seine unverbrauchte Dumpfheit, seinen treuherzigen Traditionsglauben, sein warmherziges und rohes Lebensgefühl.«[86]

Nicht die gesamte Bevölkerung freilich. Für den 28. Februar 1926 bereitete das republikanische Deutschland eine große Kundgebung in Dresden vor, auf der Max Adler, Karl Korsch (der dann wegen Überschneidung anderer Termine absagen mußte) und Theodor Lessing sprechen sollten. Lessing erinnerte die Zuhörer daran, daß er damals, noch zu Kaisers Zeiten, in Dresden sich nicht habe habilitieren können, weil man ihn als Sozialisten und Juden abgelehnt hatte. Er nannte Beispiele aus anderen Städten, wo in jüngster Zeit Hochschullehrer von völkischen Stoßtrupps angegriffen worden waren. Die »brülldeutschen« Studenten hätten aus dem I. Weltkrieg keine Lehre gezogen, und ihr Haß sei um so größer, da er, Lessing, nicht Sozialist mit parteiamtlicher Ausrichtung sei, sondern ein unabhängiger Kopf und eine »Promenadenmischung aus Germanentum und Judentum«.[87] Mit schwungvoll deklamierten Versen auf die Farben Schwarz-Rot-Gold schloß er seine Rede ab.[88]

Im Lande Hindenburgs gebe es nationale Heiligtümer, bemerkte die Reporterin Larissa Reissner, und die habe sie auf einer Reise durch die deutsche Republik zwischen 1925 und 1926 aufsuchen wollen, um zu sehen, »von wo aus sie [die Straße] unsichtbar regiert wird, wo die Millionen Fäden und Kabel hinlaufen, die Machtzentren der öffentlichen Meinung, die Produktionswerkstätten von deutschem Geist, deutscher Kultur und deutschen Kanonen«.[89] Noch einmal vermischte Meldungen aus dem Jahr 1926: Politisch eröffnet wurde es am 6. Januar mit der Konstituierung eines Ausschusses zur Durchführung eines Volksentscheids über die Enteignung des Fürstenvermögens. Ungefähr 2,6 Millionen Goldmark von zweiundzwanzig Fürsten standen zur Debatte und Disposition. Am 20. Juni billigte eine Mehrheit den geflohenen Herrschern ihr gesamtes Eigentum zu. Aus den Reihen der Deutschnationalen Volkspartei kam im März der Vorschlag, der Reichspräsident solle als »Reichsverweser« mehr Machtfülle erhalten und das Schicksal der Republik stärker bestimmen dürfen. Nach dem Sturz der Regierung Luther mußte sich der neue Reichskanzler Marx erneut mit dem Flaggenstreit auseinandersetzen. Fast zwei Millionen Arbeitslose hat das Land jetzt. Im September 1926 notiert Kurt Tucholsky: »Der Sieg des republikanischen Gedankens ist eine optische Täuschung.« Anfang Oktober fordert die Deutsch-Hannoversche Partei (anläßlich des sechzigjährigen Gedenkens an die Einverleibung Hannovers in den preußischen Staat) die Bildung eines separaten und autonomen Landes Niedersachsen. Im Sommer kursieren immer wieder Gerüchte über eine Schwarze Reichswehr. Ende 1926 weist ein Oberstaatsanwalt den Einspruch deutscher Staatsangehöriger jüdischen Glaubens gegen die Beschimpfung ihrer Religion als einer »Religion der Verbrecher« mit der Bemerkung zurück, dieser sei unbegründet.[90]

Auch die Kampagne gegen Lessing nimmt ihren Fortgang. Im September 1925 hatte der Kultusminister dem ihm beamtenrechtlich unterstellten Hochschullehrer eine Rüge erteilt und erklärt, daß Lessing es bei seiner Haarmann-Berichterstattung

»mehrfach an der erforderlichen Genauigkeit und Sorgfalt in der Wiedergabe von Tatsachen« habe fehlen lassen. Außerdem seien die »Grenzen sachlicher Kritik« überschritten worden. Als Gelehrter habe er sich zurückzuhalten und einen diesem Berufsstand angemessenen Ton zu pflegen. Halte er sich in diesem Punkt künftig nicht mehr in der Reserve, sei der Minister nicht in der Lage, den erteilten Lehrauftrag auf Dauer aufrechtzuerhalten.[91] Diese nicht für die Presse gedachten Ausführungen gelangen am 14. Januar 1926 an die Öffentlichkeit, ein gefundenes Fressen für die Hugenbergschen Materndienste, mit der die immer größer werdende Zahl unselbständiger Zeitungsredaktionen beliefert wurden. Spengler hatte bei seiner Polemik gegen die freiheitliche Presse wohl kaum an den Hugenberg-Medienkonzern gedacht, doch kennzeichnen seine Beobachtungen die Pressekampagne gegen Lessings Person sehr genau: »Der Pressefeldzug entsteht als die Fortsetzung – oder Vorbereitung – des Krieges mit andern Mitteln. [. . .] Was ist Wahrheit? Drei Wochen Pressearbeit, und alle Welt hat die Wahrheit erkannt. Ihre Gründe sind so lange unwiderleglich, als Geld vorhanden ist, um sie ununterbrochen zu wiederholen. [. . .] Die Presse ist heute eine Armee mit sorgfältig organisierten Waffengattungen, mit Journalisten als Offizieren, Lesern als Soldaten.«[92] Das herannahende Sommersemester 1926 sollte diese Kriegslogik exemplarisch belegen.

Am 3. Mai nimmt Lessing seine Arbeit an der Hochschule wieder auf. Hundertzwanzig Studenten besetzen den kleinen Hörsaal, eine größere Menge blockiert vor der Tür den freien Durchgang. Buhrufe schwirren durch die Luft. Im Einvernehmen mit dem Rektor beschließt Lessing, sein Kolleg für diesen Tag ausfallen zu lassen, auch die anschließende Vorlesung wird gestrichen. Doch als sich Lessing auf den Heimweg begibt, wird er von einer Schar völkischer Studenten verfolgt und belästigt. Mit einer kleinen Gruppe ihm nahestehender Studenten steuert er daraufhin zum »Georgengarten«, einer Kaffeewirtschaft im Vorfeld der Herrenhäuser Gärten, da er glaubt, daß die völkischen Studenten ihn bis dorthin gewiß nicht verfolgen werden.

Weit gefehlt. Der Professor und eine Handvoll Getreue eilen im Zick-Zack-Schritt über den Rasen, ihnen auf den Fersen etwa vierzig Studenten, Schimpfwörter johlend, Drohungen schreiend. Einer der Korporierten überholt die kleine Flüchtlingsgruppe und spielt ihnen einen »völkischen Sketch« vor: Er bückt sich, rupft Unkraut aus dem Boden und meint, zu Lessing gewandt, es gäbe Pflanzen verschiedener Art, dieses hier sei »ein gemeines Unkraut aus Palästina, ein Mistgewächs mit Knickebeinen«.

Auf der Terrasse des »Georgengarten« wird es eng, das elegante Nachmittagspublikum verläßt verschreckt das Lokal. An die hundert Studenten haben sich nun eingefunden und schlagen, ein Bier nach dem anderen kippend, Krach, beschimpfen Lessing als dreckigen Juden. Einige sind mit Eichenknüppeln bewaffnet, sie richten sie mit unverkennbarer Drohmiene gegen Lessings Tisch. Man telephoniert einen Photographen herbei, er soll diese Szene im Bild für alle Zeiten festhalten. Lessing wird aufgefordert, »endlich nach Jerusalem zu verduften«. Als plötzlich der Sohn des hannoverschen Landesrabbiners an Lessings Tisch auf der Terrasse tritt und ihn freundlich grüßt, klatscht die Menge voller Hohn und Haß.

Die Studenten versperren den Ausgang des Cafés. Mit den sieben ihn begleitenden Hörern muß Lessing Spießruten laufen zur nahegelegenen Straßenbahnhaltestelle. Ein Hagel von Beschimpfungen, dann fliegen Steine und Erdklumpen. Zweimal wird Lessing durch das rasche Aufspringen eines Studentenpulks auf die Plattform daran gehindert, den Straßenbahnwaggon zu besteigen; beim Anfahren der Wagen verläßt die Meute die besetzte Einstiegfläche wieder. Zu Fuß flüchten Lessing und seine Studenten zur Hochschule zurück.

Ein tragikomisches Spiel beginnt. Lessing begibt sich zum Rektor und legt Beschwerde ein. Der Rektor telephoniert nach einem Wagen, der Lessing sicher zu seiner Wohnung bringen soll. Der Wagen trifft ein, wird aber von der vor der Hochschule zusammengerotteten Menge abgefangen und weggeschickt. Wieder bestellt der Rektor einen Wagen, geleitet Lessing durch das Kellergewölbe der Hochschule bis zum Maschinenhaus, wo der angeforderte Wagen wartet.

Eine Woche nach diesen Ereignissen hat man fünf Beamte zur Bewachung des Hörsaals angefordert, dennoch kommt es zu Tumulten. Mehrere hundert Studenten brüllen: »Juden raus!« – »Lessing raus!« Wieder führt der Rektor Lessing zur Hintertür, diesmal steht kein Wagen bereit. Lessing wird zusammen mit einigen Begleitern eine Stunde lang durch die Stadt getrieben.[93]

Am 17. Mai fällt seine Vorlesung wegen einer angesetzten Exkursionswoche aus, ebenso am 24. Mai, da Pfingsten ist. Am 31. Mai kommt es zu den bis dahin schwersten Ausschreitungen: Hauptportal und Treppenhaus, unterer Korridor und Haupttreppe sind von ungefähr siebenhundert mit eichenen Bergstöcken bewaffneten Korpsstudenten besetzt, die Menge skandiert antisemitische Parolen. Die Beamten der Hochschule greifen zunächst nicht ein, gehen dann aber gegen drei Anhänger Lessings vor, bedrohen diese und führen sie ab. Lessings Frau Ada, die ihren Mann zu jedem seiner Kolleg-Gänge bisher begleitete (die Hörerzahl ist auf zwei: seine Frau und eine mutige Hörerin zurückgegangen), wird von der Menge umkreist, aber man wagt es nicht, gegen eine Frau in aller Öffentlichkeit gewalttätig zu werden. Schließlich kann Lessing bis zum Rektorzimmer vordringen, und während er drinnen mit dem Rektor verhandelt, postiert draußen sich ein Sprechchor und brüllt: »Lessing raus! Juden raus!« Dieser neuerlichen Eskalierung der Gewalt und des Terrors (man hatte Lessing getreten und auch in den Straßen und Lokalen Hannovers ist er vor Anrempeleien nicht mehr sicher) kann der Rektor nicht länger unbeteiligt zusehen. Er läßt die Studentenausweise der Nächststehenden einziehen. Die völkisch Korporierten sind politisch gerissen genug und heben den geplanten Isolierungseffekt auf, indem plötzlich *alle* ihre Ausweise den Hochschulbeamten hinstrecken: Es werden mindestens zweihundert Ausweise eingesammelt. Lessing aber muß zum dritten Mal durch die Hintertür die Hochschule verlassen, ein Wagen holt ihn abends gegen halb sieben ab, später räumt die Schupo das Gebäude.

In den folgenden Tagen wird eine Unzahl von Solidaritäts-
adressen an die völkischen Studenten verschickt, alle gleichen
sich in Tenor und Diktion so auffällig, daß das »Berliner
Tageblatt« die Regie der völkischen Studentenschaften dahinter
vermutet.[94] Die DNVP äußert Verständnis für die Studenten
und läßt im preußischen Landtag anfragen, wie man Professor
Lessing von seinem Lehramt am besten absetzen könne.[95] Man
legt Lessing nahe, doch in seiner Privatwohnung seine Vorlesungen abzuhalten, damit wäre dem Hochschulfrieden gedient.
Lessing geht darauf nicht ein und konferiert mit einem Stellvertreter des Oberpräsidenten. Das »Prager Tagblatt« kommentiert: In Hannover trotzten die Studenten einer Autorität, der
sie sonst zu gehorchen wüßten.[96] Es wird ein Relegationsverfah-
ren gegen zunächst zehn, dann elf der an den Ausschreitungen
vom 31. Mai beteiligten Studenten eröffnet, annähernd zweihundert Ausweise registriert und zusammen mit einem Bericht
des Rektors an die Staatsanwaltschaft geschickt. Das Verfahren
habe, so wird die Öffentlichkeit unterrichtet, die dauernde
Entfernung von der Hochschule zum Ziel, es gehe zügig voran,
die Staatsanwaltschaft habe bereits eine Anklageschrift wegen
Nötigung eingeleitet.[97]

Die liberale Presse stellt sich nur zögerlich hinter Lessing, die
»Frankfurter Zeitung«, viel zurückhaltender als das »Berliner
Tageblatt« oder die »Vossische Zeitung«, rügt den Hindenburg-
Aufsatz nochmals und meint nur, die Studenten hätten kein
Ehrgefühl und seien gar nicht ritterlich.[98]

Diese forcieren ihre Kampagne mit einem Ultimatum an die
Hochschule und rufen einen auf acht Tage befristeten Streik aus.
Durch die Zeitungen wandert unterdessen die vorerst nicht
bestätigte Meldung, die Studenten planten eine kollektive Abwanderung nach Braunschweig. Die Polizeikräfte seien gerü-
stet, könnten aber nur auf Anforderung des Rektors eingreifen.
Mittlerweile sind nur noch zwei Hörer bei Lessing eingeschrieben, so daß sein Erscheinen am Montag zum symbolischen
Auftritt wird. In einem Zeitungsinterview äußert er, er nähme es
um der Standfestigkeit und der Wahrheit willen auf sich, jeden

Montag »ins Trommelfeuer« zu marschieren. Man habe in Hannover vor, ihn im »Trockenlegungsverfahren« lahmzulegen. Er vermute, daß sein Antrag beim Rektor, die Inskriptionsfrist für Hörer zu verlängern, wohl aus formal herbeigezogenen Gründen abgelehnt werde. Von einer Vernehmung der Studenten durch die Staatsanwaltschaft sei noch nichts bekanntgeworden.[99]

Am 8. Juni streift eine Polizeipatrouille um die Hochschule. Lessing erscheint in Begleitung seiner Frau und einigen Anhängern und betritt durch einen Seitenflügel das Gebäude. Drinnen halten sich vierzig bis fünfzig Studenten auf. Die Hochschule sieht verwaist aus. Dafür ist der Bahnsteig 3 des Hauptbahnhofes überfüllt. Rund 1500 Studenten haben Aufstellung vor einem gemieteten Sonderzug nach Braunschweig genommen. Die Waggons sind, wie eine nationalsozialistische Zeitung anmerkt, mit »satirischen Kreidezeichnungen«[100] versehen. Was man sieht sind Totenköpfe und Strichmännchen mit Hakennase, darunter die Zeile: »Lessing raus!«[101] (In den Aborten der Hochschule konnte man, von Hakenkreuzen geschmückt, folgende Inschriften lesen: »Lessing! Die Judensau, nieder mit ihm!« – »Ich begrüße die Beseitigung des Judenschweins« – »Bravo!«[102])

Die Korpsstudenten sind in voller Couleur, mit Mütze und Band auf dem Bahnsteig erschienen. Nach Schätzung eines Bahnbeamten kostete der Sonderzug 6000 Mark, Freifahrkarten wurden den Studenten erst am Bahnhof ausgehändigt[103]; Handzettel mit genauen Verhaltensinstruktionen belegen, daß hier eine wohlvorbereitete Aktion im Gang war.[104] Das »Berliner Tageblatt« druckt an diesem Tag eine Bitte Lessings ab, den relegierten Studenten Straffreiheit zu gewähren, denn der Fall habe für ihn »keinerlei politische Seite«, ihm stünde die nationale Jugend, die ihn nur verkenne, genau so nahe wie die sozialistische. Der Sonderzug rollt unterdessen aus dem Gebäude des Hauptbahnhofs. In Braunschweig ist durch eine vorausgeschickte Kommission der Boden für einen triumphalen Empfang vorbereitet. Chargierte in vollem Wichs stehen stramm in

Reih und Glied vor dem Bahnhof und begrüßen mit Hochrufen
die Kommilitonen aus Hannover, der »Stahlhelm« bewirtet die
Ausgewanderten großzügig im »Kegelheim«, Reden werden
gehalten, man versichert sich überschwenglich der Solidarität im
Kampf um die »Reinerhaltung« der deutschen Hochschulen.
Das Rektorat der braunschweigischen Hochschule unterstützt
das Vorhaben der relegierten Studenten, sich hier zu immatriku-
lieren. Die Hochschul- und Kultusbehörden, die Eltern der
Studenten schweigen.[105]

An diesem Tag unternimmt der deutschnationale Landtags-
abgeordnete Schuster aus Hannover einen anderen Vorstoß. Er
regt die Errichtung einer vollwertigen Professur für Philosophie
an der Technischen Hochschule Hannover an, damit würde der
Fall Lessing sich von selbst erledigen, was man sich durchaus ein
paar tausend Mark kosten lassen solle.[106]

Ohne zaudernde Bedenken befürwortet der Rektor diese
Kaltstellung eines Kollegen.[107] In einem Kommentar des »Berliner Herold« wurde, noch vor der Ausbootungspolitik der
Deutschnationalen, ein Gegenvorschlag unterbreitet. Theodor
Lessing sei ein moderner Kopf, »keiner vom alten Typ des
deutschen Professors mit Umhängebart und Schnupftabakdo-
se«. Dieser Mann müsse seine erstaunlichen Fähigkeiten »in
einer geistigen Einöde wie sie Hannover ist, verkümmern
lassen«. Denn: »Man begegnet in Hannover wohl dem intellektuell tiefstehendsten Publikum Deutschlands.« Mit einer Spitze
gegen die schwerfälligen Berliner Hochschulbehörden erinnert
der Kommentator an die einst so glanzvolle Kombination
Gotthold Ephraim Lessing und Berlin während der großen Zeit
der Aufklärung im 18. Jahrhundert; warum also jetzt nicht
Theodor Lessing nach Berlin holen: »Das wäre nicht nur eine
Bereicherung der Kathederwelt, sondern auch unserer Presse –
ist doch Theodor Lessing einer der glänzendsten Schriftsteller
und Redner der deutschen Gegenwart.«[108]

Am Tag nach der symbolischen Auswanderung der Studenten läßt der Rektor verlauten, nur aufgrund eines sehr bedauerli-
chen Fehlers in der Hochschulverfassung sei Lessing 1922 der

Titel eines außerordentlichen Professors verliehen worden: Jeder könne, soweit er die technischen Voraussetzungen erfülle, an preußischen Hochschulen sich als Privatdozent betätigen »und Ärgernis erregen«, so, als habe Lessing die antisemitischen Krawalle zu verantworten.[109]

Die Stadt macht mobil. Der Haus- und Grundbesitzerverein, die Industrie- und Handelskammer und der politisch überaus agile »Deutschnationale Handlungsgehilfenverband« nehmen plötzlich Stellung und äußern sorgenzerfaltete Bedenken, daß mit dem möglichen Abzug von fast zweitausend Studenten (eine Fiktion, denn der aktive Trupp der Korporierten umfaßte allenfalls einige hundert) »schwere wirtschaftliche und kulturelle Schäden« zu befürchten seien. Aus dem Regierungspräsidium ergeht die Empfehlung an Lessing, er solle sich von Hannover »fortbewerben«.[110] Noske aber betont, alle Vorkehrungen zum Durchgreifen gegen neue Ausschreitungen seien getroffen.[111]

Das »8-Uhr-Abend-Blatt« überrascht mit Spekulationen darüber, wer die Geldsumme für den Sonderzug aufgebracht haben könnte. Man vermutet Geheimrat Hugenberg im Hintergrund: Auf dem Umweg über den nach Darmstadt verzogenen Studenten Dettmar, dessen Schwester mit dem Oberstleutnant von Naglow, Hugenbergs Intimus, verheiratet war, seien die Fäden nach Hannover gezogen worden.[112] Am 26. Juni geht auch die Wiener »Neue Illustrierte Zeitung« dieser Frage nach; der Autor unterschreibt mit »Peregrin«.

Das aber war ein Pseudonym Lessings aus seinen frühen Münchner Jahren (das zweite lautete: Dr. Hans Widerporst). Die Schilderungen im »8-Uhr-Abend-Blatt« stimmen bis in die Wortwahl hinein mit dem Resumee in der Illustrierten überein. Berücksichtigt man noch, daß im Theodor Lessing-Nachlaß maschinenschriftliche Aufzeichnungen aufbewahrt werden, die sich bis auf geringfügige stilistische Abänderungen mit der Darstellung in der Wiener Illustrierten decken (der Autorenname Theodor Lessing ist von seiner Hand im Manuskript durchgestrichen), dann darf als sicher gelten, daß Lessing selbst diese Informationen an die Berliner Zeitung weitergegeben hat. Woher er seine Kenntnisse bezog, ist heute nicht mehr zu ermitteln. Nicht in die Zeitung gelangte, was er einem ersten Entwurf anvertraut hat: Hugenberg war ein älterer Mitschüler Lessings, die Väter der beiden erst lange befreundet, später dann verfeindet gewesen. Auch wird ein Femebund an der Hochschule erwähnt, Dettmar als der ferne »Organisator des Putsches« bezeichnet.[113] In den »Burschenschaftlichen Blättern« teilten die völkischen Studenten mit, sie hätten dem Rektor über die Herkunft der beträchtlichen Gelder Rechenschaft abgelegt. Bei dieser dunklen Andeutung blieb es.[114]

Da die Deutschnationale Volkspartei zusammen mit dem »Stahlhelm«-Bund von Anfang an die publizistisch-politische Organisation der Lessing-Kampagne durchgeführt hatte, lag es nahe, Hugenberg als geheimen Financier des Sonderzuges zu vermuten. Erinnert sei an die organisatorisch-ideologische Verflechtung des »Deutschen Hochschulrings« mit der »Deutschen Studentenschaft« und an die vielfältigen Kommunikationslinien und finanziellen Zuwendungen, ohne die die Korpsstudenten nicht auf so großem Fuß hätten leben können; auf Werkarbeit, wie viele ihrer Kommilitonen, waren sie nicht angewiesen. Es ist auszuschließen, daß die Korporierten aus eigener Tasche die Kosten für den Sonderzug und die anderen propagandistischen Mittel hätten bezahlen können, es hätte das auch den Usancen einer straff geführten Organisation widersprochen, zudem hat man das spektakuläre Unternehmen wohl nur bei frei verfügbaren Mitteln so perfekt planen können.

Hugenberg antwortet auf die Spekulationen um seine Person. Wenn er wirklich bei der »Abschüttelung« Lessings seine Hand im Spiel gehabt hätte, würde er das als etwas sehr Ehrenvolles betrachten, doch der politische Gegner messe ihm einen Verdienst zu, den er nicht für sich in Anspruch nehmen könne.[115] Indirekte Einflußnahme war aber zuvor schon die Hauptmaxime Hugenbergscher Politik gewesen.

Im Mai 1926, kurz vor dem Höhepunkt der Aktionen gegen Lessing, hatten die Polizeibehörden in den Häusern Hugenberg und Claß Durchsuchungsbefehle ausgeführt, auch prominente

Persönlichkeiten aus der Schwerindustrie und den Wehrverbänden wurden in die Ermittlungen einbezogen. Die preußische Regierung vermutete einen unmittelbar bevorstehenden Putsch. Die durchaus belastenden Dokumente reichten für eine Anklageerhebung nicht aus, was vielleicht damit zu erklären ist, daß man zur Begutachtung des beschlagnahmten Materials einen Oberreichsanwalt eingesetzt hatte, der Parteigänger der Deutschnationalen war. Unzweifelhaft war aber, daß Claß Hindenburg veranlassen sollte, Hugenberg im Krisenfall zum Reichskanzler zu ernennen.[116] Die Förderung der studentischen Kampagne war Hugenberg und seinem weitverzweigten Organisationsnetz also durchaus zuzutrauen.

Auch andere Interessengruppen witterten auf einmal Chancen zur Durchsetzung bisher unerhörter Forderungen. So strebte der »Landesverein für innere Mission« die Einrichtung einer weltanschaulichen Professur, ein Ordinat für protestantische Philosophie an. In Münster hatte man damit kein Glück gehabt, nun wollte man es in Hannover versuchen, und da kam Lessings umkämpfte Position als Ansatzpunkt für die christlichen inneren Missionare gerade recht.[117] Vorausgegangen war dem ein akademischer Disput über den Nutzen und Schaden kirchlich gebundener Philosophie im Jahre 1924. Lessing lehnte damals die Installierung von Weltanschauungsprofessuren unter anderem mit dem Hinweis ab, es würden sonst nur noch die wechselnden politischen Mehrheiten an den Universitäten über Sinn und Ziel philosophischer Forschung bestimmen.[118] Die Stellungnahme des Rektors der Friedrich-Wilhelm-Universität Berlin, sein Votum für weltanschaulich verpflichtete Lehrstühle, beantwortete deutlich und zukunftsweisend genug, worum es so manchem deutschen Mandarin ging: »Die Weltanschauungsfrage steht jetzt in Deutschland auf der Tagesordnung, und wir kommen nicht darum herum, sie durchzukämpfen. Und dann doch am liebsten noch gerade auf den Hochschulen.«[119]

In Hannover war man dazu bereit. Am 9. Juni 1926 ruft der »Hannoversche Kurier« zum Pogrom auf: »Bürgertum, wach auf und wehre dich! Das ist die Forderung des Tages. Heran zu

einer geschlossenen Front! Dann sind es nicht mehr nur 1500
Studenten, die gegen das Ministerium demonstrieren, dann sind
es Hunderttausende. [. . .] Stadtverwaltung, rühre dich! Die
Mehrzahl der Bevölkerung steht hinter dir! Auf, ans Werk, ehe
es zu spät ist!«[120] Die Kreise weiten sich nochmals, die nationalistischen und republikfeindlichen Kräfte schießen sich gegen das
»Regime Braun-Becker« ein. Im »Berliner Tageblatt« wird eine
Äußerung Lessings über die Rolle der Staatsanwaltschaft Hannover abgedruckt, wonach sie die »Mitveranlasserin« der Kampagne sei, denn erst die Strafanzeige der Staatsanwaltschaft
gegen ihn, an die Hochschule weitergeleitet, habe das Disziplinarverfahren eröffnet und das Kultusministerium über Lessings
publizistisches Wirken während des Haarmann-Prozesses in
Kenntnis gesetzt. So sei die Staatsanwaltschaft der »Quellpunkt
der ganzen Lessinghetze«.[121] Während am 9. Juni das Stadtge-
spräch von der Frage genährt wird, ob Hugenberg Geld gegeben
hat oder nicht, und Poehlmann ausstreuen läßt, daß jeder
deutsche Student »für die Reinhaltung seiner Ehre« zwei Mark
achtzig opfern würde, registriert die »Frankfurter Zeitung« am
folgenden Tag »ein Stadium der mißglückenden Beilegungsver-
suche«. Der Rektor hatte in einem Schreiben Lessing zum
Rücktritt aufgefordert, ihm einen längeren Urlaub angeraten
und nochmals nahegelegt, außerhalb der Hochschulräume zu
lesen. Die Dozentenschaft der Technischen Hochschule Hannover erklärt förmlich, der Kultusminister solle Theodor Lessing
die *venia legendi* entziehen. »Ein solcher Fall«, kommentierte
das »Berliner Tageblatt«, ist »in der Geschichte des deutschen
Hochschulwesens bisher unerhört.«[122] Der Widerstand gegen
Lessing, heißt es in jener Erklärung, sei so tiefgreifend, daß er
durch Zwangsmaßnahmen nicht mehr überwunden werden
könne. Die Dozenten bekunden Verständnis für die »innere
Einstellung« der Studenten, bedauern die »Wahl der Methode«,
nur in diesem einen Punkt hätten sich die Studenten nicht richtig
verhalten: »Die Einleitung eines Disziplinarverfahrens war unter diesen Umständen nicht mehr zu vermeiden, wenn auch
seine Anwendung den Richtern schmerzlicher war als den

Bestraften.« Damit gibt die Dozentenschaft öffentlich zu, die Ausschreitungen gegen Lessing nur aus Formgründen nicht billigen zu können. »Dank unserer Vertrautheit mit der Wesensart der Studierenden wissen wir aber, daß die erfolgten und noch zu erwartenden Maßregelungen nicht Frieden und Ordnung bringen werden.« Abwanderung sei dann die unvermeidliche Folge, und auch die Forschung würde durch Lessings Bleiben empfindlich gestört, denn die »tiefgehende Entrüstung« über ihn habe bereits auf weite Kreise übergegriffen, auf eben solche, die die »wissenschaftliche Forschung in den Hochschul-Instituten auf das wirksamste gefördert haben«. Lessings Anwesenheit in der Hochschule rechtfertige nicht dieses »große Opfer«. »Wir sind uns einig, daß Herr Lessing nach seinem unakademischen Verhalten und seiner ungeheuerlichen Verhöhnung der eigenen Hochschule nicht mehr würdig ist, Mitglied ihres Lehrkörpers zu sein.« Er selbst müsse einsehen, daß er hier nicht mehr »fruchtbringend« arbeiten könne. Eine Schließung der Hochschule sei nicht zu vermeiden, wenn Lessing die Aufgabe der *venia legendi* nicht von sich aus betreibe. Die Erklärung schließt mit dem Satz: »[Wir] sind uns aber bewußt, daß die Verantwortung für diese einschneidende Maßnahme uns nicht treffen kann.«[123]

Diese Erklärung stachelt die gar nicht mehr so kampfkräftigen völkischen Studenten zu neuen Taten an. Das »Prager Tagblatt« schrieb, niemals hätten die Studenten es gewagt, in dieser großangelegten Form gegen Lessing aufzutreten, »wenn sie nicht Unterstützung der Professorenpartei und ihres Anhanges in den ›feineren‹ Kreisen von Hannover hinter sich gefühlt hätten«. Lessing sei den Professoren von Anfang an ein unbequemer Zeitgenosse gewesen, wahrscheinlich hätten sie die völkische Hetze nicht nur gebilligt, sondern mitinszeniert.[124]

Für den 11. Juni plant ein demokratisch-republikanisches Bündnis eine Pro-Lessing-Kundgebung in Berlin, auf der neben Lessing der in Heidelberg von völkischen Korpsstudenten terrorisierte Emil Julius Gumbel sprechen sollte. Aber Lessing sagt seine Teilnahme ab, um, wie er meint, nicht weitere

Vorwürfe herauszufordern. Auch wolle er nicht als Märtyrer
durch das Land ziehen; die Sache des Geistes und der Freiheit
aber müsse verteidigt werden, in diesem Sinne werde man ihn
immer fest finden.[125]

Ein mit Doktortitel unterzeichnender Autor enthüllt unterdessen im »Hannoverschen Kurier«, wie man noch geschickter
gegen Lessing hätte vorgehen können. Die völkischen Studenten hätten sich zwar formell durch ihre Aktionen ins Unrecht
gesetzt, aber »was wiegt schließlich dieses formale Unrecht
gegenüber dem innerlich und leidenschaftlich als unhaltbar
empfundenen Zustand« einem Mann gegenüber, der weder die
Achtung der Studenten noch der Professoren besäße? »Es wäre
vielleicht richtiger gewesen, Herrn Lessing, der ohnedies keine
Hörer mehr hatte, hier völlig versacken zu lassen, zu warten, bis
der Vielschreiber, dessen fast krankhaft zersetzende Einstellung
nur auf das Negative gerichtet scheint, von neuem entgleisen
würde« – bis auch das Kultusministerium ihn hätte fallenlassen
müssen. »Das wäre klug, ja es wäre fast raffiniert gewesen. [...]
Denn die instinktmäßige Auflehnung der Studentenschaft in
früheren Zeiten gegen diesen Schädling wäre dann durch einen
hundertprozentigen Beweis erhärtet worden.« Leider sei es
anders gekommen, und man müsse sich fragen, ob das Kultusministerium gut daran tue, »sich hinter der Kulisse dieses
Formfehlers zu verschanzen« und sogar mit der vorübergehenden Schließung der Hochschule zu drohen, »um die Lehrfreiheit
für einen Mann zu retten, der in Wirklichkeit schon längst über
Bord gegangen ist«.[126]

Dieser offenherzige Artikel umrahmte gewissermaßen eine
am Vortage auf die Beine gestellte Großveranstaltung der Alt-
Akademiker Hannovers in der Stadthalle, auf der auch die
Studenten um Poehlmann Gelegenheit erhielten, ihre Kampf-
abenteuer vorzutragen. Die noch nicht relegierten, aber bereits
zu völkischen Märtyrern erklärten elf Studenten dürfen auf mit
Eichenkränzen geschmückten Stühlen Platz nehmen. Dann
werden Brandreden gehalten. Poehlmann erklärt unter dem
dröhnenden Beifall der erhitzten Anwesenden, daß die Studen-

tenschaft (denn daß er für alle Studierenden sprach, verstand sich von selbst) seit dem vergangenen Jahr alles getan habe, um Lessings »Entschlußfreudigkeit zu steigern«. Da er aber nicht so recht wollte, »habe man nun gesteigert und werde auch weiterhin steigern!«[127] Beim Lied »Burschen heraus« steht die Versammlung geschlossen auf, und am Ende der Veranstaltung, als man die großdeutsche Fassung der Nationalhymne anstimmt, werden ein paar Unwillige von der Gegenseite mit Gewalt aus dem Saal hinauskomplimentiert.[128] Zuvor hatte man der Witwen und Rentner gedacht und auch das Handwerk und den Handel nicht vergessen: Sie alle würden entsetzliche Verluste bei einer kollektiven Abwanderung der Studenten hinnehmen müssen. Aber noch sei es nicht zu spät: die Alt-Akademiker und die nationalen Verbände würden in schöner Eintracht Lessing schon noch gemeinsam »abschütteln«. Über die Gelder für die Braunschweigfahrt sagte Poehlmann, die Studenten seien arme Luder, denen aber der letzte Groschen gut sei für diesen Kampf, selbst wenn »hinterher eine Woche lang Schmalhans Küchenmeister sein müsse«.[129]

Es gab auch Gegenstimmen. Zeitungsberichte aus England, Frankreich und Italien zeugten von der ausländischen Besorgnis über den Zustand der Weimarer Demokratie. In einer großformatigen Zeitungsanzeige rief der »Sozialistische Studentenbund«, der »Internationale Sozialistische Kampfbund« und die Bezirksleitung Niedersachen der KPD die Hannoveraner auf, sich diesen nationalistischen Skandal nicht länger bieten zu lassen und die Wiederaufrichtung einer schwarz-weiß-roten Diktatur zu verhindern.[130] Die »Vossische Zeitung« bemerkte, daß zynischer und offener die Professorenschaft die Abhängigkeit von wirtschaftlichen Interessengruppen nicht hätte bekanntmachen können. Obwohl Lessing seiner Hochschule sehr weit entgegengekommen sei, stünden die Dinge nun so, »wie sie in den Annalen der deutschen Universitäten kaum zu verzeichnen sind«. Bloße Disziplinarverfahren reichten hier nicht mehr aus, noch brenne es erst an einer Stelle. Aber wie lange noch nur dort?[131]

Am 11. Juni erklärt Lessing, für ihn sei diese Angelegenheit vordringlich ein »Kampf um das Recht«.[132] Der Magistrat der Stadt Hannover beschließt am selben Tag, daß Oberbürgermeister Menge mit Lessing verhandeln solle. In der Rechtspresse stellt man das so dar, als hätten die sozialdemokratischen Senatoren den Oberbürgermeister damit beauftragt, Lessing aufzufordern, freiwillig von seinem Lehramt zurückzutreten.[133] In Wirklichkeit hatte Menge nur den Auftrag erhalten, die Vermittlerrolle zur raschen Beilegung des Skandals zu übernehmen.[134] Die Stadt hatte sich bisher aus diesem universitären Konflikt herausgehalten, jetzt aber ließ sich Bürgervorsteher Rust (NSDAP), der lange Jahre Lessings Nachbar gewesen war, mit der Forderung vernehmen, man solle eine gemeinschaftliche Sitzung der städtischen Kollegien einberufen und die vom Ordnungsblock im Rathaus vorgetragene Anfrage beraten, was der Magistrat zu tun gedenke, wenn durch die Abwanderung von tausend und mehr Studenten der Stadt schwerer wirtschaftlicher und kultureller Schaden drohe.[135]

Menge legt Lessing im Rathaus ohne weitere Erklärung eine vorbereitete schriftliche Verzichtserklärung vor und lehnt es ab, einen Zeugen zu dieser Zusammenkunft beizuziehen. Das Ganze dauert eine Minute. Menge hat offenbar gehofft, den gutwilligen Lessing überrumpeln zu können. Doch der lehnt dieses hinterhältige Ansinnen ab als Einmischung des Magistrats in fremde Ressorts.[136] Nach diesem mißlungenen Schachzug veröffentlicht der Oberbürgermeister ein erfundenes Protokoll und schiebt Lessing nie gesagte Worte in den Mund. Danach wolle er zwar nicht die Verzichtserklärung unterschreiben, habe jedoch innerlich längst Abstand von seinem Lehramt genommen. Um die Glaubwürdigkeit dieses Schwindels zu erhöhen, garniert Menge ihn noch mit seinem Diensteid.[137] Nach einem »Fall Lessing«, schreibt der »Volkswille«, sei nun wohl mit einem »Fall Menge« zu rechnen[138]; Lessing hat die seltsame Szene auf dem Rathaus in einem Feuilleton so dargestellt: »In den griechischen Städten bestand die Sitte des Scherbengerichts.

Wenn ein Mann in seiner Heimat mißliebig oder gefährlich wurde, dann konnte darüber abgestimmt werden, ob man ihn verbannen oder in der Stadt behalten wollte. Damals lehrte in Athen der weise Sokrates. Die Stadt Athen aber hatte ein springendes weißes Roß als Wappen. Davon berichtet uns Plato: ›Sokrates hat gesagt: ich bin eine lästige Fliege, die sich auf die Nase des athenischen Rosses niedergelassen hat, und das Roß nun zum Ausschlagen bringt.‹ – Die Stadt Hannover an der Leine hat wohl nicht mehr Ähnlichkeit mit dem alten Athen, als ich sie habe mit dem weisen Sokrates. Aber so viel ist richtig: Auch die Stadt Hannover führt als Wappen das springende Pferd, das weiße Welfenroß, und ich bin für die Nase dieses Rosses eine lästige Fliege.

Heute am zwölften Juni wurde ich auf das Rathaus gebeten. Da stand in seinem Amtszimmer der Oberbürgermeister und schwätzte und schwätzte: ›Sie sind angeklagt, daß Sie die Jugend unserer Stadt verderben. Die Stadt fordert, daß Sie auf ihr Lehramt freiwillig verzichten. Hier liegt die Urkunde des Verzichts, und hier haben Sie meine Feder; unterschreiben Sie!‹ . . .

Da warf ich dem Armseligen seinen Dreck vor die Füße und antwortete so, wie der Zorn antwortet und der beleidigte Stolz. Denn draußen vor den Fenstern leuchtete in der Sonne die alte Stadt mit ihren Türmen. Da rauschte wie in Zorn der alte Brunnen, den hat mein Ahne der Stadt geschenkt; da stand wie im Trotz der alte Tempel, den hat mein Ururgroßvater der Stadt gestiftet. Da lehnten wie im Leid die alten Häuser; in denen wohnten meine Großeltern und Eltern und ist keines, daraus mein Vater nicht einen Kranken geheilt und nicht ich ein Kind unterrichtet hätte.«[139]

Kultusminister Becker schaltete sich unterdessen mit der Erklärung ein, die Vorgänge in Hannover seien »nackter Terror« und dieser Terror würde nicht weniger Terror dadurch, daß er akademischer Terror sei.[140] Der hannoversche Lehrkörper versicherte dagegen, die Relegation werde weitergeführt, man sei schon bis zum fünfzigsten Studenten vorgedrungen.[141] Nach

»Fühlungnahme mit der Partei«, also der Sozialdemokratie, berichtete der »Volkswille«, habe Lessing jetzt sich bereitgefunden, beim Kultusministerium um Urlaub nachzusuchen.[142] Lessing ändert aber seine versöhnliche Linie und teilt dem Oberstaatsanwalt mit, daß er seine Bitte um Straffreiheit für die Studenten nicht mehr aufrechterhalten könne. Es stehe nicht mehr seine Person allein im Mittelpunkt, die Angelegenheit sei vielmehr zu einer Frage der Autorität des Staates geworden, der er als einzelner nicht in die Arme fallen könne.[143] Seine Vorlesungen verlaufen seit einiger Zeit wieder ohne größere Zwischenfälle, eine Absetzbewegung zeichnet sich innerhalb der völkisch-nationalistischen Front ab. Die überregionalen Solidaritätskampagnen hatten nicht den erhofften Erfolg gebracht. Befriedigt stellt die »Vossische Zeitung« fest: »Die Vorgänge in Hannover scheinen das eine Gute zu haben, daß endlich einmal die Kräfte der Abwehr gegen die Parolen der nationalistischen Drahtzieher wachgerufen werden.« Es werde deutlich, daß die Reaktion an den Hochschulen längst nicht mehr so stark sei, wie sie selbst es durch ihre »Resolutionsfabrikation« glauben machen will.[144] Der Rektor der Universität Brünn zeigte, wie man schnell entschlossen gegen nationalistische und antisemitische Ausschreitungen vorgehen konnte: Nach einigen Eklats ließ er die Hochschule im Jahr 1926 vorübergehend schließen.[145]

Theodor Lessings Mutter Adele bricht unter dem Eindruck der Kampagne gegen ihren Sohn zusammen und muß in ein Krankenhaus gebracht werden; sie stirbt dort eine Woche später.[146]

Der von den Studenten ausgerufene Generalstreik an allen deutschen Hochschulen scheitert kläglich. Es ist eine sinnlos gewordene Parole, Gefühle der Ernüchterung stellen sich ein.[147] Gerüchte gehen um, daß innerhalb der hannoverschen Dozentenschaft keine Einhelligkeit mehr über die abgegebene Erklärung bestehe, es gebe Anstrengungen, die Stellungnahme zu revidieren.[148] Es geschieht nichts. Das »8-Uhr-Abendblatt« druckt ein Bild Lessings mit der Untertitelung: »Lessing bleibt!«[149] Aber noch weiß niemand, wie die Mitverantwortlichen aus der entfachten Kampagne ohne größere Einbußen ihrer Reputation einigermaßen dezent herauskommen sollen.

Georg Bernhard hatte schon am 13. Juni in einem großen Leitartikel in der »Vossischen« den Fall Lessing in einen »Fall Hannover« umformuliert und ausgeführt, daß solche Dinge immer mit einem Lokalereignis begännen und dann sich grenzenlos ausweiten. Wie es bei der Dreyfus-Affäre nicht auf die Person angekommen sei, so sei Lessing ein zufällig ausgesuchtes Objekt, denn es gehe um viel weitergreifende politische Ziele. Wenn in den Hugenberg-Blättern rechtsgerichtete Professoren gegen die Verfassung und die Republik hetzten, denke kein Mensch daran, ihnen daraus einen Vorwurf zu machen. In diesem Widerspruch aber dokumentiere sich die ganze politische Lage in Deutschland. Daß der Kultusminister nur starke Worte gefunden, aber nichts für einen seiner schutzlos dem völkischen Terror ausgelieferten Beamten getan habe, belege die Erfahrung, daß auf dieser »Leisetreterei der Republikaner« die ganze Macht der Hetzpresse und der Hetzparteien beruhe. Lessing sei das »Versuchskaninchen« für den Kampf gegen die Republik, und der Kampf gegen Lessing ein »Stück offenen Angriffes gegen die Meinungsfreiheit und Handlungsfreiheit«, ein »Teilstück des geplanten Gesamtangriffes gegen die Republik. [...] Der Fall Lessing ist zur Sache der Republik geworden«.[150]

Die Solidarität der jüdischen Gruppen und Organisationen fiel recht mäßig aus. Der Landesrabbiner hatte 1925 »vom jüdischen Standpunkt aus« ein für allemal festgestellt: »Mit Lessing und seinem Artikel haben wir nichts zu tun.«[151] Nur die Tatsache, daß der völkisch-nationalistische Angriff auf Lessing zugleich auch ein allgemeiner Angriff auf die Gleichberechtigung der Juden in Deutschland enthalte, berechtige dazu, für Lessing einzutreten.[152] Einige antisemitische Boulevardzeitungen griffen den offenen Brief eines dem Deutschtum verpflichten Juden auf, der Lessing des »jüdischen Antisemitismus« beschuldigte; Lessing habe es sich selbst zuzuschreiben, wenn man ihn jetzt ähnlich angreife, wie er früher die Ostjuden.[153]

Am 17. Juni meldet das »Berliner Tageblatt«, in Hannover seien weitere fünfzig Vorladungen zur Abwicklung der angekündigten Relegationen abgeschickt worden. Aber zwei Tage später beherrscht ein einziges Thema die Zeitungen: »Lessing bleibt, liest aber nicht.«[154] Die »Vossische« meint darin einen »Sieg der Staatsautorität«[155] zu erkennen, auch das »Berliner Tageblatt« hat keine Einwände gegen diesen merkwürdig schizophrenen Kompromiß[156], der durch Vermittlung mehrerer Berliner Professoren zwischen Becker, der hannoverschen Hochschule und Lessing zustande gekommen war. Lessing verzichtete auf die Abhaltung seiner Vorlesungen bei gleichzeitiger Beibehaltung seiner *venia legendi,* sein Lehrauftrag wurde in einen Forschungsauftrag umgewandelt.

Der »Volkswille« berührte den politischen Kern dieser merkwürdigen Schlichtung: »Die Hetzjagd [. . .] hat sich jedenfalls gelohnt. Lessing ist mürbe gemacht worden. Das Wild ist zur Strecke gebracht. Die Jäger können Halali blasen.«[157] Es wurde nun auch bekannt, daß dem Rädelsführer Poehlmann, der sich gerade im Examen befand, ein Aufschub des Disziplinarverfahrens bis zur Absolvierung seiner Prüfungen zugesagt worden war. Der »Ausschuß gegen die Lessing-Hetze« begnügte sich mit diesem Kompromiß; es sei ein moralischer Sieg errungen worden.[158] Die »Vossische« wies darauf hin, daß nach Lessings Rehabilitierung der Sturm von der Hochschule nun aufs Rathaus überwechseln dürfte.[159] Der »Hannoversche Kurier« befand, ebenso wie die Studenten, die zugesagt hatten, keine weitere Aktion gegen Lessing mehr zu unternehmen, daß dies noch keine endgültige Lösung sein könne.[160] Der »Vorwärts« hob hervor, daß Forschung nun einmal nicht Lehre sei, die Gegner Lessings hätten triumphiert.[161] Die KPD warf Lessing vor, er habe vorzeitig nachgegeben, er hätte weiterkämpfen müssen.[162] Die Rechtspresse war sich einig, daß Lessing nun »moralisch erledigt« sei[163], sein »ramponiertes« Image bleibe ihm sicher.[164] Das Schlagwort vom »Skandal-Professor« machte

die Runde. Aber kaum hatte man diese flaue Einigung herbeigeführt, da schien sich die Kampagne von neuem zu beleben. Nur
»Rückzugskanonaden« oder der »Beginn zu neuen akademischen ›Festlichkeiten‹?«[165] fragte die »Vossische« besorgt. Statt
»Streik« nannten die völkischen Studenten es nun »Studenten-
versammlung«, wenn sie den Vorlesungen fernblieben. Es war ein
offenes Geheimnis, daß die angekündigten Relegationen nicht
vor Ende des Semesters bestätigt würden; und es war eine Farce,
denn bis zum kommenden Wintersemester hätten sich die
tatsächlich relegierten Studenten für eine andere Hochschule
entscheiden können. Das laufende Semester hatten sie, bis auf
die im Examen Stehenden (und auch da winkten Ausnahmege-
nehmigungen wie im Falle Poehlmanns), damit nicht verloren.
Auf einer Versammlung der korporierten Studenten stimmte
eine Mehrheit schließlich für den Berliner Kompromiß.[166] Man
feierte das erreichte Ziel: die »Beseitigung« Theodor Lessings.[167]

Der spricht den Berliner Professoren seinen Dank aus: Er
brauche nun nichts mehr hören »von dem Fall eines Professors
Lessing, der mit meiner Person nichts zu tun hat«.[168] Er habe auf
die Ausübung der Lehrtätigkeit vorerst verzichtet, weil er
einsehe, daß man unter den gegebenen Umständen in Hannover
nicht mehr vernünftig arbeiten könne. Keiner der Studenten
aber wurde von der Hochschule verwiesen, man erteilte den
Betroffenen lediglich einen Verweis, drohte dem Anführer
Poehlmann nochmals die Relegation an und legte sodann einer
Bitte an den Kultusminister um Strafmilderung einen freundli-
chen Brief des Rektors und des Senats der Technischen Hochschule Hannover bei.[169] Im Preußischen Landtag endete die
über ein Jahr andauernde Kampagne, die Mobilmachung nicht
nur der Stadt Hannover, mit einem wortplänkelnden Nach-
spiel.[170]

Einige der Korpsstudenten wollten dennoch nicht aufhören,
obwohl die Staatsanwaltschaft durchblicken ließ, sie werde
vermutlich auf eine strafrechtliche Verfolgung dieser Angelegenheit verzichten. Aus dem Schriftverkehr zwischen den betei-

ligten Studenten geht hervor, daß man sich gegenseitig versicherte, es wäre doch wohl besser, nachzugeben und sich mit der getroffenen Vereinbarung zufriedenzustellen. Auch habe die Professorenschaft zu verstehen gegeben, daß entstehende Kosten von ihr beglichen würden. Es bestehe hingegen bei weiteren Aktionen die Gefahr einer gründlichen Einvernahme, in deren Gefolge womöglich auch Persönlichkeiten des öffentlichen Lebens in die Pflicht zur Aussage gezwungen würden, denen daran nicht gelegen sein könne. Dann käme vielleicht viel mehr über die Hintergründe der Kampagne heraus, als allen Beteiligten lieb sein dürfte.[171] Presse, Staatsanwaltschaft, Professoren und Studenten bildeten jedoch eine verschworene Gemeinschaft, und so wurde niemand zur Verantwortung gezogen.

1929 aber durfte ein neu dem hannoverschen Lehrkörper eingefügter Professor in einer »Strukturanalyse der deutschen Studentenschaft« soziologische Kenntnisse verbreiten: Der deutsche Student sei apolitisch – »und das ist gut so«. Neue Formen des Korporationswesens hätten sich eingebürgert – »aber auch die alten blühen weiter«. Nicht nur für Hannover gelte weiterhin: »Die erzieherische Wirkung, die dem studentischen Korporationswesen [...] nachgerühmt wird, hat sich erhalten.«[172]

Bleibt nachzutragen, daß der Lehrkörper der Technischen Hochschule Hannover 1933 das »Bekenntnis der Professoren an den deutschen Universitäten und Hochschulen zu Adolf Hitler und dem nationalsozialistischen Staat«[173] unterzeichnete; und daß zwei Jahre darauf aus diesem Bekennertum etwas höchst Praktisches geworden war, symbolisch festgehalten in einem denkwürdigen Gruppenbild: Auf der rückseitigen Treppe und Terrasse des ehemaligen Welfenschlosses, der Universität, standen, wie das Kampfblatt des NS-Studentenbundes meldete, »Student und Arbeiter in gemeinsamer Front«[174] – mit Spaten in den Händen. Einer Neubegründung der deutschen Hochschule stand nichts mehr im Wege.

Die Macht der Symbole
Reisen und Reden

Philosophie ist ein Sonderposten aus dem Warenhaus des Geistes, unbezahlbar und nur für wenige produziert. Ihre Urheber haben keine Biographie, ihre Produkte gehören nicht in die Öffentlichkeit, schon gar nicht in eine Zeitung. Soweit die Vorurteile.

Theodor Lessing schrieb für die Zeitung. Er lebte eine Philosophie der praktischen Vernunft und suchte die Wirksamkeit seiner Ideen im Licht öffentlicher Kontroversen. Abweichend von der Tradition der deutschen Kathederphilosophie, wanderte Lessing auf den schmalen Pfaden einer auf Welt und Gesellschaft bezogenen Philosophie, verarbeitete er Anregungen aus fachangrenzenden Wissensgebieten und bemühte sich um ein verständliches Schreiben. Die von den Junghegelianern im 19. Jahrhundert vorangetriebene Verschmelzung von philosophischer Reflexion und politischer Gegenwartskritik hat Lessing zu seiner Zeit, als kritischer Schüler Schopenhauers, fortgesetzt durch eine »Philosophie als Tat«, durch die Überwindung des Gegensatzes von Akademie und Lebenswelt, von Wissenschaft und Zeitung, von Gelehrsamkeit und Feuilleton. Als politischer Schriftsteller und philosophischer Artist fragte er nicht nach einer Lizenz für die verschiedenen Ausdrucksformen des Essays und des Feuilletons, der Abhandlung und der Glosse, denn Lessing mußte publizistisch arbeiten und Vortragsreisen absolvieren, um das verdiente Geld in seine Forschungen stecken zu können. Er setzte in der Weimarer Republik die Tradition jener philosophischen Kritiker und aus politischen Gründen geschaßten Privatdozenten fort, die schon im 19. Jahrhundert in der Tagespublizistik die Münzstätte des

öffentlichen Wissens für sich entdeckten. »Wahrlich«, hatte
Börne 1818 bei der Ankündigung seiner Zeitschrift »Die Wage«
gesagt, »das Kupfer, das durch Tagesblätter unter das Volk
gebracht wird, ist mehr wert als alles Gold in Büchern.«[1] Fortan
verlagerte sich der Standort der Philosophie, die Universität war
nicht mehr länger absoluter Bezugspunkt: Die Philosophie
wurde »Zeitungskorrespondent«[2].

Zwischen 1923 und 1933 publizierte Theodor Lessing eine
Unmenge Artikel, Aufsätze, Feuilletons und Glossen, die durch
eine Agentur an die Zeitungen des demokratischen Deutschland
verkauft wurden; vorwiegend veröffentlichte er in zwei heraus-
ragenden liberalen Blättern, dem »Prager Tagblatt« und dem
»Dortmunder Generalanzeiger«. Im Feuilleton machte er seine
Philosophie öffentlich. Das Feuilleton war noch nicht das
Sammelsurium von Meldungen, Kommentaren und Rezensionen, das wir heute gewohnt sind. Es war ein lebendiger Treffpunkt der Schriftsteller und Kritiker. Der Denkstil der Feuille-
tonkunst gab deren Beiträgen den Charakter des Überdauerns-
werten, und den Nuancenreichtum des feuilletonistischen Genres nutzte Lessing zur Entfaltung seiner Mehrfachbegabung.

Mit ironischem Scheinernst erklärte er seinen Lesern, weshalb das Feuilleton (als Sparte und Genre) so beliebt wie gering
geschätzt, so populär wie verhaßt ist. Die philosophische
Schreibkunst seiner Essays und Feuilletons stellt er als plau-
schendes, plätscherndes und planschendes Unternehmen vor,
bei dem alle ihn recht nett finden, weil er so leichtverständlich
daherrede. Die Schwierigkeit beim Feuilleton sei aber vor allem
die, aus einem Garnichts ein lesbares Etwas zu gestalten. Ein
solches »Garnichtsel«[3] könne selbst eine lumpige Streichholz-
schachtel[4] sein. Aus einer Nichtigkeit eine unterhaltsame, mit
einer Moral versehene, zeitkritische und auch scherzende Geschichte: ein klassisches Feuilleton zu zaubern, und als Philosoph die Erträge der wissenschaftlichen Arbeit für die Bedürfnisse einer Zeitung so zuzuspitzen, daß der Gehalt unverloren
bleibt, während der ästhetischen Form ein Schein schwindeln-
der Leichtigkeit zukommt – das mußte über plappermäulige

Kunststückchen hinausgehen. Viel Zeitatmosphäre und zu Zeit-
bildern abgezogene philosophische Einsichten enthalten die in
diesen Jahren geschriebenen Feuilletons und Leitartikel zu
politischen Themen der Weimarer Republik, ihrer Krisen und
Katastrophen. Mitte der zwanziger Jahre ist Theodor Lessing
ein allseits bekannter Philosoph und politischer Schriftsteller,
das Gelegenheitsporträt über Hindenburg verhalf ihm dazu und
brachte ihn zugleich um seine akademische Stellung. Nun
mußte er auf Reisen gehen, Reden halten und soviel publizieren,
daß es für den Unterhalt der Familie hinreichte. Zwar hatte Ada
Lessing als Leiterin der Volkshochschule Hannover ihr Einkommen, aber beide mußten sparsam mit dem Geld umgehen,
eine aufgezwungene Tugend, die ihnen geläufig war. Lessing
schmerzte es, sein avisiertes »Weltsystem«[5] zerschneiden und
auf kleine Formen bringen zu müssen. Doch davon könne er
immerhin Brot kaufen; lieber würde er aber eine richtige
»philosophische Abhandlung«[6] verfassen, doch so etwas erlau-
be das Gesetz der Zeitung nicht. »Dieses alles ließe sich
natürlich auch sehr erhaben sagen, aber dann wärs kein Feuilleton, dann wärs Philosophie.«[7] Wer seine Essays und Feuilletons
liest und mit den anderen Arbeiten vergleicht, dem wird dennoch der systematische »Gesamtzusammenhang«[8] seines Le-
benswerkes aufgehen: Historische Erkenntniskritik, Psychologie der Geschichte und Kritik der politischen Ideale und Idole.
Das Trauma der Vergeblichkeit allen Denkens und Aufklä-
rens aber wurde ihm schon zu Lebzeiten zum Lebens-Symbol
seiner philosophischen Wirkung. Das Denkbild von der Flaschenpost, hineingeworfen ins Eismeer der Geschichte, wird
gegen Ende der Weimarer Republik für Lessing zum Epitaph
eines zerstörten jüdischen Philosophenlebens. Das abgebrannte
»Kulturfeuerwerk« der deutschen Juden führt er mit seiner
»Philosophie der Not« zusammen. Wirkungslos verpufft seien
die glanzvollen Werke, und deren Erfinder und Erbauer wären
dazu verdammt, »ungedankt in Schnee und Eis«[9] zu vergehen.
Das aber war kein Freibrief für »Resignation«, obwohl er
plante, seine Lebenserinnerungen unter diesem Titel zu be-

schließen. Die beiden anderen Abschnitte seines Lebens sollten von der »Jugend-Ekstase« und den Lehrjahren (»Gerichtstag über mich selbst«) handeln.[10] Nur für den ersten Teil reichte ihm noch die Zeit.

Gewünscht hatte Lessing sich, zurückgezogen leben und arbeiten zu können, von Büchern umgeben, Musik hörend und Bilder betrachtend – statt dessen reist er durch das Land, spricht und schreibt er, analysiert die irrationalen politischen Kräfte und Interessen, kommentiert kritisch die Strömungen der Gegenwartsphilosophie, setzt als kämpferischer Denker auf die Logik der Not. Die Not in der Geschichte ist der Kern und die Triebkraft seiner von Rationalität und Phantasie zugleich gesteuerten Untersuchungen. Mit »Radikalismus der Vernunft«[11] wollte er beitragen zur Erhaltung der republikanischen und demokratischen Freiheiten und Grundrechte, warnen wollte er davor, die politischen, sozialen und kulturellen Errungenschaften dieser ungefestigten Republik kampflos preiszugeben. Er artikulierte sich unabhängig von Arbeiterbewegung und anderen Gruppen, deren Ziel die ökonomische, politische und soziale Emanzipation war, und analysierte mit dem Fremdheitsblick des jüdischen Außenseiters und Soziologen die Not- und Symbolstruktur der deutschen Geschichte.

Sie blieb ungeschrieben, wurde jedoch gelebt, sie blieb ungeordnet und ist doch in jeder Zeile gegenwärtig: Lessings »Philosophie der Not«. Ihr Thema: Gewalt, Herrschaft und Sinnstiftung in der Geschichte. Not, Schmerz und Leiden haben darin die Funktion von Organisationsprinzipien, sie sind Zellformen der Geschichtserfahrung überhaupt. »Der Wirkungsgrund wie der Erklärungsgrund alles Geschehens ist: die Not.«[12] »Macht, brutale Macht, das ist die einzige Triebgewalt der Geschichte.«[13] Zwischen Not und Macht waltet ein materieller Zusammenhang: Der individuelle Schmerz und das kollektive Leid konstituieren die Zwingkraft des Gegenständlichen, die Logik der Not. Diese ist von sich aus blind und bedarf der aufklärenden Vernunft. Jede zur Macht gelangte Gruppe aber reagiert mit der Rhetorik des Bildes, der Mythen und

Symbole. Die Phantasie der Massen wird an politische Führer gebunden, und diese herrschen durch die Expressivität einer künstlichen Aura.

Gegen diese Herrschaftsrhetorik setzt Lessing die Logik der Not und der Vernunft. Jedes geschichtliche Phänomen führt er auf deren Notgehalt zurück. Das »Notprinzip des Materialismus«[14] gilt ihm als »das einzige Realprinzip [. . .], aus dem die Welt physischer und psychischer Tatsächlichkeiten erklärt werden kann«.[15] Im Prinzip Not kommen unhintergehbare menschliche Erfahrungstatsachen zum Ausdruck, die Bedürfnisse und Sehnsüchte ebenso wie seelischer Schmerz, verursacht durch ökonomische Not, politische Unterdrückung und soziales Leiden. Als Schopenhauerianer benennt Lessing alle diese Ausdrucksformen menschlicher Hinfälligkeit und historisch entstandener Ungerechtigkeit, ohne sie vorab mit Sinn zu versehen. Das Drangsal des Daseins, die Ängste, die Erfahrung des Todes, die Brüchigkeit des Glücks, die Kürze des Lebens: Diese materialen Grunderfahrungen menschlicher Existenz sind durch sophistische Beweisgänge nicht abzustreiten. Schopenhauers Erkundungen der Weltgeschichte sind geprägt von der Erfahrung des Negativen, der Gewalt und des Elends, des Wahnsinns und der Verzweiflung, der Vernichtung menschlicher Sinnansprüche im Blick auf den immer wiederkehrenden Schrecken. Einzig in der Kunst, im Mitleid und der stillen Resignation sieht Schopenhauer Notausgänge aus dem Schlachthaus der Geschichte. Fortschritt dagegen gilt ihm nur als Gleichschritt im Kreise.

Dem folgt Theodor Lessing nicht. Seine Nähe zu Schopenhauer ist zugleich Differenz: Lessing radikalisiert Schopenhauers Philosophie, indem er sie in eine »Philosophie als Tat« transformiert. Keine weltgeschichtliche Katastrophe – in Lessings Werken mit manchmal sich überschlagendem moralischen Pathos und zürnender Anklage ausgiebig geschildert – gestatte es, »aus der Fortschrittslinie Geschichte herauszutreten«.[16] Im Zeitalter der Massen, der kapitalistischen Verwertung der Arbeitskraft und der autoritären politischen Machtblöcke hat eine

zirkuläre Willensmetaphysik ihr Recht verloren. Eine erfah-
rungsorientierte Philosophie der Not muß zur »Sozialwissenschaft und Ethik«[17] fortgebildet werden. Das Bewußtsein von
der gesellschaftlich bedingten Not zwingt zu einer Wende, zur
Not-Wende, und das gelingt nur in der reflektierten und
organisierten Praxis politischer Machtkämpfe.[18] Die atomisier-
ten einzelnen begreifen im Zusammenschluß ihrer gemeinsam
erfahrenen Leiden die subjektiv erduldeten Schmerzen als die
Objektivität abschaffbarer, gesellschaftlicher Not. Schopen-
hauerisch im Ton, aber in eigener Ausfüllung der Gedanken
formuliert Lessing: »Die Welt ist meine Not! Sie beginnt an der
Stelle, wo das Leiden, d. h. das Sichwehren beginnt.«[19] Weltgeschichte entsteht im Widerspruch zur unfertigen Wirklichkeit,
im Schmerz und Kampf, der zwischen den antagonistischen
Kräften Not und Macht tobt. Die Subjekte der Not-Wende sind
bei Lessing keine idealisierten Träger geschichtslogischer Deter-
minismen, sie müssen ihre Not praktisch und subjektiv als
Macht ihrer Notwendigkeit erleben und erkennen und ständig
neu zueinander vermitteln.

An dieser Nahtstelle tritt Marx als Verbindungsmann zu
Schopenhauer auf. »Mag an seinen Lehren dieser oder jener
Gedanke zeitbedingt und vergänglich sein: Sein Prinzip: die
Unbedingtheit und mithin Internationalität der weltordnenden
Vernunft, dies Prinzip des Schmerzes, erwies sich als das
siegreiche, denn es ist die Wurzel des Geistes selber.«[20] Lessings
Philosophie der Not modifiziert Schopenhauers Willensmeta-
physik, ersetzt den Quietismus durch die von Fichte stammende
Figur der Tathandlung. Lessing nahm nicht die theoretischen
Neugründungen im Marxismus zur Kenntnis (zitierte sie jeden-
falls nicht): nicht Korsch und Lukács, nicht Bloch oder Horkheimer. Daß Lessing gänzlich unhaltbare Attacken gegen Hegel, Darwin und Marx ritt, hat vor allem mit der wirkungsmäch-
tigen politischen Geschichte des Marxismus zu tun: Der in der
Arbeiterbewegung grassierende Fortschrittsoptimismus und
Entwicklungsglaube wurde mit Bruchstücken eines darwini-
stisch verbrämten Hegelmarxismus gerechtfertigt. Gegen diese

historische Naivität polemisierte Lessing als Schopenhauerianer und durchaus auch als philosophischer Eigenbrötler, der die Kommunikation mit wesensverwandten Theorien verweigerte.[21]

In seinen tagespublizistischen Artikeln und großen Reden setzte er sich dennoch für die Zusammenführung der gespaltenen Arbeiterbewegung ein: Sozialdemokraten und Kommunisten müßten ein Mindestmaß an Übereinstimmung und Solidarität erzielen, denn Kapital und politisch Mächtige seien weitaus besser organisiert als das internationale Lager der Not.[22] »Aber es gibt immer nur die eine Vernunft, die aus der Not aller hervorwächst. Und immer nur hervorwächst am kränkesten und wundesten Punkt. Denn der Geist selber ist Ergebnis der Vielheit. Ist Blüte aller Not. [. . .] Träger des Fortschritts zum Geist ist also nicht das Volk, sondern ist die Not im Volke. [. . .] Warum denn nennen wir uns Kommunisten und Sozialisten? Warum heißt es: ›Proletarier aller Länder vereinigt Euch‹? Weil wir wissen: Die Solidarität der Not ist immer auch Solidarität im Geiste.«[23] Das Auge der Vernunft sei ebenso groß wie hilflos, wenn es sich allein auf Begriffstrennung einläßt und nicht auch mit den Notprodukten der Geschichte umzugehen weiß, mit chimärischen Konstrukten und sozialpathologischen Losungen, die mehr historische Schubkraft besitzen als jede ausgeklügelte Theorie. Der Sozialismus dürfe daher kein Räsonnement sein, kein gepflegtes Gespräch unter unbeteiligten Wissenschaftlern, es müsse vielmehr die Sprache der »Arbeitstiere des Kapitalismus« in allen Erörterungen gegenwärtig sein, denn »wo wir in die Augen der Hilflosen blicken, sind wir Revolutionäre und dürfen uns nie zurückziehen auf Wissenschaft oder Wahrheit, Religion oder Gott«. Über den immer wieder auftretenden kleinen Differenzen dürften die großen Gemeinsamkeiten nicht vergessen werden. »Was uns trennt sind nicht die Ziele. Uns trennt der Weg. Sobald die Not da ist (und sie ist vielleicht morgen da), wird auch für den Sozialismus das Rettende wachsen: die gewaltige Vereinheitlichung aller, die die Unrettbarkeit der bürgerlichen Gesellschaft und die Faulheit

ihres Klassenstaates begriffen haben. Es ist dieselbe Gedankenwelt, aus der Sozialdemokraten und Kommunisten schöpfen.
Mögen sie sich hassen und bekämpfen, es gilt für sie das Wort
des griechischen Weisen: Haßt einander so, daß für die gemeinsame Liebe noch Raum bleibt.«[24]
Allein schon die Gebote der Selbst- und Welterhaltung
machen es in Zukunft unausweichlich, diese Erde zu vergesell-
schaften, denn das nur könnte Zerstörungspotentiale eindäm-
men und schließlich abschaffen. Jeder weitere Krieg wäre nur
ein sinnloser Umweg auf diesem langen Weg der Not-Wende.
Kants Idee vom sich selbst erhaltenden Automatismus einer
weltbürgerlichen Gesellschaft wird von Lessing verlängert und
präzisiert in der Perspektive einer Weltgesellschaft und »Welt-
politik«[25], die nur einer einzigen Logik folgen kann: der Logik
der Not. Diese Ethik, die Lessing auf dem »Gleichheitsideal der
klassenlosen Gesellschaft«[26] fußen sieht, sucht nach »unabhängigen Logismen«[27], die Gewähr bieten könnten gegen die
Willkürmacht privater Interessen und politischer Leidenschaften. Zwar deutet Lessing an, daß »das große generelle Mensch-
heits-Ich, das uns allen gemeinsame logische Ich«[28] sich nur
schwer eine institutionell haltbare Form zu geben vermag, doch
wird diese nur über die »Politisierung der Massen und durch den
Aufbau einer internationalen Ordnung«[29] zu realisieren sein.
Die soziologische Spekulation, daß der »ideale Überstaat [. . .]
das reine Gegenstück zur natürlichen Gestaltlichkeit«[30] sein
könne, erinnert an Marxens Formel von der Zukunftsgesell-
schaft als vollendeter »Wesenseinheit des Menschen mit der
Natur«, als der »durchgeführte Naturalismus des Menschen
und der durchgeführte Humanismus der Natur«.[31] Man braucht
wohl eine so fernliegende utopische Perspektive, um die unsäg-
liche geschichtliche Last ertragen zu können. Das Nächstliegen-
de ist darum nicht außerhalb des Horizonts: erst die Erfüllung
der Pflichten im kleinen Wirkungskreis kann den Übergang
zum nächstgrößeren rechtfertigen. Privates steht da gelegentlich
zurück: »Ich durfte nicht fragen: ›Was tut mir not?‹ Ich hatte zu
fragen: ›Wer hat mich nötig?‹ Ich bin nicht Metaphysiker

gewesen, sondern Revolutionär. Und der letzte Bescheid meiner Weisheit lautet: ›Mindere die Not!‹«[32]

Im Eismeer der Geschichte schaukelt eine philosophische Flaschenpost. Und da Theodor Lessing alle Begriffsbildung auf Gleichnissen aufgebaut sah[33], ist die Metapher vom Eismeer der Geschichte nicht nur ein reizvolles Bild: Sie ist das symbolisch aufgespannte Begriffsfeld einer philosophischen Konzeption. Denn anders als die Untergangs-Rhapsoden und professionellen Schwanensänger der damals wohlfeilen Kulturkritik, verfiel Lessing nicht in unscharfe Panik, er hütet sich vor Verwerfungsgesten. Denn das schien ihm sicher: Ehe das gesamte Abendland untergeht, ist politisch wohlorganisierten Interessen bislang immer noch Zeit genug geblieben, zunächst einmal die bürgerliche Öffentlichkeit und die Arbeiterbewegung zu zerschlagen. Und war das gelungen, dann verflüchtigte sich der Orakeldunst vom Weltuntergang überraschend schnell, und die politischen Wahrsager waren von der Stabilität der Erde plötzlich wieder felsenfest überzeugt.

So kommt Lessing immer wieder auf die Grundstrukturen zurück, auf die Kristallisationen der Not, auf historisch entstandenes und aufhebbares Unrecht, auf politisch begründetes Leiden. Den nicht auszuschließenden »Kältetod eines Gletschers«[34] (der europäisch-amerikanischen Gesellschafts- und Staatsform) konfrontiert er mit der »Not der Kälte«[35], mit der Macht und Gewalt der Not in der Geschichte. Diese bleibe angewiesen auf die Sprache der Rationalität und der Verständigung. Die Menschheit könne es sich nicht erlauben, über ein scheinbares Zuviel an Vernunft zu klagen, es stehe eher zu befürchten, daß sie noch längst »nicht rational genug«[36] sei. Moderne Rationalität objektiviert sich nach Lessing in zwei Formgestalten: als Wärme und als Licht. Die wenigsten Menschen ertrügen das grelle Licht der Vernunft, die meisten sehnten sich nach Schlaf, Traum und Rausch, nach der Ablenkung vom bewußten Sein. Gefühle, Stimmungen, darin sehe man das wahre Leben. In der Kälte einer anonymen Welt mag das verständlich erscheinen, doch übersehen solche Lebensge-

fühle den Doppelcharakter einer steuerungslosen Rationalität.
Das Feuer der Vernunft könne beides sein: »All-Beleber« und
»All-Zerstörer«.[37] Es könne »mit den Atomkräften eines Pfen-
nigstückes« die Städte der Erde mit Strom und Energie versorgen, aber es könne auch in den Händen politischer Verbrecher
»ein ganzes Weltreich in die Luft [. . .] sprengen«.[38] Ein Staat,
der sowohl die massenpsychologische »Technik der Völkerfüh-
rung« als auch die Hegemonialmacht über das Atomfeuer
besitzen würde, wäre in der Lage, nach Belieben zu herrschen,
und es käme »zuletzt immer etwas Sinnvolles und Gerechtfer-
tigtes heraus«.[39]

Geschichte als Eismeer vorausgesetzt, könne es gegenüber
derlei Usurpationen einer wildgewordenen Herrschaftslogik
immer nur um das neu ansetzende Vermitteln zwischen den
Polaritäten gehen, nämlich darum, »die Mächte der Natur und
die Rechte des Geistes immer neu in Ausgleich zu halten«.[40]
Untätiges Starren auf apokalyptische Phantasmagorien verhin-
dere dagegen den rettenden Eingriff ins Vorgefundene, und dies
wäre in der Weimarer Republik, in einem »Zeitalter menschlich-
keitsverdunkelnder Romantik«[41], nötiger gewesen.

Als jüdischer Philosoph der Not wußte Lessing, wie wichtig
es ist, sich nicht von lebensmetaphysischen Umgarnungen
einfangen zu lassen, aber auch die von der politischen Linken
außer acht gelassene Bedeutung der Heimat, des Vaterlandes
und der Nation ernst zu nehmen. Der ideologische Schaltappa-
rat der nationalen Reaktion codierte diese Gefühlsbindungen
und versorgte sie mit immergleichen Bildphantasmen: Blut,
Scholle, Leben und Volksgemeinschaft – abstrakte Wesenheiten, die von der erhitzten politischen Phantasie der sinnhungri-
gen Massen zu lebendigen Wirklichkeiten umgeformt wurden.
Darum analysierte Lessing in vielen Artikeln die Symbole und
Schlagworte der völkischen Reaktion und der NS-Bewegung.
Die NSDAP führe das Expressive in den Kampf um die Macht
im Staate ein. Die Arbeiterparteien machten es sich zu leicht,
wenn sie bloß ein überhöhtes Sollgeltungsideal der Vernunft predigten, aber nicht den Hunger nach gesellschaftlichen Utopien

stillten und damit keine perspektivische Hoffnung vermittelten. Während die politische Rechte die Sphäre des Vielgestaltig-Ungreifbaren unterschwellig bearbeitete und in die kollektive psychische Tiefenstruktur einzudringen vermochte, versäumten es die Arbeiterparteien, das gesellschaftlich Wünschbare in die politische Aufklärung mit hineinzuziehen.

Als Redner und Publizist beteiligte Lessing sich an vielen sozialen Bewegungen, er setzte sich ein für diskriminierte Minderheiten oder benachteiligte Mehrheiten, für die Namenlosen der Geschichte: die von den imperialistischen Staaten kolonialisierten Völker in Afrika und Indien, für die Frauen und die sozialen Randgruppen der Gesellschaft; er verteidigt auch das Lebensrecht von Pflanzen und Tieren. Sein ungeniertes Auftreten vor gelegentlich miteinander verfeindeten Parteien und Bewegungen trägt ihm Mißtrauen und Sympathie zugleich ein; kein heikles Thema, das er nicht aufnahm, oft genug zum Verdruß seiner Zuhörer oder Leser. Denn er hielt sich nicht an Sprach- und damit Denkregelungen der verschiedenen Lager und Gruppen. Auch wenn ihm sein Engagement unbequem wurde, er ließ nicht locker: »Das allabendliche Reden war nicht so anstrengend wie das Herumsitzen hinterher, bei dem ich stets einem ganzen Humpen Menschen gerecht werden mußte, von denen ja doch eigentlich ein jeder nur seine Eitelkeiten spazieren führt u. angehört sein will. Es kommt für mich dabei nichts heraus.«[42] »Heute abend habe ich einen Vortrag bei den Zionisten. Den halte ich ungern. Ich habe doch nie Dank von solchen Vorträgen geerntet u. verschenke mich aus reiner Gutmütigkeit, vielleicht um der guten Sache willen; aber eigentlich wollen diese Leute nur ihre Zeit ausfüllen u. dazu bin ich ihnen grade gut genug. – Honorar erhalte ich nicht, aber besserwissende Polemik u. Kritik in Fülle. Der Profet gilt nichts im Vaterlande; kurz u. schlimm: diese Vortragstätigkeit ist mir widerlich.«[43] Und sagt dennoch bei der nächsten Anfrage wieder zu, unterzeichnet Resolutionen, reist zu politischen Kongressen. Im Februar 1927 besucht er als Mitglied der deutschen Delegation den »Kongreß gegen koloniale Unterdrückung und Imperialismus« in Brüssel.

Sein Referat behandelt das militärische Wettrüsten und die Bedrohung der farbigen Völker durch die Maschinenpolitik der europäischen Staaten und Nordamerikas. Sein Plädoyer für unabhängige internationale Instanzen zur Kontrolle der Waffenpotentiale erscheint auch heute nicht veraltet, seine Frage weist in eine Zukunft, die unsere Gegenwart ist: »Wie können wir die drohende Selbstzerstörung der Erde verhindern?«[44] Und er spricht auf zahllosen Tagungen und Zusammenkünften der Friedensbewegung, erinnert die politisch Blauäugigen unter den Pazifisten an die realen Machtverhältnisse, daran, daß die »Geschichte des christlichen Kulturkreises immer auch Geschichte der Gewalt ist«[45], was die unpolitisch-humanitären Pazifisten leicht vergessen, im Unterschied zu den politisch kämpfenden Gruppen der Friedensbewegung. »Innerhalb dieser großen ›Antithese‹ leben dann wieder viele kleine.« Jede Zersplitterung aber sollte von der einen Macht aufgehalten werden, die für Lessing wie sozialer Kitt wirkt: die »Macht der Not«.[46] Geschichtliche Macht erringen könne nur, wer diese Macht erobert, und das mit List und Kampf: »Eine Million Pazifisten würde durch ein einziges Riesengeschütz oder durch eine kleine Flotte von Giftgasschiffen [. . .] kurzerhand beseitigt werden. Daher kann eine pazifistische Internationale nur eine Internationale der Machtmittel und Waffen sein, nicht eine internationale Versippung der Bücher- und Zeitungsschreibenden unter der Fahne des Geistes und des edlen Gemüts. [. . .] Der Kampf gegen den Egoismus der Wolfsrudel, der Nationen, der Verbände und Klüngel ist ein eminent politischer Kampf.«[47] Und Mut gehört zu diesem Kampf. Den bestätigt die »Freie Sozialistische Jugend« Lessing zu dessen sechzigsten Geburtstag in einer Grußadresse mit einem Zitat von Gracián: »Ohne Mut ist das Wissen unfruchtbar.«[48]

Anders als seine obrigkeitstreuen und anpassungswilligen Kollegen brachte Lessing diesen Mut auf, veröffentlichte er das ihm zugängliche Wissen, ohne Scheu die engen Grenzen der *scientific community* überschreitend, und ruinierte damit seine wissenschaftliche Karriere. Sein Begriff von Wahrheit lag über den kleinlichen persönlichen Vorteilsnahmen der deutschen Mandarine:»Recht muß werden und wenn die Wahrheit unsere eigene Karriere, das Ideal aller Beamteten, mit überrädert.«[49]

Das ständige Umherreisen und Unterwegssein zehrt an seinen Kräften, ungenügender Schlaf und schlechter Stoffwechsel kommen hinzu; auch bleibt er gezwungen, die Zeitungen mit Feuilletons und Artikeln über alles Erdenkliche zu beliefern, um leben zu können. Als Ada Lessing die in Saloniki verheiratete Tochter Judith Sklavunos besucht, fragt er in einem Brief: »Wollen sie [die griechischen Kultusbehörden] mich nicht zum ord. Professor für deutsche Literaturgeschichte, Sprache u. Philosophie berufen; mit 600 M. Monatsgehalt mache ich es.«[50] Als er freilich seine Verwandten in Griechenland kennengelernt hatte – sein Schwiegersohn Sklavunos war Professor für Forstwirtschaft in Saloniki –, fühlte er sich ans »Familienseil«[51] gebunden und war froh, einige Tage »sklavunosfrei«[52] zu sein. Auf seine Anfrage ist er nicht wieder zurückgekommen. Aus den USA flatterte dafür eines Tages das ernstgemeinte Angebot ins Haus, auf öffentlichen Bühnen zusammen mit Tieren aufzutreten und über deren Charaktereigenschaften zu erzählen: Jemand hatte sein Buch »Meine Tiere« gelesen und es sehr amerikanisch interpretiert.[53]

Seine zahlreichen Reisebriefe sind Grüße von unterwegs, Lebenszeichen und Gedächtnisstützen für später zu schreibende Feuilletons. Von überall her treffen sie in Hannover ein. Vorträge hielt er in fast jeder deutschen Stadt, in vielen Städten Österreichs und der Tschechoslowakei. Als er 1928 in Italien weilt, schickt er dem »Prager Tagblatt« nicht nur gefällige Plaudereien über Genua, Venedig und Rom, über Essen und Trinken – er prangert auch das faschistische Regime Mussolinis an. Im Frühjahr 1931 bricht er zu einer, für seine finanziellen Verhältnisse, großen Fahrt auf: nach Ägypten, Palästina und Griechenland. Seine Augen richtet er dabei auch auf die grotesken Effekte eines weltumgreifenden Tourismus. »An jedem Nachmittag um drei stehen vor Shepeard die glänzenden Autos, welche die Zahlungsfähigen bis zum Rande der Wüste tragen. Der angenehme Weg führt durch Alt-Kairo vorbei am schönsten aller zoologischen Gärten, durch das Dorf Giza bis Endstation Mena-House, dem Luxushotel der Börsenfürsten. Hier entsteigt Peer Gynt seinem Auto und durchschnuppert das Pyramidenfeld, kriecht in das Grab des Cheobs und erinnert sich, daß er die Mumie im Museum sah, blickt der schweigenden Sphinx ins ewige Auge und konstatiert, daß hier nichts über die Zukunft der Börse zu erfahren sei, und läßt sich schließlich von Evok das Diner in der Wüste servieren, Sandsturm und fernes Schakalgeheul im Preise inbegriffen.

Rund um die alten Königsgräber liegt das Elendsdorf! [. . .] Schau in ein solches Sandloch, das für einen einzelnen zu eng sein sollte: da hocken zehn, zwanzig verbiesterte Menschen, in Ungeziefer und Dreck, Verbrechen und Laster, in jeder Verkommenheit, jeder Erniedrigung. Die englischen Damen, die amerikanischen Geschäftsherren sausen vorüber; die Bevölkerung lebt von ihrem ›Bakschisch‹; die Herrenklasse Europas-Amerikas findet Ägypten malerisch oder rührend, pittoresk oder erhaben und vergißt über den Gräbern des Altertums die Seele, die auf diesen Grüften geistert.« Bleibe dieser Zustand der Verarmung und der Erniedrigung so, dürfte die Welt in naher Zukunft Umwälzungen erleben, mit denen verglichen die »französische und russische Revolution sanfte Vorspiele gewesen sind«.[54] Aus Damaskus schreibt er an Ada: »Ich glaube nicht an Gott, aber ich glaube an das Wasserklosett. Das ist unsre Mission, der Welt das laufende warme Wasser und die Elektrizität zu bringen.«[55] Es sei die Schuld aller tatenlos Zuschauenden, daß diese Menschenmassen so sind wie sie sind.

In Jerusalem, Tel Aviv und Haifa wird er herumgereicht und mit Freundlichkeiten überhäuft; man ersticke ihn in Rosen, teilt er seiner Familie mit, und das könne er sich nur so erklären, daß er dort als Märtyrer gelte oder man ihn hierbehalten und gute Erinnerungen in ihm wachhalten möchte.[56] Gegen eine Übersiedlung nach Palästina hätte Ada Lessing nichts einzuwenden, sie käme sofort nach. Schon jetzt aber sehe sie ihn im Geiste auf

dem Rücken eines Kamels durch die Wüste reiten »und an der
Klagemauer Jerusalems über nichts andres klagen, als über die
Dinge, zu denen Du im Leben nicht gekommen bist, die Du
nicht getan hast«.[57]

Der mit »Seebär« und »Theodorus Jerusalemitius« unter-
schreibende Reisende genießt, was ihm der hohe Norden meist
vorenthalten hatte: Sonne. Die Wärme der Sonne, das helle
Licht, empfindet er als Labsal und Ermunterung zum Schreiben. Er sei ein Orientale und habe sich noch nie so wohlgefühlt
wie auf dieser Reise. »Ich habe nie, wenigstens nie für längere
Zeit, ein wirklich gesundes und frohes Körpergefühl gehabt;
immer haperte es irgendwo. Hier aber [in Rhodos] bin ich in
meinem Element, weil immer Wärme und Sonne da ist.«[58] Diese
südliche Landschaft mit ihrem seine Nerven aufpulvernden
Feuerball sei so recht zum unbeschwerten Arbeiten für ihn
gemacht, in Delphi würde er vielleicht sein philosophisches
Hauptwerk wie im Fluge vollenden können. »Es ist meine
Landschaft. Keine, auch nicht die palästinensische, ist mir so
nahe gekommen. Nirgend hatte ich so tief den Wunsch, zu
bleiben und heimisch zu werden. [. . .] Es müßte wunderbar
schön sein, hier im ›heiligen Bezirk‹ unter den ungeheuren
Trümmern des alten Delphi, unter den Ruinen seiner Theater,
Tempel, Weihegeschenke und Götterbilder einsam sitzen und
arbeiten zu dürfen. [. . .] Ich habe mir einen Übersichtplan für
die ›Philosophie der Not‹ entworfen und habe sofort angefangen, das erste Kapitel niederzuschreiben, völlig ungelehrt und
einfach und in einer unmittelbaren kindlichen Sprache.«[59] Er
würde für einige Wochen bleiben wollen, wäre damit nicht die
Besuchsverpflichtung bei seiner Tochter Judith verbunden,
dafür habe er keine Zeit, ihm blieben nur noch so wenige Jahre,
und er könne sie nicht mit dem Schrecklichsten, was es für ihn
gebe, vertun: »Das familiäre Herumsitzen und Kleinkauen des
Unbeträchtlichen und gar nicht Erwähnenswerten.« Für diese
Familie sei ein Feuilleton schon »eine unfaßliche Welt hohen
Geistes«.[60] Nach dieser Reise wolle er sich jedenfalls auf immer
in sein Bücherzimmer einschließen.[61]

Als Lessing zum ersten Male Rom besucht, steuert er, die
Koffer sind eben erst abgestellt, einem ganz bestimmten Friedhof zu. Wie das? Er trägt etwas bei sich und in sich, was man
Philosophenheimat nennen könnte, und richtig zu Hause fühlt
man sich in der Fremde erst, sobald etwas da ist, das zum
Wiedererkennen einlädt: »Wie man aber in fremdem Land
unwillkürlich zuerst nachgeht der Muttersprache und den
Spuren der Heimat, so war, als ich diesen schönen Kirchhof
mir zu meinem Arbeitsplatz erkor, meine erste Sorge, die
Gräber der Deutschen kennenzulernen und unter diesen wieder nachzugehen allen Leuten, die wie ich aus Hannover
stammten.« Hier trifft er alte Bekannte, Aussiedler; die meisten seien »Fremdlinge« gewesen, »Träumer, Künstler, Dichter, Idealisten, alle jene, die es wie die Vögel im Lenze des
Lebens hinwegtrieb und die dann nicht mehr zurückfanden zur
nüchternen nordischen Heimat«.[62] Der Bohemien in ihm findet denn auch in entlegensten Winkeln der Erde die Urbilder
der kulturellen Heimat wieder. »Nach dem Diner setzte ich
mich ins Café Kröpcke«, schreibt er aus Griechenland, »jeder
Ort der Welt, auch der kleinste, hat sein Café Kröpcke. Das
von Neukorinth ist eine Bretterbude.«[63] Aber wen stört das
schon, wenn das Kaffeehaus ein magisches Zentrum ist und ein
»heimische[r] Herd«.[64]
Manchmal aber geschieht es, daß ein Reisender auf die
Imagination nicht angewiesen ist, weil die Begegnung mit der
fremden Wirklichkeit schon phantastisch genug sich ausnimmt.
So schlendert er auf Jerusalems Straßen entlang, und plötzlich
fällt sein Blick »auf einen kleinen Laden; im Fenster stand ein
Schild ›Lindener Bier‹. Natürlich ging ich hinein. Es wurde Bier
der Aktienbrauerei Hannover-Linden verschenkt. Bier, davon
die Flasche zehn Pfennig bei uns kostet zu 80 Pfennig. Es
schmeckte bitter und recht molkig. Das war mein Abschied von
Jerusalem«.[65]
Wieder zurück in Hannover, verfällt er oft in melancholische
Stimmungen; denn es lege sich an jedem Morgen von neuem
»aufs Herz die unsagbare Härte unserer Landschaft«.[66] Dann

träumt er von der »Seligkeit des schönen Südens«[67], die in Nietzsches Werke eingeflossen sei, voller Klarheit und darum auch voller Traum. »Nietzsches Bücher sind gleich sonnenwarmen Südlandschaften, umblaut von schöngeformten Bergen, an deren fruchtbaren Hängen Myrthe und Rosen, dichter Lorbeer und edle Pinien blühen. Meine sind norddeutsche Heide, in deren steinigten Boden nur die Birke wächst, der zäheste aller Bäume, der doch das zierlichste Laub und den zartesten und verletzlichsten Bast hat.«[68]

Die Birke ist Theodor Lessings Lebensbaum, sein Lebenssymbol, sie bürgt ihm für die ewige Wiederkehr, ohne indes den menschheitlichen Kreislauf zu wiederholen. Theodor Lessing sieht in dem unverwüstlichen, gleichwohl äußerst verletzlichen »Baum meiner engeren Heimat«[69] die ewige Gegenwart seines Daseins als außermenschlicher Form. Auf den Spaziergängen mit dem Jugendfreund Ludwig Klages hatte sich diese engere Heimat, die »schwermütigste Landschaft in Deutschland«[70], in Sprache und Sinn verwandelt; mit Klages stromerte er im Traum- und Gedankenspiel durch die Wiesen und Gassen, und diese tiefsitzenden Kindheitserinnerungen wären vermutlich der Grund dafür, daß er sein ganzes Leben in Hannover hocken geblieben sei. Der grau melierte Himmel über der Stadt konnte die Macht dieser Bilder aus vergangenen Kinderträumen wohl nicht vertreiben. Und auch die Einwohnerschaft, ihre Frontstellung gegen den Philosophen, vermochte diese Anhänglichkeit an Landschaften der Erinnerung nicht auszulöschen. So war er »ein Nichtdazugehörender, obwohl die Steine der Stadt nur für mich gelebt haben«.[71] Seine vielen Versuche, sich mit Klages zu versöhnen, haben hier ihren lebensgeschichtlichen Grund; Lessings Hin- und Hergerissensein spiegelt den Wunsch nach Wiederherstellung der Kindheit wider. So hat er Klages' Lebensmetaphysik mit aller Schärfe kritisiert und doch bekannt, daß sich an seinem Verhältnis zu dem Menschen nichts geändert habe, auch nicht, als Ada ihm von einem »eitlen Fatzke« berichtete, der auf einem Vortragsabend bei ihr keinen guten Eindruck hinterlassen hatte.[72]

Die Heimattreue wurde Lessing nicht vergolten; einem Juden
nahm man das nicht ab. Er wurde zu einem Opfer derjenigen,
die Heimat und Scholle auf ihr Panier geschrieben hatten. Nach
der ersten Welle des völkisch-nationalistischen Terrors kommt
er auf seine engere Heimat zu sprechen: »Ich hatte Heide und
Moor, Wolken, Regen und Wind. Ich liebte Blumen und Tiere,
wie ich nie einen Menschen geliebt habe.«[73]

Der Menschen überdrüssig, preist er dennoch nicht die Natur
als das elysische Feld des wahren Lebens an. Er unterscheidet
die heimatliche Landschaft, der er sich verbunden fühlt, von der
gnadenlosen Natur, die die menschliche Spezies zwar hervorge-
bracht hat, sich aber um deren Erhalt keinen Deut kümmert:
»Alle Bindung an das Außermenschliche und die oft bis zur
Verzückung seliger Selbstvergessenheit gesteigerte Naturverbundenheit mit Landschaften und Jahreszeiten, Elementen,
Urgewalten, Winden und Wolken, dem Baum, der Pflanzensee-
le und zuletzt den Tieren, konnte doch nie in mir die tiefste
Unterstimme übertönen: ›Nirwana‹. Denn Mordhölle ist der
Wald, Mordhölle das Meer, Mordhölle der Dschungel, Unter-
holz, Meer. Alles Leben – unbegreifliches Grauen.«[74]

Darum müßten die Menschen den rohen Naturkräften und
den rohen gesellschaftlichen Beziehungen mit der Macht ihrer
Vernunft begegnen und unter dem Diktat der Not dieses Chaos
ordnen und umbauen in »Rosengärten für Menschen«.[75] Die
Vernunft mache von sich selbst nie die richtige Verwendung,
selten errate sie in ihrer gesellschaftlich und staatlich organisierten Form die zarten Linien zwischen den Objekten. »Von
Eiszeit zu Eiszeit«[76] müßten die Methoden vernünftigen Ein-
sichtgewinns verfeinert und verbessert werden, denn der »Eis-
kristall des Geistes«[77] verschließe in sich die codices der Vernunft zur Sicherung des Weiterlebens.

Als er nach Hannover zurückgekehrt war, Ende Juni 1931, hatte
sich die politische Lage in Deutschland bis zum Zerreißen
gespannt. Nach den Septemberwahlen von 1930 ist der Aufstieg
der NSDAP zur führenden Partei scheinbar nicht mehr aufzu-

halten. Seine Tochter Ruth beginnt erst gar nicht mit einem Studium, weil sie der Meinung ist, es in den nächsten Jahren doch nicht mehr abschließen zu können.[78] Die gesellschaftlichen Lager polarisierten sich von Monat zu Monat, und die Losung dieser letzten Jahre der Republik lautete: Entweder-Oder. Die Juden aber waren wieder in die Mitte zwischen den Polen versetzt. Wenn sie keine versöhnende Vermittlung fänden, dann, so Lessing, werde man sie zermalmen. Er glaube aber nicht, daß man die »primitiven Völkerfanatismen je durch Weisheiten der Vernunft beschwichtigen kann. Ich halte für die schlechteste Apologetik den Nachweis, daß in Deutschland viele starke Köpfe, gute Geschäftsleute, bekannte Schriftsteller und führende Politiker Juden oder von jüdischer Abkunft sind. Das wird den Haß nicht versöhnen. Unsere Stellung muß weit grundsätzlicher werden. Wir gehören, stark oder schwach, reich oder arm, in das Lager der Mühseligen und Beladenen. Deren Lose haben wir auf unsere Schultern zu nehmen. Wir sind Sozialisten, und das ist ein internationales Lager. [. . .] Wir müssen internationale soziale Instanzen bauen. Unabhängig von der Willkür der Menschengeschicke. Man muß von sich selber absehen, um richtig zu sehen. Ich bin als Denkender weder jüdisch, noch deutsch. Das Recht und die Logik gehören keinem Volke. [. . .] Auch unter den Juden sind erst wenige sich bewußt, daß es durchaus kein Widerspruch ist, Sozialist und Zionist in eins zu sein. Es ist auch kein Widerspruch, Jude und Deutscher in eins zu sein.«[79] Er fühle sich immer dann besonders als Jude, wenn man die Juden angreife, aber genauso sei er ein Deutscher, sollte man die Deutschen angreifen, »und sollten einmal Juden und Deutsche herfallen über die Zulukaffern, dann werde ich den Wunsch haben, Zulukaffer zu werden. Ich könnte somit sagen, ich sei Weltbürger, aber hinter dem Grenzstein auf der Chaussee nach Lehrte hört mein Heimatgefühl auf und beginnt das feindliche Ausland«.[80] Seine Heimat habe er nie eng genug wählen können, sein Vaterland aber niemals weit genug, auch anderen Welten fühle er sich verbunden.[81] Als Mitglied der kleinen linkszionistischen Partei »Poale Zion«[82]

328 Reisen und Reden

warnt er die deutschen Juden vor der Anpassung an ein Deutschland, das West- und Ostjuden unterschiedslos als Schädlingsmasse ins Fadenkreuz rückte. Es sei nicht unwahrscheinlich, daß der Antisemitismus für einige Zeit die politische Herrschaftsgewalt erobern werde. Dann könnte ein Teil der deutschen Juden vielleicht glauben, mit Wohlverhalten die Duldung ihrer Existenz erkaufen zu können, während andere auswandern oder zu heroischen Verzweiflungstaten drängen würden. Mit zwei Sätzen markiert Lessing schon 1931, warum heute in der Bundesrepublik Deutschland nicht viel mehr als eine Kultur von Epigonen existiert: »Deutschland wird seine Juden zurücksehnen, wie Spanien sie zurücksehnte. Und das judenreine Deutschland wird noch dümmer, noch geistloser aussehen.«[83]

Lessings politische Leitartikel und Kommentare zum Tagesgeschehen von 1932 setzen als faktisch voraus, was nach 1933 Wirklichkeit wurde. Er macht auf Giftgasexperimente und auf die Gefahren der Atomzertrümmerung vor dem Hintergrund der sich abzeichnenden Naziherrschaft aufmerksam;[84] bewertet die Überfälle der NSDAP auf Personen und Institutionen der demokratischen Öffentlichkeit als Vorboten eines weit umfänglicheren, staatlich organisierten Terrors. Im August 1932 gibt Lessing seinen Lesern im antifaschistischen »Dortmunder General-Anzeiger« kleine Verständigungshilfen zur Ausdeutung des kommenden NS-Staates, das Feuilleton ist überschrieben: »Kleines Lexikon fürs Dritte Reich«. Das Verzeichnis böte nur eine vorläufige erste Auswahl wichtiger Wörter und Begriffe, mit dem Heraufziehen des Dritten Reiches kämen viele weitere dazu.[85]

Ada Lessing kandidiert ab 1931 auf der Liste der Sozialdemokratischen Partei für den Reichstag. Aus Parteidisziplin ist sie gezwungen, sich für die erneute Wahl Hindenburgs zum Reichspräsidenten am 11. April 1932 als Rednerin einzusetzen. Ihr Mann ist in diesem Frühjahr auf einer Reise durch Dänemark, am Tag nach der Wahl schreibt sie ihm aus Hannover-Anderten: »Aber es ist alles ganz still hier, nur in den besseren

orten ~~...~~ bauend Pflanzenarten, nach Ausrottung
der Urwälder, nach

nach ~~Ausrottung der Wälder~~ , Verpestung der Flüsse durch den alles über-
mächtigenden , ~~den~~ demutlosen Menschen- Machtwahn kommt zum Beschluss
sogenannter Entwicklung und Fortschritts- Geschichte die wechselseitige Selbstvernichtung , Volk gegen Volk mit allen Waffen der Technik ,
~~die~~ längst ~~zur~~ Technik des Mordens geworden ist , mit Giftgaschemie
und Massenmordmechanik .- Wir ~~nehmen~~ das Material zu unseren Bauten
aus dem Erdgrund , der Bauten tragen soll . Jede unserer Erfindungen
~~und Errungenschaften~~ war bisher nur dadurch ertragbar , dass wir eine Gegenerfindung machten , die die Mordwirkung ~~unseres~~ Fortschritts
~~wieder~~ ausglich. Erfinden wir neue Giftgase , so müssen wir ~~auch~~ neue
Schutzmasken erfinden , erfinden wir Fernsender , die jedem Narren ~~o~~
der ~~verrückter~~ gestatten, seine ~~Ideale und~~ Meinungen der ganzen Welt
aufzudrängen , so müssen wir alsbald auf Elektrowellen ~~sinnen~~ , die
diese Seelenvergiftung kompensieren. ~~Wir fürchten.~~ Wir bekämpfen den
Buchdruck mittels Buchdruck , die Sprengstoffe mittels Sprengstoffen ,
die Bakterien mittels Bakterien . Wir können die durch uns zerstörte
Harmonie des Lebens ~~fast~~ nur künstlich ~~wieder~~ auszugleichen versuchen.
Die Technik der Erdzerstörung ist an ~~einem~~ dem Punkte angelangt , wo ein
Häuflein von zwanzig entschlossenen Gewaltmenschen , (wofern sie nur
Mordwaffen ~~haben und Mordmetoden kennen , welche die andern nicht kennen und nicht haben~~), die ganze Erde , Mensch und Tier , ihrem Herrsch-
willen unterwerfen ~~können~~ , indem ~~sie~~ alle Mittel des Bösen im Dienst
~~ihrer~~ vermeintlichen Volks- und Staats- ideale verwenden. Daran
geht Indien zugrunde , daran China . Mit einer einzigen Armstrong-
kanone lassen sich hunderttausend blumenhafte Wesen vergewaltigen.
Ein neuer Krieg , mit achthundert Sorten Giftgasen , mit Stratosphä-
renbombern , Luftschiffgeschwadern voller Brisanz - und Gasbomben ,
die automatisch sich entladen , mit Streukörperbrausen , welche Pest-
und Typhusbakterien über das Land aussäen , bald vielleicht schön mit
Atomzertrümmerung, ~~und der finstere Qual der Städte~~ ,- das ist ein so
furchtbarer ~~Zusammensturz~~ Zusammenbruch der Menschheit und ihrer
Kultur , dass derjenige Staat gnädig und menschlich handeln würde,
der allen Müttern rechtzeitig Blausäuregift ins Haus schickt , damit sie sich und die Kinder vergiften , ehe dieser grässlich Tod über
uns alle kommt. -

Korrigierte Manuskriptseite, auf der Themen behandelt werden, die Lessing seit dem
I. Weltkrieg bis zum Ende der Weimarer Republik immer wieder aufnahm und die heute
noch befremdlich gegenwärtig sind: Umweltverseuchung, Massenmordwaffen, bakte-
riologische Kriegsführung, Atomtod.

Restaurants grüßen sich alle mit dem Faschistengruß, und alle
besser angezogenen Herren tragen Hakenkreuz.«[86] Am
23. April werden durch Verordnung des Reichspräsidenten alle
NS-Wehrverbände verboten, auf die Landtagswahlen in Preußen am 24. April hat das keinen Einfluß. Ada Lessing bittet in
einem Brief vom 15. April 1932 ihren Mann, noch über den
Wahltag hinaus im Ausland zu bleiben, da es nach dem Verbot
der SA »etwas unruhig« werden könne.[87] So wurde auch das
Exil bereits vorweggenommen.

Im Anschluß an die soziologischen Forschungen von Ferdi-
nand Tönnies wollte Lessing eine »Sozialpathologie«[88] der
modernen Welt schreiben, doch die sich überschlagenden tagespolitischen Ereignisse lenken ihn davon ab. In Artikeln und
Aufsätzen durchleuchtet er mit scharfem Blick für Ausnahmesi-
tuationen und politische Bruchlinien die Brennpunkte der Not.
Mitte Juni 1932, einen Monat nach dem sogenannten »Preußen-
schlag« des Franz von Papen, skizziert Lessing einige Grundlinien der allgemeinen politischen Entwicklung innerhalb der
Weimarer Republik, aus der die NSDAP als Speerspitze der
Reaktion hervorging. »Es wäre zunächst zu bemerken, daß die
gesamte nicht proletarische Bevölkerung Deutschlands, daß alle
Klassen und alle Berufsschichten jenen Fasel-Trank, den man
›National-Sozialismus‹ nennt, großartig gebrauchen können für
ihre eigenen Macht- und Nutzzwecke. Arm sind alle. Alle
unzufrieden. Gewaltig wächst die kommunistische Internationale. Welcher Besitz ist noch sicher? Welches Amt? So können
denn alle bürgerlichen Schichten, zunächst Großindustrie und
Hochfinanz nichts Klügeres tun, als eine alle Volksgenossen
erfassende Einheitsbewegung aufzuzüchten, welche alle Armut
und alle Unzufriedenheit ablenkt von der sozialwirtschaftlichen
Revolution. Die Beamten des Ehemals, die Besserbemittelten
des Ehemals, die alten Militärs, die kleinen Rentner – was sollen
sie tun? Die Arbeiterschaft muß gewonnen werden. Aber aus
der Arbeiterschaft selber erhob sich eine Bewegung, die folgerichtig in die alte Herrlichkeit zurückführen muß. [. . .] Im
Mittelpunkt dieser Machenschaften steht der Mann, den die

›Weltgeschichte‹ den ›Mann mit der Trommel‹ genannt hat, wie sie einst Luther nannte ›den Mann mit der Streitaxt‹. Adolf Hitler ist für die Gläubigen des ›Dritten Reiches‹ schon Mythos geworden. Für die Ungläubigen aber ›halb Dummkopf, halb Komödiant, und gänzlich ein Gernegroß‹. [. . .] Es kommt indes hier nicht an auf den wirklichen (›empirischen‹) Menschen. Geschichte steigt aus Mythe und endet in Mythe. Der Mittelpunkt jedes Sturms ist der völlig leere Nullpunkt. Hitler mag der Nullpunkt sein, aber er deutet auf den Sturm.«[89] Bei welchen Wählerschichten die politische Entscheidung über die Zukunft der Republik liegen werde, daran zweifelte Lessing nicht. Es sind die Unpolitischen und nur auf persönliche Vorteile Bedachten, die den Ausschlag geben werden, denn sie optieren da, »wo sie jeweils ihre Sicherheit, ihre Zukunft und die größere Kraft wittern«.[90]

Aus der Not dieser in eine soziale Schieflage geratenen Menschen wird Geschichte. Deren politische Rollenträger spielen mit der Theatralik ihrer Macht, symbolische Strukturen regulieren Ablehnung und Zustimmung, Begeisterung und Haß der Massen. Die Not- und Symbolstrukturen, die Notausgänge des Elends und des Mangels: mit Besänftigungen und Verheißungen, Triumphen und Heucheleien halten sie das tägliche Leben in Gang. Die meisten Menschen merken erst gegen Ende der Vorstellung, was gespielt wurde. Da es ihnen nie langweilig wird, zuzusehen und zu erdulden, was man ihnen zumutet (gelegentliche Pfiffe inbegriffen), finden sie nie zu einem eigenen Stichwort; als Mißbrauchte und Geschundene treten sie ab, lahmgelegt von der Gewalt der Kostüme, Masken und Symbole. Soziale Hilflosigkeit ist der Fangboden expressiver Politik und Propaganda, deren Suggestionen man sich schwer entziehen kann, die Vielheit der psychodynamischen Not- und Symbolstrukturen bildet ein schwer abschirmbares Einzugsfeld für irrationale Phantasmen. Die Farce eines nationalen Sozialismus konnte erfolgreich sein, weil die Massenphantasie dem propagandistisch aufgebauten Helden mit seinen Trugbildern und Geschichten eher Glauben schenkte als der erfahrenen Not:

Wer über die Macht der Bilder verfügt, besitzt fast schon die ganze Macht. Er waltet über den Sinn der Ereignisse. Theodor Lessings Theorie der historischen Symbole basiert auf der Beobachtung, daß die menschlichen Hoffnungen sich ans Anschauliche und zugleich Entrückte heften, an Figuren, die Illusionen wecken und zuletzt jede Erwartung enttäuschen müssen. Aus der Seligkeit eines Moments, eines berückenden Gesichts und verführerischer Rhetorik, taucht unversehens das Grauen hervor.

Darum Lessings Skepsis, sein Mißtrauen gegen alles Feierliche, gegen alle hohen Töne; hinterher komme es doch immer anders, als es die gesalbten Phrasen versprechen. Begutachte man die politische Bühne und ihre Chargen aus der Distanz eines Theaterkritikers, gewinne man vielleicht ein neues Verhältnis zur Wirklichkeit.

Das ganze Geheimnis der Bühnenkunst stelle sich dar als das Spiel zwischen Gefahr und Sicherheit, zwischen Akteur und Zuschauer: Das teilte 1771 bereits Abbé Galiani seiner Briefpartnerin Madame d'Epinay mit. Fühle der Theaterbesucher auf seinem Platz sich wohl und behaglich, regne es nicht in seine Loge, dann könne kommen, was wolle: solange das Stück laufe, werde der Zuschauer ausharren und noch so ausgefallene oder monströse Dinge goutieren, denn nur seine Neugier werde gereizt, während ihm ständig gewiß bleibe, daß er nicht plötzlich den Boden unter den Füßen verlieren werde oder gar selbst auf der Bühne erscheinen müsse.[91]

Diese Distanz wird auch ein noch so sehr vom Glück begünstigter Zuschauer des Welttheaters schwerlich ein ganzes Leben halten können; er wird zu Handlungen gedrängt werden und damit zu Risiken, die mit der stillen Gafferei kollidieren. Sicher, man kann sich aus der Affäre ziehen, und das um so eher, je besser man auf gepolstertem Boden steht; da sind dann auch kleine Bewegungen erlaubt, ohne gleich Kopf und Kragen aufs Spiel zu setzen.

Schopenhauer hat später die Doppelrolle des Menschen als Akteur und Zuschauer hervorgehoben, wobei dieser die Stelle des distanzierten und unbewegten Denkers einnimmt und jener vom Leben hin- und hergezerrt wird. Der Mensch gleicht in Schopenhauers Geschichtskonstruktion einem Schauspieler, der sich für eine Weile unter die vom Bühnenspiel angerührten Zuschauer mischt und dem Treiben zusieht, ja selbst die Vorbereitung auf seinen Tod gelassen hinnimmt, um bald wieder aus dem Publikum herauszutreten, seinen Auftritt abzupassen und das zu tun, was zu tun ihm auferlegt worden ist. Das jeweils laufende Stück könne nur dann abgesetzt werden, wenn alle Schauspieler die Arbeit verweigern und dadurch die Geschichte zum Stillstand zwingen würden.[92] Aber nicht einmal ein stoischer Weiser könnte sich der Dynamik des Mitspielens entziehen, denn die Weltgeschichte geht weiter. Jedes Theater und alle öffentlichen Gebäude sowie jedes Warenhaus müssen einen Notausgang freihalten, Lessing kommt auf diesen Bildbegriff immer wieder zurück. So notwendig ein solcher Ausgang wäre: die Weltgeschichte kennt keinen, der sicher ins historisch Freie führen würde. Ehe man sich versieht, ist man in ein anderes Stück verwickelt und genötigt mitzuspielen, wohl oder übel.

Die Rede von der Geschichte als Welttheater ist nicht ohne Tücken. Wenn er nicht aufpaßt, gerät der Zuschauer, vor allem, wenn er sich dazu verführen läßt, seine skeptische Distanz zur Rolle des Kenners zu stilisieren, dem man überhaupt nichts vormachen könne, rasch doch auf die Chargenliste der regieführenden Kräfte. Das illustriert der folgende Text. Jules Goncourt hat, von seinem Bruder Edmond assistiert, den politischen Putsch des Louis Bonaparte vom Dezember 1851 in der Terminologie eines passionierten Theaterkritikers geschildert. »Ich bin ganz sicher, daß Staatsstreiche viel besser vor sich gingen, wenn es für die Zuschauer, die nichts davon verlieren wollen, Plätze, Logen und Ränge gäbe. Doch dieser Staatsstreich wäre beinahe mißlungen, weil er es wagte, Paris um eines seiner Lieblingsvergnügen zu bringen: er enttäuschte die Gaffer. In aller Stille ohne Trommelwirbel wurde er vollbracht und rasch beim Vorhang-auf gespielt. Kaum hatte man Zeit, Platz zu nehmen. Uns Neugierige erachtete man einfach für nichts. In den interessantesten Augenblicken schossen die Komparsen sogar nach den Fenstern, will sagen auf den Zuschauerraum. Und das Ärgste ist, daß sie ganz vergessen hatten zu vergessen, daß ihre Gewehre geladen waren. Ich versichere, fast hätte das die ganze Sache verpfuscht. Ich selbst, der ich das Stück schlecht fand und doch als erfahrener Kritiker geduldig zuschaute, wie Polizisten die Leute auf die Brust traten, wie, Pistolen in der Faust, furchtbare Kürassiere gegen die Rufe ›Es lebe die Republik‹ lospreschten und wie auf dem Boulevard arme kleine Barrikaden, oft nur aus Brettchen von einer einzigen Hand errichtet, entstanden und wie die Volksvertreter unter Faustschlägen festgenommen wurden; ich – sage ich –, der ich ängstlich mit zornigem Herzen und ein wenig Wut mit viel Scham zusammenmalmend, jedoch stumm wie ein Karpfen, dem allem zusah, ich hätte beinahe gepfiffen, als am Ende der Rue Notre-Dame-de-Lorette neben mir eine vorüberkommende Frau eine Kugel in ihr Kleid erhielt und als die Chasseurs aus Vincennes Jagd auf die Straßenpassanten der Rue Lafitte machten.«[93] Goncourt ist privilegierter Weltzuschauer, dem es ab und an mulmig wird, der zwar den Schrecken der neuen Herrschaftsclique verzeichnet und benennt, der es sich aber nicht versagt, im Ton nagenden Bedauerns anzumerken, daß den Parisern durch diesen Staatsstreich das Erscheinen seines und des Bruders neuestem Buch entgangen sei.

Während der Straßenkämpfe von 1848 blickte Schopenhauer vom Fenster seines Hauses »Schöne Aussicht« in Frankfurt am Main auf die ihm verhaßten »Kanaillen«, die für Demokratie und Recht ihr Leben aufs Spiel setzten, und lieh den Regierungssoldaten sein kostbares Opernglas aus, damit sie die Aufständischen besser »zu Pulver und Blei begnadigen« konnten. Nicht viel anders verhielt sich das 1871 von der Pariser Commune aufgescheuchte Bürgertum, das den blutigen Terror ihres Präsidenten Louis-Adolphe Thiers wie einen aufregenden Theaterabend genoß und »für das der Bürgerkrieg nur ein angenehmes Zwischenspiel war; das den Kampf durchs Fernglas betrachtete, die Kanonenschüsse zählte und bei seiner eignen Ehre und der seiner Huren schwor, das Schauspiel sei unendlich besser arrangiert, als es im Theater der Porte Saint-Martin je gewesen. Die Gefallnen waren wirklich tot, das Geschrei der Verwundeten war kein bloßer Schein; und dann, wie welthistorisch war nicht die ganze Sache!«[94]

Daß dieses Umkippen inszenierter Herrschaftsansprüche in nackte Gewalt jeden Augenblick droht und immer dann geschieht, wenn jenen ins Symbolische gekleideten Ansprüchen vom Publikum auch nur vorsichtig widersprochen wird, dessen war sich Lessing schon früh bewußt. Und dieses Wissen stand jeder Selbststilisierung der Zuschauer- oder Kritikerrolle im Weg. Was Lessing immer von neuem scharfsinnig durchschaut hat, das waren nicht nur Glanz und Elend historischer Inszenierungen, es war immer wieder die dahinterstehende Technik der Macht. Das machte ihn in den Etagen der politischen Regie verhaßt. Lessing wußte um deren Aufgabe: Nicht nur Diktatoren, die aber in besonderem Maß und mit Einsatz aller Mittel, müssen die Massen umwerben, sie auseinanderdividieren und pulverisieren, müssen Politik ästhetisieren und mit einem großen Aufgebot an Symbolen und Fahnen, Ikonen und Idolen, Phantasmen und Allegorien »tagtäglich das Bewußtsein dieser scheinlebendig lebendigen Einheit«[95] aufrechterhalten. Gegen immer wieder aufbrechende gesellschaftliche Widersprüche muß sie Scheinsynthesen aufbieten, Volksgemeinschaftsveranstaltungen organisieren und die politische Vernunft, die institutionellen Formen der Republik und Demokratie in eine »Demokratie der Zeremonien und Rituale«[96] verwandeln. Sie muß »alle Mächte fördern, die das Nachdenken entweder hemmen oder betäuben. Rausch des Blutes und Fahnen der Volkheit; Glockenlieder des Glaubens und Orgien der Romantik. Man muß dem Volke Brot und Spiele geben. Kann man ihm aber kein Brot geben? Dann um so mehr Schauspiel!«[97]

Das hat Theodor Lessing 1932 geschrieben. Weltnot und Welttheater waren für ihn stets Zwillingsgrößen der deutschen Geschichte. Unter Wilhelm II. sah das Kaiserreich aus wie ein

überbesetztes Schauspiel mit politischen Dilettanten und Aben-
teurern in großzügig betreßter Garderobe; die Weimarer Republik konnte sich auf kein festes Ensemble einigen und wankte
zwischen Komödie und Tragödie, bis die »Demokratie« vom
Spielplan gestrichen wurde; der Staatsstreich von 1933 bescherte
den Deutschen die schaurigste Schmiere, die sich in Metaphern
der Theaterwelt nicht mehr fassen läßt, ohne damit politisch zu
verharmlosen.

Statt des pluralistischen Symboltheaters einer demokratischen Öffentlichkeit, in der man nicht auf den ersten Blick
erkennen muß, mit wem man es zu tun hat, wurde eine
terroristische Zwangssynthese, die Pflicht zur Erkennbarkeit,
zum Gesetz des Umgangs gemacht: Judensterne und Uniformen, militärische Rangabzeichen und politische Orden ver-
bürgten nun die staatliche Einheit. Der Reiz des Theaters liegt in
der Differenz von inszeniertem und wirklichem Geschehen; die
Metaphorik des Welttheaters vermag daraus ihre kritische
Schärfe zu gewinnen. Diese Differenz aber haben die Nationalsozialisten kassiert. Theodor Lessings philosophisches Lebenswerk wurde durch diejenigen Figuren und Kräfte zerstört, die er
unaufhörlich beschrieben und vor denen er unermüdlich gewarnt hat. Er wies in seinen Büchern, in Essays und Feuilletons,
in Leitartikeln und Glossen, in Vorträgen und Reden nach, wie
der Klassenkampf, wie Konfusion und Reaktion die Bedingungen schuf, »welche einer mittelmäßigen und grotesken Personae-
ge das Spiel der Heldenrolle«[98] ermöglichte. So ist sein von der
Not begleitetes Leben als jüdischer Philosoph in Deutschland
eine Einführung in die Katastrophengeschichte dieses Landes.
Die Phantasmagorie der objektiven Welt und die Sozialpathologie der Moderne finden in seiner fragmentarischen »Philosophie
der Not« ihren kritischen Schlüssel. Die Bildsymbolik des
Geschichtlichen repräsentiert sich in Ausdruckszusammenhän-
gen, in und mit denen die Menschen leben, sich verständigen
und zu täuschen versuchen. Die Erforschung der vielen Gestalten der Weltnot, die Offenlegung des Welttheaters und die
Zeichnung einer Weltphysiognomie verweisen aufeinander. Als

Handreichung gegen die Theatralik der Macht bietet sich die Theodor Lessings Philosophie speichernde Formel an: »Wahr und glaubwürdig an dieser Komödie der Geschichte ist nichts als die Not, das Leiden und der Schmerz!«[99]

Daß er während seiner philosophischen Arbeit gelegentlich aus dem »Dampfbad der Rührung« ins »Kühlbad der frostigen Satire«[100] herüberwechselte, kann nicht verwundern. Er sah sich selbstironisch als »armes Tierchen«[101], das anderen Empfehlungen ausschreibt und selbst zu nichts kommt, der bestenfalls zu einem Spottvogel aus dem Geist der Not wird. Herausgerissen aus der Gleichförmigkeit eines bürgerlichen Lebens, wurde Lessings satirischer Esprit angetrieben von der schmerzlichen Erkenntnis, als deutscher Jude nicht auf Anerkennung warten zu dürfen in einer zusehends bösartiger werdenden deutschen Welt. Es sei ein offenes Geheimnis, daß hier nichts in »kunstheiterer, freier, fröhlicher, in humoristischer und selbst ironischer Form«[102] vor sich gehen dürfe: Politik, öffentliches Leben, Privatsachen, Philosophie – alles werde in Deutschland entsetzlich feierlich genommen. Wie Johannes Scherr, der unverzagte Pessimist, kannte auch Lessing seine Pappenheimer; gegen den blasierten, passiven, feigen und fühllosen Deutschen, der Pessimismus zur Entschuldigung für »gefrorene Gleichgültigkeit« trivialisiert und dann zur Tagesordnung übergeht, hat Scherr seinen Begriff eines *militanten* Pessimismus als einer Lebensform des tapferen und leidenschaftlichen Kämpfens gestellt. Einen solchen Pessimisten läßt das Elend der Welt nicht gleichgültig, und trotz der eingestandenen Vergeblichkeit seines Tuns, geht er mit »Ernst, Eifer und Enthusiasmus«[103] daran, die Not zu mindern und das Leben erträglicher zu machen.

Am 31. Januar 1933 erscheint in der sozialdemokratischen Zeitung »Volkswille« ein Artikel, überschrieben mit dem Titel: »Nein!« – Theodor Lessings Kommentar zum neuen Regime in Deutschland. »Es ist die Sache des Proletariats, die wir führen. Jene Stände und Klassen, welche Kriege, wenn nicht wünschen, so doch zulassen, die begeisterte Hitlerjugend, die völkische Jugend, die nationalen Parteien der Rechten [. . .], sie denken sich immer in der Rolle solcher, die Giftgase ausstreuen und aktiv kämpfen, die das Torpedo oder die Bombe abfeuern, die zu befehlen haben. Ganz fern aber liegt ihnen die Seele der großen Masse, die in dieser heroischen Weltgeschichte einfach das Opfer wird. [. . .] Die große Masse des Volkes ist immer nur das Schlachtopfer, das einzusetzende ›Menschenmaterial‹. Ob der Krieg siegreich ausgeht oder auch verloren wird, das Proletariat macht dabei keine Geschäfte. Das Geschäft machen jeweils die führenden Klassen. Und wenn es ihnen nicht geht um Landeszuwachs oder Kolonien oder Geldgewinn, so geht es doch um Ehrgewinn und den Ruhm der großen Lügnerin Weltgeschichte. [. . .] Millionen wissen um den Wahnsinn. Warum schweigen sie? Weil sie ein ›Interesse‹ haben. [. . .] Am schlimmsten aber sind jene, welche denken: ›Was geht mich der Wahnsinn der Welt an? Ich sorge für mein kleines Haus und bin zufrieden, wenn ich mein Schäflein im Trocknen habe.‹ Die Lauen sind schlimmer als die Kriegshetzer. Das sind die eigentlich Schuldigen. [. . .] Im Kriege gibt es nicht Heldentum, nicht Romantik, nicht Ideale. Alles wird Zufall. Alles sinnlos. [. . .] Aber was jetzt den Völkern zugemutet wird, das [. . .] ist die internationale Bestialität.«[104] Das Verbundsystem von NSDAP, Bürokratie, Reichswehr, Justiz und Teilen der Industrie spielte seine angesammelten Gewaltpotentiale aus. So wurden der politischen Demokratie ihre Existenzgrundlagen entzogen.

Im Februar 1933 beginnt die stufenweise Einschränkung der demokratischen und republikanischen Grundrechte: Verbot der freien Presse, Auflösung des Reichstages und Ansetzung von Neuwahlen, gleichzeitig Verfolgung und Verhaftung der sozialdemokratischen und kommunistischen Abgeordneten. Am 21. Februar 1933 ermorden SA-Trupps in Hannover zwei Angehörige des sozialdemokratischen »Reichsbanners«, einer der Abwehrverbände zum Schutz der Republik. SA, SS und der Stahlhelm werden in ganz Deutschland zu Hilfspolizeien umorganisiert. Nach dem von den Nazis inszenierten Reichstagsbrand werden durch Verordnung des Reichspräsidenten Hindenburg die Grundrechte der Weimarer Reichsverfassung außer Kraft gesetzt. Hindenburg hat den Fackelzug der SA-Kolonnen in Berlin vom Fenster aus miterlebt, der sich an die Übergabe des Reichskanzleramts an Hitler anschloß, und er hat, obwohl mittlerweile ein Greis von fünfundachtzig Jahren, ausgehalten und mit den Händen den Takt zu den Klängen der Marschmusik geschlagen. Einige Monate vorher war er gezwungen gewesen, aus dem Präsidentenpalais in die ehemalige bismarcksche Amtswohnung umzuziehen: im Präsidentenpalais war man nämlich auf Holzwürmer gestoßen.

Die große Kundgebung der Sozialdemokraten auf dem Klagesmarkt in Hannover am 4. Februar 1933 unter dem Motto: »Hannover bleibt rot!« war nur noch eine Manifestation der Verzweiflung.

Zwei Tage nach den Reichstagswahlen vom 5. März wird auf dem Rathaus die erste Hakenkreuzfahne gehißt. Das erste Konzentrationslager entsteht in Moringen, auf dem Erlaßwege kommen in den folgenden Wochen und Monaten weitere Maßnahmen gegen die liberale, demokratische, sozialistische und kommunistische Opposition in Gang.[105] In Anderten, an der Stadtgrenze zu Hannover, warnen Nachbarn und Freunde vor einem geplanten Anschlag der SA gegen Lessings Haus in der Tiergartenstraße 165. Die Möglichkeit eines Attentats war in bedrohliche Nähe gerückt. Jetzt würden keine stöckeschwingenden Korpsstudenten ihm eine Katzenmusik bereiten, jetzt würden ihn bewaffnete SA-Kolonnen mißhandeln und vielleicht auch töten. Während Ada Lessing zu Freunden in die Stadt zieht, begeben sich Lessing und seine Tochter Ruth zum Hauptbahnhof und nehmen den Zug nach Prag. Um sechs Uhr in der Frühe erreichen sie am 2. März 1933 die erste Station eines nun beginnenden Exils. Noch in derselben Nacht aber steht eine Abteilung der SA vor der »Villa Miriam«, zerschlägt Fensterscheiben und wirft eine mit Jauche gefüllte Flasche in die Wohnräume, so daß es für Wochen fast unmöglich ist, das Haus zu betreten.[106] Die Bibliothek und die Manuskripte bleiben unbeschädigt, wie auch der so gut wie abgeschlossene

erste Teil einer autobiographischen Trilogie: »Einmal und nie
wieder.«

Ihr vorangestellt ist ein Motto aus Lessings Jugendjahren:
»Jedes schaffende Genie sollte der Welt ein Buch nur geben,
nämlich seine Biographie unter dem Titel: Die Kunst zu leben.«[107] Diese Kunst war für einen Juden in Deutschland erst
einmal die Kunst des Überlebens. In einem ungedruckt gebliebenen, knappen »Epilog an das Weltgewissen« führt Theodor
Lessing die Gründe dafür an, weshalb es so schwierig, ja
aussichtslos für ihn und die deutschen Juden gewesen sei, in
diesem trotz allem geliebten Land zu leben. »Ich war ein braver
und reiner Junge. Aber ich lernte früh: Wenn ich noch tausend-
mal braver und reiner gewesen wäre, ein Wunder an menschlicher Seele oder Leistung, alles, alles, alles wäre doch umsonst
gewesen. Sie nahmen mich nicht an, sie drängten mich ab. Sie
empfanden mich als fremd. Ich war ein Jude. Und keine Tat,
kein Werk hätte mir so genutzt, wie es mir genutzt hätte, wenn
ich Christian Stoffel geheißen hätte, Sohn eines deutschen
Bauern mit Niedersachsenschädel und einer blondhaarigen
Frau. Das wäre Edelrasse gewesen; so war ich ein Paria.«[108]

Marienbader Exil
Ein politischer Mord

»Es kann der Mord nicht Symbol werden ohne den Mörder«[1]:
Nach einem halben Jahr im Marienbader Exil wurde Theodor
Lessing ermordet. Er wurde zum Opfersymbol für alle, die vor
dem Partei- und Staatsterrorismus der Nationalsozialisten ins
demokratische Ausland geflohen waren. Über die Täter dieses
politischen Mordes gab es keinen Zweifel, die Chronologie der
Ereignisse, die Organisation des Attentats mußten zunächst im
spekulativen Dunkel bleiben.

Die Vorgeschichte dieses Mordes beginnt nicht erst mit der
Ernennung Hitlers zum Reichskanzler am 30. Januar 1933.
Ohne das 1925/26 gegen Lessing angefachte Kesseltreiben hätte
der »Völkische Beobachter« seine Leser nicht auf dem laufenden
halten können über »Lessing-Lazarus«, hätte Alfred Rosenberg
nicht seine widerwärtige Porträtgalerie »Novemberköpfe« um
einen weiteren ergänzen können. Rosenberg ermutigte die
nationalistischen Studenten denn auch, in ihrem »Kampf gegen
den politischen Marxismus und das Kunst und Sitten zerstören-
de Literatentum« fortzufahren und nicht eher Ruhe zu geben,
»bis reine Luft wieder weht an allen deutschen Hochschulen«.[2]
Noch 1932, sechs Jahre nach der juristischen Beilegung der
Anti-Lessing-Kampagne, kursierten in den einschlägigen Stu-
dentenkreisen sogenannte »Karikaturen-Postkarten«, auf denen
neben den fratzenhaft verzerrten Professoren Dehn, Nawiasky
und Gumbel auch ein »typisch jüdischer« Lessing dargestellt
war.[3] Als Goebbels sich 1930 wegen Beleidigung des Reichspräsidenten vor Gericht zu verteidigen hatte, bediente er sich des
Falles Lessing«: Da habe ein »jüdischer Geschichtsprofessor«
den Herrn Reichspräsidenten mit dem Massenmörder Haar-

mann verglichen und sei dafür vom »marxistischen Ministerium« mit einem Forschungsauftrag belohnt worden.[4] Im Dezember 1932 aber spitzten sich diese mal unterschwelligen, mal
offenen Drohungen gegen Lessing unversehens zu.

Der seit der orakelgläubigen Inflationsperiode zu einigem
Reichtum und Ansehen gelangte »Hellseher« Hanussen war
nach Hannover gekommen, um zwei seiner magischen Seancen
abzuhalten. Zu einer dieser Versammlungen erscheint auch
Lessing, der die vielgerühmten hellseherischen Qualitäten des
Wundermannes näher in Augenschein nehmen will. Um die
Talente des umschwärmten Mannes, der zu seinem Schutz
ständig eine SA-Truppe um sich hat, auf die Probe zu stellen,
stellt Lessing seinen Schopenhauerstock zur Verfügung und
erbittet sich eine Geschichte dieses Gegenstandes. Von wem die
aus dem Publikum gereichten Dinge kamen, war Hanussen
angeblich unbekannt, aber ein von ihm geprellter Gehilfe
plauderte später aus, daß ein Assistent, den Zuschauern durch
einen Vorhang verborgen, dem Meister hilfreiche Hinweise
zuflüsterte. Außer allgemeinen Redensarten fällt Hanussen zu
dem ehemaligen Spazierstock Schopenhauers nichts ein. Von
dem weitblickenden Geist des Philosophen aus Frankfurt habe
man aus dem Mund des Hellsehers nicht einen Hauch verspürt,
bemerkt Lessing trocken; der Mann aus Berlin ist blamiert.

Auf der nächsten Seance kommt Hanussen auf den kleinen
Vorfall zurück. Ohne Namen zu nennen, weissagt er, im
nächsten Jahr werde ein hiesiger Professor, dem ein Lehrauftrag
entzogen worden sei, eines nicht natürlichen Todes sterben.
Jeder wußte, wer gemeint war. Es gehörte nicht viel propheti-
sche Kraft dazu, herauszufinden, welchen Nimbus Theodor
Lessing in Hannover und in ganz Deutschland hatte. Über den
»Skandalprofessor« hätte man in Berliner Blättern genug lesen
können, und wenn sich ein Hellseher mit tagespolitischem
Kleinkram nicht abgeben wollte – jeder Hannoveraner hätte
Hanussen Stichworte liefern können.

Hanussens Todesvision – sie konnte, streng genommen, auch
auf einen Unfall anspielen – wird nicht jeder Hannoveraner

geteilt haben. Aber es gab solche, die ideologischen Groll, politischen Haß und wohl auch Mordgelüste gegen Lessing hegten, und das waren seit 1925 im nationalen Lager seiner Heimatstadt nicht wenige.

Am 5. Februar 1933 antwortet Lessing auf Hanussens Prophezeiung mit einem Artikel, in dem er dem Hellseher noch einmal Geschäftemacherei vorhielt. Da er dies bereits vor jenem Abend in einer Zeitung angeprangert habe, müsse man Hanussens Todesdrohung als Racheakt auslegen. Lessing wagt selbst eine Prognose: Herr Hanussen werde an der »empfindlichsten Stelle seiner Seele«, an seinem Geldbeutel, schweren Schaden nehmen, wenn er sich nicht in Zukunft mehr zurückhalte und die ihm »unsympathischen Zeitgenossen freundlichst am Leben läßt«.[5]

Der Aufstieg der NSDAP zeichnete sich spätestens seit 1930 deutlich genug ab, ihn zu bemerken bedurfte es keiner magischen Kräfte. Hanussen wurde Parteigenosse und posierte schon bald als Herold eines kommenden »Dritten Reichs«[6], er pflegte freundschaftliche Kontakte mit dem als »Pogrom-Graf« in Berlin bekanntgewordenen SA-Gruppenführer Wolf Heinrich Graf von Helldorf und mit dem SA-Obergruppenführer von Berlin-Brandenburg, Karl Ernst.[7] Im Mai 1932 enthüllte der Journalist Bruno Frei diese Verbindungslinien; Hitler und Hanussen, so stellte er fest, würden als Schwindler und Scharlatane ihr Geschäft in Zeiten zu bestellen verstehen, in denen viele Menschen verängstigt nach Glaubensangeboten griffen, die sie vor dem Herannahen des Weltuntergangs retten sollten. Ein gegen Frei wegen übler Nachrede angestrengter Prozeß, den dieser umgekehrt zum Nachweis nutzen wollte, daß Hanussen mit seinem inzwischen abgesprungenen Sekretär während der Seancen ein abgekartetes Spiel getrieben hätte, kam nicht mehr zustande. Der Reichstag brannte. Und so kam auch nicht mehr ans Licht, daß der »Trommler des ›Juda verrecke!‹«[8] war, was er vor seinen NS-Freunden tunlichst verborgen gehalten hatte: Jude.

In der Nacht vor dem Reichstagsbrand versammelt sich in Hanussens nobler Residenz in Berlin die Prominenz aus Politik,

Wirtschaft und Kultur. Diesmal schaut der Hellseher in eine in
der Mitte des Raumes aufgestellte Glaskugel, um die »Schick-
salsmächte« zu befragen; aus dem Publikum reicht man Frage-
zettel. Als Helldorf an die Reihe kommt, salutiert Hanussen mit
dem Hitlergruß und vertieft sich dann sofort wieder in die
kristallene Zauberkugel: Er sähe Flammenbilder, eine Feuers-
brunst, von Verbrechern gelegt, die Deutschland ins Chaos
stürzen wollen, murmelt er. Doch damit dramatisiert der Partei-
Hellseher der NSDAP nur, was Helldorf und Ernst ihm
mitgeteilt hatten und was die SA-Größen längst von Göring
wußten: eine von der Partei inszenierte Brandstiftung am
Reichstagsgebäude.[9]

Hanussen glaubte, er könne nach dem Sieg der NSDAP zum
»Staatshellseher«[10] des künftigen Naziimperiums aufsteigen; in
den Wochen nach dem Reichstagsbrand macht Hanussen keinen
Hehl aus seinem Anteil an der »Ausschaltung der November-
verbrecher«. In der Berliner »Scala« beklatscht man ihn frene-
tisch als den Propheten des »Dritten Reichs«.[11] Er ist aber auch
ein redseliger Mitwisser von Vorgängen, die in der ersten Phase
der NS-Herrschaft besser nicht an die Öffentlichkeit dringen
sollten; seine von zahllosen Kugeln durchsiebte, von Wildfraß
entstellte Leiche findet man Anfang April 1933 in einem Waldstück, im Verwaltungsbereich seines Gönners, des Potsdamer
Polizeipräsidenten Helldorf.[12] Dieser war es auch, der Lessings
Bühnenliebling aus fernen Göttinger Tagen, Harry Liedtke,
eingeredet hatte, an seiner Arbeitslosigkeit seien nur die Juden
schuld. Liedtke trat der NSDAP bei und mußte bald erfahren,
daß auch die Nazis ihm keine großen Rollen im deutschen Film
verschaffen konnten oder wollten.[13] 1945 wurde er von anrük-
kenden sowjetischen Soldaten erschossen, nachdem sie im
Keller seines Hauses ein Gewehr gefunden hatten[14]; Helldorf
wurde im August 1944 als Widerstandskämpfer vom SS-Staat
hingerichtet: Deutsche Lebensläufe.

Auch ohne Hanussens Ankündigung dürfte Lessing keine
Zweifel über seine wirkliche Situation in Hannover gehabt

haben. Anfang 1933 hatten ihm drei SA-Männer in einer
Straßenbahn zu verstehen gegeben, daß Hitler alle Juden hängen
werde, und als Lessing sich taub stellte, brüllten sie, so daß alle
Mitfahrenden es hören konnten: Es gäbe in Hannover einen
gewissen Lessing, der Jude sei, man müsse ihn »unverzüglich
entfernen«. Keiner der Fahrgäste sagte etwas, und als Lessing
unbeteiligt aus dem Fenster schaute, setzten die SA-Männer
nach und höhnten: Welche Feiglinge die Juden doch wären, man
könne ihnen ins Gesicht spucken und sie würden sich doch nicht
rühren.[15]

In der Fluchtnacht des 1. März rückt ein SA-Trupp gegen
Lessings Wohnhaus in Anderten vor, und da Ada Lessing
vorsichtshalber zu Freunden in die Stadt gezogen war, tobt sich
der blindwütige Haß am Mobiliar aus.

Der Grenzübertritt von Deutschland in die Tschechoslowakei verläuft ohne Komplikationen; aber nur, weil Ruth Lessing
so umsichtig gewesen ist, zwei Schlafwagenplätze der 2. Klasse
von Dresden aus zu buchen; sie hatte gehört, daß vor allem die
Reisenden der 3. Klasse von den NS-Grenzbehörden mit scharfen Kontrollen und Schikanen überzogen wurden.[16] Diese
Vorsichtsmaßnahme war nur zu berechtigt, denn im Februar
1933 wurden die Grenzkontrollaufgaben bereits durch Verbände der SA und SS durchgeführt, nach dem Reichstagsbrand hatte
das NS-Regime die tschechoslowakischen Gendarmeriestatio-
nen darum ersucht, deutschen Flüchtlingen die Einreise zu
verweigern oder sie zu verhaften und den deutschen Polizei-
dienststellen zu übergeben. Diese Form verschärfter Grenzkon-
trollen, bei der die Befugnisse der offiziellen Grenzbehörden
übergangen wurden, versuchte der NS-Staat durch die Einführung eines »Ausreisesichtvermerks« zu perfektionieren, um so
der »deutschen Hetzer im Ausland«[17] habhaft zu werden.

In Dresden will Lessing, von Leipzig kommend, eine Zwi-
schenstation einlegen, keine Rastpause, eher eine sentimentale
Reminiszenz an frühere Zeiten, doch seine Tochter drängt auf
Weiterfahrt, was ihr Vater später als lebensrettende Tat würdigt.[18] Denn Dresden hätte das vorzeitige Ende der Flucht

bedeuten können; die Einweisung in ein KZ; die lapidare
Zeitungsnotiz: »Auf der Flucht erschossen.«

Am 6. April 1933 fand in Dresden eine überaus bedeutsame
Sitzung von SA- und SS-»Führern« statt. Auf ihr referierte der
Reichskommissär für Sachsen, Manfred von Killinger, über die
»Ausbrennung der marxistisch-jüdisch-demokratischen Seu-
chenherde in ganz Böhmen«. Unter der Befehlsgewalt von
reichsdeutschen »Führern« sollten in der ČSR »Aktionsabteilungen« aufgestellt werden, und da diese kaum mit den örtlichen
Gegebenheiten vertraut seien, habe man daran gedacht, geeigne-
te Berater aus Böhmen anzuheuern. Diese müßten das Vertrau-
en der NSDAP genießen und Parteimitglieder sein. Zur Durchführung der gestellten Aufgaben sei jedes Mittel recht, betonte
Killinger, der dann noch einem anwesenden Verbindungsmann
der DNSAP für die gute Arbeit »auf dem schweren Boden
jenseits der Grenze« dankte.[19]

Lange vor der Gründung der NSDAP war die DNSAP in
Böhmen zu einer selbständigen politischen Kraft geworden,
daher brauchten sich die reichsdeutschen Parteifunktionäre
über den Export ihrer »lebensraumgreifenden« Ziele keine
Gedanken machen; obgleich die DNSAP in manchen Punkten
andere Akzente setzte, beide Parteien waren sich einig über die
Grundzüge ihres gemeinsamen Kampfes.[20] Entlang der Grenze
zur ČSR, in Sachsen und Bayern entstanden im Anschluß an
jene Konferenz eine Reihe von »Befehlszentralen«. SA und SS
konnten aber keine eigenen Einsatzbefehle formulieren, denn
dazu wären Informationen nötig gewesen, aufgrund deren die
Aufgabenfelder genau hätten definiert werden können. Dieses
Material kam aus der politischen Außenstelle des AA, aus der
Deutschen Gesandtschaft in Prag und aus dem Gestapa.

Pläne über Form und Umfang der Überwachung der Exilanten
wurden im Frühjahr 1933 fast gleichzeitig im Innenministerium
und im Gestapa entwickelt. Beide ließen das AA wissen, es
möge die Staatspolizeidienststellen veranlassen, Listen von ausgewanderten Personen anzufertigen. Darauf aufbauend sollte in

Prag 2 März 1933

Hôtel Wilson

Liebe Herzens frau.

es geht uns sehr gut. Wir sind sehr
schön über die Grenze gelangt. Wir
fuhren bis Leipzig. Amen dort im historischen Aue...ster Keller ...
Café Felsche u reisten nachts 12 Uhr
weiter nach Prag. Von Dresden ab
II ter Klasse; Schlafwagen; das war
Ruths Verdienst den ich bitte
lieber in Dresden über nachtet. Im
Schlafwagen II ter Klasse werde überhaupt nicht kontrolliert; ...
werden nur die Reisenden in der
II ter Klasse ...des Schlafwagen
kontrolliert ... um 6 Uhr
... da waren wir in Prag.

Der erste Brief von Theodor Lessing an seine Frau Ada nach der geglückten Flucht ins
tschechoslowakische Exil.

Berlin eine zentrale Namenkartothek eingerichtet werden. Das
AA, vorerst noch eine Bastion des konservativen Beamtentums
und von den NS-Stellen mißtrauisch beäugt, fügte sich in kurzer
Zeit diesen Wünschen und leitete einen entsprechenden Rund-
erlaß an die Auslandsvertretungen weiter. Die deutschen Ge-
sandtschaften wurden angehalten, regelmäßig Berichte über die
Emigrantenbewegungen zu liefern. Zwar überschritt das die
Zuständigkeit der Gesandtschaften, denen es zudem an Personal
für solche polizeilichen Aufgaben fehlte, doch gehörte deren
Erfüllung schon bald zur Routine der Gesandtschaften.[21]

Der Geschäftsverteilungsplan des Gestapa vom 19. Juni 1933
sah die Bildung eines Dezernats IX (Ausländer, Emigranten,
Juden, Freimaurer) vor. Diese Abteilung sandte neben ihren
Agenten auch ihre Beamten zur Feststellung von Datenmaterial
ins Ausland.[22] SD und SS konkurrierten heftig um die Vor-
machtstellung bei der Erfassung und auch der physischen
Vernichtung politischer Gegner.[23] Bis zum 20. Juli 1934 war die
SS parteioffiziell nur ein Sonderzweig der SA[24], Entführung,
Verschleppung und Ermordung von politischen Flüchtlingen
wurde zur »Spezialität« der SA-Trupps, nicht immer auf Wei-
sung der Partei durchgeführt, doch nachträglich gebilligt als
Teilstück eines großangelegten Terrors gegen das demokratische Ausland.[25] Die Konkurrenz der verschiedenen NS-Organisationen ermöglichte zuweilen eine Doppelüberwachung der
Exilanten, es war »Zufallspolitik«[26], eine organisierte Anarchie,
die sich aus der nie abschließend geklärten Kompetenz der
Apparate und Interessen erklärt. Den Gesandtschaften war die
Funktion einer Gestapo-Außenstelle zugewiesen worden, und
die Prager Gesandtschaft kam den Wünschen der Gestapo mit
Übereifer entgegen.[27] Der Sekretär der Deutschen Gesandtschaft, Siegesmund von Bibra, unterbreitete im Juli 1933 dem
tschechoslowakischen Außenministerium eine inoffiziell ausge-
fertigte Vorlage, die den Zweck verfolgte, die Behörden der
ČSR zu einem gemeinsamen Vorgehen gegen emigrierte Kommunisten zu veranlassen.[28] Als die Meldung in die tschechische
Presse gelangte, die Deutsche Gesandtschaft in Prag sei im

Besitz von geheimen Listen mit den Namen reichsdeutscher Agenten, protestierte der Gesandte Koch beim tschechoslowakischen Außenministerium wiederholt gegen derlei Unterstellungen.[29] Doch Koch hatte in einem Bericht vom 1. Juli 1933 der Gestapo übermittelt, daß die Gesandtschaft sich aus den Büros der Flüchtlingskomitees die Personalbögen von in der ČSR lebenden Emigranten beschafft hatte.[30] In einem Telegramm vom 23. August 1933 verständigte Koch das Gestapa über das Einschmuggeln von Emigrantenzeitungen ins deutsche Reich, und das Gestapa benachrichtigte den Gesandten, es seien nun Maßnahmen getroffen worden, um diesem »Übelstand abzuhelfen«.[31] Noch im Sommer 1933 hatte das AA die Einrichtung eines direkten Nachrichtenkanals zwischen Gestapa und Gesandtschaft abgelehnt[32], doch war die Übernahme politischer Polizeifunktionen durch das AA bis zum Herbst des Jahres die Regel geworden.[33]

Eine wichtige Koordinationsstelle der nationalsozialistischen Außenpolitik war nicht zuletzt das »Amt für Auslandsorganisation« unter der Leitung von Ernst Bohle. Gesandtschaftsrat Bibra genoß das besondere Vertrauen Bohles, Bibra wiederum hatte gute Verbindungen zum SD.[34] Als Verantwortlicher für die Steuerung von Agenten in der ČSR verfügte er wie niemand sonst über intimes Herrschaftswissen und kannte sich in den Vorgängen der NS-Emigrantenpolitik wie kein anderer aus.

Aus diesen institutionellen Quellen mußten die »Aktionsabteilungen« ihre Informationen schöpfen, wenn sie »zielgenau« ihre Opfer ins Fadenkreuz nehmen wollten. Nach dem 30. Januar war die Tschechoslowakei zunächst der Staat, der deutschen Flüchtlingen politisches Asyl am freizügigsten gewährte. Die zumeist mittellos eintreffenden Exilanten wurden mit dem Nötigsten versorgt, die Schriftsteller, Wissenschaftler oder Publizisten durften mit Recht in der ČSR ihr kulturelles Zentrum erkennen. Wer als Intellektueller nach Prag flüchtete, reiste in ein zweites, in ein kosmopolitisches Deutschland, in dem die kulturellen Traditionen der Weimarer Republik fortlebten, wo man sich in der vertrauten Sprache verständigen und öffentlich bemerkbar machen konnte; die Freiheit des Geistes war hier noch garantiert.[35]

Ganz einheitlich war die Asylpolitik allerdings nicht, Kommunisten schob die tschechoslowakische Regierung häufig in andere Länder ab, es kam sogar vor, daß man sie an die Behörden des NS-Staates auslieferte.[36] Ab 1937 gab die ČSR das freiheitliche Prinzip der Asylgewährung unter dem zunehmenden reichsdeutschen Druck auf. Die Hoffnung, diesen Druck durch Verständigungsbereitschaft mildern zu können, erwies sich als Irrglaube, der die Auflösung der Republik und die Okkupation im Frühjahr 1939 begünstigte.

»Botanisierend in den Wäldern um Marienbad«[37] – so fühlte sich der Forscher Carl Gustav Carus im Marienbad der Goethezeit heimisch; ebenso wollte Theodor Lessing, von Prag weiterreisend, durch die dichten Marienbader Wälder streifen. Er führe nun, schrieb er seiner Frau nach Hannover, »das gleichmäßige Leben eines feinen alten Herrn«, er lese, schreibe und schlafe sich richtig aus. Politisch werde er sich nicht betätigen, eine in Prag stattfindende Kundgebung, auf der er sprechen sollte, habe er wieder abgesagt.[38] Es wäre ein Bruch in seiner Biographie gewesen, wenn Lessing sich an dieses Versprechen, das wohl mehr eine Beschwichtigung der Ängste seiner Frau war, gehalten hätte. Im März schon spricht er auf öffentlichen Vortragsabenden über die Lage der deutschen Juden, referiert in mehreren Städten der Tschechoslowakei über das Scheitern der deutsch-jüdischen Symbiose.

Ada bittet ihn in einem Brief, sich nicht an Aufrufen und Versammlungen zu beteiligen, bevor er nicht Fühlung mit der sozialdemokratischen Partei genommen habe[39], und sie erinnert ihn an seine philosophische Arbeit.[40] Die Tochter Ruth beschwört den Vater, nicht zu heftige Artikel und Reden zu veröffentlichen, solange die Mutter und sie noch in Hannover seien, selbst wenn er diese Bitte als eine »Klammer um den Hals« empfinden würde: »Es geht jeder Artikel von Dir hier durch die Presse: Verleumder Deutschlands usw.«[41]

Ganz zurückgezogen leben, auf einsamen Waldwegen wandern – vor denen Ada allerdings abrät, man könne nie wissen, was dort alles geschehen könne[42] –, das war Lessings Sache nicht. Zwar sagt er eine Kundgebung ab, aber er bleibt schreibend Kritiker des nationalsozialistischen Deutschland. Er müsse der »Sprachmund« derer sein, die in Gefängnissen und Arbeitslagern eingesperrt sind, müsse stellvertretend deren Not schildern und überall bekanntmachen.

In den Exilzeitschriften und im »Prager Tagblatt« analysiert er die Ideologieplanung der NS-Machthaber und weist am verräterischen Wort »Tarnung« die sprachpolitischen Kunstgriffe des Regimes auf. Dieses Wort stehe für ein ganzes Zeitalter. »Politik wurde zur Wissenschaft der öffentlichen Tarnung. [. . .] Der Kanzler des deutschen Reiches hält eine große außenpolitische Rede, die den Freunden des Friedens, den Menschenfreunden Tränen der Ergriffenheit entlockt. Nicht Jesus, nicht Buddha könnten frömmer, menschlicher – reden. Und was geschieht? Im selben Zeitpunkt, wo diese Rede gehalten wird, werden sämtliche Friedensfreunde Deutschlands in Gefängnisse gesteckt, alle pazifistischen, humanitären, völkerverbindenden Vereine verboten, aufgelöst, zerstört und eine Kriegsrüstung in Arbeit genommen, derengleichen noch nie eine andere Regierung durchgeführt hat. Die Kundigen wissen, daß Deutschland bis an die Zähne bewaffnet dasteht. Giftgase werden aufgespeichert in kaum noch vorstellbaren Mengen. Tanks, Riesenkanonen, neue Gewehre gebaut. Indes die Industrie abwelkt, grünen alle jene Zweige, die mit Aufrüstung und Bewaffnung Geschäfte machen. Ganz Deutschland ist ein Kriegslager und diese Entwicklung wird ›getarnt‹ mit wunderbaren Reden über Menschenliebe und Völkerbündnisse und deutsches, germanisches Christentum.«[43] In einem satirischen Feuilleton läßt er Hitler als faschistischen Tarzan auftreten, der im Urwald alle Tiere »gleichschaltet«.[44]

Das »Prager Tagblatt« sei übervorsichtig geworden, um dem angedrohten Einfuhrverbot nach Deutschland zu entgehen, schreibt er am 15. März seiner Frau, es werde dennoch bald kommen.[45] Aber man druckt seine Artikel. Was in Deutschland sich zutrage, schreibt er im »Prager Tagblatt« am 11. Juni, sei die »beschämendste Episode deutscher Geschichte. Sogar die Sprache und das Wort sind nicht mehr deutsch«.[46] Den »Brüll-deutschen« der NSDAP, die eine »Ordnung toter Zeiten« einzu-führen gedenken, gehöre Deutschland nicht, denn der schände sein Vaterland, »dem beim Worte Vaterland der Schaum vom Munde tropft«.[47]

Mitte März 1933 war Ada Lessing als Leiterin der Volkshoch-schule Hannover abgesetzt worden. Man hatte sie zuvor aufge-fordert, »freiwillig« zu verzichten, doch sie wollte von »den aufrechten Männern« auf einer Sitzung des Verwaltungsaus-schusses ihr »Todesurteil« entgegennehmen.[48] Sie schreibt an den neuen NS-Kultusminister Rust, den Lessing seit seiner Lehrertätigkeit kannte, und weist auf die aus dem Beamtenrecht abzuleitenden Ansprüche auf Zahlung von Pensionsgeldern für sie und ihren Mann hin. In einem Staat, der Recht und Gesetz zur Verfügungsmasse widerstreitender Partei- und Machtinter-essen verkommen ließ, konnte dieser Protest nur ins Leere stoßen. Nachdrücklich bekräftigt die furchtlose Frau ihr Recht und versichert Lessing in einem Brief: »Beide waren wir unsrer Vaterstadt treuer als irgendeiner derjenigen, die nach Konjunk-tur den Wohnsitz wechseln. Das wird immer und immer wieder gesagt, das nagle ich fest. 14 Jahre Volkshochschularbeit, 25 Jahre Wirken von Dir, das lasse ich nicht aus der Geschichte der Stadt Hannover löschen, das wird eingeschrieben mit Günther Wagners unauslöschbaren Farbenstiften.«[49]

Das Leben in Hannover unter dem NS-Terror wird von Monat zu Monat schwieriger, alte Lebensstrukturen werden zerschlagen, die freie öffentliche Kommunikation unmöglich gemacht. »Die Kröpckeleute sind zersprengt, ins Café können wir alle nicht mehr gehen. Man trifft sich im Hause.«[50] Vor dem alten Treffpunkt der hannoverschen Boheme steht nun ein mobiler Kiosk, der die »Niedersächsische Tageszeitung« ver-kauft, das Lokalblatt der NSDAP. In den hinteren Räumen des Cafés, dem »Bolschewistenzimmer«, wie eines der völkischen

Haßwörter gegen die dort versammelten Intellektuellen und Künstler lautete, sitzen nur noch »aufrechte Deutsche«.

Am 10. Mai erscheinen vor der »Villa Miriam« zwei Beamte der politischen Polizei. Es werden Fragen nach dem Aufenthaltort des Herrn Professors gestellt, eine Hausdurchsuchung findet aber nicht statt.[51] Nach einem zweiten Jaucheattentat in der ersten Märzwoche hatten Ada und Ruth Lessing die wertvolle Bibliothek in der Heinrich-Heine-Straße 16 untergebracht, wo Ruth mit ihrem Ehemann, dem Fotografen Hein Gorny, wohnt[52]; bei mehreren Freunden deponieren die beiden Frauen von jedem Buch Lessings jeweils ein Exemplar.[53] Die Wohnung in der Tiergartenstraße, die »Villa Miriam«, geht am 1. Juni an neue Mieter über[54], vor der Haushaltsauflösung sieht das kleine Häuschen wie ein »Lessingmuseum«[55] aus, übervoll mit Dokumenten aus fast sechzig Jahren. »In stillen Stunden liebäugle ich oft mit dem Tode«[56], notiert Ada Lessing während der Wochen dieses allmählichen Abschieds; am 12. März schreibt die Tochter an den Vater: »Wir sind so froh, Tetelein, daß Du nicht hier bist. Es ist eine so unerquickliche Atmosphäre. Wenn nicht die Frühlingssonne da wäre, ich glaube, man würde sich aufhängen.«[57]

Im April fährt Ada Lessing für ein paar Tage nach Marienbad; noch ist sich das Ehepaar nicht sicher, ob die Tschechoslowakei das richtige Exilland ist. Zwar gibt es dort die besten Arbeitsbedingungen für Vorträge und Veröffentlichungen[58], Ada erwägt aber auch eine Übersiedlung nach England[59]; zu den griechischen Verwandten wollen beide, trotz freundlicher Einladung, auf keinen Fall, auch wenn Ada noch am 21. Juni einräumt, sie würde eventuell sogar nach Griechenland gehen.[60]

Es bleibt bei Marienbad. Anfang Juli noch machen die lokalen NS-Behörden Ada Lessing Schwierigkeiten bei der Ausgabe des »Sichtvermerks«, im Lauf des Monats darf sie schließlich doch ungehindert ausreisen. Die Gornys bleiben bis 1935 in Hannover und übernehmen dann in Berlin das Fotostudio von Lotte Jacobi.

»Man kann in solcher Zeit nur leben wie ein Schmetterling und Vogel, die sich im Sturm ducken und wieder fliegen und singen werden, wenn die Sonne scheint«[61], tröstet Theodor Lessing seine Frau wenige Tage, nachdem er Hannover verlassen mußte. Geduckt hat sich Lessing im Exil nicht. Für den in »Schutzhaft« genommenen Freund und Kollegen Siegfried Kawerau setzt er sich ein und kommentiert die sich überstürzende Tagespolitik: Die Ironie der Geschichte füge es nun, »daß die Wahrheit unsrer Einsichten uns selber trifft. Just die wenigen, die das tragische Problem kennen und die Lösungen wissen, werden jetzt zu Märtyrern der Gewalt. Denn die Gewalt spürt insgeheim, daß sie auf Flußsand gebaut hat und hinter allen ihren Reden, allen ihren Schreckenstaten steht die Angst vor der Zukunft«.[62]

Nun müsse sich der »romantische Volkserneuerungsrausch« austoben, bemerkt er in einem Brief an Ada, doch was er noch mehr als diesen fürchte, das sei der nach dem Niedergang des Regimes zu erwartende allgemeine Katzenjammer. »Die Enttäuschung ist unausbleiblich und dann kommt wahrscheinlich noch früher als eine endgültige Diktatur aus Eisen eine schreckliche Zerstückelung in Länder und Parteien, wo jeder einem jeden mißtraut.«[63]

Immer wieder wandern Lessings Gedanken zu Ludwig Klages; er bittet Ada darum, beim Buchhändler Schmorl den Registerband zu »Der Geist als Widersacher der Seele« abzuholen, den sei Schmorl ihm noch schuldig. In einem Aufsatz, der posthum veröffentlicht wurde, stellt Lessing den unvergessenen Jugendfreund und philosophischen Antipoden in einen unmittelbaren Zusammenhang mit der Kriegsmetaphysik des neuen Machtstaates. »Nie ist das Deutschtum so unecht und unwirklich gewesen wie heute, wo der gräßliche Pampf und Schwulst hitlerischer Reden Ausdruck der deutschen Seele, wo all der Haß und all die Galle der Rosenberg oder Goebbels Offenbarung deutscher Natur sein soll«. Es seien kranke Figuren der Zeitgeschichte, innerlich ausgebrannt und zum Mord bereit, ihr Deutschsein sei wie eine Zwiebel, ohne Kern; und so streuten sie ihre Zwiebelschalen in den Wind, und sie liebten und verehrten nichts »als den Mann ohne Selbst, den seine Gesinnung im Munde führenden und ewig leerlaufenden Gegenpol des Ahasver: den äußerst arischen, äußerst substanzlosen Peer Gynt«.[64] Mit dieser Anspielung auf Ibsens Dramenfigur erinnert Lessing an Klages, an dessen unbeteiligte Kälte und Charakterlosigkeit, und denkt doch auch an die Träume der gemeinsamen Jugend, die nun für immer dahin sind.

Selbst wenn Lessing nur einen Bruchteil dessen publik gemacht hätte, was er über die Beschaffenheit des nationalsozialistischen Deutschland dachte, es hätte den emsig sammelnden Zuträgern des NS-Agentennetzes in der ČSR für ihre Dossiers ausgereicht. Seine Arglosigkeit im Umgang mit Menschen – im Widerspruch zu seiner theoretischen Skepsis – erleichterte die Arbeit seiner unsichtbaren Begleiter.

Seit seiner Ankunft in Prag wurde jeder seiner Schritte beobachtet; anzunehmen ist, daß dies auch dann geschehen wäre, hätte Lessing tatsächlich zurückgezogen gelebt. Als er erst einige Tage im Prager Hotel »Wilson« wohnte, teilt ihm der Schriftsteller Anton Kuh mit, er habe einen merkwürdigen Anruf erhalten: Eine anonyme Stimme wollte bestätigt haben, daß »ein gewisser Lessing« sich seit kurzem in diesem Hotel aufhalte.[65] Im Juni bewirbt sich ein junger Mann um einen Kellnerposten im Hotel »Miramonte«, in dem Lessing seit dem 10. April logiert. Der Hotelbesitzer ist nicht interessiert, stellt den aufdringlichen Mann dann doch ein, als dieser seine Dienste unentgeltlich anbietet. In den folgenden Tagen fragt der als Bürogehilfe arbeitende Mann mit ausgesuchter Höflichkeit den Hotelgast Lessing, ob er nicht kleine Botengänge für ihn ausführen dürfe. Doch Lessing möchte seine Briefe lieber selbst zum Postkasten bringen und wimmelt den zudringlichen Postillon ab; schließlich kann der Unbekannte ihn aber doch mit dem Hinweis umstimmen, daß er als Hotelbediensteter ohnehin täglich etwas auf die Post tragen müsse, da könne er des Herrn Professors Briefe mitnehmen, das spare die wertvolle Zeit des Philosophen. Damit hatte der Mann die Korrespondenz des

Exilanten in der Hand, die ihm übergebenen Briefe wurden
geöffnet, gelesen, abgeschrieben und dann auf dem normalen
Postweg weiterbefördert. Lange dauerten diese Gefälligkeiten
noch nicht, da bittet der Mann den Hotelier um einige Tage
Urlaub, um an einer familiären Feier teilnehmen zu können.
Der eifrige Bote kehrte nicht zurück. Sein Auftrag, Lessings
Post abzufangen, wurde von den Auftraggebern abgebrochen,
sei es, weil man nichts Nennenswertes daraus erfahren hatte, sei
es, weil man schon genug wußte und die Vorbereitungen zur
Ermordung abgeschlossen waren.[66] Daß es sich um einen Spitzel
gehandelt haben mußte, erfuhr Ada Lessing als unfreiwillige
Ohrenzeugin eines Gespräches, aus dessen Inhalt sie schließen
konnte, daß zwei ihr unbekannte Männer über die Lebensver-
hältnisse ihres Mannes bestens unterrichtet waren.[67] Ganz
unvertraut mit Spitzeln war sie nicht mehr: Mitte März fand Ada
während eines Besuchs bei ihrer ehemaligen Hausgehilfin in
Hannover heraus, daß diese und ihr Mann seit langem überzeugte Nationalsozialisten waren, dies ihr gegenüber aber ge-
heimgehalten hatten, um so die ungezwungene Unterhaltung im
Haus der Lessings unverfälscht mithören und Gesprächsproto-
kolle an die interessierten NS-Organisationen weiterleiten zu
können.[68]

Immer wieder war Lessing von Freunden und Bekannten
gebeten worden, in der Stadt zu bleiben und nicht in die »Villa
Edelweiß« einzuziehen, die am Stadtrand lag und an ein hügeliges Waldstück grenzte. Der Blick vom rückwärtigen Fenster
ging hinaus auf hochgewachsene Bäume und sich dahinschlän-
gelnde Spazierwege. Zwar hatte Staatspräsident Masaryk eine
Bewachung des abgelegenen Hauses durch die Ortspolizei
angeordnet, aber diese Vorsichtsmaßnahmen konnten nicht
bedeuten, daß bei jedem Spaziergang ein Polizist hinter Lessing
hergetrottet wäre. Auch der Vorsteher der jüdischen Gemeinde
beschwor Lessing, diesen unübersichtlichen Ort, der nur zwanzig Kilometer von der deutschen Grenze entfernt lag, zu
verlassen und in die Innenstadt zu ziehen. Lessing ließ sich nicht
überreden, die Nähe zur Landschaft, zur seit früher Kindheit

geliebten Natur verführte ihn; auch schien es ihm praktischer, schon jetzt in dem Haus zu wohnen, in dem Ada und Theodor Lessing im Spätherbst ein Landerziehungs- und Töchterheim eröffnen wollten; ein gedruckter Prospekt lag bereits vor.[69] Es kamen 1933 nicht nur politisch bedrohte Schriftsteller in die Tschechoslowakei, sondern auch wohlhabende jüdische Familien, die aus Sorge, die Nazis könnten ihr Vermögen beschlagnahmen, ausgewandert waren. Deren Kinder wollten die Lessings in ihre Schule aufnehmen; an eine baldige Rückkehr nach Deutschland, so stellte sich zur Überraschung der unpolitischen deutschen Juden heraus, war nicht mehr zu denken.

Ende Juni konnte man in einer sudetendeutschen Zeitung lesen, auf Theodor Lessing sei eine Fangprämie von vierzigtausend Reichsmark ausgesetzt worden, die mittlerweile von der deutschen Regierung auf achtzigtausend Reichsmark erhöht worden wäre. In der Tschechoslowakei, merkte ein Kommentator mit deutlichem Unterton an, werde wohl niemand sich dieses Kopfgeld verdienen wollen.[70]

Zwar ließ Lessing durch seinen Rechtsanwalt Cohn-Schanzer einen Widerruf dieses unbestätigten Gerüchts erwirken[71], doch von nun an blieb der Name Lessing im öffentlichen Bewußtsein mit dieser absurden Summe verknüpft. Nach einer polizeilichen Befragung des Journalisten, der die Meldung an die Presse weitergegeben hatte und nationalsozialistische Kreise als Informationsquelle nannte, ordnen Prager Behörden eine Tag-und-Nacht-Bewachung der »Villa Edelweiß« durch die Polizei an.[72] Der Feuilletonist Lessing aber hatte einen makabren Stoff gefunden, den er vermutlich auch aus psychologischen Gründen aufgriff, um mit dieser Morddrohung leben zu können. »Mein Kopf« ist eine Geschichte über Freunde und Bekannte, über Fremde und Passanten, die ihn auf einmal geldgierig anstarren und sich nur zu gern den ausgelobten Betrag verdienen würden. »Mein Gott! Was habe ich ein langes Leben lang über meinen Kopf hören müssen. Auf der Schule hieß es, er sei kein Lernkopf. Auf der Universität, er sei ein Wirrkopf. Die Kollegen sagten, er sei ein Querkopf. Ein Kritiker schrieb, er sei kein politischer Kopf. Ein anderer: Kein historischer Kopf. Wieder andere: Meinem Kopfe fehlten gewisse Organe. Das Organ für Metaphysik. Für den Mythos. Für das Kosmische. Für Mathematik. Kurz: Alles an meinem Kopfe war negativ. Ich zerbrach mir den Kopf und verdiente nichts damit. Und nun Achtzigtausend Reichsmark! Und dies Glück haben andere mit meinem Kopf. Nie hätte ich für möglich gehalten, daß mit meinem Kopf so viel zu verdienen wäre.«[73] Sein Rechtsanwalt befürchtet, Kriminelle könnten zu einer Entführung angereizt werden, wenn die Summe auch nur halb so hoch sei wie angegeben. Mehrfach erhielt Lessing Drohbriefe aus dem böhmischen Raum, sie spielten auf das von nationalsozialistischer Seite ausgestreute Gerücht an, er sei der Erfinder der »Kriegsschuldlüge«.[74] Ende Juli schreibt Lessing an seine Schwester Sophie, das sei zwar alles Unsinn, doch rege die vermeintlich ausgesetzte Fangprämie die »Phantasie verbrecherischer Elemente«[75] an. Die Schwester hat vergebens versucht, ihren Bruder nach Holland oder Belgien zu holen; zionistische Freunde baten ihn, nach Palästina zu kommen; ein ehemaliger chinesischer Schüler bot ihm eine eilends einzurichtende Proforma-Professur an, um ihm die Einreise nach China zu ermöglichen; derselbe englische Sprachforscher, der einige Tage nach Lessings Ermordung die Überfahrt Albert Einsteins von Le Coque aus organisiert hat, schrieb Lessing, er solle dorthin kommen, er würde ihm helfen, nach England überzusetzen.[76] Alle diese Hilfsangebote lehnt Lessing ab.

Warum diese Abwehr? In Marienbad konnte er sich in deutscher Sprache verständigen, hatte er Verbindungen zu emigrierten Landsleuten. Aber das allein erklärt noch nicht, weshalb Lessing unbedingt in der ČSR bleiben wollte. Es erklärt jedenfalls nicht zufriedenstellend, wieso er auf einmal so uneinsichtig war, obwohl er angesichts der drohenden tödlichen Gefahr aus Hannover doch auch geflohen war.

Marienbad muß Lessing so etwas wie ein Stück bewahrter Heimat gewesen sein. Als er einmal einen langen Blick aus dem kargen Zimmer im zweiten Stock der »Villa Edelweiß« geworfen hatte, sagte er: »Meine Heimat!«[77] Er wäre wohl auch gern 1932 während einer Reise durch Dänemark in diesem Land geblieben, aber nun war er eben in Marienbad und wollte sich nicht schon wieder verpflanzen lassen. Er könne es nicht ertragen, bei jedem Spaziergang durch die liebgewonnene Gegend »hinter jedem Baum meinen Mörder zu vermuten. [. . .] Sollte ein Fanatiker mich niederschlagen, so bete ich nur, daß es schnell sein möge«.[78] Das waren die gleichen Worte, die er während der Hetzkampagne in Hannover geäußert hatte. Und man muß wohl auch eine Passage aus dem gegen Hanussen gerichteten Artikel als eine Art Selbstannäherung interpretieren: Der Tod komme, wenn man an ihn glaube. »Das muß darum so sein, weil der Erwartende, Hoffende oder Fürchtende immer just die Umstände begünstigt und unbewußt aufsucht, die zur Verwirklichung seiner Furcht oder seiner Hoffnung dienlich sind.«[79] Das soll nicht heißen, Lessing habe unbewußt seine Ermordung herbeigesehnt und deshalb alles abgewehrt, was diese hätte verhindern können. Aber er konnte sich wohl nicht mit der Vorstellung anfreunden, von einem Land zum anderen ziehen zu müssen, um politisches Asyl bittend, auf der Flucht vor seinen Verfolgern. Und dann lag ihm auch viel daran, über die Politik in Nazideutschland zu reden und zu publizieren; ein Lessing, der in Peking als Professor für Philosophie gelebt hätte, wäre innerlich abgestorben, denn er hätte keine Einwirkchance mehr gehabt, wäre abgeschnitten gewesen von dem sonderbaren Vaterland, das er liebte und dessen kulturelles Erbe er gegen die NS-Verbrecher verteidigen wollte.

Kurz vor der Eröffnung des Zionistenkongresses in Prag, am 21. August 1933, trifft Lessing mit einem jungen Mann zusammen, der 1958 über seine Begegnung mit dem Philosophen ein kleines Gedenkblatt veröffentlicht hat. Lessing sollte in der Prager Stadtbibliothek einen Vortrag halten. Der Saal füllt sich bis auf den letzten Platz. »Auf dem Podium stand ein alter gebeugter Mann, der sein ›letztes Gebet‹ über sein Leben und Schaffen, Denken und Fühlen, seine Schmerzen und Enttäuschungen sprach. Es war kein wissenschaftlicher Vortrag, keine tiefsinnige Betrachtung. Ein tieffühlender Mensch erzählte hier in einfachen, doch packenden Worten von einer Welt, die in das finsterste Mittelalter zurückfiel und die Menschen zu Tieren verwandelte. [. . .] Stumm und mit vor Scham tief gesenkten Häuptern gingen die Zuhörer aus dem Saal.« Im anschließenden Gespräch bemerkt der junge Mann aber auch, wie wenig der vertriebene Denker resigniert hat und lebensmüde ist. Vor ihm saß »ein sechzigjähriger Mann, dessen Augen tiefen Schmerz, aber auch Mut und Festigkeit verrieten. [. . .] Er erzählte von der Hölle in Deutschland und schilderte den Zynismus der Mörder«. Anders als Jakob Wassermann sei Lessing aber nicht mehrdeutig und vorsichtig in der Wortwahl, aus Sorge, damit dem von den deutschen Juden über alles geliebten Deutschland schaden zu können. Auf die Frage, ob er nicht Angst haben müsse, wenn er das nazistische Deutschland so offen angreife, erwidert Lessing: »Ich habe noch viel zu wenig erzählt. Und wenn auch der Saal voll von Spitzeln sein sollte; ich habe keine Angst. Komme, was wolle! Es wäre in meinen Augen ein noch größeres Verbrechen, solcherlei zu verheimlichen.«[80] Heimweh, Qual, Entmutigung, Depression: das waren die dunklen Wegbegleiter jedes Exilanten; nach Lessings »Philosophie der Not« hatte jeder das Beste daraus zu machen. Am Abend in der Bibliothek bemerkt man im Saal einige Agenten der Gestapo.

Als am 23. August 1933 die erste Ausbürgerungsliste bekannt wird, sitzt Lessing im Café des Repräsentantenhauses in Prag, wo viele Emigranten und die Delegierten des gerade eröffneten Zionistenkongresses sich aufhalten. Er gratuliert dem anwesenden Kurt Grossmann, Organisator der »Demokratischen Flüchtlingshilfe« und ehemaliger Generalsekretär der »Liga für Menschenrechte«, auf dieser Liste zu stehen. Es beschäme ihn, meint Lessing, daß man ihn dieser hohen Ehre nicht für wert erachtet habe. Grossmann entgegnet etwas betreten, Lessing könne sicher sein, daß die Nazis ihn nicht vergessen würden.[81] Am 25. August erläßt der NS-Innenminister im Einvernehmen mit dem Minister für auswärtige Angelegenheiten eine Verordnung, durch welche fünfunddreißig im Ausland lebenden Pazifisten,

Sozialisten und Kommunisten die deutsche Staatsbürgerschaft aberkannt wird. Auf dieser Liste findet sich auch Theodor Lessings Name.

Im Café des Repräsentantenhauses sitzt aber auch ein »Völkischer Beobachter«, der über den Verlauf des Zionistenkongresses berichtet und nicht vergißt, den hämischen Haß eines Zeitungsschreibers herauszukehren, der sich von staatlich sanktioniertem Terror gedeckt fühlt: »Das Café des Repräsentantenhauses ist ständig mit den Kongreßbesuchern angefüllt. Hier sind die Brutstätten der Gerüchte, denen ein Teil der Presse zum Opfer gefallen ist. [. . .] Nun, Herr Einstein ist zwar nicht da, dafür aber sitzt dort der Professor Theodor Lessing, der noch rechtzeitig aus Deutschland verduftet ist, und der kürzlich vor den erstaunten Pragern ein ideologisches Warenhaus eröffnete, indem er erklärte, daß er gleichzeitig ›Jude, Zionist, Deutscher, Kommunist und Sozialist‹ sei.«[82] Dies steht in der Ausgabe des »Völkischen Beobachters« vom 27./28. August 1933. In diesen Tagen ist der Kongreß bereits überschattet von Streit und Zänkereien, man spricht offen von der Ohnmacht und dem Versagen der Zionisten, die deutschen Juden nicht für die zionistische Bewegung gewonnen zu haben. Obwohl der Kongreß offiziell noch bis zum 4. September dauern sollte, reist Lessing, der als Gast eingeladen worden war, am 30. August mit dem Mittagszug nach Marienbad zurück; man hatte wegen der großen Meinungsverschiedenheiten die Sitzungen der nächsten Tage ausfallen lassen.

Der Ring um Lessing zieht sich jetzt eng zusammen.

Max Rudolf Eckert wohnt 1933 im Dorf Schanz, eine dreiviertel Stunde von Marienbad entfernt. Anfang August wird er von der Polizei verhört. Man lastet dem als Wilddieb vorbestraften Mann verschiedene Delikte an, alles kleine Gaunereien. Manche Leute im Dorf sagen ihm Verschlagenheit und Kaltblütigkeit nach, einige meinen, er habe einen »Wolfsblick«.[83] Als ausgezeichneter Schütze ist er allseits bekannt.[84] Er ist Mitglied im nationalsozialistischen »Gewerkschaftsverband deutscher Arbeiter«, wird auf Versammlungen der DNSAP häufig gesehen und ist seit geraumer Zeit ohne Arbeit. Am 26. August 1933 muß er sich in einer Marienbader Bank aufgehalten haben.[85] Am 30. August soll er seine Wohnung in Schanz gegen drei Uhr nachmittags verlassen haben[86], andere Dorfbewohner wollen ihn seit mehreren Tagen schon nicht mehr gesehen haben.[87]

Im Juli 1933 hatte sich Eckert in Süddeutschland mit Rudolf Zischka angefreundet. Der erzählt dem schon damals arbeitslosen Eckert von »der Sache Lessing«, das Gerücht vom hohen Kopfgeld hatte bereits seine Kreise gezogen. Zischka kennt bestimmte Leute in München, die als Auftraggeber zur »Erledigung« der »Sache Lessing« nach einem ortskundigen Mann aus der Marienbader Gegend suchen; daß Eckert mit Schußwaffen umzugehen versteht, macht ihn um so geeigneter für die unbekannten Auftraggeber, von denen Zischka nur in Andeutungen spricht.[88] Reichskommissär Killinger hatte auf der Dresdner Sitzung von SA- und SS-Führern betont, es müßten vertrauenswürdige Leute aus dem Umkreis der DNSAP zu Aufgaben hergezogen werden, die von den NS-Stellen auf deutschem Gebiet allein nicht bewältigt werden könnten; bei der Planung bestimmter Aktionen sei jedes Mittel ein Gebot der Pflicht: In einigen Grenzabschnitten hält man sich bereits an diese Weisungen. Eckert und Zischka werden von Bayern aus instruiert durch einen Kommandeur, der nur unter den zwei Decknamen Karl und Franz bekannt ist. Zischka war im März 1933 als Chauffeur des Hotels »Marienbader Mühle« angestellt worden, es war das Hotel, in dem Theodor Lessing sich bis zum Ende dieses Monats einquartiert hatte. Der Besitzer des Hotels war Mitglied der DNSAP.[89] In diese Zeit fiel ein mißlungener Versuch eines Mannes, die Telephonleitungen des Hotels zu durchschneiden.[90]

In den letzten Augusttagen wird in den oberen Stockwerken der »Villa Edelweiß« ein unbekannter Mann aus Deutschland von den Hausbewohnern zur Rede gestellt. Er gibt vor, Bibeln verkaufen zu wollen. Erst nach mehrfacher Aufforderung verläßt er die Villa. Seit diesem Zwischenfall hat ihn in der Nachbarschaft

und weiteren Umgebung niemand mehr gesehen.[91] Mit seinem
Besuch in den oberen Stockwerken des Hauses hatte er seinen
Auftrag erledigt, denn nun wußte man, in welchem Teil des
vielfenstrigen Gebäudes das Arbeitszimmer von Theodor Lessing lag. Bis zum Nachmittag des 30. August hielten sich in der
Villa fünfzehn Kinder und das Betreuungspersonal auf[92], Mitte
Oktober sollte das Landerziehungsheim an der Waldquellzeile
offiziell eröffnet werden. Am Abend lag das Haus mit seinen
vierzig Zimmern einsam und verlassen da. Bis auf die Familie des
Besitzers der Villa und den beiden Lessings hielt sich niemand
mehr dort auf. Die Wohnräume, die Küchen und die Balkone
lagen zur Straßenseite, Lessings Arbeitszimmer aber befand sich
auf der Rückseite, mit Blick auf hügeliges Waldterrain.

Die Mörder hatten Helfer. Einer hat beim Diebstahl einer
sieben Meter langen, entsprechend schweren und sperrigen
Leiter aus dem Feuerwehrhaus in Schanz mitgeholfen. An
diesem Abend transportiert er zusammen mit den anderen diese
Leiter zur Waldquellzeile. Die anbrechende Dunkelheit erschwert das Gehen auf dem bergauf, bergab sich hinschlängeln-
den Waldweg. Nach einer dreiviertel Stunde erreicht der kleine
Trupp den Ort.

Mit Hilfe eines von Eckert besorgten Seils lehnt man die
Leiter von einer Anhöhe aus an die Hinterfront des Hauses,
genau zwischen das (von links gezählt) fünfte und sechste
Fenster des zweiten Stockwerks; der Zwischenraum von Fenster zu Fenster beträgt nicht mehr als fünfzig Zentimeter. Es
sind die Fenster von Theodor Lessings Arbeitszimmer.

Um mit der Feuerwehrleiter lautlos an diese Fenster heranzukommen, hatte man die Haken abgeschlagen und die Enden der
Leiter mit dicken Lappen umwickelt; ein sudetendeutscher NS-
Parteigänger stahl die Lappen aus der Bäckerstube, die gleich
neben der Villa lag.[93]

Bis einundzwanzig Uhr zwanzig brennt kein Licht in Lessings Arbeitsraum. Die Leiter lehnt bereits am Haus. Zwei
Männer stehen, dicht aneinandergedrängt, auf den Sprossen und
drücken ihre Körper fest an das schmale Stück der Hauswand

zwischen den beiden Fenstern. Sie müssen um diese Uhrzeit kaum noch mit einem Spaziergänger rechnen, doch haben sie sich riskant postiert. Darum stehen zwei Komplizen in einiger Entfernung vom Haus, sie sollen rechtzeitig Warnsignale geben, falls doch ein in diese Gegend sich verirrender Spaziergänger auftauchen sollte. Es beginnt zu regnen. Lessing ist allein, als er sein Zimmer betritt, um einen Artikel zu Ende zu schreiben. Er tippt etwa zehn Minuten auf seiner Schreibmaschine, die auf einem kleinen Tischchen in der Mitte des karg eingerichteten Raumes steht. Neben dem rechten Fenster hatte der Schreibtisch, ein alter Sekretär, Platz gefunden. Um sein Feuilleton zu kuvertieren, geht Lessing zu dem Sekretär und steht nun neben den beiden geschlossenen Fenstern.[94]

Aus dem Obduktionsbericht: »Schon nach Abpräparieren der Kopfhaut zeigte es sich, daß auch die Wunde im rechten Scheitelbein einer Einschußöffnung entspricht und nicht, wie man angenommen hatte, einer Ausschußöffnung. Nach Durchsägen des Schädels fand man, daß die runde Öffnung am Schädelbein innen größer ist als an der Außenfläche, was unbedingt dafür spricht, daß der durchdringende Gegenstand von außen gekommen sein muß. Hieraus wurde von der Schußöffnung entlang zum linken Jochbein eine Sonde eingeführt. Es zeigt sich, daß diese Sonde in die rechte Augenhöhle kam. Damit war nachgewiesen, daß es sich um zwei verschiedene Geschosse handeln mußte. Bei der Gehirnsektion fand sich dann an den vorderen Partien des rechten Großhirns das eine stark deformierte Projektil. Das andere, das seinen Weg so genommen hatte, wie die Sonde führte, wurde in der rechten Augenhöhle gefunden. Dieses Projektil hat auf seinem Wege das Gehirn nicht durchbohrt, sondern nur große Blutgefäße verletzt, aus denen große Blutmengen sich nach außen entleeren konnten. Beide Schüsse waren so, daß sie unbedingt tödlich sein mußten.«[95]

Gegen ein Uhr nachts stirbt Theodor Lessing in einem Marienbader Krankenhaus.[96] Die tschechische Polizei löst Großalarm aus, durchkämmt das Waldstück, durchsucht Hotels und Pensionen. Die Zahl der Verhafteten ist so groß, daß

viele der unter Verdacht der Tatbeteiligung Festgenommenen
wegen Überfüllung des Marienbader Gefängnisses zur polizeilichen Einvernahme ins Kreisgericht Eger gebracht werden müssen. Die ganze Nacht hindurch rasen Polizeifahrzeuge und
Krafträder durch die Straßen Marienbads, bei strömendem
Regen werden aus dem weiteren Umkreis angeforderte Gendar-
merie-Abteilungen bis zu den Grenzabschnitten beordert.
Dreißig Minuten nach Bekanntwerden des Mordanschlags sind
alle Grenzen nach Deutschland geschlossen. Auf den Straßen
der Stadt diskutieren viele Marienbader über die möglichen
Hintergründe des Attentats. Am nächsten Tag kommt es in Prag
und anderen Städten Böhmens zu großen Kundgebungen und
Demonstrationen, die einheimische Presse ist der einhelligen
Meinung, daß die Regierung dem in der ČSR seit Monaten
schon wütenden NS-Terror endlich Einhalt gebieten müsse.
Und man klagt die NS-Presse in der ČSR, die Politik der
DNSAP an, schreibt beiden wesentlichen Anteil an diesem
politischen Mord zu. An der Beihilfe sudetendeutscher Nazis
zweifelt niemand.[97] Doch trotz des gewaltigen Aufgebots an
Polizeikräften, trotz der Hinzuziehung von Zivilagenten des
Prager Detektivkorps und vieler Streifenpatrouillen werden die
Mörder nicht gefaßt. Eine Personenbeschreibung der Attentäter
hat man dagegen bald. Ein Polizeihund nimmt eine Riechspur
von dem an der Leiter befestigten Seil auf und führt die
ermittelnden Beamten sechs Kilometer weit in das Waldstück
des Rayons Glatzen hinein. Dort verliert sich die Fährte, die
Wegrichtung aber zeigt nach Schanz, dem Dorf, wo Max Rudolf
Eckert gewohnt hat.[98] Man stellt einen Illustriertenausschnitt
sicher, auf den Lessings Geburtsdatum und das Wort »Philosoph« gekritzelt ist, ein Schriftenvergleich bestätigt die Autor-
schaft Eckerts.[99] Im Büro der Marienbader DNSAP findet die
Polizei einen Zettel: »Lessing wird am 29. August sterben«,
darunter ein Hakenkreuz.[100]

Nach weiteren Ermittlungen finden die Strafverfolgungsbe-
hörden auch den Namen des zweiten, dringend tatverdächtigen
Mannes heraus: Rudolf Zischka.[101] Die Rekonstruktion des

Verbrechens ergibt, daß der Mordanschlag seit langem geplant und außerordentlich gut vorbereitet worden ist.

Die Attentäter fliehen mit Fahrrädern in Richtung Eger, passen einen unweit der deutschen Grenze bereitstehenden Wagen ab und gehen die letzten Meter zu Fuß über die grüne Grenze. Dichter Wald schützt ihre Flucht.[102]

Am Tatort bleiben zwei Hülsen zurück, die aus Pistolen des Kalibers 6.35 und 7 mm stammen. Auf der Staatsstraße zwischen den Ortschaften Großsichdichfür und Dürrmaul findet man eine der Schußwaffen, ein weiteres Magazin und Munition.[103] Zwanzig Minuten von der Grenze entfernt entdeckt man am Straßenrand die zweite Tatwaffe, der Lauf ist durch den anhaltenden Regen schon leicht angerostet.[104]

Zusammen mit dem reichsdeutschen Kommandeur treffen Eckert und Zischka in den frühen Morgenstunden des 31. August im Grenzort Mähring ein. Zischka telephoniert von der Gendarmeriestation aus den in Tirschenreuth sitzenden SA-Sturmbannführer Suter an, der, begleitet vom Ortsgruppenleiter der SA, Gustav Meyer, die beiden Mörder mit einem Wagen abholt und nach Tirschenreuth fährt. Eine warme Mahlzeit wird serviert, eine Unterkunft bereitgestellt. Dann geht es nach Nürnberg, zum gerade eröffneten Parteitag der NSDAP. Dort wird Zischka ein Geldbetrag ausgehändigt, der auch nicht annähernd so hoch ist wie die gerüchteweise genannte Kopfgeldsumme; Eckert erhält von seinem Kumpanen nicht mehr als fünfzig Reichsmark. Der Traum vom großen Geld war schnell zerstoben. Ihre Wege trennen sich.[105] Beide aber werden in SA-Kluft gesteckt und mit einer neuen Identität ausgestattet. So hieß Eckert jetzt Rudolf Forster, Zischka: Theodor Körner. Die SA hatte am 27. August 1933 eine Gedenkveranstaltung zum 120. Todestag des Dichters Theodor Körner organisiert, das muß die Namenswahl, absonderlich genug ausgedacht, beeinflußt haben.[106]

1937 wurde Eckert die deutsche Staatsbürgerschaft verliehen. Die Gestapo überwachte das Verhalten der beiden Männer weiterhin sehr genau. Als Eckert 1936 einen Brief an die »Sudetendeutsche Kontrollstelle« geschrieben hatte, verfügte die Gestapo, daß man die Daten über Eckerts Aufenthaltsort, München, nicht an andere Dienststellen weiterleiten dürfe. Eckerts materielle Lage hatte sich nicht verbessert, er klagt in dem Brief über seine Gelegenheitsarbeiten, denn aus der SA hatte man ihn schon bald wieder entlassen. 1941 kehrte er unter dem Decknamen Forster nach Marienbad zurück und nahm, so sicher fühlte er sich unter dem Schutzmantel des NS-Staates, seinen alten Namen wieder an. Im Juni 1945 verhaftete ihn die tschechoslowakische Polizei. Das Kreisgericht in Cheb (Eger) verurteilte ihn am 30. August 1946, dreizehn Jahre nach dem Mordanschlag auf Theodor Lessing, wegen Beihilfe zum Mord zu achtzehn Jahren Gefängnis. Im Rahmen einer allgemeinen Amnestie wurde er nach weiteren dreizehn Jahren am 28. Juni 1959 in die Bundesrepublik Deutschland abgeschoben. Hier forderte er dann eine »außerordentliche Unterstützung«, da er »viel für das deutsche Volk geleistet« habe.[107] Lange vermutete man, daß der andere Attentäter, Rudolf Zischka, während des Krieges an der Ostfront gestorben sei; doch lebte er nach 1945 bis zu seinem Tode im Jahre 1978 als unbescholtener Bürger in der Deutschen Demokratischen Republik.[108] 1959 hatten Antifaschisten aus der DDR eine Mahn- und Gedenktafel an der »Villa Edelweiß« anbringen lassen.[109]

Der Brief Eckerts an die »Sudetendeutsche Kontrollstelle« in Dresden enthält aufschlußreiche Passagen über die Auftraggeber des politischen Mordes und Hinweise darauf, daß Eckert, was er immer abgestritten hat, der zweite Mann auf der Leiter gewesen sein muß. Eckert verwahrt sich gegen einen Mann namens Turba, der sich mit Lessings Ermordung gebrüstet hatte: das wäre nicht fein, wenn jemand sich mit den Taten anderer hervortun wolle. »Von der ganzen Sache will ich nichts weiter erzählen, nur, daß der Befehl aus dem Reich kam von Röhm und von einem hohen Staatssekretär, der noch heute [1936] im Amt ist. [. . .] Diese Sache hab ich ›gebacken‹ bei dem damaligen Treffen in Tirschenreuth im Jahre 1933, als dort Röhm und die Anderen anwesend waren. Damals wurde uns gesagt, es wird für Euch gesorgt, wenn ihr den Volksschädling

Lessing beiseite schafft, Hauptsache, ihr laßt Euch nicht erwischen.«[110] Diese Aussage stimmt überein mit den Grundlinien der NS-Außenpolitik, dem Zusammenwirken von SA, SS, Gestapo und SD sowie dem AA und der Gesandtschaft in Prag. Rachewünsche der von der NSDAP nie ganz zu kontrollierenden SA und die Geldgier zweier Verbrecher aus dem randständigen NS-Milieu schlangen sich hierbei ineinander.

So hatten gedungene Schergen unter der Oberaufsicht der SA einen Plan ausgeführt, der vom Stabschef der SA, Ernst Röhm, und dem SA-Obergruppenführer Hofmann (der bis Juli 1934 Staatssekretär beim Reichsstatthalter Epp in Bayern war) entwickelt und bei einem SA-Treffen in Tirschenreuth im Sommer 1933 den Attentätern unterbreitet worden war.[111] Die dazu erforderlichen Informationen lieferte das dichtgeknüpfte Agentennetz der Gestapo und die Nachrichtenzentralen im AA und in der Deutschen Gesandtschaft in Prag. Schußwaffenerfahrung, intime Ortskenntnis und Mitgliedschaft in NS-Gruppierungen machen es äußerst unwahrscheinlich, daß Eckert nur der Schmieresteher war, als welchen er sich beim Prozeß ausgab. Der anderen Tatbeteiligten konnte das Gericht 1946 nicht habhaft werden, Eckert beschuldigte die Abwesenden. Ihm war nicht nachzuweisen, daß auch er auf der Leiter gestanden und geschossen habe, darum konnte er nur wegen Beihilfe zum Mord verurteilt werden.

Die im weiteren Sinne Tatbeteiligten benannte ein Mitglied des Hauptvorstandes der »Sozialistischen Studentenschaft Deutschlands und Österreichs«: »Die Spuren der Tat [. . .] führen zurück zu jenen verhetzten jungen Menschen, die schon vor Jahren Lessings Vorlesungen durch Boykott und Terrormaßnahmen zu stören suchten.«[112] In Hannover triumphierten die NS-hörigen Blätter über den Mord. Der »Hannoversche Anzeiger« schrieb, Lessing habe sich in Hannover kein gutes Andenken gesichert[113]; die »Niederdeutsche Zeitung« überbot noch die Häme des »Völkischen Beobachters«[114]: »Nun ist auch dieser unselige Spuk weggewischt.«[115] Lessings alter literarischer Feind, Thomas Mann, legte indigniert die mit Reportagen über das Attentat gefüllten Zeitungen aus der Hand und notierte in sein Tagebuch: »Mir graust vor einem solchen Ende, nicht weil es das Ende, sondern weil es so elend ist und einem Lessing anstehen mag, aber nicht mir.«[116] Ernst Jünger behauptete nach 1945, Nachrichten über die Ermordung Lessings seien damals »höchstens an versteckter Stelle und ohne Kommentar«[117] in den Zeitungen erschienen. Doch druckte jede Zeitung die Rede von Goebbels auf dem Nürnberger Parteitag ab und ließ auch nicht die Passage über »den Gumbel, Lessing, Toller« weg, auch nicht Goebbels' Bemerkung, es sei nicht verwunderlich, wenn »die deutsche Revolution« nun auch »die Abschüttelung dieses Jochs« mit sich brächte.[118]

In der Tschechoslowakei protestierte die organisierte Arbeiterbewegung auf überfüllten Gedenkveranstaltungen gegen die weitere Tolerierung von NS-Gruppen in der ČSR[119], eine Gruppe Jugendlicher hängte eine symbolische Puppe in SA-Uniform an einem Telegraphenmast auf.[120] Ein Komitee, dem Albert Einstein, Romain Rolland, Bertrand Russell und Max Brod als Prominente angehörten, warb für einen »Theodor-Lessing-Fonds«, aus dessen Mitteln eine wissenschaftlichen Ansprüchen genügende Gesamtausgabe von Lessings Schriften finanziert werden sollte. Ein Aufruf wurde herausgegeben, der die Einrichtung eines »Theodor-Lessing-Hauses« forderte. Dort sollten Wissenschaftler ein Refugium für philosophische Forschungen erhalten. Mehr als ein paar hochherzige Spenden kamen jedoch nicht zusammen.[121] Anfang März 1935 erschien in Prag Lessings autobiographisches Werk »Einmal und nie wieder«; mit der militärischen Okkupation der Tschechoslowakei durch den nationalsozialistischen Staat, 1938/39, zerfielen weitere Editionspläne.

Am 2. September 1933 wurde Theodor Lessing auf dem jüdischen Friedhof in Marienbad beerdigt. In geschlossenen Droschken fuhr die Trauergemeinde zu dem am Stadtrand gelegenen Friedhof[122]; zuvor war Lessing in der israelitischen Friedhofshalle aufgebahrt worden, Wachposten der Staatspolizei hatten davor Aufstellung genommen. Seinen vor vielen Jahren in einem Testament geäußerten Wunsch, in Berlin, neben seiner Tochter Miriam begraben werden zu wollen, konnte man nicht erfüllen. Auch der Plan Ada Lessings, den Sarg nach Palästina überführen zu lassen und selbst dorthin zu ziehen, wurde aufgegeben.[123] Unter Lessings Kopf legte man aber ein Päckchen Erde aus Palästina, Erde vom Berg Skopis, die ein Verehrer des Philosophen geschickt hatte[124], Erde von dem Ort, auf dem die hebräische Universität steht. Den Schopenhauerstock schenkte Ada Lessing dem Philosophen im Amt des Präsidenten der tschechoslowakischen Republik, Thomas Masaryk.[125]

Auf zehn Uhr war die Beerdigung angesetzt worden, leichter Sprühregen begleitete den Trauerzug von etwa sechzig Personen, nächste Angehörige, Freunde und Bekannte, Delegierte vom Zionistenkongreß, Einwohner aus Marienbad.

Ein Unbekannter legte einen Strauß Rosen auf den Sarg, zusammen mit einem kleinen Zettel, worauf stand: »Dem Menschenfreund, dem Kämpfer für den Frieden der Menschheit und dem Märtyrer die letzten Grüße. Ein Reichsdeutscher im Namen von Millionen Genossen.« Die Marienbader Arbeiter brachten einen Nelkenstrauß, die Delegation der »Poale Zion« eine Dornenkrone mit roter Schleife. Der Kantor rezitierte einen Totengesang und der Rabbiner das Kaddisch. Bis in die späten Abendstunden hinein kamen Leute aus Marienbad und der weiteren Umgebung zum Grab und legten Blumen und Kränze nieder.[126] Ein Jahr später bedeckten nach altem jüdischen Brauch kleine Steinchen das Grab, doch wurden sie, wie die Friedhofswärterin Lessings Schwester Sophie mitteilte, immer wieder von Unbekannten abgeräumt.[127]

In den Nachrufen, die sich zu Theodor Lessing bekannten und erbittert beschworen, daß keiner einmal grauenhafter gegen die Feme zeugen werde[128], daß man ihn nie vergessen werde[129], daß man am Tage der Abrechnung ihn rächen und seine sterbliche Hülle durchs Brandenburger Tor zum Heldenfriedhof der proletarischen Revolution tragen werde[130] – in diesen Nachrufen fehlten die Fragen, die Theodor Lessing sich sein ganzes Leben lang immer wieder selbst gestellt hatte: Für wen schreibe und publiziere ich? Wozu Aufklärung, Wissenschaft, Literatur und Philosophie?

Lessing antwortete mit einem Feuilleton, das er wenige Tage vor seiner Ermordung an die Redaktion des »Prager Tagblatt« geschickt hatte und das, einen Tag nach seiner Beerdigung veröffentlicht, sich wie ein Nachruf liest:

»Die Geschichte von der Barbe stand in unserm Schullesebuch. Als ich, neun Jahre alt, sie las, durchlief mich ein nie vergessenes Grauen. Im mittelländischen Meer gibt es einen kleinen Fisch, Meerbarbe genannt, welcher im gewöhnlichen Zustande unscheinbar blaugrau aussieht, aber dessen Flossen zur Zeit der Liebeswerbung, wie auch in Zuständen der Todesnot, in wunderbaren Farben zu schimmern beginnen, vom kühlsten Blau bis zum wildesten Purpur. Im kaiserlichen Rom bei den Schwelgermahlen der Krassus und Lukullus war es üblich, am Ende der Mahlzeit die Gäste mit dem Farbenspiel der Seebarbe zu belustigen. Das Gefäß mit dem Fischlein wurde in die Mitte der Tafel gestellt, und ein Sklave reizte mit einem Stabe den Fisch, bis dieser zu leuchten begann in immer rascheren, bunt wechselnden Farbenspielen. Die Darbietung endete mit Erschöpfung und Tod des kleinen Künstlers. [. . .] Was also bedeutete das Grauen des kleinen Knaben, der vor einem halben Jahrhundert den Bericht über die Meerbarbe im Schullesebuch las? Der Knabe wurde ein Schriftsteller. Und was er schrieb –, Flaschenpost aus einem ins Eis verschlagenen Schiffe, war das wohl Selbstoffenbarung? Oder war es nur Selbstverteidigung? – Immer stand der Sklave da, frech und feist und hielt das Marterstäbchen und lächelte und reizte. Und immer saßen da: Krassus und Lukullus, und wollten nach beendetem Mahle amüsiert sein mit dem, was sie Kunst und Kultur und Schönheit nennen. Und hundertmal bot der gequälte Fisch seine Farbenspiele und vermünzte seine Seele für die Tafel der Zahlungsfähigen, bis schließlich Krassus, der dicke, sagt: ›Applaudite amici. Es kommen keine Farben mehr. Das Spiel ist beendet. Werft das Dichterlein auf den Mist.‹«[131]

Anhang

374

Abkürzungsverzeichnis

AA	Auswärtiges Amt
A. a. O.	Am angegebenen Ort
Anm.	Anmerkung
Art.	Artikel
Aufl.	Auflage
BA	Bundesarchiv, Koblenz
Bd.	Band
ders.	derselbe
d. i.	das ist
DNSAP	Deutsche Nationalsozialistische Arbeiterpartei
DNVP	Deutschnationale Volkspartei
ebd.	ebenda
f./ff.	folgende Seite/Seiten
Gestapa	Geheimes Staatspolizeiamt
Gestapo	Geheime Staatspolizei
H.	Heft
Hrsg.	Herausgeber
Jg.	Jahrgang
KPD	Kommunistische Partei Deutschlands
LBI	Leo-Baeck-Institute, New York
masch.	maschinenschriftlich
MS	Manuskript
Ndr.	Neudruck
NHStAH	Niedersächsisches Hauptstaatsarchiv Hannover
NSDAP	Nationalsozialistische Deutsche Arbeiterpartei
o. O.	ohne Ort
o. J.	ohne Jahr
SA	›Sturmabteilungen‹ der NSDAP
SD	›Sicherheitsdienst‹ der SS
SPD	Sozialdemokratische Partei Deutschlands
SS	›Schutzstaffeln‹ der NSDAP
StAH	Stadtarchiv Hannover
ThLN	Theodor Lessing-Nachlaß
vgl.	vergleiche
Zit. n.	Zitiert nach

Anmerkungen

Vorwort

Motto: Th. Lessing, *Geschichte als Sinngebung des Sinnlosen*, München 1919, 131 f.

1 H. James, *Das Wirklich Einzig Wahre*, in: ders., *Gespenstergeschichten*, Frankfurt/M.-Berlin-Wien 1982, 391–410 (407 f.).

2 L. Feuerbach, *Über Philosophie und Christentum in Beziehung auf den der Hegelschen Philosophie gemachten Vorwurf der Unchristlichkeit*, Vorrede, in: ders., *Werke*, Bd. 2, Frankfurt/M. 1975, 261–330 (268–270).

3 Th. Lessing, *Philosophie als Tat*, Bd. 2, Göttingen 1914, 381.

4 A. a. O., 324.

5 Th. Lessing, *Einmal und nie wieder. Lebenserinnerungen*, Gütersloh o. J. [1969], 118 [Zuerst Prag 1935].

6 Th. Lessing, *Geschichte als Sinngebung des Sinnlosen oder die Geburt der Geschichte aus dem Mythos*, 4., völlig umgearbeitete Aufl., Leipzig 1927, 193.

7 A. a. O., 194.

8 Th. Lessing, *Geschichte als Sinngebung des Sinnlosen*, München 1919, 137.

9 A. Schopenhauer, *Die Welt als Wille und Vorstellung I*, in: ders., *Werke*, Bd. 1, Zürich 1977, 312 f.

10 Th. Lessing, *Geschichte als Sinngebung des Sinnlosen oder die Geburt der Geschichte aus dem Mythos*, 4., völlig umgearbeitete Aufl., Leipzig 1927, 281 f.

11 Th. Lessing, *Geschichte als Sinngebung des Sinnlosen*, München 1919, 143.

12 A. a. O., 180 f.

Im Spiegelkabinett der Edukation
Kindheit eines Unerbetenen

1 Th. Lessing, *Philosophie als Tat*, Bd. 2, Göttingen 1914, 469.

2 Th. Lessing, *Die Nationen. Satirische Komödie in vier Akten*, München 1895, 19.

3 Th. Lessing, *Laute und leise Lieder*, Leipzig 1896, 3.

4 StAH: ThLN 1–2 (Geburtsurkunde).

5 Th. Lessing, *Einmal und nie wieder. Lebenserinnerungen*, Gütersloh o. J. [1969], 58 [Zuerst Prag 1935].

6 Th. Lessing, *Einmal* . . ., a. a. O., 83.

7 Th. Lessing, *Einmal* . . ., a. a. O., 151. StAH: ThLN 69–136 (Kinder-briefe).

8 Th. Lessing, *Einmal* . . ., a. a. O., 120.

9 Th. Lessing, *Das Gartenglück*, in: ders., *Blumen*, Berlin 1928, 127–133 (128).

10 Th. Lessing, *Nietzsche*, Berlin 1925, 26.

11 F. Engels an K. Marx, *Brief* v. 5. 9. 1869, in: Marx/Engels, *Werke*, Bd. 32, Berlin-DDR 1965, 370.

12 Th. Lensing, (Pseudonym für Lessing), *Komödie*, Bd. 1, Leipzig 1893, 171.

13 Th. Lessing, *Einmal* . . ., a. a. O., 106.

14 Th. Lessing, *Ideale*, in: *Das Tagebuch*, 4. Jg. (1923), 1201. Jetzt in: Th. Lessing, *Ich warf eine Flaschenpost ins Eismeer der Geschichte. Essays und Feuilletons*. Herausgegeben und eingeleitet von R. Marwedel, Darm-stadt/Neuwied 1986, 323–328 (323 f.).

15 Th. Lessing, *Einmal* . . ., a. a. O., 123.

16 StAH: ThLN 1906–1944 (Jugendwerke).

17 Th. Lessing, *Einmal* . . ., a. a. O., 119.

18 Th. Lessing, *Theaterkritik* zu »Die Hochzeit der Sobëide« von H. von Hofmannsthal, in: *Göttinger Zeitung* v. 25. 2. 1907.

19 Th. Lessing, *Einmal* . . ., 140 f.; Seine Schwester Sophie bedauerte die Drucklegung seines Erinnerungswerkes und die darin geäußerte Kritik an den Eltern, obwohl auch sie zugesteht, daß es nicht verwunderlich sei, wenn er alles »schwarz in schwarz« male. Sie habe sich eine »Glückspup-penwelt« gebaut, doch hätten es die Eltern auch nicht gerade leicht mit dem »abwegigen Sohn« gehabt. Sophie Leffmann, geb Lessing (1873–1962), MS, 4 S.; *Brief* v. 16. 2. 1959, in: *Leo-Baeck-Institute Archives*, New York, Theodor Lessing Archive.

20 Th. Lessing, *Einmal* . . ., a. a. O., 72.

21 A. Bein, *Die Judenfrage. Biographie eines Weltproblems*, Bd. 1, Stuttgart 1980, 238–244.

22 Th. Lessing, *Einmal* . . ., a. a. O., 112 u. auch 203.

23 Th. Lessing, *Einmal* . . ., a. a. O., 183.

24 A. Heller, *Der Mensch der Renaissance*, Köln-Lövenich 1982, 200 f.

25 M. Stürmer, *Das ruhelose Reich. Deutschland 1866–1918*, Berlin 1983, 207.

26 G. A. Craig, *Deutsche Geschichte 1866–1945. Vom Norddeutschen Bund bis zum Ende des Dritten Reiches*, 3., verbesserte Aufl., München 1981, 266; M. Stürmer, *Das ruhelose Reich* . . ., a. a. O., 106, 116.

27 G. L. Mosse, *Die Nationalisierung der Massen. Politische Symbolik und Massenbewegungen in Deutschland von den Napoleonischen Kriegen bis zum Dritten Reich*, Frankfurt/M.-Berlin-Wien 1976, 75–78.

28 G. A. Craig, *Deutsche Geschichte* . . ., a. a. O., 63.
29 M. Stürmer, *Das ruhelose Reich* . . ., a. a. O., 15.
30 M. Stürmer, *Das ruhelose Reich* . . ., a. a. O., 16.
31 M. Stürmer, *Das ruhelose Reich* . . ., a. a. O., 17.
32 G. A. Craig, *Deutsche Geschichte* . . ., a. a. O., 200.
33 G. A. Craig, *Deutsche Geschichte* . . ., a. a. O., 107; M. Stürmer, *Das ruhelose Reich* . . ., a. a. O., 190 f.
34 G. A. Craig, *Deutsche Geschichte* . . ., a. a. O., 115.
35 J. Scherr, *Menschliche Tragikomödie. Gesammelte Studien, Skizzen und Bilder*, Bd. 8, Leipzig 1882, 1 f.; Th. Lessing, *Johannes Scherr zum 100. Geburtstag*, in: *Die Aktion*, 7. Jg. (1917), Sp. 540 f.; H. Reintjes, *Johannes Scherr*, in: *Geist und Tat*, Nr. 1 (1958), 153–157.
36 Th. Lessing, *Einmal* . . ., a. a. O., 206.
37 Th. Lessing, *Einmal* . . ., a. a. O., 162; StAH: ThLN 79–379 (Briefe an und von M. Ehrenbaum).
38 Th. Lessing, *Einmal* . . ., a. a. O., 200.
39 StAH: ThLN 45 (Abgangszeugnis, Lyceum I).
40 Th. Lessing, *Einmal* . . ., a. a. O., 216.
41 G. L. Mosse, *Ein Volk, ein Reich, ein Führer. Die völkischen Ursprünge des Nationalsozialismus*, Königstein/Ts. 1979, 171.
42 Th. Lessing, *Einmal* . . ., a. a. O., 236–241; ders., *Ein deutscher Gelehrter*, in: *Prager Tagblatt* v. 15. 2. 1927; StAH: ThLN 62 (Zeitungsbericht über Lessings Festrede zum 80. Geburtstag Schneidewins am 24. 2. 1923).
43 StAH: ThLN 5–8 (Reifezeugnis); StAH: ThLN 46 (Censurbuch, Hameln 1891/92).

Theatralik des Politischen
Studien unter Wilhelm II.

44 Th. Lessing, *Einmal und nie wieder. Lebenserinnerungen*, Gütersloh o. J. [1969], 265 [Zuerst Prag 1935].
45 Th. Lessing, *Einmal* . . ., a. a. O., 440.
46 Th. Lensing (Pseudonym für Lessing), *Komödie*, Bd. 2, Leipzig 1894, 210.
47 Th. Lessing, *Gerichtstag über mich selbst*, in: *Prager Tagblatt* v. 13. 6. 1926. Jetzt in: Th. Lessing, *Ich warf eine Flaschenpost ins Eismeer der Geschichte. Essays und Feuilletons*. Herausgegeben und eingeleitet von R. Marwedel, Darmstadt/Neuwied 1986, 316–322 (318).
48 Th. Lessing, *Einmal* . . ., a. a. O., 279.
49 Th. Lessing, *Einmal* . . ., a. a. O., 265.
50 Th. Lessing, *Einmal* . . ., a. a. O., 273.

51 M. Stürmer, *Das ruhelose Reich. Deutschland 1866–1918*, Berlin 1983, 124–133; G. A. Craig, *Deutsche Geschichte 1866–1945. Vom Norddeutschen Bund bis zum Ende des Dritten Reiches*, 3., verbesserte Aufl., München 1981, 179.

52 Th. Lessing, *Einmal . . .*, a. a. O., 278.

53 Th. Lessing, *Weib, Frau, Dame. Ein Essay*, München 1910, 123.

54 Th. Lessing, *Weib, Frau, Dame . . .*, a. a. O., 124.

55 Th. Lessing, *Einmal . . .*, a. a. O., 281 u. auch 395.

56 G. A. Craig, *Deutsche Geschichte . . .*, a. a. O., 114.

57 G. A. Craig, *Deutsche Geschichte . . .*, a. a. O., 138.

58 M. Stürmer, *Das ruhelose Reich . . .*, a. a. O., 236–239; G. A. Craig, *Deutsche Geschichte . . .*, a. a. O., 160 f.

59 Th. Lessing, *Laute und leise Lieder*, Leipzig 1896, 205 f.

60 M. Stürmer, *Das ruhelose Reich . . .*, a. a. O., 216.

61 G. A. Craig, *Deutsche Geschichte . . .*, a. a. O., 164.

62 R. Sennett, *Verfall und Ende des öffentlichen Lebens. Die Tyrannei der Intimität*, Frankfurt/M. 1983, 268 f., 121–128.

63 H. Arendt, *Elemente und Ursprünge totaler Herrschaft*, Bd. 1: *Antisemitismus*, Frankfurt/M.-Berlin-Wien 1975, 97.

64 S. Kracauer, *Jacques Offenbach und das Paris seiner Zeit*, Frankfurt/M. 1976, 272.

65 Th. Lessing, *Ludwig Barnay. Zum 70. Geburtstag*, in: *Die Schaubühne*, 8. Jg. (1912), 191.

66 Th. Lessing, *Geschichte als Sinngebung des Sinnlosen oder die Geburt der Geschichte aus dem Mythos*, 4., völlig umgearbeitete Aufl., Leipzig 1927, 183–186; L. Quidde, *Caligula. Schriften über Militarismus und Pazifismus*, Frankfurt/M. 1977, 51; G. A. Craig, *Deutsche Geschichte . . .*, a. a. O., 204–210; M. Stürmer, *Das ruhelose Reich . . .*, a. a. O., 239–241.

67 I. V. Hull, *The Entourage of Kaiser Wilhelm II., 1888–1918*, Cambridge University Press 1982.

68 G. W. F. Hegel, *Philosophie des Rechts. Nachschrift, 1819/20*, Frankfurt/M. 1983, 275.

69 H. F. Young, *Maximilian Harden. Censor Germaniae. Ein Publizist im Widerstreit von 1892 bis 1927*, o. O. [1971]; H. D. Hellige, *Rathenau und Harden in der Gesellschaft des Deutschen Kaiserreichs*, in: W. Rathenau – Gesamtausgabe, Bd. 6: W. Rathenau/M. Harden, *Briefwechsel 1897–1920*, München/Heidelberg 1983, 17 ff.

70 Th. Lessing, *Reichswaschfrau Harden*, masch. MS, 11 S. StAH: ThLN 2104.

71 Th. Lessing, *Der fünfzigjährige Harden*, in: *Die Schaubühne*, 7. Jg. (1911), 338.

72 Th. Lessing, *Der jüdische Selbsthaß*, Berlin 1930, 168.

73 Th. Lessing, *Der jüdische Selbsthaß*, a. a. O., 175 f.; Th. Lessing, *Maximilian Harden*, in: *Prager Tagblatt* v. 12. 12. 1925. Jetzt in: Th. Lessing, *Ich warf eine Flaschenpost* . . ., a. a. O., 389–393.

74 Th. Lessing, *Der jüdische Selbsthaß*, a. a. O., 187.

75 M. Stürmer, *Das ruhelose Reich* . . ., a. a. O., 116, 364.

76 M. Stürmer, *Das ruhelose Reich* . . ., a. a. O., 277 ff.; G. A. Craig, *Deutsche Geschichte* . . ., a. a. O., 235–239.

77 G. A. Craig, *Deutsche Geschichte* . . ., a. a. O., 226; M. Stürmer, *Das ruhelose Reich* . . ., a. a. O., 293–297, 317–321.

78 P. Mast, *Künstlerische und wissenschaftliche Freiheit im Deutschen Reich 1890–1901*, Rheinfelden 1980, 9–21.

79 wie Anm. 71.

80 Th. Lessing, *Laute und leise Lieder*, a. a. O., 250.

81 Th. Lessing, *Christus und Venus*, in: *Die Gesellschaft*, 13. Jg. (1897), 346–389; StAH: ThLN 2025 (handschriftl. MS des Stückes).

82 Th. Lessing, *Einmal* . . ., a. a. O., 355; StAH: ThLN 1906–2015 (Gedichte und Jugendwerke; Tagebücher und Studienhefte).

83 M. Green, *Else und Frieda, die Richthofen-Schwestern*, München 1980, 130.

In der Nebelwelt
Lebensmysterien und Lebensreform

1 Th. Lessing, *Einmal und nie wieder. Lebenserinnerungen*, Gütersloh o. J. [1969], 287 ff. [Zuerst Prag 1935].

2 Th. Lessing, *Theater-Seele. Studie über Bühnenästhetik und Schauspielkunst*, Berlin 1907, 75.

3 Th. Lessing, *Die Unlösbarkeit der Judenfrage*, in: *Der Jud ist schuld* . . .? *Diskussionsbuch über die Judenfrage*, Basel/Leipzig 1932, 402–412 (408). Jetzt in: Th. Lessing, *Ich warf eine Flaschenpost ins Eismeer der Geschichte. Essays und Feuilletons*. Herausgegeben und eingeleitet von R. Marwedel, Darmstadt/Neuwied 1986, 415–425 (421).

4 H. Graf Kessler, *Erlebnis mit Nietzsche* (1935). Zit. n. B. Hillebrand (Hrsg.), *Nietzsche und die deutsche Literatur*, Bd. 1: *Texte zur Nietzsche-Rezeption 1873–1963*, Tübingen 1978, 258.

5 Th. Lessing, *Der Fall Panizza. Eine kritische Betrachtung über ›Gotteslästerung‹ und künstlerische Dinge vor Schwurgerichten*, München 1895, 35.

6 Th. Lessing, *Einmal* . . ., a. a. O., 381.

7 StAH: ThLN 18–20 (Sittenzeugnis, München, 1897), 58 (Leumundszeugnis). Diese Dokumente bezeugen aber, daß Lessing nichts zu befürchten brauchte.

8 Th. Lessing, *Einmal . . .*, a. a. O., 300.

9 StAH: ThLN 30 (Kollegienbuch, München, 1894/95).

10 Th. Lessing, *Einmal . . .*, a. a. O., 357.

11 Th. Lessing, *Samuel zieht die Bilanz und Tomi melkt die Moralkuh oder Zweier Könige Sturz. Eine Warnung für Deutsche, Satiren zu schreiben*, Hannover 1910, 78.

12 StAH: ThLN 2067 (handschriftl. MS, 275 S.).

13 Th. Lessing, *Maria Bashkirtseff*, Oppeln/Leipzig 1899, 13.

14 Th. Lessing, *Philosophie als Tat*, Bd. 2, Göttingen 1914, 402.

15 Th. Lessing, *Philosophie als Tat*, a. a. O., 403.

16 Th. Lessing, *Einmal . . .*, a. a. O., 362.

17 Th. Lessing, *Einmal . . .*, a. a. O., 364.

18 Th. Lessing, *Philosophie als Tat*, a. a. O., 378.

19 Th. Lessing, *Philosophie als Tat*, a. a. O., 384.

20 Th. Lessing, *Europa und Asien*, 5., völlig neu bearbeitete Aufl., Leipzig 1930, 103.

21 Th. Lessing, *Theater-Seele . . .*, a. a. O., 39.

22 Th. Lessing, *Die Nationen. Satirische Komödie in vier Akten*, München 1895.

23 Th. Lessing, *Beschauliche Briefe eines Münchener Eremiten. Erster Brief*, in: *Die Gesellschaft*, 11. Jg. (1895), 401.

24 A. a. O., 400.

25 Th. Lessing, *Weiber! 301 Stoßseufzer über das »schönere« Geschlecht*, Berlin 1897. Diese Broschüre wurde später ebenso wie der Gedicht-Band *Der Priester* aus dem Buchhandel zurückgezogen. Th. Lessing, *Einmal . . .*, a. a. O., 341.

26 Th. Lessing, *Einmal . . .*, a. a. O., 369; StAH: ThLN 1835–1905 (Gedichte für Maria; Briefe; MS über Lessings Beziehung zu Maria Stach).

27 StAH: ThLN 56 (Heiratsurkunde).

28 StAH: ThLN 65 a (Dissertationsurkunde), 21–23 (Abgangszeugnis, München, 1898), 24–26 (Studienzeugnis, Erlangen, 1899), 31–33 (Abgangszeugnis, Gießen, 1900).

29 Th. Lessing, *Einmal . . .*, a. a. O., 420.

30 A. a. O., 203.

31 A. a. O., 272.

32 A. a. O., 400.

33 K. Bäthe, *Wer wohnte wo in Schwabing?*, München 1965, 37 f., 75, 175, 236, 239.

34 J. v. Guenther, *Ein Leben im Ostwind. Zwischen Petersburg und München. Erinnerungen*, München 1969, 86.

35 Th. Lessing, *Europa und Asien*, a. a. O., 87.

36 H. D. Hellige, *Zur Sozialpsychologie des Assimilationsjudentums*, in: ders., *Einleitende Studie* zu: W. Rathenau – *Gesamtausgabe*, Bd. 6: W. Rathenau/Maximilian Harden, *Briefwechsel 1897–1920*, München/ Heidelberg 1983, 47–76.

37 Th. Lessing, *Ludwig Jakobowski*, in: *Ost und West* (1901), Nr. 8, 565–576.

38 P. Mayer/M. Harden, in: G. Krojanker, *Juden in der deutschen Literatur*, Berlin 1922, 107. Zit. n. A. Bein, *Die Judenfrage. Biographie eines Weltproblems*, Bd. 2, Stuttgart 1980, 212.

39 Th. Lessing, *Maria Bashkirtseff*, a. a. O., 4.

40 Th. Lessing, *Vorwort* zu: Maria Bashkirtseff, *Tagebücher*, Bd. 1 u. 2, Oppeln/Leipzig 1901, XIII.

41 Th. Lessing, *Afrikan Spir's Erkenntnislehre*, Inaugural-Dissertation, Universität Erlangen, Gießen 1900, 50.

42 A. a. O., 49.

43 Th. Lessing, *Philosophie als Tat*, a. a. O., 360.

44 A. a. O., 191.

45 Th. Lessing, *Bericht* über eine Heinrich Mann-Lesung im Rahmen der »Göttinger Freien Vortragsabende«, in: *Göttinger Zeitung* v. 2. 12. 1906.

46 Th. Lessing, *Philosophie als Tat*, a. a. O., 369.

47 Th. Lessing, *Der jüdische Selbsthaß*, Berlin 1930, 85.

48 wie Anm. 46.

49 Th. Lessing, *Philosophie als Tat*, a. a. O., 325.

50 M. Stürmer, *Das ruhelose Reich. Deutschland 1866–1918*, Berlin 1983, 327.

51 A. a. O., 338 f.

52 G. A. Craig, *Deutsche Geschichte 1866–1945. Vom Norddeutschen Bund bis zum Ende des Dritten Reiches*, 3., verbesserte Aufl., München 1981, 250.

53 H. Geiger, *Es war um die Jahrhundertwende*, München 1953, 8.

54 J. Frecot, Die Lebensreformbewegung, in: K. Vondung (Hrsg.), *Das wilhelminische Bildungsbürgertum. Zur Sozialgeschichte seiner Ideen*, Göttingen 1976, 139; R. Hamann/J. Hermand, *Epochen deutscher Kultur von 1870 bis zur Gegenwart*, Bd. 4: *Stilkunst um 1900*, Frankfurt/M. 1977, 150–176; U. Linse (Hrsg.), *Zurück, o Mensch, zur Mutter Erde. Landkommunen in Deutschland 1890–1933*, München 1983.

55 R. Landmann, *Ascona. Monte Verità. Auf der Suche nach dem Paradies*, Frankfurt/M.-Berlin-Wien 1979, 248.

56 Th. Lessing, *Einmal . . .*, a. a. O., 309.

57 F. zu Reventlow, *Herrn Dames Aufzeichnungen*, München 1978, 49.

58 Th. Lessing, *Einmal . . .*, a. a. O., 382 f.

59 L. Klages, *Brief über Ethik*, in: ders., *Sämtliche Werke*, Bd. 3, Bonn 1979, 664–673 (670 f.).

60 Th. Lessing, *Zwei Gräber*, in: *Prager Tagblatt* v. 29. 7. 1928. Jetzt in: Th. Lessing, *Ich warf eine Flaschenpost . . .*, a. a. O., 402–406 (404).

61 G. Fuchs, *Sturm und Drang in München um die Jahrhundertwende*, München 1936, 79–137 (94).

62 Th. Lessing, *Philosophie als Tat*, a. a. O., 293.

63 J.-P. Sartre, *Betrachtungen zur Judenfrage*, in: ders., *Drei Essays*, Frankfurt/M.-Berlin-Wien 1977, 135.

64 C. Ch. Bry, *Verkappte Religionen. Kritik des kollektiven Wahns*, München 1979, 39.

Laboratorien der Moderne
Jugendbewegung. Reformpädagogik. Feminismus

1 Th. Lessing, *Die verfluchte Kultur. Gedanken über den Gegensatz von Leben und Geist*, München 1921, 32.

2 Th. Lessing, *Die Jugend tagt*, in: *Das Tagebuch*, 4. Jg. (1923), 1333–1343 (1343). Jetzt in: Th. Lessing, *Ich warf eine Flaschenpost ins Eismeer der Geschichte. Essays und Feuilletons*. Herausgegeben und eingeleitet v. R. Marwedel, Darmstadt/Neuwied 1986, 165–172 (172).

3 Th. Lessing, *Der fröhliche Eselsquell. Gedanken über Theater, Schauspieler, Drama*, Berlin 1912, 77.

4 Th. Lessing, *Eine deutsche Schulreform*, in: *Allgemeine Zeitung*, München (1902), *Beilage*, Nr. 288 u. 289, 505–508, 515–519.

5 Th. Lessing, *Einmal und nie wieder. Lebenserinnerungen*, Gütersloh o. J. [1969], 90 [Zuerst Prag 1935.]

6 G. L. Mosse, *Ein Volk, ein Reich, ein Führer. Die völkischen Ursprünge des Nationalsozialismus*, Königstein/Ts. 1979, 178.

7 Zit. n. H. Kupffer, *Gustav Wyneken*, Stuttgart 1970, 51 f.

8 Nach L. Wunders Bericht zit. in: E. Meissner, *Asketische Erziehung*, Weinheim 1965, 68.

9 H. Kupffer, *Gustav Wyneken*, a. a. O., 51 f.

10 G. L. Mosse, *Ein Volk . . .*, a. a. O., 347.

11 A. a. O., 180; Th. Lessing, *Einmal . . .*, a. a. O., 401.

12 Th. Lessing, *Die Landerziehungsheim-Bewegung*, in: *Dokumente des Fortschritts*, 1. Jg. (1908), 437–446 (444).

13 Ebd.

14 Th. Lessing, *Die Landerziehungsheime*, in: A. Schreiber (Hrsg.), *Das Buch vom Kinde*, Bd. 2, Leipzig 1907, 188–196 (188).

15 A. a. O., 195.

16 H. Nohl, *Die pädagogische Bewegung in Deutschland und ihre Theorie*, 3. Aufl., Frankfurt/M. 1949, 12 f.

17 K. Mann, *Landschulheime* (1932). Zit. n. M. Gregor-Dellin (Hrsg.), *Deutsche Schulzeit. Erinnerungen und Erzählungen aus drei Jahrhunderten*, München 1979, 380–387 (387).

18 Th. Lessing, *Weib, Frau, Dame. Ein Essay*, München 1910, 118.

19 Th. Lessing, *Dramaturgisches*, in: *Die Schaubühne*, 8. Jg. (1912), 37–41, 339–341 (38).

20 Th. Lessing, *Der Umgang mit Menschen*, in: *Prager Tagblatt* v. 8. 6. 1924.

21 Th. Lessing, *Theaterkritik* zu: H. Burnetts »Der kleine Lord« u. A. J. Groß v. Trockau, »Ich heirate meine Tochter«, in: *Göttinger Zeitung* v. 26. 3. 1907; H. Canzler, *In Memoriam Theodor Lessing*, in: *Deutsche Volkszeitung* v. 29. 8. 1953.

22 Th. Lessing, *Geschichte als Sinngebung des Sinnlosen oder die Geburt der Geschichte aus dem Mythos*, 4., völlig umgearbeitete Aufl., Leipzig 1927, 332.

23 Th. Lessing, *Der Lärm. Eine Kampfschrift gegen die Geräusche unseres Lebens*, in: L. Loewenfeld (Hrsg.), *Grenzfragen des Nerven- und Seelenlebens. Einzel-Darstellungen für Gebildete aller Stände*, Bd. 9, H. 54, Wiesbaden 1908, 1–93 (20).

24 Th. Lessing, *Schopenhauer, Wagner, Nietzsche. Einführung in moderne Philosophie*, München 1906, 1.

25 A. a. O., 3.

26 A. a. O., 325.

27 A. a. O., 328 f.

28 A. a. O., 321.

29 A. a. O., 99.

30 Nach J. Scherrs Unterscheidung zwischen Blasiertheit und militantem Pessimismus. J. Scherr, *Hammerschläge und Historien*, Bd. 2, Zürich 1878, 165–167.

31 Th. Lessing, *Europa und Asien*, 5., völlig neu bearbeitete Aufl., Leipzig 1930, 318.

32 Th. Lessing, *Geleitwort* zu: G. Leopardi, Gedanken, Hamburg 1928, 7–10 (9).

33 Th. Lessing, *Einmal . . .*, a. a. O., 382; StAH: ThLN 1835–1905 (Dokumente zu Maria Stach).

34 Th. Lessing, *Madonna Sixtina. Ästhetische und religiöse Studien*, Leipzig 1908.

35 Th. Lessing, *Der Dialog*, Privatdruck, o. O., 1912, 35, 21. Ich danke Ruth Gorny (geb. Lessing), daß sie mir diese auf dem bibliothekarischen Fernleihweg nicht zu beschaffende Broschüre zur Verfügung gestellt hat. Das gilt auch für Lessings verschollene Frühwerke.

36 A. a. O., 36 f.; StAH: ThLN 1585–1639 (Kinderbriefe von Judith u. Miriam Lessing, 1910–1912).

37 K. Scheven (Hrsg.), *Der Abolitionist. Organ für die Bestrebungen der Internationalen Föderation zur Bekämpfung der staatlich reglementierten Prostitution. Organ des Deutschen Zweiges der I. A. Föderation*, 3. Jg., Nr. 2, Beilage v. 1. 2. 1904, 21 f.; weitere Berichte über Lessings Vorträge in: *Abolitionist*, 3. Jg., Nr. 2, *Beilage* v. 1. 1. 1904, 12; *Abolitionist*, 4. Jg., Nr. 1, *Beilage* v. 1. 1. 1905, Nr. 5 v. 1. 5. 1905 u. 2. 11. 1905.

38 Th. Lessing, *Weib, Frau, Dame*, a. a. O., 113.

39 A. a. O., 41; StAH: ThLN 2154–2159 (MS zur Frauenemanzipation und Vorstudien zu dem Essay, der als Buch unter dem Arbeitstitel *Wissenschaft und Erotik der modernen Frau* konzipiert war).

40 Th. Lessing, *Weib, Frau, Dame*, a. a. O., 122.

41 Ebd.

42 Th. Lessing, *Schopenhauer, Wagner, Nietzsche . . .*, a. a. O., 332 f.

43 Th. Lessing, *Weib, Frau, Dame*, a. a. O., 14.

44 Th. Lessing, *Schopenhauer, Wagner, Nietzsche . . .*, a. a. O., 24.

45 Th. Lessing, *Weib, Frau, Dame*, a. a. O., 133, 113.

46 B. Greven-Aschhoff, *Die bürgerliche Frauenbewegung in Deutschland, 1894–1933*, Göttingen 1981, 97; J. Evans, *The Feminist Movement in Germany 1894–1933*, London 1976.

47 B. Greven-Aschhoff, *Die bürgerliche Frauenbewegung . . .*, a. a. O., 90.

48 A. a. O., 86, 90.

49 A. a. O., 99.

50 J. v. Guenther, *Ein Leben im Ostwind. Zwischen Petersburg und München. Erinnerungen*, München 1969, 68–70.

51 Th. Lessing, *Schopenhauer, Wagner, Nietzsche . . .*, a. a. O., 24.

52 Th. Lessing, *Der Lärm . . .*, a. a. O., 63–65.

53 M. Scheler, *Zum Sinn der Frauenbewegung*, in: ders., *Gesammelte Werke*, Bd. 3: *Vom Umsturz der Werte. Abhandlungen und Aufsätze*, Bern/ München 1955, 199–211 (199).

54 Th. Lessing, *Die schönen Sünderinnen*, in: *Prager Tagblatt* v. 28. 10. 1923.

Weltsphären
Theaterkritik und Phänomenologie

1 StAH: ThLN 43 (Abschrift der Ablehnung des Kultusministeriums).

2 K. Schuhmann, *Husserl-Chronik. Denk- und Lebensweg Edmund Husserls*, Den Haag 1977, 99.

3 A. a. O., 98.

4 E. Husserl, *Persönliche Aufzeichnungen*, in: *Philosophy and Phenomenological Research*, 16. Jg. (1956), 293–302 (300).

5 K. Schuhmann, *Husserl-Chronik* . . ., a. a. O.

6 W. Mader, *Max Scheler*, Reinbek bei Hamburg 1980, 35 f.

7 E. Husserl, *Ideen zu einer reinen Phänomenologie und phänomenologischen Philosophie*, Tübingen 1980, 36.

8 H. Plessner, *Husserl in Göttingen*, in: ders., *Diesseits der Utopie. Ausgewählte Beiträge zur Kultursoziologie*, Frankfurt/M. 1974, 143–159 (145).

9 E. Husserl, *Persönliche Aufzeichnungen*, a. a. O., 296.

10 H. Plessner, *Phänomenologie. Das Werk Edmund Husserls (1859–1938)*, in: ders., *Zwischen Philosophie und Gesellschaft. Ausgewählte Abhandlungen und Vorträge*, Frankfurt/M. 1979, 43–66 (45).

11 L. Baron, *Discipleship and Dissent: Theodor Lessing and Edmund Husserl*, in: *Proceedings of the American Philosophical Society*, Vol. 127 (1983), 32–49.

12 Th. Lessing, *Philosophische Ärzte*, in: *Biologische Heilkunst*, 11. Jg. (1930), Nr. 51/52, 817 f. (818).

13 Th. Lessing, *Wie werde ich gebildet?*, in: *Prager Tagblatt* v. 20. 1. 1924. Jetzt in: Th. Lessing, *Ich warf eine Flaschenpost ins Eismeer der Geschichte. Essays und Feuilletons*. Herausgegeben und eingeleitet v. R. Marwedel, Darmstadt/Neuwied 1986, 179–184 (183 f.).

14 Th. Lessing, *Geschichte* . . ., a. a. O., 83.

15 Th. Lessing, *Prinzipien der Charakterologie*, in: *Deutsche Psychologie*, Bd. 4, H. 2, Halle 1926, 1–50 (32).

16 Th. Lessing, *Europa und Asien*, 5., völlig neu bearbeitete Aufl., Leipzig 1930, 51.

17 Th. Lessing, *Das Varieté*, in: *Die Schaubühne*, 4. Jg. (1908), 137–142 (139).

18 Th. Lessing, *Der fröhliche Eselsquell. Gedanken über Theater, Schauspieler, Drama*, Berlin 1912, 239; StAH: ThLN 2058 u. 2061, 2078–2079 (Vorarbeiten zu einer *Ästhetik des Theaters*).

19 Th. Lessing, *Über Hypnose und Suggestion. Eine psychologisch-medizinische Studie*, Göttingen 1907, 26.

20 Th. Lessing, *Der fröhliche Eselsquell* . . ., a. a. O., 141.

21 A. a. O., 234.

22 A. a. O., 144 f.

23 A. a. O., 239.

24 Th. Lessing, *Theater-Seele. Studie über Bühnenästhetik und Schauspielkunst*, Berlin 1907, 50.

25 Th. Lessing, *Der fröhliche Eselsquell* . . ., a. a. O., 105.

26 Th. Lessing, *Peter Behrends in Hagen*, in: *Die Schaubühne*, 5. Jg. (1909), 145–151 (150).

27 Th. Lessing, *Theater-Seele* . . ., a. a. O., 94.
28 Th. Lessing, *Der fröhliche Eselsquell* . . ., a. a. O., 159.
29 Th. Lessing, *Theater-Seele* . . ., a. a. O., 115 f.
30 Th. Lessing, *Theaterkritik* zu: »Der Veilchenfresser« von G. von Moser, in: *Göttinger Zeitung* v. 28. 3. 1907.
31 Th. Lessing, *Theaterkritik* zu: »Der Kraftmayr« von E. von Wolzogen, in: *Göttinger Zeitung* v. 17. 11. 1906.
32 Th. Lessing, *Ein Buchhändler*, in: *Prager Tagblatt* v. 17. 3. 1931. Jetzt in: Th. Lessing, *Ich warf eine Flaschenpost* . . ., a. a. O., 394–398 (395).
33 Th. Lessing, *Bericht* über die »Göttinger Freien Vortragsabende«, in: *Göttinger Zeitung* v. 2. 12. 1906; 13. 12. 1906.
34 Th. Lessing, *Bericht* über den zweiten der »Göttinger Freien Vortragsabende«, in: *Göttinger Zeitung* v. 2. 12. 1906.
35 Th. Lessing, *Einmal und nie wieder. Lebenserinnerungen*, Gütersloh o. J. [1969] 402–404 [Zuerst Prag 1935]. StAH: ThLN 37–39 (Bestätigung Husserls über Lessings Göttinger Studien).

Im Reich der Zyklopen
Als Philosoph in Hannover

1 H. Schnädelbach, *Philosophie in Deutschland 1831–1933*, Frankfurt/M. 1983, 88–94.
2 Th. Lessing, *Philosophie als Tat*, Bd. 1, Göttingen 1914, 30–73.
3 H. Schnädelbach, *Philosophie* . . ., a. a. O., 119–137.
4 Th. Lessing, *Philosophie als Tat*, a. a. O., 73.
5 H. Schnädelbach, *Philosophie* . . ., a. a. O., 197–218.
6 Th. Lessing, *Der Bruch in der Ethik Kants. Wert- und willenstheoretische Prolegomena*, Bern 1907, 7.
7 A. a. O., 8.
8 A. a. O., 36 f.
9 H. Schnädelbach, *Philosophie* . . ., a. a. O., 216.
10 Th. Lessing, *Studien zur Wertaxiomatik. Untersuchungen über Reine Ethik und Reines Recht*, 2., erweiterte Ausgabe, Leipzig 1914, VIII.
11 Th. Lessing, *Der Bruch* . . ., a. a. O., 28.
12 A. a. O., 64.
13 Th. Lessing, *Der jüdische Selbsthaß*, Berlin 1930, 36.
14 Th. Lessing, *Studien zur Wertaxiomatik* . . ., a. a. O., 21.
15 A. a. O., 28.
16 A. a. O., 94.
17 A. a. O., 94 f.
18 Th. Lessing, *Philosophie als Tat*, a. a. O., 60.

19 Th. Lessing, *Geschichte als Sinngebung des Sinnlosen,* München 1919, 249.
20 Th. Lessing, *Philosophie als Tat,* a. a. O., 16.

Der Antilärm-Verein

21 Th. Lessing, *Einmal und nie wieder. Lebenserinnerungen,* Gütersloh o. J. [1969], 290 [Zuerst Prag 1935].
22 L. Baron, *Noise and Degeneration: Theodor Lessing's Crusade for Quiet,* in: *Journal of Contemporary History,* Vol. 17 (1982), 165–178.
23 Th. Lessing, *Vom Antilärm Verein,* in: *Hannoverscher Courier* v. 23. 11. 1908; Th. Lessing, *Einmal . . .,* a. a. O., 405; R. Marwedel, *Ruhe ist vornehm. Theodor Lessings Antilärmverein,* in: *Hannoversche Allgemeine Zeitung* v. 5. 9. 1984.
24 Th. Lessing, *Vom Antilärm Verein,* a. a. O.
25 Th. Lessing, *Rechenschaftsbericht,* in: *Der Antirüpel. Recht auf Stille. Monatsblätter zum Kampf gegen Lärm, Rohheit und Unkultur im deutschen Wirtschafts-, Handels- und Verkehrsleben,* 2. Jg. (Dezember 1910), 56 f.
26 Th. Lessing, *Kultur und Nerven,* in: *Der Antirüpel,* 1. Jg. (1908), Heft 1, 2.
27 Th. Lessing, *Der Lärm. Eine Kampfschrift gegen die Geräusche unseres Lebens,* in: L. Loewenfeld (Hrsg.), *Grenzfragen des Nerven- und Seelenlebens. Einzel-Darstellungen für Gebildete aller Stände,* Bd. 9, H. 54, Wiesbaden 1908, 1–93 (45).
28 *Der Antirüpel,* 2. Jg. (Februar 1910), Nr. 2, 12.
29 Ebd.
30 *Der Antirüpel,* 2. Jg. (Januar 1910), Nr. 1, 8.
31 Th. Lessing, *Ausklang,* in: *Der Antirüpel,* 3. Jg. (Juni 1911), Nr. 6, 30.
32 Th. Lessing, in: *Der Antirüpel,* 1. Jg. (1908), H. 1, 4; R. Marwedel, *Passionsgeschichten vom Ohr. Erinnerung an eine Antilärmbewegung,* MS, 7 S., 1982. War als Beitrag für ein Buch gegen die Startbahn-West in Frankfurt/M. vorgesehen. Das Sammelwerk kam nicht mehr zustande, die Startbahn aber schon.

Hinaus in die Welt

33 J. Wassermann, *Etzel Andergast,* München/Wien 1980, 13.
34 G. A. Craig, *Deutsche Geschichte 1866–1945. Vom Norddeutschen Bund bis zum Ende des Dritten Reiches,* 3., verbesserte Aufl., München 1981,

256 f.; M. Stürmer, *Das ruhelose Reich. Deutschland 1866–1918*, Berlin 1983, 344.
35 M. Stürmer, *Das ruhelose Reich . . .*, a. a. O., 348–352; G. A. Craig, *Deutsche Geschichte . . .*, a. a. O., 285 f., 295.
36 G. A. Craig, *Deutsche Geschichte . . .*, a. a. O., 288.
37 M. Stürmer, *Das ruhelose Reich . . .*, a. a. O., 240 f.
38 G. A. Craig, *Deutsche Geschichte . . .*, a. a. O., 262.
39 A. a. O., 266.
40 M. Stürmer, *Das ruhelose Reich . . .*, a. a. O., 330.
41 A. a. O., 295.
42 Th. Lessing, *Kulturfortschritt und Bevölkerungszahl*, in: *Die neue Generation*, 5. Jg. (1909), 474–481 (480).
43 G. W. F. Hegel, *Grundlinien der Philosophie des Rechts*, Bd. 7, Frankfurt/M. 1970, 391.

Vorkriegsruhe im Lande Jää

44 StAH: ThLN 2098 (MS, 2 S.).
45 Théodore Le Singe (d. i. Theodor Lessing), *Jää*. Studienblätter, Hannover 1919. Ndr. Hannover o. J. [1979], 57.
46 A. a. O., 9 f.
47 A. a. O., 11 f.
48 A. a. O., 34.
49 A. a. O., 135.
50 Th. Lessing, *Deutsche Vergangenheit bei Juden*, in: *Prager Tagblatt* v. 8. 4. 1923.
51 Th. Lessing, *Prag und die Prager*, in: *Prager Tagblatt* v. 14. 11. 1926. Jetzt in: Th. Lessing, *Ich warf eine Flaschenpost ins Eismeer der Geschichte. Essays und Feuilletons*. Herausgegeben und eingeleitet von R. Marwedel, Darmstadt/Neuwied 1986, 210–215 (210).
52 Th. Lessing, *Einmal . . .*, a. a. O., 27.
53 A. a. O., 37.
54 A. a. O., 28.
55 Th. Lessing, *Emil Edel. Arzt und Poet. Ein Gedenkblatt*, in: *Hannoverscher Courier, Beilage* v. 24. 1. 1912; ders., *Arzt und Poet. Ergänzungen und Nachträge*, in: *Hannoverscher Courier, Beilage* v. 21. 2. 1912; R. Marwedel, *Philosophenheimat: Theodor Lessing und Hannover*, in: *Hannoversche Geschichtsblätter*, Neue Folge, Bd. 38 (1984), 177–215.
56 *Hannover im 20. Jahrhundert. Aspekte der neueren Stadtgeschichte*. Eine Ausstellung aus Anlaß des 75jährigen Bestehens des Historischen Museums am Hohen Ufer, Hannover 1978, 22.

57 K. J. Hirsch, *Kaiserwetter,* Frankfurt/M. 1981, 12.
58 F. Boll, *Massenbewegungen in Niedersachsen 1906–1920. Eine sozialgeschichtliche Untersuchung zu den unterschiedlichen Entwicklungstypen Braunschweig und Hannover,* Bonn 1981, 138.
59 *Hannover im 20. Jahrhundert . . .,* a. a. O., 34 f.; F. Boll, *Massenbewegungen . . .,* a. a. O., 132.
60 F. Boll, *Massenbewegungen . . .,* a. a. O., 127.
61 *Sigilla-veri. Semi-Kürschner,* Bd. 3, Erfurt 1929, 1052.
62 *Hannover im 20. Jahrhundert . . .,* a. a. O., 59.
63 Th. Lessing, *Das Schicksal der Schauburg,* in: *Hannoverscher Courier* v. 18. 9. 1912.
64 Th. Lessing, *Aus der großen Zeit. Zu Albert Niemanns 80. Geburtstag,* in: *Die Schaubühne,* 7. Jg. (1911), 99–101 (99).
65 A. a. O., 100 f.
66 Th. Lessing, *Ludwig Barnay. Zum 70. Geburtstag,* in: *Die Schaubühne,* 8. Jg. (1912), 191–193 (191).
67 Th. Lessing, *Einmal . . .,* a. a. O., 396.
68 Th. Lessing, *Saat im Schnee. Fünf Dichtungen,* Berlin 1908.
69 Th. Lessing, *Feind im Land. Satiren und Novellen,* Hannover 1923, 188.
70 StAH: ThLN 380–419, 420–499, 500–517, 521–535, 1137–1170, 1171–1230, 1231–1241, 1242–1252 (Briefwechsel zwischen Theodor und Ada Lessing aus den Jahren 1910–1913).
71 *Sigilla-veri. Semi-Kürschner,* Bd. 3, a. a. O., 1054.

Zwischen Kaftan und Smoking
Ostjüdische Parias. Westjüdische Parvenus

1 H. Arendt, *Elemente und Ursprünge totaler Herrschaft,* Bd. 1: *Antisemitismus,* Frankfurt/M.-Berlin-Wien 1975, 115.
2 A. a. O., 101.
3 S. M. Bolkosky, *The Distorted Image. German Jewish Perceptions of Germans and Germany,* 1918–1935, New York 1975.
4 B. Moore, *Ungerechtigkeit. Die sozialen Ursachen von Unterordnung und Widerstand,* Frankfurt/M. 1982, 104 f., 112; M. A. Kaplan, *The Jewish Feminist Movement in Germany. The Campaigns of The »Jüdischer Frauenbund«,* 1904–1938, London 1979, 201, 205 f.
5 H. Arendt, *Elemente und Ursprünge . . .,* a. a. O., 72.
6 A. Döblin, *Flucht und Sammlung des deutschen Judentums,* Freiburg i. Br. 1977, 111.
7 A. a. O., 98.

8 A. Bein, *Die Judenfrage. Biographie eines Weltproblems*, Bd. 2, Stuttgart 1980, 319–321.
9 S. Adler-Rudel, *Ostjuden in Deutschland*, Tübingen 1959, 20 f.
10 M. A. Kaplan, *The Jewish Feminist Movement . . .*, a. a. O., 123.
11 Th. Lessing, *Einmal und nie wieder. Lebenserinnerungen*, Gütersloh o. J. [1969], 112 [Zuerst Prag 1935].
12 Ebd.
13 A. a. O., 49.
14 Th. Lessing, *Eindrücke aus Galizien*, in: *Allgemeine Zeitung des Judentums* (1909), Nr. 49–53 (49).
15 D. Bronson, *Joseph Roth. Eine Biographie*, München 1981, 23, 27, 43.
16 J. Roth, *Juden auf Wanderschaft*, in: ders., *Werke*, Bd. 3, Köln 1976, 348.
17 D. Bronson, *Joseph Roth . . .*, a. a. O., 106 f.
18 A. a. O., 112 f.
19 A. a. O., 76 f.
20 J. Roth, *Juden auf Wanderschaft*, a. a. O., 359.
21 Th. Lessing, *Eindrücke aus Galizien*, a. a. O.
22 Zit. n. K. P. Carmely, *Das Identitätsproblem jüdischer Autoren im deutschen Sprachraum. Von der Jahrhundertwende bis zu Hitler*, Königstein/Ts. 1981, 72.
23 A. a. O., 40; 114–131.
24 A. a. O., 101–114.
25 A. a. O., 54.
26 Zit. n. D. Bronson, *Joseph Roth . . .*, a. a. O., 554.
27 A. a. O., 422.
28 Th. Lessing, *Der fröhliche Eselsquell. Gedanken über Theater, Schauspieler, Drama*, Berlin 1912, 36 f.
29 A. a. O., 52.

Espritjuden. Philosemiten. Satiriker

30 Th. Lessing, *Die Kunst, in zwanzig Minuten ein bedeutender Kunstkritiker zu werden*, in: ders., *Der fröhliche Eselsquell . . .*, a. a. O., 169–206 (172).
31 P. Valéry, *Monsieur Teste*, Frankfurt/M. 1965, 55 f.
32 Th. Lessing, *Göttinger Dramaturgie*, Kapitel 7: *Von der Kritik*, in: *Hapkes Nachrichtenblatt*, Göttingen 1906, 128.
33 Th. Lessing, *Nietzsche*, Berlin 1925, 73.
34 Th. Lessing, *Bericht* über eine Hugo von Hofmannsthal-Lesung im Rahmen der »Göttinger Freien Vortragsabende«, in: *Göttinger Zeitung* v. 13. 12. 1906.

35 Th. Lessing, *Briefe über Kritik: 3. An einen Kritiker,* in: *Die Schaubühne,* 8. Jg. (1912), 207–212 (208).

36 Th. Lessing, *Jude und Kunstleistung,* in: *Die Schaubühne,* 8. Jg. (1912), 149–152 (149).

37 A. a. O., 150.

38 Th. Lessing, *Samuel zieht die Bilanz und Tomi melkt die Moralkuh oder Zweier Könige Sturz. Eine Warnung für Deutsche, Satiren zu schreiben,* Hannover 1910, 27.

39 Th. Lessing, *Philosophie als Tat,* Bd. 2, Göttingen 1914, 342.

40 Zit. n. K. P. Carmely, *Das Identitätsproblem jüdischer Autoren . . .,* a. a. O., 72.

41 Th. Lessing, *Der jüdische Selbsthaß,* Berlin 1930, 48; StAH: ThLN 2107–2120 (Vorstudien für ein Buch zum Judentum in Deutschland und zum jüdischen Selbsthaß).

42 Zit. n. Th. Lessing, *Samuel zieht die Bilanz . . .,* a. a. O., 65–76 (69).

43 A. Schopenhauer, *Parerga und Paralipomena* (§ 278), in: ders., *Werke,* Bd. 10, Zürich 1977, 556.

44 Th. Lessing, *Samuel zieht die Bilanz . . .,* a. a. O., 17–27 (23).

45 Th. Lessing, *Samuel zieht die Bilanz . . .,* a. a. O., 26.

46 Zit. n. K. P. Carmely, *Das Identitätsproblem jüdischer Autoren . . .,* a. a. O., 105.

47 Zit. n. A. Zweig, *Theodor Lessing, ermordet am 31. August 1933,* in: ders., *Ausgewählte Werke,* Bd. 16, Berlin u. Weimar 1967, 83–91 (83).

48 T. Durieux, *Meine ersten neunzig Jahre. Erinnerungen,* Reinbek 1977, 75.

49 Zit. n. H. F. Young, *Maximilian Harden. Censor Germaniae. Ein Publizist im Widerstreit von 1892 bis 1927,* o. O., 1971, 158.

50 K. Marx/F. Engels, *Die großen Männer des Exils,* in: Marx/Engels, *Werke,* Bd. 8, Berlin-DDR 1960, 233–335 (281).

51 H. (d. i. Karl Hauer), *Nordau,* in: *Die Fackel,* 7. Jg. (April 1906), Nr. 200, 14–16 (14).

52 Th. Mann, *Der Doktor Lessing. Ein Pamphlet,* in: *Literarisches Echo* v. 1. 3. 1910. Zit. n. Th. Lessing, *Samuel zieht die Bilanz . . .,* a. a. O., 28–33 (31).

53 Ebd.

54 Zit. n. K. Loewenstein, *Rand-Juden, Rand-Zionisten und Deutsche. Samuel Lublinski – Theodor Lessing – Thomas Mann. Zu einem Vorläufer der »Kunstwart«-Debatte,* in: *Mitteilungsblatt. Wochenzeitung des Irgan Oleg Merkas Europa,* 33. Jg. (1965), Nr. 1, 4 f. (5).

55 Th. Mann, *Der Doktor Lessing . . .,* a. a. O., 32.

56 Th. Lessing, *Einmal . . .,* a. a. O., 398.

57 Th. Lessing, *Samuel zieht die Bilanz . . .,* a. a. O., 39, 42.

58 Th. Lessing, *Tomi melkt die Moralkuh. Ein Dichter-Psychologem*, in: ders., *Samuel zieht die Bilanz* . . ., a. a. O., 77–88.

59 A. a. O., 84.

60 B. W. Segel, *Die Entdeckungsreise des Herrn Dr. Theodor Lessing zu den Ostjuden*, Lemberg 1910.

61 Th. Lessing, *Galizien. Zur Abwehr*, in: *Allgemeine Zeitung des Judentums* (1910), Nr. 7, 77 f. (78).

62 Th. Lessing, *Samuel zieht die Bilanz* . . ., a. a. O., 15.

63 Th. Lessing, *Der fröhliche Eselsquell* . . ., a. a. O., 32.

64 Th. Lessing, *Der Witz*, in: *Stachelschwein*, 3. Jg. (1926), H. 4, 6–12 (9). Jetzt in: Th. Lessing, *Ich warf eine Flaschenpost ins Eismeer der Geschichte. Essays und Feuilletons*. Herausgegeben und eingeleitet von R. Marwedel, Darmstadt/Neuwied 1986, 189–197 (193).

65 Th. Lessing, *Einmal* . . ., a. a. O., 132 f.

66 Th. Lessing, *Mein Aufsatz über den Aufsatz*, in: *Das Tagebuch*, 4. Jg. (1923), 1781–1785 (1782).

67 Th. Lessing, *Der fröhliche Eselsquell* . . ., a. a. O., 256.

68 Th. Lessing, *Liebe und Kunst*, in: *Die Gesellschaft*, 13. Jg. (Juni 1897), 293–308 (306).

69 Th. Lessing, *Der fröhliche Eselsquell* . . ., a. a. O., 255 f.

70 Th. Lessing, *Europa und Asien*, 5., völlig neu bearbeitete Aufl., Leipzig 1930, 263 f.

71 Th. Lessing, *Repräsentanten des Menschengeschlechts. Erinnerungen an »Berühmte Zeitgenossen«*, in: *Die Aktion*, 3. Jg. (1913), 1051–1061, 1072–1081, 1095–1106, 1117–1127, 1147–1150; StAH: ThLN 2380–2386 (Zeitungsausschnittsammlung).

72 F. Engels, *Moderne Polemik*, in: *Mitternachtzeitung für gebildete Leser* v. 28. 5. 1840. Zit. n. Marx/Engels, *Werke*, Ergänzungsband, 2. Teil, Berlin-DDR 1967, 56.

73 S. Jacobsohn, *Ein Dozent für Ethik*, in: *Die Schaubühne*, 9. Jg. (1913), 1171.

74 L. Feuerbach, *Xenien. Vorerinnerungen und Erwiderungen*, in: ders., *Werke*, Bd. 1: *Frühe Schriften* (1828–1830), Frankfurt/M. 1975, 270.

75 S. Jacobsohn, *Ein Dozent für Ethik*, a. a. O.

76 Th. Lessing, *Repräsentanten* . . ., a. a. O., 1072 f.

77 Th. Lessing, *Ein Buchhändler*, in: *Prager Tagblatt* v. 17. 3. 1931. Jetzt in: Th. Lessing, *Ich warf eine Flaschenpost* . . ., a. a. O., 394–398 (398); Th. Lessing, *Verleger-Geschichten*, in: *Prager Tagblatt* v. 5. 4. 1923.

78 Th. Lessing, *Der jüdische Selbsthaß*, Berlin 1930, 191.

Das Ende des 19. Jahrhunderts

1 Th. Lessing, *Der Fall Panizza. Eine kritische Betrachtung über ›Gotteslä-sterung‹ und künstlerische Dinge vor Schwurgerichten*, München 1895, 48.

2 Th. Lessing, *Europa und Asien*, Berlin 1918, Vorrede.

3 Th. Lessing, *Das Lazarett*, in: *Prager Tagblatt* v. 23. 3. 1929. Jetzt in: Th. Lessing, *Ich warf eine Flaschenpost ins Eismeer der Geschichte. Essays und Feuilletons.* Herausgegeben und eingeleitet von R. Marwedel, Darmstadt/Neuwied 1986, 374–379 (374).

4 StAH: ThLN 2138–2153 (Vortrags-MS und Antikriegsgedichte).

5 Th. Lessing, *Feind im Land. Satiren und Novellen*, Hannover 1923, 106.

6 Th. Lessing, *Der jüdische Selbsthaß*, Berlin 1930, 192 f.

7 Th. Lessing, *Einmal und nie wieder. Lebenserinnerungen*, Gütersloh o. J. [1969], 344 [Zuerst Prag 1935].

8 Th. Lessing, *Europa und Asien*, a. a. O., 109.

9 A. a. O., 126; Th. Lessing, *Geschichte als Sinngebung des Sinnlosen*, München 1919, 104 f.

10 Th. Lessing, *Europa und Asien*, a. a. O., 110.

11 A. a. O., 127; Th. Lessing, *Ludwig Börne*, in: *Das Tagebuch*, 10. Jg. (1929), 2195 f. (2195): *Er war kein Mann, der etwa zwischen August 1914 und November 1918 sich hätte »entwickeln« oder hätte »umlernen« können.*

12 Th. Lessing, *Das Lazarett*, in: *Prager Tagblatt* v. 7. 3. 1929. Jetzt in: Th. Lessing, *Ich warf eine Flaschenpost . . .*, a. a. O., 369–373 (373).

13 Th. Lessing, *Feind im Land . . .*, a. a. O., 81.

14 Th. Lessing, *Geschichte als Sinngebung . . .*, a. a. O., 57–66.

15 Th. Lessing, *Der fröhliche Eselsquell. Gedanken über Theater, Schauspie-ler, Drama*, Berlin 1912, 236.

16 Th. Lessing, *Geschichte als Sinngebung des Sinnlosen oder die Geburt der Geschichte aus dem Mythos*, 4., völlig umgearbeitete Aufl., Leipzig 1927, 192.

17 Th. Lessing, *Geschichte als Sinngebung . . .*, München 1919, 91.

18 Th. Lessing, *Geschichte als Sinngebung . . .*, Leipzig 1927, 247, 273, 195.

19 A. a. O., 4.

20 Th. Lessing, *Selbstanzeige* zu: *Europa und Asien*, in: *Das Tagebuch*, 11. Jg. (1930), 751 f. (752).

21 Th. Lessing, *Philosophie als Tat*, Bd. 1, Göttingen 1914, XII.

22 Th. Lessing, *Ausflug nach Goslar*, in: *Prager Tagblatt* v. 6. 12. 1925, Beilage.

23 *Hannover im 20. Jahrhundert. Aspekte der neueren Stadtgeschichte.* Eine Ausstellung aus Anlaß des 75jährigen Bestehens des Historischen Mu-seums am Hohen Ufer, Hannover 1978, 23.

24 Th. Lessing, *Das Lazarett*, in: *Prager Tagblatt* v. 23. 3. 1929. Jetzt in: Th. Lessing, *Ich warf eine Flaschenpost* . . ., a. a. O., 374–379 (378 f.).

25 Zit. n. G. A. Craig, *Deutsche Geschichte 1866–1945. Vom Norddeutschen Bund bis zum Ende des Dritten Reiches*, 3., verbesserte Aufl., München 1981, 326.

26 A. M. Koktanek, *Oswald Spengler in seiner Zeit*, München 1968, 194.

27 Zit. n. W. Ruge, *Hindenburg. Porträt eines Militaristen*, Köln 1981, 46.

28 Zit. n. W. Ruge, *Hindenburg* . . ., a. a. O., 102.

29 Th. Lessing, *Die großen Männer der Geschichte*, in: *Neue Leipziger Zeitung* v. 2. 8. 1931.

30 Th. Lessing, *Erinnere Dich* . . ., in: *Prager Tagblatt* v. 25. 12. 1923. Jetzt in: Th. Lessing, *Ich warf eine Flaschenpost* . . ., a. a. O., 349–354 (353).

31 G. A. Craig, *Deutsche Geschichte* . . ., a. a. O., 321.

32 A. Rosenberg, *Entstehung der Weimarer Republik*, Frankfurt/M. 1979, 134.

33 Th. Lessing, *Geschichte als Sinngebung* . . ., Leipzig 1927, 183.

34 B. Moore, *Ungerechtigkeit. Die sozialen Ursachen von Unterordnung und Widerstand*, Frankfurt/M. 1982, 303, 644.

35 A. a. O., 306.

36 Th. Lessing, *Feind im Land* . . ., a. a. O., 149–171 (171).

37 A. a. O., 173–186 (186).

38 wie Anm. 29.

39 Th. Lessing, *Revolutionäre*, in: *Prager Tagblatt* v. 22. 5. 1927.

40 Th. Lessing, *Einmal* . . ., a. a. O., 208.

41 Th. Lessing, *Nietzsche*, Berlin 1925, 98.

42 Th. Lessing, *Die verfluchte Kultur. Gedanken über den Gegensatz von Leben und Geist*, München 1921, 42.

43 F. Fischer, *Griff nach der Weltmacht. Die Kriegszielpolitik des kaiserlichen Deutschland 1914–18*, 4., überarbeitete Aufl., Düsseldorf 1971.

44 G. A. Craig, *Deutsche Geschichte* . . ., a. a. O., 342.

45 A. Rosenberg, *Entstehung der Weimarer Republik*, a. a. O., 67–100.

46 G. A. Craig, *Deutsche Geschichte* . . ., a. a. O., 310–313.

47 A. a. O., 300.

48 Zit. n. G. A. Craig, *Deutsche Geschichte* . . ., a. a. O., 318.

49 M. Stürmer, *Das ruhelose Reich. Deutschland 1866–1918*, Berlin 1983, 380.

50 A. Rosenberg, *Entstehung der Weimarer Republik*, a. a. O., 132.

51 A. a. O., 109.

52 A. a. O., 119.

53 A. a. O., 129.

54 A. a. O., 139.

55 A. a. O., 146; G. A. Craig, *Deutsche Geschichte* . . ., a. a. O., 307–309.

56 A. Rosenberg, *Entstehung der Weimarer Republik*, a. a. O., 149.
57 G. A. Craig, *Deutsche Geschichte* . . ., a. a. O., 337.
58 M. Stürmer, *Das ruhelose Reich* . . ., a. a. O., 391.
59 A. Rosenberg, *Entstehung der Weimarer Republik*, a. a. O., 157.
60 A. a. O., 173.
61 A. a. O., 193.
62 A. a. O., 185–190.
63 B. Moore, *Ungerechtigkeit* . . ., a. a. O., 440; A. Rosenberg, *Entstehung der Weimarer Republik*, a. a. O., 274.
64 G. A. Craig, *Deutsche Geschichte* . . ., a. a. O., 318.
65 M. Stürmer, *Das ruhelose Reich* . . ., a. a. O., 376.
66 Zit. n. G. A. Craig, *Deutsche Geschichte* . . ., a. a. O., 335.
67 Zit. n. C. Riess, *Das gab's nur einmal. Die große Zeit des deutschen Films*, Bd. 1, Wien/München 1977, 62.
68 C. Riess, *Das gab's nur einmal* . . ., a. a. O., 47.
69 G. A. Craig, *Deutsche Geschichte* . . ., a. a. O., 339.
70 G. Chr. Lichtenberg, *Sudelbücher II. Materialhefte. Tagebücher*, München 1975, 450.
71 Th. Lessing, *Geschichte als Sinngebung* . . ., Leipzig 1927, 279.
72 A. Rosenberg, *Entstehung der Weimarer Republik*, a. a. O., 212.
73 H. Schulze, *Weimar. Deutschland 1917–1933*, Berlin 1982, 148.
74 Zit. n. H. Schulze, *Weimar* . . ., a. a. O., 149.
75 F. Boll, *Massenbewegungen in Niedersachsen 1906–1920. Eine sozialgeschichtliche Untersuchung zu den unterschiedlichen Enwicklungstypen Braunschweig und Hannover*, Bonn 1981, 151 f.
76 A. a. O., 160 f., 168.
77 A. a. O., 163.
78 A. a. O., 166.
79 A. a. O., 170 f.
80 A. a. O., 140.
81 A. a. O., 196, 200.
82 A. a. O., 201 f.
83 A. a. O., 145 f.
84 A. a. O., 301.
85 A. a. O., 257.
86 A. a. O., 256.
87 Zit. n. *Dresdner Nachrichten* v. 29. 2. 1926.
88 Th. Lessing, *Geschichte als Sinngebung* . . ., München 1919, 202 f.

Die arglose Republik
Revolution. Konfusion. Reaktion

1 Th. Lessing, *Der jüdische Selbsthaß*, Berlin 1930, 198 f.

2 Th. Lessing, *Die deutsche Studentenschaft um 1925*, in: *Die neue Erziehung* (September 1925), H. 9, 637–643 (638). Jetzt in: Th. Lessing, *Ich warf eine Flaschenpost ins Eismeer der Geschichte. Essays und Feuilletons*. Herausgegeben und eingeleitet von R. Marwedel, Darmstadt/Neuwied 1986, 75–82 (76).

3 Th. Lessing, *Geschichte als Sinngebung des Sinnlosen*, München 1919, 67.

4 Th. Lessing, *Feind im Land. Satiren und Novellen*, Hannover 1923, 73.

5 A. a. O., 84.

6 A. a. O., 107.

7 A. a. O., 117.

8 A. a. O., 107.

9 A. a. O., 71.

10 A. a. O., 74.

11 Th. Lessing, *Volksabstimmung in Hannover*, in: *Prager Tagblatt* v. 15. 5. 1924.

12 Th. Lessing, *Macht und Recht*, in: *Aufruf*, 3. Jg. (1933), Nr. 8, 10 f. (11).

13 Th. Lessing, *Im Wettkampf um die Demoralisation*, in: *Prager Tagblatt* v. 1. 7. 1923.

14 Th. Lessing, *Feind im Land . . .*, a. a. O., 85.

15 Th. Lessing, *Sonnenblume*, in: ders., *Blumen*, Berlin 1926, 209–212 (210 f.).

16 Th. Lessing, *Geschichte als Sinngebung des Sinnlosen oder die Geburt der Geschichte aus dem Mythos*, 4., völlig umgearbeitete Aufl., Leipzig 1927, 240.

17 Th. Lessing, *Der jüdische Selbsthaß*, a. a. O., 195.

18 Th. Lessing, *Geschichte als Sinngebung . . .*, München 1919, 209; Th. Lessing, *Feind im Land . . .*, a. a. O., 36.

19 Th. Lessing, *Geschichte als Sinngebung . . .*, München 1919, 203.

20 Th. Lessing, *Der jüdische Selbsthaß*, a. a. O., 196.

21 Th. Lessing, *Feind im Land . . .*, a. a. O., 71.

22 wie Anm. 2.

23 Th. Lessing, *Erfassung der Sachwerte*, in: *Prager Tagblatt* v. 29. 6. 1923.

24 Zit. n. M. Stürmer, *Das ruhelose Reich. Deutschland 1866–1918*, Berlin 1983, 380.

25 S. Haffner, *1918/19. Eine deutsche Revolution*, Reinbek 1981, 10.

26 H. Graf Kessler, *Tagebücher 1918–1937*, Frankfurt/M. 1982, 153.

27 A. a. O., 162; S. Haffner, *1918/19 . . .*, a. a. O., 161.

28 H. Graf Kessler, *Tagebücher 1918–1937*, a. a. O., 231.

29 A. a. O., 236 f.; S. Haffner, *1918/19* . . ., a. a. O., 161.

30 B. Moore, *Ungerechtigkeit. Die sozialen Ursachen von Unterordnung und Widerstand*, Frankfurt/M. 1982, 521.

31 S. Haffner, *1918/19* .ᵃ. ., a. a. O., 210.

32 B. Moore, *Ungerechtigkeit* . . ., a. a. O., 399 f.

33 Th. Lessing, *Konservative Tendenzen in der Sozialdemokratie? Eine Rundfrage*, in: *Mitteilungsblatt des sozialdemokratischen Intellektuellenbundes*, Heidelberg (Juli 1930), H. 5, 9–13; ders., *Was hat die Sozialdemokratie der Jugend zu bieten?* in: *Mitteilungsblatt des sozialdemokratischen Intellektuellenbundes*, Heidelberg (September 1930), H. 6, 34–36. Jetzt in: Th. Lessing, *Ich warf eine Flaschenpost* . . ., a. a. O., 96–102; 102–105.

34 F. Engels, *Die Rolle der Gewalt in der Geschichte*, in: Marx/Engels, *Werke*, Bd. 21, Berlin-DDR 1962, 405–465 (431).

35 Th. Lessing, *Geschichte als Sinngebung* . . ., München 1919, 64.

36 S. Haffner, *1918/19* . . ., a. a. O., 117; B. Moore, *Ungerechtigkeit* . . ., a. a. O., 405.

37 B. Moore, *Ungerechtigkeit* . . ., a. a. O., 445.

38 A. a. O., 514.

39 G. A. Craig, *Deutsche Geschichte* . . ., a. a. O., 360.

40 S. Haffner, *1918/19* . . ., a. a. O., 199.

41 B. Moore, *Ungerechtigkeit* . . ., a. a. O., 411.

42 S. Haffner, *1918/19* . . ., a. a. O., 61.

43 Zit. n. S. Haffner, *1918/19* . . ., a. a. O., 107.

44 Zit. n. W. Schmidt, *Die Tirpitz-Legende*, in: *Die Weltbühne*, 15. Jg. (1919), 1. Halbjahr, 61–63 (63).

45 S. Haffner, *1918/19* . . ., a. a. O., 211.

46 A. a. O., 174.

47 Th. Lessing, *Geschichte als Sinngebung* . . ., Leipzig 1927, 217.

48 H. Graf Kessler, *Tagebücher 1918–1937*, a. a. O., 200 f.

49 A. a. O., 214.

50 Th. Lessing, *Feind im Land* . . ., a. a. O., 20–22.

51 L. Marcuse, *Mein Zwanzigstes Jahrhundert. Auf dem Weg zu einer Autobiographie*, Frankfurt/M. 1968, 45.

52 H. Schulze, *Weimar. Deutschland 1917–1933*, Berlin 1982, 184.

53 H. Mann, *Ein Zeitalter wird besichtigt*, Reinbek bei Hamburg 1976, 226.

54 Zit. n. G. A. Craig, *Deutsche Geschichte* . . ., a. a. O., 356.

55 Zit. n. H. Schulze, *Weimar* . . ., a. a. O., 206.

56 Zit. n. M. Tournier, *Der Erlkönig*, Hamburg 1972, 337 f.

57 H. Schulze, *Otto Braun oder Preußens demokratische Sendung. Eine Biographie*, Frankfurt/M.-Berlin-Wien 1977, 502.

58 A. a. O., 530.

59 Th. Lessing, *Geschichte als Sinngebung* . . ., Leipzig 1927, 288.

60 A. a. O., 287.

61 Th. Lessing, *Geschichte als Sinngebung* . . ., München 1919, 119.

62 A. a. O., 129.

63 F. Engels, *Die politische Lage Europas*, in: *Le Socialiste* v. 6. 11. 1886. Zit. n. Marx/Engels, *Werke*, Bd. 21, a. a. O., 310–318 (311).

64 Th. Lessing, *Geschichte als Sinngebung* . . ., München 1919, 251.

65 Th. Lessing, *Geschichte als Sinngebung* . . ., München 1919, 201.

66 A. a. O., 287.

67 Th. Lessing, *Geschichte als Sinngebung* . . ., Leipzig 1927, 102.

68 Neben den soziologischen Analysen von Erving Goffman sind hier vor allem die Arbeiten des Institute for Psychohistory in New York beachtenswert.

69 M. Edelman, *Politik als Ritual. Die symbolische Funktion staatlicher Institutionen und politischen Handelns*, Frankfurt/M. 1976.

70 Th. Lessing, *Die Schaubühne*, in: *Die Zukunft*, 18. Jg. (1910), 367–370.

71 A. Demandt, *Metaphern für Geschichte. Sprachbilder und Gleichnisse im historisch-politischen Denken*, München 1978.

72 Th. Lessing, *Geschichte als Sinngebung* . . ., Leipzig 1927, 171.

73 A. a. O., 275.

74 H. Schulze, *Weimar* . . ., a. a. O., 13, 139; M. Stürmer, *Das ruhelose Reich* . . ., a. a. O., 408 f.

75 Th. Lessing, *Geschichte als Sinngebung* . . ., München 1919, 135.

76 K. Marx/F. Engels, *Die deutsche Ideologie. Kritik der neuesten deutschen Philosophie in ihren Repräsentanten Feuerbach, B. Bauer und Stirner, und des deutschen Sozialismus in seinen verschiedenen Propheten*, in: Marx/Engels, *Werke*, Bd. 3, Berlin-DDR 1958, 46.

77 J. Scherr, *Menschliche Tragikomödie. Gesammelte Studien, Skizzen und Bilder*, Bd. 8, Leipzig 1882, 1 f.

78 Th. Lessing, *Geschichte als Sinngebung* . . ., München 1919, 128.

79 A. a. O., 102.

80 A. a. O., 23 f.

81 F. Engels, *Der Anfang des Endes in Österreich*, in: *Deutsche-Brüsseler-Zeitung* v. 27. 1. 1848. Zit. n. Marx/Engels, *Werke*, Bd. 4, Berlin-DDR 1959, 504–510 (504).

82 F. Engels, *Die Lage der arbeitenden Klasse in England. Nach eigner Anschauung und authentischen Quellen*, in: Marx/Engels, *Werke*, Bd. 2, Berlin-DDR 1957, 225–506 (505).

83 K. Marx, *Der achtzehnte Brumaire des Louis Bonaparte*, in: Marx/Engels, *Werke*, Bd. 8, Berlin-DDR 1960, 111–207 (115).

84 Th. Lessing, *Der fröhliche Eselsquell. Gedanken über Theater, Schauspieler, Drama*, Berlin 1912, 135; R. Marwedel, *Theodor Lessing. Ein*

Botaniker und Zoologe der Menschheitsgeschichte, in: *NaNa. Hannoversche Wochenschau*, 2. Jg., Nr. 1, 6. 1. 1983.

85 Th. Lessing, *Schopenhauer, Wagner, Nietzsche. Einführung in moderne Philosophie*, München 1906, 224.

86 Th. Lessing, *Prinzipien der Charakterologie*, in: *Deutsche Psychologie*, Bd. 4, H. 2, Halle 1926, 1–50 (73).

87 Th. Lessing, *Ergänzungen*, in: C. G. Carus, *Symbolik der menschlichen Gestalt. Ein Handbuch zur Menschenkenntnis*. Neu bearbeitet und erweitert von Th. Lessing, Celle 1925, 86, 521.

88 A. a. O., 454.

89 Th. Lessing, *Briefe über Kritik: 1. An einen Dichter*, in: *Die Schaubühne*, 8. Jg. (1912), 97–101 (99).

90 Th. Lessing, *Geschichte als Sinngebung . . .*, Leipzig 1927, 318.

91 Th. Lessing, *Das neue Italien*, in: *Prager Tagblatt* v. 22. 4. 1928.

92 Th. Lessing, *Raubkatze und Chauffeur*, in: *Prager Tagblatt* v. 25. 6. 1929. Jetzt in: Th. Lessing, *Ich warf eine Flaschenpost . . .*, a. a. O., 215 bis 219 (217).

93 Th. Lessing, *Weib, Frau, Dame. Ein Essay*, München 1910, 65.

94 Th. Lessing, *Genua und Venedig*, in: *Prager Tagblatt* v. 9. 5. 1928.

95 M. Proust, *Auf der Suche nach der verlorenen Zeit. Die wiedergefundene Zeit 2*, Bd. 13, Frankfurt/M. 1978, 518.

96 J. Scherr, *Menschliche Tragikomödie . . .*, a. a. O., 2; M. Proust, *Auf der Suche nach der verlorenen Zeit . . .*, a. a. O., 306; ders., *Auf der Suche nach der verlorenen Zeit. Die Welt der Guermantes 1*, Bd. 5, Frankfurt/M. 1976, 250; ders., *Auf der Suche nach der verlorenen Zeit. Im Schatten junger Mädchenblüte 1*, Frankfurt/M. 1976, 121.

97 M. Proust, *Auf der Suche nach der verlorenen Zeit. Die wiedergefundene Zeit 2*, a. a. O., 315; ders., *Auf der Suche nach der verlorenen Zeit. Sodom und Gomorra 2*, Frankfurt/M. 1978, 516.

98 M. Proust, *Auf der Suche nach der verlorenen Zeit. Die wiedergefundene Zeit 2*, a. a. O., 315.

99 Th. Lessing, *Geschichte als Sinngebung . . .*, Leipzig 1927, 299.

100 E. de la Boëtie, *Über die freiwillige Knechtschaft des Menschen*, Frankfurt/M. 1968, 51 f.

101 B. Mandeville, *Die Bienenfabel oder Private Laster, öffentliche Vorteile*, Frankfurt/M. 1968, 208.

102 W. Ruge, *Hindenburg. Porträt eines Militaristen*, Köln 1981, 143.

103 A. a. O., 144.

104 V. Baum, *Es war alles ganz anders*, Berlin 1962, 319.

105 W. Ruge, *Hindenburg . . .*, a. a. O., 126.

106 K. Marx, *Der achtzehnte Brumaire . . .*, a. a. O., 136.

Entwertete Welten, wölfische Zeiten
Leben im Wartesaal

1 J. Green, *Épaves*, Paris 1932, zit. n. P. Morand, *Paris bei Nacht*, in: Brassaï, *Paris de nuit*, München 1979, 14–18 (14 f.).

2 H. Weidlich, *Hannover so wie es war*, 3. Aufl., Düsseldorf 1972, 6 ff.

3 A. a. O., 52.

4 U. Dempwolff, *Die Wirtschaft der Stadt Hannover vom Ende der Inflation bis zum Ausklingen der Weltwirtschaftskrise (1923–1933)*, Phil. Diss. TU Hannover 1970.

5 Ch. Spengemann, *Honover. O Insel der Bierseligen!* in: *Der Zweemann* (1919), H. 1, 16.

6 H. R. Bartels, *Hannovers Bohemiens*, Sendung des Nordwestdeutschen Rundfunks, Funkhaus Hannover, 25. 3. 1950, MS.

7 A. a. O.

8 W. Schumann, *Damals in Hannover. Erinnerungen und Begegnungen*, in: H. Lauenroth (Hrsg.), *Hannover. Porträt einer Stadt*, Hannover 1980, 125.

9 H. Weidlich, *Hannover . . .* a. a. O., 80.

10 H. Rischbieter, *Hannoversches Lesebuch oder: Was in Hannover und über Hannover geschrieben, gedruckt und gelesen wurde*, Bd. 2: 1850–1950, Velber 1978, 231.

11 W. Ruge, *Hindenburg. Porträt eines Militaristen*, Köln 1981, 190.

12 A. a. O., 170.

13 Th. Lessing, *Haarmann. Die Geschichte eines Werwolfs*, München 1973, 41 [Zuerst Berlin 1925].

14 Zit. n. M. Tournier, *Der Erlkönig*, Hamburg 1972, 339 f.

15 Th. Lessing, *Haarmann . . .*, a. a. O., 15.

16 E. Fromm, *Zum Gefühl der Ohnmacht*, in: *Zeitschrift für Sozialforschung*, 6. Jg. (1937), 95–118 (115–117).

17 A. Rosenberg, *Geschichte der Weimarer Republik*, Frankfurt/M. 1974, 106.

18 G. A. Craig, *Deutsche Geschichte 1866–1945. Vom Norddeutschen Bund bis zum Ende des Dritten Reiches*, 3., verbesserte Aufl., München 1981, 391–399.

19 Zit. n. G. A. Craig, *Deutsche Geschichte . . .*, a. a. O., 396.

20 H. Ostwald, *Sittengeschichte der Inflation. Ein Kulturdokument aus den Jahren des Marksturzes*, Berlin 1931, 147.

21 K. Pfeiffer, *Das war Berlin*, Berlin 1961, 8.

22 F. Hussong, *Kurfürstendamm. Zur Kulturgeschichte des Zwischenreichs*, Berlin 1934, 86.

23 H. Ostwald, *Sittengeschichte der Inflation . . .*, a. a. O., 126.

Haarmann als Symptom

1 Th. Lessing, *Haarmann. Geschichte eines Werwolfs,* München 1973, 12 [Zuerst Berlin 1925].

2 A. a. O., 13.

3 A. a. O., 169.

4 H. Hyan, *Massenmörder Haarmann. Eine kriminalistische Studie,* Berlin 1924, 64.

5 Th. Lessing, *Haarmann* . . ., a. a. O., 13.

6 H. Hyan, *Massenmörder* . . ., a. a. O., 64.

7 Th. Lessing, *Haarmann* . . ., a. a. O., 14.

8 W. Rathenau, *Zur Kritik der Zeit* (1912), in: ders., *Gesamtausgabe,* Bd. 2: *Hauptwerke und Gespräche,* München/Heidelberg 1977, 17–107 (22).

9 Th. Lessing, *Haarmann* . . ., a. a. O., 15.

10 *Eine Streife durch Hannovers Altstadt. Mit der Kriminalpolizei unterwegs. – Allerlei merkwürdige Lokale und ihre Besucher,* in: *Hannoverscher Kurier* v. 13. 12. 1925, Beilage.

11 Th. Lessing, *Haarmann* . . ., a. a. O., 16.

12 K. Kraus, *Die Geschichte einer Verhaftung,* in: ders., *Sittlichkeit und Kriminalität,* München 1970, 330–337 (330).

13 Th. Lessing, *Haarmann* . . ., a. a. O., 43.

14 A. a. O., 44.

15 A. a. O., 43.

16 A. a. O., 68.

17 H. Hyan, *Massenmörder* . . ., a. a. O., 31.

18 Th. Lessing, *Haarmann* . . ., a. a. O., 81.

19 V. Baum, *Es war alles ganz anders,* Berlin 1962, 321.

20 Th. Lessing, *Haarmann* . . ., a. a. O., 72 f.

21 A. a. O., 18.

22 H. Hyan, *Massenmörder* . . ., a. a. O., 16.

23 Th. Lessing, *Haarmann* . . ., a. a. O., 42 f.

24 A. a. O., 152.

25 A. a. O., 83, 151.

26 A. a. O., 86.

27 A. a. O., 75 f.

28 Th. Lessing, *Haarmann* . . ., a. a. O., 81; I. Katz, *Zum Fall Haarmann,* Hannover 1924, 28.

29 Th. Lessing, *Haarmann* . . ., a. a. O., 73, 75, 81, 84 f., 154.

30 H. Hyan, *Massenmörder* . . ., a. a. O., 11; I. Katz, *Zum Fall* . . ., a. a. O., 24 f.

31 Th. Lessing, *Haarmann* . . ., a. a. O., 83 f.

32 H. Hyan, *Massenmörder*. . ., a. a. O., 11.
33 I. Katz, *Zum Fall* . . ., a. a. O., 10; H. Hyan, *Massenmörder*. . ., a. a. O., 28–30.
34 Th. Lessing, *Haarmann* . . ., a. a. O., 70.
35 A. a. O., 104.
36 A. a. O., 67.
37 *Hannoverscher Kurier* v. 16. 4. 1925.
38 V. Baum, *Es war alles ganz anders*, a. a. O., 320.
39 A. a. O., 313.
40 Th. Lessing, *Haarmann* . . ., a. a. O., 189.
41 A. a. O., 110.
42 H. Hyan, *Massenmörder*. . ., a. a. O., 12; Th. Lessing, *Haarmann* . . ., a. a. O., 87.
43 Th. Lessing, *Schlußwort über Haarmann und Grans. »Ein Justizmord ist begangen.« Ein dunkler Punkt*, in: *Prager Tagblatt* v. 21. 1. 1926.
44 H. Hyan, *Massenmörder*. . ., a. a. O., 65.
45 A. a. O., 64.
46 Th. Lessing, *Haarmann* . . ., a. a. O., 190, 98.
47 I. Katz, *Zum Fall* . . ., a. a. O., 30–33.
48 Th. Lessing, *Zwischenfall im Haarmann-Prozeß*, in: *Das Tagebuch*, 5. Jg. (1924), 1795–1798 (1797); Th. Lessing, *Haarmann* . . ., a. a. O., 5.
49 Th. Lessing, *Haarmann* . . ., a. a. O., 193 f.
50 Ebd.
51 Th. Lessing, *Haarmann* . . ., a. a. O., 194.
52 A. a. O., 111.
53 A. a. O., 190.
54 A. a. O., 30.
55 Th. Lessing, *Theaterkritik* zu: »Die rote Robe« von E. Brieux, in: *Göttinger Zeitung* v. 22. 1. 1907.
56 Th. Lessing, *Haarmann* . . ., a. a. O., 45.
57 wie Anm. 48.
58 StAH: ThLN 2592 (Zeitungsdokumente).
59 Th. Lessing, *Haarmann* . . ., a. a. O., 37.
60 A. a. O., 40, 82.
61 A. a. O., 118 f., 125.
62 A. a. O., 152 f.
63 A. a. O., 99, 122.
64 A. a. O., 144, 108, 153; H. Hyan, *Massenmörder*. . ., a. a. O., 32.
65 Th. Lessing, *Haarmann* . . ., a. a. O., 184 f.
66 H. O. Lange, *Fritz Haarmann. Der Würger von Hannover. Kriminalreportage*, Hannover 1960, 7.
67 Th. Lessing, *Haarmanns Schatten*, in: *Prager Tagblatt* v. 16. 1. 1926.

68 A. a. O., 183.
69 A. a. O., 65.
70 Th. Lessing, *Der Haarmann-Prozeß*, in: *Das Tagebuch*, 5. Jg. (1924), 1839–1844 (1842). Th. Lessing, *Haarmann* . . ., a. a. O., 28.
71 A. a. O., 1841.
72 Th. Lessing, *Haarmann* . . ., a. a. O., 207.
73 A. a. O., 52 f.
74 A. a. O., 209 f.
75 A. a. O., 209.
76 A. a. O., 113 f.
77 A. a. O., 199; F. J. Sulloway, *Freud. Biologe der Seele. Jenseits der psychoanalytischen Legende*, Köln-Lövenich 1982, 405–408, 410.
78 Th. Lessing, *Haarmann* . . ., a. a. O., 199; Th. Lessing, *Einmal und nie wieder. Lebenserinnerungen*, Gütersloh o. J. [1969], 322 [Zuerst Prag 1935].
79 Th. Lessing, *Irrende Helden*, in: *Prager Tagblatt* v. 27. 11. 1930. Jetzt in: Th. Lessing, *Ich warf eine Flaschenpost ins Eismeer der Geschichte. Essays und Feuilletons*. Herausgegeben und eingeleitet von R. Marwedel, Darmstadt/Neuwied 1986, 82–87 (85).
80 Th. Lessing, *Haarmann* . . ., a. a. O., 201.
81 Zit. n. A. M. Koktanek, *Oswald Spengler in seiner Zeit*, München 1968, 403.
82 Zit. n. A. M. Koktanek, *Oswald Spengler* . . ., a. a. O., 197.
83 Zit. n. F. J. Sulloway, *Freud* . . ., a. a. O., 530.
84 Th. Lessing, *Einmal* . . ., a. a. O., 325 f.
85 F. Hartung, *Jurist unter 4 Reichen*, Köln 1971, 73.
86 A. a. O., 72.
87 wie Anm. 43.
88 Ebd.
89 Zit. n. B. Frei, *Haarmann*, in: *Die Weltbühne*, 20. Jg. (1924), 2. Halbjahr, 868–870 (868).
90 Zit. n. Th. Lessing, *Haarmann* . . ., a. a. O., 97 f.
91 Th. Lessing, *Der Haarmann-Prozeß*, in: *Das Tagebuch*, 5. Jg. (1924), 1839–1844 (1840).
92 Th. Lessing, *Haarmann* . . ., a. a. O., 58.
93 A. a. O., 200.
94 Zit. n. E. Frey, *Ich beantrage Freispruch*, Hamburg 1959, 60 f.
95 Th. Lessing, *Haarmann* . . ., a. a. O., 210.
96 K. Mann, *Der Wendepunkt. Ein Lebensbericht*, München 1981, 289–292.
97 Th. Lessing, *Haarmann* . . ., a. a. O., 224–226.
98 StAH: ThLN 2594 (Schreiben des Dekans der Fakultät für allgemeine Wissenschaft v. 21. 1. 1925 an Th. Lessing).

99 Th. Lessing, *Haarmann* . . ., a. a. O., 217.
100 G. Köhn, *Das schräge Hannover. Ein Halbweltreport*, Hildesheim 1981, 40.

Neue und alte Horizonte
Europäische Sachlichkeit. Deutscher Nationalwahn

1 J. Hermand/F. Trommler, *Die Kultur der Weimarer Republik*, München 1978, 89.
2 G. A. Craig, *Deutsche Geschichte 1866–1945. Vom Norddeutschen Bund bis zum Ende des Dritten Reiches*, 3., verbesserte Aufl., München 1981, 380 ff., 436 ff.
3 Th. Lessing, *Kulturschwindel. Stoßseufzer nach einem Vortrag des Grafen Hermann v. Keyserling*, in: *Das Tagebuch*, 5. Jg. (1924), 319–322 (320).
4 Th. Lessing, *Die deutsche Studentenschaft um 1925*, in: *Die neue Erziehung* (September 1925), H. 9, 637–643 (639). Jetzt in: Th. Lessing, *Ich warf eine Flaschenpost ins Eismeer der Geschichte. Essays und Feuilletons.* Herausgegeben und eingeleitet von R. Marwedel, Darmstadt/Neuwied 1986, 75–82 (77).
5 Ebd.
6 Ch. Ziegler, *1919–1969. Volkshochschule Hannover. Eine pädagogisch-historische Studie*, Hannover 1970; P. Steinmetz, *Die deutsche Volkshochschulbewegung*, Karlsruhe 1929, 12.
7 P. Steinmetz, *Die deutsche Volkshochschulbewegung*, a. a. O., 26.
8 Th. Lessing, *Volkshochschule als Kulturwert.* Ansprache bei der fünften Jahresfeier der Volkshochschule Hannover-Linden. Herausgegeben vom Bildungsamt des Landkreises Linden, Hannover-Linden o. J. [1923], 10. StAH-ThLN 2299; 2742.
9 A. a. O., 15.
10 Th. Lessing, *Europa und Asien*, Berlin 1918, 73.
11 Th. Lessing, *Europa und Asien*, 5., völlig neu gearbeitete Aufl., Leipzig 1930, 132.
12 A. a. O., 196.
13 A. a. O., 200.
14 A. a. O., 156.
15 A. a. O., 100.
16 Th. Lessing, *Die verfluchte Kultur. Gedanken über den Gegensatz von Leben und Geist*, München 1921, 42.
17 Th. Lessing, *Europa und Asien*, Berlin 1918, 103.
18 A. a. O., 68.

19 Th. Lessing, *Europa und Asien*, 5., völlig neu gearbeitete Aufl., Leipzig 1930, 156.
20 A. a. O., 50.
21 A. a. O., 191.
22 Th. Lessing, *Zur Aufführung von Hauptmanns »Weber«*, in: *Mitteilungsblatt der Freien Volksbühne Hannover* e. V. (Spielzeit 1922/23), H. 2 (1923), 1 f. (2).

Öffentliche Pathologie
Hindenburg und der Fall Lessing

1 W. Ruge, *Hindenburg. Porträt eines Militaristen*, Köln 1981, 206.
2 *Hannoverscher Kurier* v. 20. 4. 1925.
3 *Hannoverscher Kurier* v. 26. 4. 1925.
4 *Hannoverscher Kurier* v. 27. 4. u. 8. 5. 1925.
5 H. Graf Kessler, *Tagebücher 1918–1937*, Frankfurt/M. 1982, 465.
6 StAH: ThLN 2743.
7 *Niederdeutsche Zeitung* v. 8. 5. 1925.
8 Th. Lessing, in: *Volkswille* v. 13. 5. 1925; *Hannoverscher Kurier* v. 8. 5. 1925. StAH: ThLN 2725.
9 *»Ein Jahr Lessinghetze«*, in: *Volkswille* v. 23. 6. 1926.
10 Th. Lessing, *Massenwahn*, in: *Das Tagebuch*, 6. Jg. (1925), 893–907 (894).
11 Zit. n. *Volkswille* v. 17. 5. 1925.
12 StAH: ThLN 2598.
13 StAH: ThLN 2599.
14 StAH: ThLN 2600.
15 Th. Lessing, *Massenwahn*, a. a. O., 897.
16 Zit. n. Th. Lessing, *Massenwahn*, a. a. O., 898.
17 StAH: ThLN 2755.
18 StAH: ThLN 2725 d.
19 StAH: ThLN 2601.
20 NHStAH Hann. 122 a XXV Nr. 148 a.
21 *Prager Tagblatt* v. 20. 5. 1925.
22 Zit. n. *Volkswille* v. 23. 5. 1925.
23 StAH: ThLN 2725 d.
24 G. F. Nicolai, *Reaktion und Universität*, in: *Die Weltbühne*, 16. Jg. (1920), 2. Halbjahr, 545–554 (548).
25 M. H. Kater, *Studentenschaft und Rechtsradikalismus in Deutschland 1918–1933. Eine sozialgeschichtliche Studie zur Bildungskrise in der Weimarer Republik*, Hamburg 1975, 11, 20–24.

26 A. a. O., 167.

27 StAH: ThLN 2657.

28 StAH: ThLN 2639–2654; 2656.

29 *Volkswille* v. 17. 5. 1925.

30 StAH: ThLN 2597.

31 StAH: ThLN 2815.

32 H. Canzler, *Zur Abwehr der Lessing-Hetze: Der Fall*, in: W. Hammer (Hrsg.), *Junge Menschen*, 6. Jg. (Oktober 1925), H. 10: *Theodor Lessing*, 249 f. (249). StAH: ThLN 2744.

33 K. Marx, *Die Klassenkämpfe in Frankreich 1848 bis 1850*, in: Marx/ Engels, *Werke*, Bd. 7, Berlin-DDR 1960, 9–107 (45).

34 Th. Lessing, *Hindenburg*, in: *Prager Tagblatt* v. 25. 4. 1925. Jetzt in: Th. Lessing, *Ich warf eine Flaschenpost ins Eismeer der Geschichte. Essays und Feuilletons*. Herausgegeben und eingeleitet von R. Marwedel, Darmstadt/Neuwied 1986, 65–69.

35 So erzählte es mir Ruth Gorny, Theodor Lessings Tochter.

36 Th. Lessing, *Kleine Tragödie in zehn Kapiteln*, in: *Die Schaubühne*, 7. Jg. (1911), 323–333 (333).

37 StAH: ThLN 2644.

38 StAH: ThLN 2630–2635.

39 StAH: ThLN 2644.

40 Th. Lessing, *An den Reichspräsidenten!*, in: *Prager Tagblatt* v. 7. 6. 1925.

41 Th. Lessing, *Massenwahn*, a. a. O., 903.

42 StAH: ThLN 2743; 2749.

43 Th. Lessing, *Massenwahn*, a. a. O., 905 f.; A. Messer, *Der Fall Lessing. Eine objektive Darstellung und kritische Würdigung*, Bielefeld 1926, 35 f.

44 Zit. in A. Messer, *Der Fall . . .*, a. a. O., 36.

45 StAH: ThLN 2611.

46 StAH: ThLN 2612.

47 StAH: ThLN 2617.

48 StAH: ThLN 2615.

49 StAH: ThLN 2619.

50 STAH: ThLN 2621.

51 StAH: ThLN 2615; 2616; 2618; 2620; 2628.

52 Th. Lessing, *Massenwahn*, a. a. O., 906 f.

53 StAH: ThLN 2815.

54 Th. Lessing, *Massenwahn*, a. a. O., 903.

55 A. a. O., 905.

56 A. a. O., 906 f.

57 StAH: ThLN 2624.

58 StAH: ThLN 2623.
59 StAH: ThLN 2624.
60 StAH: ThLN 2626.
61 StAH: ThLN 2626.
62 Zit. n. A. Messer, *Der Fall* . . ., a. a. O., 55.
63 L. Feuerbach, *Vorwort zur 2. Auflage von »Das Wesen des Christentums«* (1843), in: ders., *Werke*, Bd. 5, Frankfurt/M. 1976, 395–415 (398).
64 *Völkischer Beobachter* v. 8. 7. 1925; W. Serner, *Lessing und der Mädchenhändler*, in: *Prager Tagblatt* v. 26. 2. 1926.
65 Th. Lessing an M. Harden, *Brief* v. 27. 6. 1925, in: BA Koblenz, Harden-Nachlaß, BA 65/H. 8.
66 Th. Lessing an M. Harden, *Brief* v. 3. 10. 1925, in: BA Koblenz, Harden-Nachlaß, BA 65/H. 8
67 M. Harden, *Vorwort* zu: Th. Lessing, *Hindenburg*, Berlin 1925, 5–15.
68 StAH: ThLN 2743.
69 StAH: ThLN 2672.
70 StAH: ThLN 2638.
71 StAH: ThLN 2639–2654; 2656.
72 StAH: ThLN 805.
73 Th. Lessing, *Einmal und nie wieder. Lebenserinnerungen*, Gütersloh o. J. [1969], 411 [Zuerst Prag 1935].
74 Ebd.
75 W. Hammer (Hrsg.), *Junge Menschen*, 6. Jg. (Oktober 1925), H. 10: *Theodor Lessing*. StAH: ThLN 2744.
76 *Die neue Erziehung* (September 1925), H. 8, 632 f.; H. Canzler, *Zur Abwehr der Lessing-Hetze: Der Fall*, in: W. Hammer (Hrsg.), *Junge Menschen*, a. a. O., 250.
77 Th. Lessing an F. Pfemfert, *Brief* v. 11. 9. 1925. StAH: ThLN 2636.
78 Th. Lessing, *Eine Mausemutter tötet ihr Junges*, in: *Prager Tagblatt* v. 11. 1. 1930.
79 W. E. Mosse, *Die Deutsche Rechte und die Juden*, in: ders., (Hrsg.), *Entscheidungsjahr 1932. Zur Judenfrage in der Endphase der Weimarer Republik*, 2. Aufl., Tübingen 1966, 183–246 (198 f.).
80 G. L. Mosse, *Ein Volk, ein Reich, ein Führer. Die völkischen Ursprünge des Nationalsozialismus*, Königstein/Ts. 1979, 212.
81 J.-P. Sartre, *Betrachtungen zur Judenfrage*, in: ders., *Drei Essays*, Frankfurt/M.-Berlin-Wien 1977, 121.
82 G. W. F. Hegel, *Grundlinien der Philosophie des Rechts*, in: ders., *Werke*, Bd. 7, Frankfurt/M. 1970, 430 (§ 270, Zusatz).
83 M. Horkheimer, *Zur Kritik der instrumentellen Vernunft*, Frankfurt/M. 1974, 115.

84 E. Hoffer, *Der Fanatiker*, Reinbek 1965, 83.

85 Zit. n. Th. Fritsch (Hrsg.), *Hammer. Zeitschrift für nationales Leben*, 25. Jg. (1926), Nr. 575, 275; Nr. 577, 321, 327; Nr. 579, 369–371; Nr. 581, 428 f., 443.

86 Th. Lessing, *Antwort auf die Rundfrage: Wie Sie Mussolini sehen*, in: *Prager Tagblatt* v. 25. 12. 1925.

87 Zit. n. *Dresdner Nachrichten* v. 2. 3. 1926.

88 *Dresdner Volkszeitung* v. 1. 3. 1926. StAH: ThLN 2742.

89 L. Reissner, *Im Lande Hindenburgs. Eine Reise durch die Deutsche Republik*, Berlin 1926, 11.

90 M. Overesch/F. W. Saal, *Die Weimarer Republik. Droste-Geschichts-Kalendarium, Chronik deutscher Zeitgeschichte*, Düsseldorf 1982.

91 Zit. n. *Hannoverscher Kurier* v. 14. 1. u. 1. 6. 1926.

92 O. Spengler, *Der Untergang des Abendlandes. Umrisse einer Morphologie der Weltgeschichte*, München 1979, 1138–1141.

93 StAH: ThLN 2810.

94 *Berliner Tageblatt* v. 4. 6. 1926. StAH: ThLN 2743. NHStAH Hann. 320 IV, Nr. 87, 89.

95 Zit. n. *Hannoverscher Kurier* v. 4. 6. 1926. StAH: ThLN 2743.

96 *Prager Tagblatt* v. 5. 6. 1926. StAH: ThLN 2743.

97 *Neue Leipziger Zeitung* v. 6. 6. 1926. StAH: ThLN 2743; NHStAH Hann. 320 IV, Nr. 88.

98 *Frankfurter Zeitung* v. 7. 6. 1926. StAH: ThLN 2743.

99 Zit. n. *Berliner Tageblatt* v. 7. 6. 1926. StAH: ThLN 2743.

100 *Niederdeutsche Zeitung* v. 8. 6. 1926. StAH: ThLN 2743.

101 Zit. n. *Volkswille* v. 9. 6. 1926. StAH: ThLN 2743.

102 Zit. n. *Volkswille* v. 20. 6. 1926.

103 *Berliner Tageblatt* v. 8. 6. 1926. StAH: ThLN 2743.

104 *Vossische Zeitung* v. 8. 6. 1926. StAH: ThLN 2743.

105 *Vossische Zeitung* v. 8. 6. 1926; *Braunschweigische Landeszeitung* v. 7., 8. u. 15. 6. 1926; *Braunschweiger Neueste Nachrichten* v. 8. u. 9. 6. 1926; *Volksfreund* v. 8. u. 10. 6. 1926; *Niedersächsische Arbeiterzeitung* v. 8. u. 10. 6. 1926. StAH: ThLN 2743.

106 Zit. n. *Hannoverscher Kurier* v. 8. 6. 1926. StAH: ThLN 2743.

107 Zit. n. *Niederdeutsche Zeitung* v. 9. 6. 1926. StAH: ThLN 2743.

108 *Berliner Herold* v. 6. 6. 1926. StAH: ThLN 2743.

109 Zit. n. *Prager Tagblatt* v. 8. 6. 1926. StAH: ThLN 2743.

110 Zit. n. *Volkswille* v. 8. 6.1926. StAH: ThLN 2743.

111 Zit. n. *Prager Tagblatt* v. 8. 6. 1926. StAH: ThLN 2743.

112 *8-Uhr-Abendblatt* v. 8. 6. 1926. StAH: ThLN 2743.

113 StAH: ThLN 2743; 2659.

114 *Burschenschaftliche Blätter* (1926): *Zum Fall Lessing*, 345–351 (349).

115 Zit. n. *Niederdeutsche Zeitung* v. 16. 6. 1926.

116 H. Holzbach, *Das ›System‹ Hugenberg. Die Organisation bürgerlicher Sammlungspolitik vor dem Aufstieg der NSDAP,* Stuttgart 1981, 194 f.

117 *Berliner Volkszeitung* v. 6. 6. 25. StAH: ThLN 2725; *8-Uhr-Abendblatt* v. 8. 6. 1926. StAH: ThLN 2743.

118 Th. Lessing, *Philosophie an Technischen Hochschulen,* in: *Berliner Hochschul-Nachrichten* (Dezember 1924), H. 3, 25–27; ders., *Replik. Die Philosophie der Inneren Mission. Eine Erwiderung,* in: *Berliner Hochschul-Nachrichten* (März 1925), H. 6, 62 f.

119 Zit. n. *Berliner Hochschul-Nachrichten* (Januar 1925), H. 4, 38.

120 *Hannoverscher Kurier* v. 9. 6. 1926. StAH: ThLN 2743.

121 Zit. n. A. Messer, *Der Fall . . .,* a. a. O., 67.

122 *Berliner Tagblatt* v. 10. 6. 1926. StAH: ThLN 2743.

123 StAH: ThLN 2764; F. K. Ringer, *Die Gelehrten. Der Niedergang der deutschen Mandarine 1890–1933,* Stuttgart 1983.

124 *Prager Tagblatt* v. 11. 6. 1926. StAH: ThLN 2743.

125 Zit. n. *Hannoverscher Kurier* v. 12. 6. 1926. StAH: ThLN 2743.

126 *Hannoverscher Kurier* v. 12. 6. 1926. StAH: ThLN 2743.

127 Ebd.

128 *Niedersächsische Arbeiter-Zeitung* v. 13. 6. 1926.

129 Zit. n. *Hannoverscher Kurier* v. 12. 6. 1926. StAH: ThLN 2743.

130 StAH: ThLN 2743.

131 *Vossische Zeitung* v. 10. 6. 1926. StAH: ThLN 2743.

132 Zit. n. *Dessauer Zeitung* v. 11. 6. 1926. StAH: ThLN 2743.

133 *Niederdeutsche Zeitung* v. 13. 6. 1926. StAH: ThLN 2743.

134 *Volkswille* v. 15. 6. 1926. StAH: ThLN 2743.

135 Zit. n. *Hannoverscher Kurier* v. 10. 6. 1926.

136 Zit. n. *Vossische Zeitung* v. 16. 6. 1926. StAH: ThLN 2743; StAH: XIX D b 1 Nr. 4.

137 *Hannoverscher Anzeiger* v. 17. 6. 1926. StAH: ThLN 2743.

138 *Volkswille* v. 17. 6. 1926. StAH: ThLN 2743.

139 Th. Lessing, *Fleißige Lieschen,* in: ders., *Blumen,* Berlin 1928, 32–36 (34 f.).

140 Zit. n. *Hannoverscher Anzeiger* v. 13. 6. 1926. StAH: ThLN 2743.

141 Zit. n. *Hannoverscher Anzeiger* v. 14. 6. 1926. StAH: ThLN 2743.

142 *Volkswille* v. 15. 6. 1926. StAH: ThLN 2743.

143 Zit. n. *Vossische Zeitung* v. 13. 6. 1926. StAH: ThLN 2743.

144 *Vossische Zeitung* v. 17. 6. 1926. StAH: ThLN 2743.

145 *Prager Tagblatt* v. 18. 6. 1926. StAH: ThLN 2743.

146 *Vossische Zeitung* v. 15. 6. 1926; *Volkswille* v. 23. 6. 1926. StAH: ThLN 2743.

147 *Vossische Zeitung* v. 16. 6. 1926. StAH: ThLN 2743.

148 *Berliner Tageblatt* v. 17. 6. 1926. StAH: ThLN 2743.

149 *8-Uhr-Abendblatt* v. 16. 6. 1926. StAH: ThLN 2743.

150 *Vossische Zeitung* v. 13. 6. 1926. StAH: ThLN 2743.

151 Zit. n. *Zentral-Vereinszeitung Z. O. der Staatsbürger Jüdischen Glaubens* v. 19. 6. 1925. StAH: ThLN 2725.

152 StAH: ThLN 2725.

153 *Berliner-Börsen-Zeitung* v. 17. 6. 1926. StAH: ThLN 2743.

154 *Hannoverscher Kurier* v. 19. 6. 1926. StAH: ThLN 2743.

155 *Vossische Zeitung* v. 19. 6. 1926. StAH: ThLN 2743.

156 *Berliner Tageblatt* v. 19. 6. 1926. StAH: ThLN 2743.

157 *Volkswille* v. 19. 6. 1926. StAH: ThLN 2743.

158 Zit. n. *Volkswille* v. 19. 6. 1926. StAH: ThLN 2743, 2760.

159 *Vossische Zeitung* v. 20. 6. 1926. StAH: ThLN 2743.

160 *Hannoverscher Kurier* v. 20. 6. 1926. StAH: ThLN 2743.

161 *Vorwärts* v. 18. 6. 1926. StAH: ThLN 2743.

162 *Niedersächsische Arbeiter-Zeitung* v. 20. 6. 1926. StAH: ThLN 2743.

163 *Deutsche Allgemeine Zeitung* v. 20. 6. 1926. StAH: ThLN 2743.

164 *Niederdeutsche Zeitung* v. 20. 6. 1926. StAH: ThLN 2743.

165 *Vossische Zeitung* v. 22. 6. 1926. StAH: ThLN 2743.

166 *Hannoverscher Kurier* v. 22. 6. 1926. StAH: ThLN 2743; 2762.

167 Zit. n. *Hannoverscher Kurier* v. 23. 6. 1926. StAH: ThLN 2743.

168 Th. Lessing, in: *Frankfurter Zeitung* v. 20. 6. 1926. StAH: ThLN 2743; 2761 (Vereinbarung).

169 Zit. n. *Berliner Tageblatt* v. 18. 7. 1926. StAH: ThLN 2743.

170 Am 7. 7. 1926. StAH: ThLN 2743 (Presseberichte).

171 NHStAH Hann. 320 IV, Nr. 90.

172 Zit. n. K. Dahl, *Studento-Analyse*, in: *Die Weltbühne*, 25. Jg. (1929), 1. Halbjahr, 424 f.

173 Nationalsozialistischer Lehrerbund Deutschland (Hrsg.), *Bekenntnisse der Professoren an den deutschen Universitäten und Hochschulen zu Adolf Hitler und dem nationalsozialistischen Staat*, Dresden 1933.

174 *Hannoversche Hochschulblätter. Kampfblatt des NSDStB* (Juni 1935), Nr. 9, Titelbild.

Die Macht der Symbole
Reisen und Reden

1 L. Börne, *Ankündigung der Wage*, in: ders., *Sämtliche Schriften*, Bd. 1, Dreieich 1977, 669. Zum folgenden auch: R. Marwedel, *Einleitung* in: Th. Lessing, *Ich warf eine Flaschenpost ins Eismeer der Geschichte.* Herausgegeben und eingeleitet von R. Marwedel, Darmstadt/Neuwied 1986, 9–51.

2 K. Marx, *Der leitende Artikel in Nr. 179 der »Kölnischen Zeitung«*, in: Marx/Engels, *Werke*, Bd. 1, Berlin-DDR 1956, 99.

3 Th. Lessing, *Ein Garnichtsel*, in: *Prager Tagblatt* v. 4. 5. 1926.

4 Th. Lessing, *Philosophie als Tat*, Bd. 2, Göttingen 1914, 339.

5 Th. Lessing, *Die armen Tierchen*, in: *Prager Tagblatt* v. 7. 10. 1928. Jetzt in: Th. Lessing, *Ich warf eine Flaschenpost . . .*, a. a. O., 202–205 (203).

6 Th. Lessing, *Es ist nur ein Übergang*, in: *Prager Tagblatt* v. 28. 5. 1926. Jetzt in: Th. Lessing, *Ich warf eine Flaschenpost . . .*, a. a. O., 346–349 (348).

7 Th. Lessing, *Es war alles ganz anders*, in: *Prager Tagblatt* v. 15. 11. 1928.

8 Th. Lessing, *Philosophie als Tat*, Bd. 1, Göttingen 1914, 61.

9 Th. Lessing, *Was ich von der jüdischen Jugend erhoffe*, in: *Fünfzig Semester Barissia. Festschrift der jüdisch-akademischen Verbindung »Barissia«*, Prag 1928, 33–39 (33).

10 StAH: ThLN 2056 a.

11 Th. Lessing, *Geschichte als Sinngebung des Sinnlosen oder die Geburt der Geschichte aus dem Mythos*, 4., völlig umgearbeitete Aufl., Leipzig 1927, 24; R. Marwedel, *Logik der Not. Theodor Lessings Kampf gegen die Lebensphilosophie und Nationalmetaphysik*, in: *Frankfurter Hefte*, 39. Jg. (Juni 1984), H. 6, 48–56.

12 Th. Lessing, *Geschichte als Sinngebung . . .*, Leipzig 1927, 237.

13 Th. Lessing, *Einmal und nie wieder. Lebenserinnerungen*, Gütersloh o. J. [1969], 208 [Zuerst Prag 1935].

14 Th. Lessing, *Geschichte als Sinngebung des Sinnlosen*, München 1919, 231.

15 Th. Lessing, *Der Bruch in der Ethik Kants. Wert- und willenstheoretische Prolegomena*, Bern 1908, 56.

16 Th. Lessing, *Geschichte als Sinngebung . . .*, Leipzig 1927, 310.

17 Th. Lessing, *Schopenhauer, Wagner, Nietzsche. Einführung in moderne Philosophie*, München 1906, 25.

18 Th. Lessing, *Gewalt und Liebe*, in: F. Diettrich (Hrsg.), *Die Ghandi-Revolution*, Dresden 1930, 178–204.

19 Th. Lessing, *Philosophie als Tat*, Bd. 1, a. a. O., 100.

20 Th. Lessing, *Was ich von der jüdischen Jugend erhoffe*, a. a. O., 36.

21 H. Mörchen, *Adorno und Heidegger. Untersuchung einer philosophischen Kommunikationsverweigerung*, Stuttgart 1981, 658–660.

22 Th. Lessing, *Ratio und Natio*, in: *Prager Tagblatt* v. 2. 1. 1932.

23 Th. Lessing, *Deutschland und seine Juden*, Prag 1933, 7.

24 StAH: ThLN 2255.

25 Th. Lessing, *Die »Kulturmission« der abendländischen Völker*, in: Liga gegen den Imperialismus (Hrsg.), *Das Flammenzeichen vom Palais Egmont*, Berlin 1927, 205–214 (210).

26 Th. Lessing, *Rechtsleben und Rechtsnorm*, in: *Die Justiz*, 7. Jg. (1931/32), 74–85 (84).

27 Th. Lessing, *Europa und Asien*, 5., völlig neu gearbeitete Aufl., Leipzig 1930, 330.

28 Th. Lessing, *Gewalt und Liebe*, a. a. O., 187.

29 A. a. O., 198.

30 Th. Lessing, *Europa und Asien*, 5., völlig neu gearbeitete Aufl., Leipzig 1930, 323.

31 K. Marx, *Ökonomisch-philosophische Manuskripte*, in: Marx/Engels, *Werke*, Ergänzungsband, Erster Teil, Berlin-DDR 1968, 538.

32 Th. Lessing, *Einmal . . .*, a. a. O., 252.

33 Th. Lessing, *Geschichte als Sinngebung . . .*, Leipzig 1927, 302; A. Schopenhauer, *Brieftasche*, in: ders., *Der handschriftliche Nachlaß*, Bd. 3, München 1985, 173.

34 Th. Lessing, *Europa und Asien*, 5., völlig neu gearbeitete Aufl., Leipzig 1930, 321.

35 A. a. O., 97.

36 A. a. O., 242.

37 A. a. O., 18.

38 Th. Lessing, *Passiflora*, in: ders., *Blumen*, Berlin 1928, 196–208 (206).

39 Th. Lessing, *Geschichte als Sinngebung . . .*, Leipzig 1927, 296.

40 Th. Lessing, *Europa und Asien*, 5., völlig neu gearbeitete Aufl., Leipzig 1930, 314.

41 Th. Lessing, *Geschichte als Sinngebung . . .*, Leipzig 1927, 310.

42 Th. Lessing an Ada Lessing, *Brief* v. 8. 12. 1932. StAH: ThLN 987.

43 Th. Lessing an Ada Lessing, *Brief* v. 25. 2. 1930. StAH: ThLN 930.

44 Th. Lessing, *Die »Kulturmission« der abendländischen Völker*, a. a. O., 207.

45 Th. Lessing, *Indien und die Gewalt*, in: F. Kobler (Hrsg.), *Gewalt und Gewaltlosigkeit. Handbuch des aktiven Pazifismus*, Zürich/Leipzig 1928, 55–62 (57).

46 Th. Lessing, *Wege zum Frieden*, in: *Prager Tagblatt* v. 17. 8. 1932.

47 Th. Lessing, »*Nur wer die Waffen hat, kann Frieden schaffen*«, in: *General-Anzeiger für Dortmund und das gesamte rheinisch-westfälische Industriegebiet* v. 2. 3. 1932.

48 *Freie Sozialistische Jugend*, 8. Jg., H. Jan./Feb. 1932.

49 Th. Lessing, *Der Haarmann-Grans-Prozeß. Zusammenfassung*, in: *Prager Tagblatt* v. 17. 1. 1926.

50 Th. Lessing an Ada Lessing, *Brief* v. 11. 3. 1930. StAH: ThLN 938.

51 Th. Lessing an Ada Lessing, *Brief* v. 17. 5. 1931. StAH: ThLN 1058.

52 Th. Lessing an Ada Lessing, *Brief* v. Mai 1931. StAH: ThLN 1057.

53 Mitteilung von Ruth Gorny an den Verfasser.

54 Th. Lessing, *Das kranke Ägypten*, in: *General-Anzeiger für Dortmund* v. 13. 8. 1931.

55 Th. Lessing an Ada Lessing, *Brief* v. 28. 4. 1931. StAH: ThLN 1054.

56 Th. Lessing an Ada Lessing, *Brief* v. 14. 4. 1931. StAH: ThLN 1051.

57 Ada Lessing an Th. Lessing, *Brief* v. 28. 2. 1931. StAH: ThLN 1453.

58 Th. Lessing an Ada Lessing, *Brief*, Mai 1931. StAH: ThLN 1055.

59 Th. Lessing an Ada Lessing, *Brief*, Mai 1931. StAH: ThLN 1060.

60 Th. Lessing an Ada Lessing, *Brief*, Juni 1931. StAH: ThLN 1063.

61 Th. Lessing an Ada Lessing, *Brief* v. 14. 4. 1931. StAH: ThLN 1051.

62 Th. Lessing, *Am Ende Roms*, in: *Prager Tagblatt* v. 7. 6. 1928.

63 Th. Lessing an Ada Lessing, *Brief* v. 15. 5. 1931. StAH: ThLN 1058.

64 Th. Lessing an Ada Lessing, *Brief* v. 16. 2. 1930. StAH: ThLN 932.

65 Th. Lessing an Ada Lessing, *Brief*, April 1931. StAH: ThLN 1050.

66 Th. Lessing, *Nordischer Morgen*, in: *Prager Tagblatt* v. 10. 2. 1926. Jetzt in: Th. Lessing, *Ich warf eine Flaschenpost . . .*, a. a. O., 386–389 (389).

67 Th. Lessing, *Nietzsche*, Berlin 1925, 37.

68 Th. Lessing, *Philosophie als Tat*, Bd. 1, a. a. O., 95.

69 Th. Lessing, *Deusche Bäume*, in: *Prager Tagblatt* v. 29. 11. 1924. Jetzt in: Th. Lessing, *Ich warf eine Flaschenpost . . .*, a. a. O., 304–309 (308).

70 Th. Lessing, *Einmal . . .*, a. a. O., 20.

71 A. a. O., 27.

72 Th. Lessing, *Eine Begegnung im März 1929*, handschriftl. MS. StAH: ThLN 2057.

73 Th. Lessing, *Einmal . . .*, a. a. O., 392.

74 A. a. O., 151 f.

75 A. a. O., 388; Th. Lessing, *Europa und Asien*, 5., völlig neu gearbeitete Aufl., Leipzig 1930, 344.

76 Th. Lessing, *Geschichte als Sinngebung . . .*, Leipzig 1927, 159.

77 A. a. O., 323.

78 Mitteilung von Ruth Gorny an den Verfasser.

79 Th. Lessing, *Vorwort* zu: F. Marburg, *Der Antisemitismus in der Deutschen Republik*, Wien 1931, III-VI (V).

80 Th. Lessing, *Brief* an J. Klatzkin v. 28. 6. 1929, in: *Jüdische Rundschau*, 34. Jg. (1929), 207.
81 Th. Lessing, *Jüdisches Schicksal*, in: *Der Jude*, Sonderheft 3: *Judentum und Deutschtum*, Berlin 1927, 11–17 (12).
82 Th. Lessing, *Brief* an Fräulein Breling v. 3. 4. 1929. Archiv der Sozialen Demokratie, Friedrich-Ebert-Stiftung, Sammlung Personalia.
83 Th. Lessing, *Vorwort* zu: F. Marburg, *Der Antisemitismus* . . ., a. a. O., VI.
84 Th. Lessing, *Fröhliche Spiele*, in: *Prager Tagblatt* v. 9. 12. 1932.
85 Th. Lessing, *Kleines Lexikon fürs Dritte Reich*, in: *General-Anzeiger für Dortmund* v. 19. 8. 1932. Jetzt in: Th. Lessing, *Ich warf eine Flaschenpost* . . ., a. a. O., 118 f.
86 Ada Lessing an Th. Lessing, *Brief* v. 12. 4. 1932. StAH: ThLN 1460.
87 Ada Lessing an Th. Lessing, *Brief* v. 15. 4. 1932. StAH: ThLN 1460.
88 Th. Lessing, *Dreierlei Wahn*, in: *Prager Tagblatt* v. 29. 9. 1928.
89 Th. Lessing, *Wie es kommen wird*, in: *General-Anzeiger für Dortmund* v. 19. 6. 1932. Jetzt in: Th. Lessing, *Ich warf eine Flaschenpost* . . ., a. a. O., 108–111 (109).
90 Th. Lessing, *Die Anarchisten*, in: *General-Anzeiger für Dortmund* v. 13. 10. 1931. Jetzt in: Th. Lessing, *Ich warf eine Flaschenpost* . . ., a. a. O., 91–93 (93).
91 Abbé Galiani, *Briefe an Madame d'Epinay und andere Freunde in Paris. 1769–1781*, München 1970, 196–199 (196 f.).
92 A. Schopenhauer, *Die Welt als Wille und Vorstellung I*, in: ders., *Werke*, Bd. I, Zürich 1977, 127; H. Blumenberg, *Schiffbruch mit Zuschauer. Paradigma einer Daseinsmetapher*, Frankfurt/M. 1979, 61 f., 38–40.
93 E. u. J. de Goncourt, *Tagebücher. Aufzeichnungen aus den Jahren 1851–1870*, Frankfurt/M. 1983, 10 f.
94 K. Marx, *Der Bürgerkrieg in Frankreich*, in: Marx/Engels, *Werke*, Bd. 17, Berlin-DDR 1962, 313–365 (350).
95 Th. Lessing, *Geschichte als Sinngebung* . . ., Leipzig 1927, 287.
96 F. Neumann, *Behemoth. Struktur und Praxis des Nationalsozialismus 1933–1944*, Frankfurt/M. 1977, 538.
97 Th. Lessing, *Wie es kommen wird*, in: *General-Anzeiger für Dortmund* v. 19. 6. 1932. Jetzt in: Th. Lessing, *Ich warf eine Flaschenpost* . . ., a. a. O., 208–111 (111).
98 K. Marx, *Vorwort zur 2. Ausgabe von »Der achtzehnte Brumaire des Louis Bonaparte«*, in: Marx/Engels, *Werke*, Bd. 8, Berlin-DDR 1960, 560.
99 Th. Lessing, *Geschichte als Sinngebung* . . ., Leipzig 1927, 225 f.
100 Jean Paul, *Vorrede zum Satirischen Appendix, oder Extrakt aus den Gerichtsakten des summarischen Verfahrens in Sachen der Leser, Klä-*

gern, *contra Jean Paul, Beklagten, Satiren, Abhandlungen und Digressionen des letztern betreffend.* Anhang zu: *Jean Pauls Biographische Belustigungen unter der Gehirnschale einer Riesin,* in: ders., *Werke,* Bd. 7, München/Wien 1975, 348.

101 Th. Lessing, *Die armen Tierchen,* in: *Prager Tagblatt* v. 7. 10. 1928. Jetzt in: Th. Lessing, *Ich warf eine Flaschenpost . . .,* a. a. O., 202–205.

102 Th. Lessing, *»Anti-Rüpel«,* in: Th. Lessing (Hrsg.), *Das Recht auf Stille. Das Antirüpelchen. Der Antirowdy. Monatsblätter zum Kampf gegen Lärm, Rohheit und Unkultur im deutschen Wirtschafts-, Handels- und Verkehrsleben. Organ des deutschen Lärmschutzverbandes (›Antilärmverein‹),* 1. Jg., Nr. 2 (1908), 18.

103 J. Scherr, *Ein Dichter des Weltleids (Lenau),* in: ders., *Hammerschläge und Historien,* Bd. 2, 3., verbesserte und stark vermehrte Aufl., Zürich 1878, 165–167.

104 Th. Lessing, *Nein!,* in: *Volkswille* v. 31. 11. 1933, *Beilage* »Für Unterhaltung und Bildung«.

105 *Hannover 1933. Eine Großstadt wird nationalsozialistisch.* Beiträge zur Ausstellung des Historischen Museums am Hohen Ufer, Hannover 1981.

106 Ada Lessing an Th. Lessing, *Brief* v. 6. 3. 1933. StAH: ThLN 1099; Th. Lessing, *Brief* an Sir Philip Hartog v. 5. 7. 1933, in: *Manchester Guardian* v. 1. 9. 1933. StAH: ThLN 2877; Ada Lessing an Th. Lessing, *Brief* (ohne Datum: März 1933). StAH: ThLN 1096; Ada Lessing an Th. Lessing, *Brief* v. 11. 3. 1933. StAH: ThLN 1097 (Nachricht über ein zweites Stinkbombenattentat).

107 StAH: ThLN 2056; Ada Lessing an Th. Lessing, *Brief* v. 24. 5. 1933. StAH: ThLN 1072; *Brief* v. 28. 5. 1933. StAH: ThLN 1069.

108 StAH: ThLN 2056.

Marienbader Exil
Ein politischer Mord

1 Th. Lessing, *Geschichte als Sinngebung des Sinnlosen oder die Geburt der Geschichte aus dem Mythos,* 4., völlig umgearbeitete Aufl., Leipzig 1927, 289.

2 A. Rosenberg, *Novemberköpfe,* 2. Aufl., München 1939, 193–202 (201 f.).

3 A. Faust, *Der NSDStB. Studenten und Nationalsozialismus in der Weimarer Republik,* Bd. 2, Düsseldorf 1973, 83.

4 Zit. n. Th. Lessing, *Über einen Ausspruch von Doktor Goebbels,* in: *Das Tagebuch,* 11. Jg. (1930), 1692 f. Jetzt in: Th. Lessing, *Ich warf eine*

Flaschenpost ins Eismeer der Geschichte. Essays und Feuilletons. Herausgegeben und eingeleitet von R. Marwedel, Darmstadt/Neuwied 1986, 73 f.

5 Th. Lessing, *Mein Tod*, in: *Prager Tagblatt* v. 5. 2. 1933.

6 B. Frei, *Der Papiersäbel. Autobiographie*, Frankfurt/M. 1972, 156.

7 Ebd.

8 B. Frei, *Der Papiersäbel*, a. a. O., 157.

9 A. a. O., 161.

10 A. a. O., 160.

11 A. a. O., 162.

12 A. a. O., 163; ders., *Der Hellseher. Leben und Sterben des Erik Jan Hanussen*, Köln 1981; G. v. Cziffra, *Hanussen. Hellseher des Teufels*, München/Berlin 1978.

13 C. Riess, *Das gab's nur einmal. Die große Zeit des deutschen Films*, Bd. 2, Wien/München 1977, 130.

14 C. Riess, *Das waren Zeiten. Eine nostalgische Autobiographie mit vielen Mitwirkenden*, Wien/München 1977, 345.

15 Zit. n. Th. Lessing, *Brief* an den Manchester Guardian (August 1933), abgedruckt in: *Deutsche Freiheit* v. 6. 9. 1933.

16 Th. Lessing an Ada Lessing, *Brief* v. 2. 3. 1933. StAH: ThLN 1066; Ruth Gorny an Th. Lessing, *Brief* v. 9. 3. 1933. StAH: ThLN 1700.

17 Zit. n. H. E. Tutas, *Nationalsozialismus und Exil. Die Politik des Dritten Reiches gegenüber der deutschen politischen Emigration*, München 1975, 83.

18 wie Anm. 16.

19 Zit. n. B. Cerný, *Der Parteivorstand der SPD im tschechoslowakischen Asyl (1933–1938)*, in: *Historica*, 14. Jg. (1967), 175–218 (187).

20 R. M. Smelser, *Das Sudetenproblem und das Dritte Reich 1933–1938*, München/Wien 1980, 47–54.

21 H. E. Tutas, *Nationalsozialismus und Exil . . .*, a. a. O., 66–68.

22 A. a. O., 70.

23 A. a. O., 71–73.

24 F. Neumann, *Behemoth. Struktur und Praxis des Nationalsozialismus 1933–1944*, Frankfurt/M. 1977, 578.

25 H. E. Tutas, *Nationalsozialismus und Exil . . .*, a. a. O., 202 f.; B. Cerný, *Der Parteivorstand . . .*, a. a. O., 188.

26 R. M. Smelser, *Das Sudetenproblem . . .*, a. a. O., 224; H. E. Tutas, *Nationalsozialismus und Exil . . .*, a. a. O., 72.

27 H. E. Tutas, *Nationalsozialismus und Exil . . .*, a. a. O., 79.

28 J. Cesar/B. Cerný, *Die deutsche antifaschistische Emigration in der Tschechoslowakei (1933–34)*, in: *Historica*, 12. Jg. (1966), 147–184 (167).

29 B. Cerný, *Der Parteivorstand . . .*, a. a. O., 190.

30 H. E. Tutas, *Nationalsozialismus und Exil* . . ., a. a. O., 81.
31 Zit. n. H. E. Tutas, ebd.
32 A. a. O., 77.
33 A. a. O., 67.
34 A. a. O., 162.
35 B. Cerný, *Most k novému zivotu. Nemecka emigrace v ČSR v letech 1933–1939*, Praha 1967; H. Schneider, *Exil in der Tschechoslowakei*, in: Autorenkollektiv (Hrsg.), *Kunst und Literatur im antifaschistischen Exil 1933–1945*, Bd. 5: *Exil in der Tschechoslowakei, in Großbritannien, Skandinavien und in Palästina*, Frankfurt/M. 1981, 17–143.
36 J. Cesar/B. Cerný, *Die deutsche antifaschistische Emigration* . . ., a. a. O.
37 Th. Lessing, *Einleitung*, in: C. G. Carus, *Symbolik der menschlichen Gestalt. Ein Handbuch zur Menschenkenntnis*. Neu bearbeitet und erweitert von Th. Lessing, Celle 1925, 10.
38 Th. Lessing an Ada Lessing, *Brief* v. 9. 3. 1933. StAH: ThLN 1067.
39 Ada Lessing an Th. Lessing, *Brief* v. 21. 3. 1933. StAH: ThLN 1098.
40 Ada Lessing an Th. Lessing, *Brief* v. 21. 6. 1933. StAH: ThLN 1106.
41 Ruth Gorny an Th. Lessing, *Brief* v. 28. 6. 1933. StAH: ThLN 1709.
42 Ada Lessing an Th. Lessing, *Brief* v. 13. 3. 1933. StAH: ThLN 1095.
43 Th. Lessing, *Tarnung*, in: *Aufruf*, 3. Jg. (15. 8. 1933), Nr. 14, 31 f. (31).
44 Th. Lessing, *Osterbotschaft*, in: *Prager Tagblatt* v. 16. 4. 1933. Jetzt in: Th. Lessing, *Ich warf eine Flaschenpost* . . ., a. a. O., 122–126 (124).
45 Th. Lessing an Ada Lessing, *Brief* v. 15. 3. 1933. StAH: ThLN 1068.
46 Th. Lessing, *Siegfried Kawerau*, in: *Prager Tagblatt* v. 11. 6. 1933.
47 Th. Lessing, *Deutschland*, in: *Aufruf*, 3. Jg. (1933), 3 f.
48 Ada Lessing an Th. Lessing, *Brief* v. 11. 3. 1933. StAH: ThLN 1097; *Brief* v. 15. 3. 1933. StAH: ThLN 1094; *Brief* v. 23. 3. 1933. StAH: ThLN 1090; *Brief* ohne Datum [März 1933]. StAH: ThLN 1096.
49 Ada Lessing an Th. Lessing, *Brief* v. 27. 4. 1933. StAH: ThLN 1081.
50 Ada Lessing an Th. Lessing, *Brief* v. 7. 5. 1933. StAH: ThLN 1077.
51 Ada Lessing an Th. Lessing, *Brief* v. 10. 5. 1933. StAH: ThLN 1076.
52 Ada Lessing an Th. Lessing, *Brief* v. 11. 3. 1933. StAH: ThLN 1097; Ada Lessing an Th. Lessing, *Brief* v. 26. 5. 1933. StAH: ThLN 1110.
53 Ada Lessing an Th. Lessing, *Brief* v. 28. 5. 1933. StAH: ThLN 1096.
54 Ada Lessing an Th. Lessing, *Brief* v. 17. 5. 1933. StAH: ThLN 1074.
55 Ada Lessing an Th. Lessing, *Brief* v. 25. 4. 1933. StAH: ThLN 1082.
56 Ada Lessing an Th. Lessing, *Brief* v. 5. 6. 1933. StAH: ThLN 1071.
57 Ruth Gorny an Th. Lessing, *Brief* v. 12. 3. 1933. StAH: ThLN 1701.
58 Ada Lessing an Th. Lessing, *Brief* v. 25. 4. 1933. StAH: ThLN 1082.
59 Ada Lessing an Th. Lessing, *Brief* v. 15. 3. 1933. StAH: ThLN 1075.
60 Ada Lessing an Th. Lessing, *Brief* v. 21. 6. 1933. StAH: ThLN 1106.

61 Th. Lessing an Ada Lessing, *Brief* v. 15. 3. 1933. StAH: ThLN 1068.
62 wie Anm. 46.
63 wie Anm. 61.
64 Th. Lessing, *Die deutsche Universität*, in: *Die neue Weltbühne*, 2. Jg. (1933), H. 36, 1112–1116 (1116). Jetzt in: Th. Lessing, *Ich warf eine Flaschenpost . . .*, a. a. O., 111–116 (116).
65 A. Kuh, *Der exportierte Mord*, in: *Der Morgen* v. 4. 9. 1933. StAH: ThLN 2929.
66 Sophie Leffmann (geb. Lessing), *Brief* v. 7. 1. 1957 an das Leo-Baeck-Institute, New York, LBI: AR 980.
67 Ebd.
68 Ada Lessing an Th. Lessing, *Brief* v. 19. 3. 1933. StAH: ThLN 1091.
69 StAH: ThLN 2874.
70 *Cechoslowakische Bäder-Zeitung* v. 28. 6. 1933. Technische Universitätsbibliothek Hannover: 4 Haupt 1656/2 AF 3617; *Sozialdemokrat* v. 2. 9. 1933. Archiv der Seliger-Gemeinde, Gesinnungsgemeinschaft sudetendeutscher Sozialdemokraten, Stuttgart.
71 Technische Universitätsbibliothek Hannover: 4 Haupt 1656/2 AF 3617.
72 *Prager Abendzeitung* v. 31. 8. 1933. StAH: ThLN 2928.
73 Th. Lessing, *Mein Kopf*, masch. MS. StAH: ThLN 2872.
74 *Sozialdemokrat* v. 2. 9. 1933. Archiv der Seliger-Gemeinde, Stuttgart.
75 Mitgeteilt in dem *Brief* v. Sophie Leffmann (Anm. 66).
76 Ebd.
77 Technische Universitätsbibliothek Hannover: 4 Haupt 1656/2 AF 3617.
78 wie Anm. 66.
79 wie Anm. 5.
80 St. Schwarz, *Meine Begegnung mit Professor Theodor Lessing*, in: *Münchner Jüdische Nachrichten* v. 31. 10. 1958.
81 K. R. Grossmann, *Emigration. Geschichte der Hitler-Flüchtlinge 1933–1945*, Frankfurt/M. 1969, 93 f.
82 *Völkischer Beobachter* v. 27./28. 8. 1933.
83 *Prager Mittag* v. 1. 9. 1933, Nr. 28. StAH: ThLN 2882.
84 *Prager Tagblatt* v. 6. 9. 1933. StAH: ThLN 2907; *Freiheit* v. 1. 9. 1933. StAH: ThLN 2930; *Prager Abendzeitung* v. 4. 9. 1933. StAH: ThLN 2890.
85 *Prager Abendzeitung* v. 4. 9. 1933. StAH: ThLN 2940.
86 *Freiheit* v. 1. 9. 1933. StAH: ThLN 2930.
87 *Prager Tagblatt* v. 1. 9. 1933. StAH: ThLN 2921.
88 R. Cilek, *Vystrely ve vile Edelweiss*, Praha 1966 (Schüsse in der Villa Edelweiss), in: *Soldatenzeitung*, *Magnet* L 966 1/3, Prag 2, hrsg. vom Hrsg. der Zeitungen des Ministeriums für nationale Verteidigung, Prag 1966. Eine Kopie des Manuskripts ist im Besitz von Frau Ruth Gorny,

Hannover. Frau Ghita Lindner-Svanya, Celle, übersetzte freundlicherweise den Text ins Deutsche. – Die Ermittlungs- und Gerichtsakten konnte ich nicht einsehen, da mir das Geld für einen längeren Forschungsaufenthalt in der ČSR nicht zur Verfügung steht. Ich orientiere mich bei meiner Rekonstruktion an diesem Drehbuch für einen melodramatisch inszenierten Fernsehfilm über Lessings Ermordung. Nach Auskunft des ehemaligen Polizisten Jan Sperl, der Eckert 1945 verhaftete und verhörte, wurde diese filmische Dramatisierung des Mordes amtlicherseits wieder zurückgezogen, weil alles falsch dargestellt sein sollte. Mitte der siebziger Jahre sei dann in der Tschechoslowakei, angeregt durch Veröffentlichungen in der *Prager Volkszeitung*, eine Debatte über die genauen Hintergründe des Falles in Gang gekommen. J. Rauscher, *Die Ermordung Theodor Lessings und ihre Folgen. Ein Interview mit dem Polizisten, der den Täter in Marienbad nach dem Krieg verhaftete*, in: *Marienbad-Tepler-Heimatbrief*, 35. Jg. (1982), Nr. 402, 405 f. – Trotz dieser quellenkritisch nicht begründeten Vermutung, daß der Ablauf der Ereignisse in dem genannten Fernsehfilm nicht richtig dargestellt sei, stimmen doch die im Textbuch skizzierten Grundlinien mit meiner auf zeitgenössische Zeitungsberichte sich stützenden Rekonstruktion überein.

89 *Prager Tagblatt* v. 2. 9. 1933. StAH: ThLN 2917; Th. Lessing an Ada Lessing, *Brief* v. 9. 3. 1933. StAH: ThLN 1067.

90 *Prager Tagblatt* v. 7. 9. 1933. StAH: ThLN 2909.

91 *Prager Tagblatt* v. 1. 9. 1933. StAH: ThLN 2889.

92 Ebd.

93 *Volkswille* v. 7. 9. 1933. Archiv der Seliger-Gemeinde, Stuttgart.

94 *Prager Abendzeitung* v. 31. 8. 1933. StAH: ThLN 2928.

95 Zit. n. *Prager Tagblatt* v. 2. 9. 1933. StAH: ThLN 2917.

96 *Prager Mittag* v. 31. 8. 1933. StAH: ThLN 2885.

97 J. Cesar/B. Cerný, *Die deutsche antifaschistische Emigration . . .*, a. a. O., 170; B. Cerný, *Der Parteivorstand*, a. a. O., 189 f.

98 *Prager Tagblatt* v. 1. 9. 1933. StAH: ThLN 2921.

99 *Prager Tagblatt* v. 2. 9. 1933. StAH: ThLN 2917.

100 Zit. n. *Bohemia* v. 14. 9. 1933. StAH: ThLN 2951.

101 *Prager Tagblatt* v. 2. 9. 1933. StAH: ThLN 2917.

102 Ebd.

103 *Volkswille* v. 5. 9. 1933. Archiv der Seliger-Gemeinde, Stuttgart.

104 *Prager Tagblatt* v. 2. 9. 1933. StAH: ThLN 2917.

105 R. Cilek, *Vystrely ve vile Edelweiss*, a. a. O.; Ein Schüler Theodor Lessings traf einen der beiden Mörder, sicher Zischka, zwei Jahre später als NS-Schinder. *Man hat Lessing ›abknallen‹ lassen, wie sich einer seiner Mörder auszudrücken pflegte. Als ich 1935 als junger Student in den Arbeitsdienst eingezogen wurde, war dieser Mann für kurze Zeit mein*

Vorgesetzter. *Das Grauen des Dritten Reiches wurde in ihm in seiner unmittelbarsten Form gegenwärtig.* H.-J. Heydorn, *Theodor Lessing*, in: *Geist und Tat*, 9. Jg. (1954), Nr. 1, 13–15 (13).

106 *Völkischer Beobachter* v. 27. 8. 1933; wau, *Theodor Lessing. Zur Erinnerung an einen großen Lehrer*, in: *Der Pflüger*, 12. Jg. (1963), 89 f.

107 Zit. n. *Informationsbulletin*, hrsg. v. Rat der Jüdischen Religionsgemeinden in der Tschechischen Sozialistischen Republik zu Prag und vom Zentralverband der Jüdischen Religionsgemeinden in der Slowakischen Sozialistischen Republik zu Bratislava (September 1983), Nr. 2–3, 21–24 (23).

108 StAH: ThLN 3012 (Sterbeurkunde Theodor Rudolf Körner, 26. 1. 1978, Wernigerode, DDR).

109 J. Rauscher, *Die Ermordung Theodor Lessings* . . ., a. a. O.

110 Zit. n. R. Cilek, *Vystrely ve vile Edelweiss*, a. a. O.

111 R. Ströbinger, *Der Mord in der »Villa Edelweiß«. So starb 1933 der emigrierte Philosoph Theodor Lessing*, in: *Tribüne*, 23. Jg. (1984), H. 91, 122–129 (126). Leider hat dieser Aufsatz keinen wissenschaftlichen Wert, da die zitierten Passagen aus den Akten der tschechoslowakischen Kriminalpolizei und Justiz ohne Quellennachweis wiedergegeben werden. – H. Obenaus, *Zum 30. August 1983: Der Mord an Professor Theodor Lessing*, in: *Hannover Uni*. Zeitschrift der Universität Hannover, 10. Jg. (1983), H. 1, 20–28 behauptet, seiner Darstellung lägen Ermittlungen der deutschen und tschechoslowakischen Justizbehörden zugrunde, die im einzelnen nicht näher zitiert werden könnten, da diese Ermittlungen noch nicht abgeschlossen seien. Dem steht entgegen, daß die Staatsanwaltschaft Coburg (AZ 8 Js 3/59) zunächst ein Ermittlungsverfahren gegen Eckert eingeleitet hatte, das dann jedoch gemäß § 153 b StPO eingestellt werden mußte. Gegen Zischka eröffnete die Staatsanwaltschaft Hannover (AZ 2 Js 396/60) ein Ermittlungsverfahren, das im Jahre 1960 ohne Ergebnis eingestellt wurde, da der Verbleib Zischkas nicht geklärt werden konnte. Im Jahre 1968 beantragte Robert Kempner erfolglos die Wiederaufnahme des Verfahrens. Seit man weiß, daß Zischka bis zu seinem Tode im Jahre 1978 unbehelligt in der DDR gelebt hatte, besteht mithin auch in dieser Richtung kein Strafverfolgungsanspruch mehr. – Obenaus zitiert ausgiebig schwer beschaffbare zeitgenössische Zeitungen als Primärquellen, so daß der Eindruck entstehen muß, diese Dokumente seien in mühevoller Kleinarbeit zusammengetragen worden; einige wenige Zeitungsausschnitte liegen indes in der Sammlung Haupt der Technischen Universitätsbibliothek Hannover, die meisten vor allem aber im Stadtarchiv Hannover; sie können dort eingesehen werden.

112 Zit. n *Freiheit* v. 1. 9. 1933. StAH: ThLN 2930.

Anmerkungen zu den Seiten 368–371

113 *Hannoverscher Anzeiger* v. 2. 9. 1933.
114 *Vom Schicksal erreicht – Der berüchtigte Professor Theodor Lessing ermordet. – Völkischer Beobachter*, zit. n. *Volkswille* v. 13. 9. 1933. Archiv der Seliger-Gemeinde, Stuttgart.
115 *Niederdeutsche Zeitung* v. 1. 9. 1933.
116 Th. Mann, *Tagebücher 1933–1934*, Frankfurt/M. 1977, 165. Am 15. Juli 1934 notierte er, die Juden hätten die *antiliberale Wendung* in Deutschland mit eingeleitet und der *übrigens widerwärtige Lessing* sei *einer Gesinnung mit seinen Mördern* gewesen. A. a. O., 473 f.
117 E. Jünger, *Subtile Jagden*, Stuttgart 1967, 189.
118 Zit. n. *Hannoverscher Anzeiger* v. 4. 9. 1933.
119 *Prager Presse* v. 7. 9. 1933. StAH: ThLN 2904.
120 *Prager Abendzeitung* v. 2. 9. 1933. StAH: ThLN 2888.
121 Technische Universitätsbibliothek Hannover: 4 Haupt 1656/2 AF 3617.
122 wie Anm. 66.
123 *Marienbader Zeitung/Marienbader Tagblatt* v. 2. 9. 1933. StAH: ThLN 2935.
124 *Prager Montagsblatt* v. 4. 9. 1933. StAH: ThLN 2881.
125 *Prager Mittag* v. 2. 9. 1933. StAH: ThLN 2897; *Prager Tagblatt* v. 5. 9. 1933. StAH: ThLN 2939.
126 *Prager Mittag* v. 4. 9. 1933. StAH: ThLN 2934; *Prager Abendzeitung* v. 4. 9. 1933. StAH: ThLN 2940; wie Anm. 66.
127 wie Anm. 66. – Sophie Lessing flüchtete vor den Nazis in die USA, wo sie 1962 gestorben ist; Ada Lessing wurde 1937 tschechoslowakische Staatsbürgerin und lebte bis 1938 in Prag, floh dann rechtzeitig in ihr zweites Exil nach England, wo sie mit Emigranten aus dem Kreis des von Leonhard Nelson begründeten »Internationalen Sozialistischen Kampfbundes« zusammentraf. Die Nelson-Schülerin Minna Specht leitete in Südwales eine Schule für Emigrantenkinder; Ada Lessing übernahm die Leitung der Hauswirtschaft in dieser Schule. Nach dem Krieg kehrte sie wieder nach Deutschland zurück und baute 1947 ein Lehrerfortbildungsheim des niedersächsischen Kultusministeriums – Schloß Schwöbber bei Hameln – auf und leitete es bis zu ihrem Tode im Jahre 1953; Ruth Lessing überwinterte während der NS-Zeit in Berlin mit ihrem Mann, dem Photographen Hein Gorny. Nach dem Tode ihrer Mutter leitete sie bis 1979 Schloß Schwöbber und lebt jetzt wieder in Hannover. (Mitteilung von Ruth Gorny an den Verfasser.)
128 F. Torberg, in: *Prager Mittag* v. 31. 8. 1933. StAH: ThLN 2885.
129 M. Mares, in: *Prager Mittag* v. 1. 9. 1933. StAH: ThLN 2986.
130 *Volkswille* v. 5. 9. 1933. Archiv der Seliger-Gemeinde, Stuttgart.
131 Th. Lessing, *Die Barbe*, in: *Prager Tagblatt* v. 3. 9. 1933. Jetzt in: Th. Lessing, *Ich warf eine Flaschenpost . . .*, a. a. O., 425–428.

Komödie des Ruhms
Kommentierte Bibliographie 1933–1983

Wenn die Lebensgeschichte und das philosophisch-publizistische Werk eines Menschen von Ächtung, Verfolgung und organisiertem Haß begleitet gewesen ist, wird es schwer, das in der Sekundärliteratur abgelagerte ideologische Geröll kühl und unbeteiligt zu begutachten und zu klassifizieren. Theodor Lessings Werk- und Wirkungsgeschichte ist nicht ablösbar von den politischen Ereignissen in Deutschland zwischen 1872 und 1933; und so wird man schwerlich im gepflegt akademischen Ton von einer »Rezeptionssperre« oder einem »wirkungsgeschichtlichen Defizit« sprechen dürfen. Da aber Lessings Legende immer noch gut ist für politischen Skandal, bürgerliche Nervosität und alteingefleischte Empfindsamkeiten, kann die folgende kommentierte bibliographische Erörterung, von wenigen Ausnahmen abgesehen, vielleicht zeigen, wie leicht es ist, einen bestimmten Punkt, eine Eigenschaft, einen Satz, ein Erlebnis aus einer Gesamtheit von Eigenschaften, Sätzen und Erlebnissen herauszugreifen und dann »quer durch diesen einen Punkt hindurchdringend in der Tangente«[1] vorbeizudenken.

Um kritisches Verständnis bemüht sind einige wissenschaftliche Beiträge aus den zwanziger Jahren: M. Havenstein, *Rezension* von *Schopenhauer, Wagner, Nietzsche*, in: *Zeitschrift für Philosophie und philosophische Kritik*, Bd. 134, 143–146. – Th. Steinmann, *Sinn und Tatsächlichkeit bei Spengler, Lessing und Rickert*, in: *Zeitschrift für Theologie und Kirche, Neue Folge*, 2. Jg. (1921), 348–371. – R. Strathmann, *Theodor Lessings Geschichtsbild*, in: *Philosophie und Leben*, 4. Jg. (1928), 22–25. – W. Goetze, *Die Gegensätzlichkeit der Geschichtsphilosophie Oswald Spenglers und Theodor Lessings*, Phil. Diss. Leipzig 1930. – Ablehnend: M. Frischeisen-Köhler, *Rezension* von *Geschichte als Sinngebung des Sinnlosen*, in: *Historische Zeitschrift*, Bd. 124 (1921), 517 f. – E. Troeltsch, *Der Historismus und seine Probleme*, Tübingen 1922. Ndr.: *Gesammelte Schriften*, Bd. 3, Scientia Aalen 1961, 572–577. – H. Heller, *Bemerkungen zur staats- und rechtstheoretischen Problematik der Gegenwart*, in: *Archiv des öffentlichen Rechts*, 16. Jg. (1929), 321–354 (341 f.). – Überschwenglich lobend: A. Döblin, *Friedells »Kulturgeschichte«*, in: *Die Weltbühne*, 23. Jg. (1927), 2. Halbjahr, Nr. 52, 966–970 (966 f.): *Wenn man Lessings Buch gelesen hat, so fragt man sich: ja, wer hat nun noch Lust, Geschichte zu schreiben? Wer wagt es, sein Opus als »Geschichte« zu servieren [. . .] »Theodor« Lessing, t wie traumhaft, h wie halt, e wie eigentümlich, erstaunlich?* – StAH: ThLN 2325 (Rezensionen). – Nach 1933 wurde Lessing für die exilierten deutschen Schriftsteller zum

Märtyrer und Symbol für die vielen Namenlosen, die der NS-Staat ermorde-
te: *Theodor Lessing, femgekillt [. . .] Erschlagen – von der Not geknickt: / Der
beste Jahrgang deutscher Reben / Ließ vor der Ernte so sein Leben* W.
Mehring, *12 Briefe aus der Mitternacht. X (Marseille, Silvester 1940/41)*, in:
ders., *Großes Ketzerbrevier. Die Kunst der lyrischen Fuge*, München/Berlin
1974, 243–282 (273–275). – Anders Ludwig Klages, der ohne Nennung des
Namens, aber mit deutlichem Hinweis seinen antisemitischen Haß auf den
ehemaligen Freund und den George-Kreis ablädt und im ersten Kriegsjahr,
1940, von den *Völkerversklavungspläne[n] Judas* spricht. L. Klages, *Einführung* in: A. Schuler, *Fragmente und Vorträge aus dem Nachlaß*, Leipzig 1940,
1–120 (46). – Ein vom großdeutschen Reich fabulierender NS-Philosoph
bescheinigt dem Juden Lessing *Scharlatanerie* auf dem Hintergrund *theatrali-
scher Scheinexistenz.* Ch. Steding, *Das Reich und die Krankheit der europäischen Kultur*, Hamburg 1942, 424–426, 583. – Ebenso H. J. von Freyenwald,
Jüdische Bekenntnisse aus allen Zeiten und Ländern, Nürnberg 1941, 73 f.,
125, 136, 142, 214. – Dagegen: C. A. Stonehill (Hrsg.), *The Jewish
Contribution to Civilization*, London 1940, 103. – Die Emigranten Kurt
Hiller und Arnold Zweig entdecken an Lessing einige Vorzüge, doch könne
man ihn nicht davon freisprechen, gewisse Züge der nationalsozialistischen
Herrschaftslehre vorbereitet zu haben. A. Zweig, *Theodor Lessing, ermordet
am 31. August 1933*, in: ders., *Ausgewählte Werke*, Bd. 16: *Essays*, Bd. 2,
Berlin und Weimar 1967, 83–91 (89). – Hiller kommt zu dem Ergebnis, *daß
dieser Professor und Litterat die Kugel gießen half, die ihn niederstreckte* und
malt ein merkwürdiges Bild vom Attentat auf Lessing: *Unverhofft, hin über
dunkle, süße Sommersanftmut, flog das Todesvögelchen dem Propheten
mitten ins Herz.* K. Hiller, *Der Denker im Spiegel*, in: ders., *Köpfe und
Tröpfe, Profile aus einem Vierteljahrhundert*, Hamburg/Stuttgart 1950,
301–308 (301). Die Farce solcher Würdigungen bekommt in Zweigs Nachruf
noch eine komische Komponente. Gegenüber Anna Seghers klagt er, in Haifa
Geschichte als Sinngebung des Sinnlosen nicht auftreiben zu können und fügt
hinzu: *Sollte ich bei Durchsicht dieses Buches entdecken, daß Lessing nicht
gegen, sondern für den Logos Stellung genommen hat, so werde ich Ihnen in
den nächsten zwei Wochen eine Umarbeitung des Artikelschlusses schicken.*
A. a. O., 492. – Beide Nachrufe stammen aus dem Jahre 1936. – Im Ausland
erwähnt man Lessing Mitte der dreißiger und Ende der vierziger Jahre als
Kulturpessimisten und Propheten zwischen Lebensphilosophie und rous-
seauistischer Romantik: Ch. A. Beard, *That Noble Dream*, in: *The American
Historical Review*, Bd. XLI (1935), Nr. 1, 74–87. Zit. in: F. Stern (Hrsg.),
Geschichte und Geschichtsschreibung, München 1966, 332 f. – S. Liptzin,
Germany's Stepchildren, Philadelphia 1944, 152–169. – Nach dem II. Weltkrieg spricht Jean Gebser von Lessings geschichtskritischem Buch als von
dem *wenig genannten, aber oft ausgeplünderten Werke.* J. Gebser, *Zur*

Geschichte der Vorstellungen von Seele und Geist (1947), in: ders., *Gesamtausgabe*, Bd. V/I, Schaffhausen 1976, 10; ders., *Ursprung und Gegenwart*, 2., erweiterte Ausgabe, Bd. 2, Stuttgart 1961, 338 ff., 344 ff. – Diese unmittelbare Nachkriegszeit ist nicht Beginn eines Überdenkens, vielmehr werden weiterhin unhaltbare wissenschaftliche und politische Vorwürfe erhoben. So Th. Litt, *Wege und Irrwege geschichtlichen Denkens*, München 1948, 89–101, worin Lessing der voluntaristisch-subjektivistischen Geschichtsbetrachtung beschuldigt wird, die den Nazis gute Dienste geleistet habe. Litt unterzeichnete als Mann der ersten Stunde das *Bekenntnis der Professoren an den deutschen Universitäten und Hochschulen zu Adolf Hitler und dem nationalsozialistischen Staat*, hrsg. v. Nationalsozialistischen Lehrerbund Deutschlands, Dresden 1933. Darin heißt es unter anderem, es sei der Professoren *adeliger Geist,* der sie dazu gebracht habe, in *freudigem und freiem Mannesstolz* dem »Führer« zu dienen. A. a. O., 7. – Lessing wird erwähnt in: H. Heimsoeth, *Geschichtsphilosophie,* Bonn 1948, 639 f. – E. Steffes, *Wirksame Kräfte in Gehalt und Gestalt der Lyrik im Zeitraum des Expressionismus,* Phil. Diss. München 1956, 15 f. – R. Hamann/ J. Hermand, *Epochen deutscher Kultur von 1870 bis zur Gegenwart,* Bd. 4: *Stilkunst um 1900,* Frankfurt/M. 1977 [Zuerst 1959], 154 f. – G. Lukács, *Die Zerstörung der Vernunft. Irrationalismus und Imperialismus,* Darmstadt/Neuwied 1974 [Zuerst 1954], 195. Hier wird Lessing der politischen Linken zugerechnet. – S. Kaznelson (Hrsg.), *Juden im Deutschen Kulturbereich,* 2., stark erweiterte Ausgabe, Berlin 1959, 271. Wird zusammen mit Walter Benjamin und Ernst Bloch genannt, aber mit dem Verdikt der *Geistfeindlichkeit* belegt. – Der *Große Brockhaus* gibt die Auskunft, Lessing sei ein *scharfer Antisemit* gewesen: Bd. 7, Wiesbaden 1955, 196. Noch die *Brockhaus Enzyklopädie* von 1970 hält daran fest: Bd. 11, Wiesbaden 1970, 374. – H. Berl, *Gespräche mit berühmten Zeitgenossen,* Baden-Baden 1946, 176 f., behauptet: *Er sieht in Hindenburg einen größeren Massenverbrecher als in Haarmann, den er mit Pathologie zu entschuldigen sucht.* – Weitere Erwähnungen: W. H. Kaufmann, *Monarchism in the Weimar Republic,* New York 1953, 232 f. – P. Honigsheim, *Romantik und neuromantische Bewegungen,* in: *Handwörterbuch der Sozialwissenschaften,* Bd. 9, Stuttgart 1956, 35. – F. Billicsich, *Das Problem des Übels in der Philosophie des Abendlandes. Von Schopenhauer bis zur Gegenwart,* Bd. 3, Wien 1959, 149, 296. – H. Driesch, *Lebenserinnerungen. Aufzeichnungen eines Forschers und Denkers in entscheidender Zeit,* München/Basel 1951, 271. – G. Kloos, *Die Konstitutionslehre von Carl Gustav Carus mit besonderer Berücksichtigung seiner Physiognomik,* Basel/New York 1951, 5, 98. – W. Theimer, *Der Marxismus. Lehre – Wirkung – Kritik,* Bern 1950, 49. – E. E. Kisch, *Landung in Australien,* Berlin 1948, 48. – K. Lewin, *Selbsthaß unter Juden* (1941), in: ders., *Die Lösung sozialer Konflikte,* 4. Aufl., Bad Nauheim 1975 [Zuerst

1948], 258–277. – M. Schmaus, *Die christliche Auffassung der Geschichte,* in: *Universitas,* 8. Jg. (1953), H. 1, 21. – Es melden sich aber auch die am Leben gebliebenen ehemaligen Schüler und Freunde: *Wir Jungen damals haben Lessing geliebt, geliebt um seiner geistigen Erscheinung willen, die sich auch dem weltanschaulichen Gegner niemals verschloß aus Machtwillen oder Intoleranz. Zu seinen Füßen in den Hörsälen der Universitäten und Schulen saßen Bekenner vieler Richtungen, Jungsozialisten, Lebensreformer und geschulte Marxisten, niemals aber Konservative oder Couleur-Studenten.* H. Canzler, *In Memoriam Theodor Lessing,* in: *Deutsche Volkszeitung* v. 29. 8. 1953. – K. Geldmacher, *Theodor Lessing zum Gedächtnis. Der Weg eines Kämpfers für Wahrheit und Recht,* in: *Deutsche Volkszeitung* (August 1946). – Die antifaschistische Zeitung *Das Andere Deutschland* (Redaktionsbüro: Georgstr. 17 in Hannover) schrieb zum 25. Todestag: *Es ist notwendig, sein Werk und seine Persönlichkeit freizulegen von den Verzerrungen, die seine Gegner verursacht haben.* A. Droste, *Verfolgt, ermordet, totgeschwiegen. Theodor Lessing und die Gegenwart,* in: *Das Andere Deutschland. Unabhängige Zeitung für entschiedene demokratische Politik,* hrsg. v. F. u. I. Küster, Hannover, Ausgabe v. 25. 8. 1958. – Siehe auch: K. Otto, *»Geist an Geist erzeugen . . .« Theodor Lessing zum Gedächtnis,* in: *Aufbau,* 3. Jg. (1947), 132 f. – F. Schultze, *Theodor Lessing, ein Mann der begriff . . .,* in: *Aufbau,* 4. Jg. (1948), 702–704. – H.-J. Heydorn, *Theodor Lessing,* in: *Geist und Tat,* 9. Jg. (1954), Nr. 1, 13–15; ders., *Julius Bahnsen. Eine Untersuchung zur Vorgeschichte der modernen Existenz,* Phil. Diss. Frankfurt/M./ Göttingen 1952, 5. Diese Arbeit geht auf Lessings Anregung zurück. – R. Drews/A. Kantorowicz (Hrsg.), *Verboten und verbrannt. Deutsche Literatur. 12 Jahre unterdrückt,* Berlin/München 1947, 6, 105 f. – E. Weinert, *Studenten,* in: ders., *Das Zwischenspiel,* Berlin 1960 [Zuerst 1950], 205 f. Entstand 1925 während der Kampagne gegen Lessing. – Das offizielle Hannover richtete zur 25. Wiederkehr von Lessings Ermordung eine Feierstunde zum Gedenken an den Sohn der Stadt aus, aber der Festredner hielt sich an Flauberts Diktum, daß es auch Ehrungen gibt, die entehren, indem er (auch über den Rundfunk) alte Phrasen kolportiert: *Was Lessing als Philosoph lehrte, war zu einem guten Teil ein Stück jener romantischen Kultur- und Gesellschaftskritik, die den Boden bereitete für den Sieg des Mythos von Leben, Blut und Rasse.* Ch. Gneuss, *Don Quijote oder Prophet?* Eine Sendung zum 25. Jahrestage der Ermordung Theodor Lessings, masch. MS des NDR, Sendung v. 31. 8. 1958. – Die Lokalzeitungen melden, daß Hannover sich auf einen *großen Sohn* besinne, der vieles vorausgeahnt habe. An den Nachweltdünkel dachte man dabei wohl nicht. *Hannoversche Rundschau* v. 3. 12. 1958; *Hannoversche Presse* v. 3. 12. 1958; *Hannoversche Allgemeine Zeitung* v. 4. 12. 1958. – In den sechziger Jahren nimmt die Zahl der Erwähnungen sprunghaft zu, eine Dissertation erscheint, die Lessing als *mystisch-romanti-*

schen Visionär, totalen Pragmatisten, psychologischen Nominalisten, Relativi-
sten und totalen Hymniker des Rausches einordnet; auch habe er keinen Sinn
für die Realität und Kontinuität überpersonaler, geschichtlicher Gebilde, für
die gebieterische Macht geschichtlicher Tatsachen. H. D. Hüsgen, Geschichtsphilosophie und Kulturkritik Theodor Lessings, Phil. Diss. Mainz 1961, 28. –
Ein anderer Autor kreidet Lessing an: Er vermag es vielfach nicht, seine Sprache
so zu zügeln, daß sie dem üblichen Gebrauch angemessen ist. E. Hieronimus,
Theodor Lessing, in: Presseamt der Stadt Hannover. In Zusammenarbeit mit
der jüdischen Gemeinde Hannover e. V. (Hrsg.), Leben und Schicksal. Zur
Einweihung der Synagoge in Hannover, Hannover 1963, 124–137 (135);
ders., Bedeutende Juden in Niedersachsen, Hannover 1964, 9–57; ders., Der
Philosoph Theodor Lessing. Zum Gedenken an seine Ermordung in Marienbad am 31. 8. 1933, in: Hannoversche Presse v. 30. 8. 1963. – Zum 90. Geburtstag Lessings erscheint ein Neudruck der 4. Auflage von Geschichte als
Sinngebung des Sinnlosen mit einem Nachwort von Ch. Gneuss, der sich
selbst stillschweigend korrigiert und meint, auch entschiedene Gegner alles
Blut- und Bodengeraunes haben in die Tiefen des Irrationalen hineinge-
leuchtet, ohne ihnen dabei zu verfallen. Nachwort zu: Th. Lessing, Geschichte als Sinngebung des Sinnlosen oder die Geburt der Geschichte aus dem
Mythos, Hamburg 1962, 321–337 (325). Allerdings fügt er hinzu, daß Lessing
mehr wert ist als alle seine Talente. (337). – Über die klägliche Resonanz der
deutschen Kritik auf Lessings wieder verlegtes Buch äußert der Lektor: Von
den 50 Professoren [. . .] antwortete einer. Es war nicht nötig, daß Hitler
Bücher verbrennen ließ – die Deutschen werden ohne Feuer fertig mit ihren
Autoren. R. Hochhuth an L. Marcuse, Brief v. 12. 3. 1968, in: H. von Hofe
(Hrsg.), Briefe von und an Ludwig Marcuse, Zürich 1975, 242. – Die Ludwig
Klages-Gesellschaft gibt bekannt: Sein Tod verdient Anteilnahme. Seiner
Person gönne man ein wohlmeinendes Vergessen. H. E. Schröder, Theodor
Lessings autobiographische Schriften. Ein Kommentar, Bonn 1970, 162. –
H. Kasdorff, Rezension von H. E. Schröder, a. a. O., in: Philosophischer
Literaturanzeiger, Bd. 25 (1972), 369–372; ders., Ludwig Klages, Werk und
Wirkung, Bd. 1, Bonn 1969, 354, 420, 425, 427, 432, 434 f., 440, 447 f., 451,
463, 467 f., 507 f., 558, 686, 697 f., 706 f. – In der DDR stuft man Lessing als
kleinbürgerlich-demokratischen Philosophen ein und würdigt ihn als Opfer
des deutschen Faschismus. H. Habedank, Der Feind steht rechts. Bürgerliche
Linke im Kampf gegen den deutschen Militarismus (1925–1933), Berlin-DDR
1965, 67 f., 68 f., 104, 175, 204. – R. Greuner, Gegenspieler. Profile
linksbürgerlicher Publizisten aus Kaiserreich und Weimarer Republik, Berlin-
DDR 1969, 179, 232, 242. – J. Streisand (Hrsg.), Studien über die deutsche
Geschichtswissenschaft, Bd. 2: Die bürgerliche deutsche Geschichtsschreibung
von der Reichseinigung von oben bis zur Befreiung Deutschlands vom
Faschismus, Berlin-DDR 1965, 162, 290. – G. Fuchs, Gegen Hitler und

Henlein. Der solidarische Kampf tschechischer und deutscher Antifaschisten von 1933 bis 1938, Berlin-DDR 1961, 76. – W. Berthold/G. Lozek/H. Meier/ W. Schmidt, *Kritik der bürgerlichen Geschichtsschreibung. Handbuch*, Bd. 1, Berlin-DDR 1970, 83. – Ganz anderer Meinung ist ein westdeutscher Wissenschaftler, der Lessing die *barbarische Härte einer völkisch fundierten Manneskultur* vorbereiten läßt. F. Rodi, *Morphologie und Hermeneutik. Diltheys Ästhetik*, Stuttgart 1969, 28 f., 26–30 (29). – Das Thomas Mann-Archiv und Katia Mann setzen die Fehde des Schriftstellers gegen den Philosophen über beider Tod hinaus fort. *Hitler – das war jene »Stufe der Verhunzung«, die Thomas Mann schon in Lessings Verhunzung von Nietzsches Philosophie zu erkennen geglaubt hatte – Gehässigkeit als Niedertracht, und nicht als Selbstkritik.* H. Wysling, »*Ein Elender«. Zu einem Novellenplan Thomas Manns*, in: P. Scherrer/H. Wysling (Hrsg.), *Quellenkritische Studien zum Werk Thomas Manns*, Bern/München 1967, 106–122 (122). – Katia Mann, *Meine ungeschriebenen Memoiren*, Frankfurt/M. 1974, 75–77, unterstellt Lessing, er habe eine sexuelle Beziehung seiner Ehefrau Maria zu seinem Schüler, dem späteren Schriftsteller Bruno Frank, nicht nur geduldet, sondern sich *vielleicht auch daran ergötzt. Deshalb war er der»Elende«.* (77). Das ergänzt ein Th. Mann-Biograph mit dem Zusatz, Lessing sei *ein streitsüchtiger Querulant und lügnerisch auftrumpfender Zukurzgekommener und ein jüdischer Antisemit dazu.* P. de Mendelssohn, *Der Zauberer. Das Leben des Deutschen Schriftstellers Thomas Mann*, Erster Teil 1875–1918, Frankfurt/M. 1975, 827. – Abschließende Worte findet das Thomas Mann-Archiv: *Von diesem Theodor Lessing (1872–1933) wüßte man heute nicht mehr viel, wäre es ihm nicht gelungen, sich mit seinem Anti-Lublinski in Thomas Manns Biographie einzudrängen.* H. Wysling, a. a. O., 110. – Blieb Lessing früher unerwähnt, so wird er nun, in den sechziger und frühen siebziger Jahren, einer wenigstens quantitativ ins Gewicht fallenden Beachtung für wert erachtet. Ein Professor entdeckt in Lessings Werk *Geschichtsleugnungen* und diagnostiziert: *In Theodor Lessing indessen rumorte stets der antiintellektuelle Impuls.* H. Mayer, *Theodor Lessing. Bericht über ein politisches Trauma*, in: ders., *Der Repräsentant und der Märtyrer. Konstellationen der Literatur*, Frankfurt/M. 1973, 94–120 (117 f.). Lesen bräuchte man Lessing nicht, denn schon die Überschriften sagen, worum es sich handelt: *Titel philosophischer Schriften machen auch ohne Kommentar sinnfällig, wohin es im Denken oder auch Nichtmehrdenken gehen sollte.* H. Mayer, *Goethe. Ein Versuch über den Erfolg*, Frankfurt/M. 1973, 138. Sodann reiht er Klages und Lessing in die *Phalanx der Gegenaufklärung* ein und merkt zu Lessings psychologischer Studie *Der jüdische Selbsthaß* an: *Jüdischer Selbsthaß jedoch? Nur dann, wenn Aufklärung, was nun freilich die Chamberlain und Klages und Theodor Lessing postulierten, gleichzusetzen war dem ›jüdischen Geist‹*, um zuletzt Lessing mit *neo-darwinistischen*

Rassekonzepten in Zusammenhang zu bringen. H. Mayer, *Außenseiter,* Frankfurt/M. 1975, 414–421 (419 f.). Zum 50. Geburtstag der Volkshochschule Hannover spricht Mayer über Lessing: *kein Denker von Rang;* die Lebenserinnerungen seien immerhin *bewegend und informierend;* ein Satz indes sollte zu denken geben, auch wenn man noch nicht die Hegelsche Logik studiert hat: *Dieser Feind der Dialektik wurde ein Opfer der Dialektik.* Ein fürchterlicher Satz und ein trauriges Beispiel dafür, wie ein selbst politischen Verfolgungen ausgesetzter deutscher Jude ein Opfer des NS-Regimes mit einem billigen Wortspiel (das marxistische Denkungsart vorweisen soll, aber nur schlechtes Feuilleton ist) einen Menschen ein zweites Mal (diesmal der objektiven Geschichtsdialektik, der keiner entrinnen kann, wenn man sie verleugnet) dem Tode überantwortet: H. Mayer, *Theodor Lessing. Bericht über ein politisches Trauma,* a. a. O., 119. Noch in Mayers Lebenserinnerungen taucht Lessing als *illuminierter Nietzscheaner* auf, der den Weg zur NS-Ideologie geebnet haben soll. H. Mayer, *Ein Deutscher auf Widerruf. Erinnerungen,* Frankfurt/M. 1982, 111, 119–121, 164. –

Anders H. Puknus, *Sinngebung des Sinnlosen. Kein Comeback für Theodor Lessing,* in: *Literatur REVUE,* H. 9/10 (1962), 29–31, der Lessing in der *Reihe schöpferischer Umwerter* sieht und *die Frage der Moderne* gestellt habe. Auch sei Lessing kein kulturpessimistischer Lebensphilosoph, vielmehr war er *mit beinahe konstitutioneller Selbstverständlichkeit auf der Seite der Not-Leidenden* (30 f.); ders., *Über Theodor Lessing,* in: *pläne,* H. 3 (1963), 12–14. – So auch: (wau), *Theodor Lessing. Zur Erinnerung an einen großen Lehrer,* in: *Der Pflüger,* 12. Jg. (1963), 89 f. und Lessings Hannoveraner Verleger, W. A. Adam, *Theodor Lessings Vermächtnis. Ein großer Unbekannter,* masch. MS, o. J. [1969] 22 S., Titel handschriftl. Im Besitz von Frau Ruth Gorny, Hannover. Sowie J. von Guenther, *Ein Leben im Ostwind. Zwischen Petersburg und München. Erinnerungen,* München 1969, 68–70, 78, 80, 86 f., 100, 377. – Die restlichen Erwähnungen, Wertungen und Kurznennungen sind unergiebig, auf eine in Einzelheiten gehende Analyse kann nicht nur aus Platzmangel verzichtet werden. Ch. Gneuss, *Mahner für Freiheit und Recht. Theodor Lessing,* in: F. Engelke (Hrsg.), *Große Niedersachsen,* München 1961, 256–259. – A. Brecht, *Politische Theorie,* Tübingen 1961, 460. – L. Lazarus, *Theodor Lessing. Wesen und Schicksal eines Ermordeten,* in: *Deister-Weser-Zeitung* v. 8. 2. 1962; ders. *Theodor Lessing. Zu seinem 90. Geburtstag,* in: *Mitteilungen der »Gemeinschaft der durch die Nürnberger Gesetze Betroffenen« (Niedersachsen),* 15. Jg. (1962), Nr. 1., 1 f. – H. Bauer, *Zur Theorie und Praxis der ersten deutschen Landerziehungsheime,* Berlin-DDR 1961, 76. – E. Jones, *Das Leben und Werk von Sigmund Freud,* Bd. 3, Bern/Stuttgart 1962, 192 f. – A. Enseling, *Die Weltbühne. Organ der Intellektuellen Linken,* Phil. Diss. Münster 1962, 110, 144 f., 150 f., 156. – A. Diemer, *Grundriß der Philosophie,* Bd. 1., Meisenheim a.

Glan 1962, 161; Bd. 2, Meisenheim a. Glan 1964, 154, 170, 172, 779. – E. Schrembs, *Über Theodor Lessing,* in: Kunstverein Hannover (Hrsg.), *Die 20er Jahre in Hannover,* Hannover 1962, 97–99. – H. Kohn, *Karl Kraus. Arthur Schnitzler. Otto Weininger. Aus dem jüdischen Wien der Jahrhundertwende,* Tübingen 1962, 36 f. – D. Bode, *Georg Britting,* Stuttgart 1962, 21. – E. Silberner, *Sozialisten zur Judenfrage,* Berlin 1962, 358. – G. Bauer, ›Geschichtlichkeit‹. *Wege und Irrwege eines Begriffs.* Berlin 1963, 89 f., 93 f., 133. – W. Brüning, *Geschichtsphilosophie der Gegenwart,* Stuttgart 1961, 117. – P. Berglar, *Carl Gustav Carus,* in: *Jahrbuch des Wiener Goethe-Vereins, Neue Folge der Chronik,* Bd. 67 (1963), 123, 138. – *Ullstein-Lexikon,* Bd. 2, Frankfurt/M.-Berlin-Wien 1963, 590 f. – I. S. Kon, *Die Geschichtsphilosophie des 20. Jahrhunderts,* Bd. 1: *Die Geschichtsphilosophie der Epoche des Imperialismus,* Berlin-DDR 1964, 189 f. – L. Marcuse, *Meine Geschichte der Philosophie. Aus den Papieren eines bejahrten Philosophiestudenten,* Zürich 1981 [Zuerst 1964], 184 f. – K. Schröter, *Heinrich Mann,* Reinbek 1964, 82. – Jüdischer Verlag (Hrsg.), *Almanach 1902–1964,* Berlin 1964, 25, 99–102. – R. Neumann, *Macht,* Wien/München/Basel 1964, 469. – A. Leisen, *Die Ausbreitung des völkischen Gedankens in der Studentenschaft der Weimarer Republik,* Phil. Diss. Heidelberg 1964, 74–88, 160–170. – Deutsche Bibliothek (Hrsg.), *Exil-Literatur 1933–1945. Eine Ausstellung aus den Beständen der Deutschen Bibliothek,* Frankfurt/M. 1965, 46. – E. Bloch, *Literarische Aufsätze,* Frankfurt/M. 1965, 462. – P. Schick, *Karl Kraus,* Reinbek 1965, 129. – H. Wilde, *Theodor Plievier. Nullpunkt der Freiheit. Biographie,* München 1965, 70. – G. Harmsen, *De Levensstrijd van Theodor Lessing, Links publicist en filosoof in Duitsland,* in: *Buiten de Perken,* Nr. 58 (1965), 1–12. – H. und E. Hannover, *Politische Justiz 1918–1933,* Frankfurt/ M. 1966, 15. – H. Meyer, *Was bleibt. Bemerkungen über Literatur und Leben, Schein und Wirklichkeit,* Stuttgart 1966, 194, 211. – *Bertelsmann-Lexikon,* Neuausgabe in sieben Bänden, Bd. 4, Gütersloh 1966, 917. – H. Kuhn, *Die Universität vor der Machtergreifung,* in: Universität München (Hrsg.), *Die Deutsche Universität im Dritten Reich,* München 1966, 37. – M. Vogel, *Apollinisch und Dionysisch. Geschichte eines genialen Irrtums,* Regensburg 1966, 213 f., 259 f., 262, 268 f., 273 f. – H. G. Helms, *Die Ideologie der anonymen Gesellschaft,* Köln 1966, 419 f. – J. Toury, *Die politischen Orientierungen der Juden in Deutschland, von Jena bis Weimar,* Tübingen 1966, 218, 236, 239, 268 f. 368. – H. E. Schröder, *Ludwig Klages. Die Geschichte seines Lebens.* Erster Teil: Die Jugend, Bonn 1966, 53 f., 59–63, 70 f., 75–79, 90, 103–107, 125, 144 f., 153, 202–206, 212 f., 290. – H. P. Bleuel/E. Klinnert, *Deutsche Studenten auf dem Wege ins Dritte Reich,* Gütersloh 1967, 125–129. – H. Kreuzer, *Exkurs über die Boheme,* in: O. Mann/W. Rothe (Hrsg.), *Deutsche Literatur im 20. Jahrhundert,* Bd. 1, Bern/München 1967, 225. – W. Klose, *Freiheit schreibt auf Eure Fahnen. 800*

Jahre deutsche Studenten, Oldenburg/Hamburg 1967, 220. – L. J. Pongratz, *Problemgeschichte der Psychologie,* Bern 1967, 253 f. – W. Brugger (Hrsg.), *Philosophisches Wörterbuch,* Freiburg/Basel/Wien 1967, 191. – A. Stern, *Geschichtsphilosophie und Wertproblem,* München/Basel 1967, 84, 119. – J. R. Staude, *Max Scheler 1874–1928. An Intellectual Portrait,* New York/ London 1967, 6–8. – E. Kahler, *The Jews among the Nations,* New York 1967, 6. – E. Matthias (Hrsg.), *Mit dem Gesicht nach Deutschland. Eine Dokumentation über die sozialdemokratische Emigration. Aus dem Nachlaß von Friedrich Stampfer,* Düsseldorf 1968, 96. – E. Bloch, *Atheismus im Christentum,* Frankfurt/M. 1968, 222. – G. Iggers, *Deutsche Geschichtswissenschaft,* München 1976 [Zuerst 1968], 312 f. – R. Neumann, *Vielleicht das Heitere. Tagebuch aus einem anderen Jahr,* München 1968, 119. – O. Conzelmann (Hrsg.), *Otto Dix. Handzeichnungen,* Hannover 1968, 29. – F. Wiersam-Verschaffelt, *Een tragische Vriendschap. Ludwig Klages en Theodor Lessing,* Leiden 1968. – H. Wysling (Hrsg.), *Thomas und Heinrich Mann, Briefwechsel 1900–1949,* Frankfurt/M. 1968, LII, 86 f., 94, 269, 273, 289, 292. – A. M. Koktanek, *Oswald Spengler in seiner Zeit,* München 1968, 316 f., 416, 455. – F.-J. Rintelen, *Geschichtlichkeit und überzeitlicher Sinn,* in: *Akten des XIV. Internationalen Kongresses für Philosophie in Wien v. 2.–9. 9. 1968,* Wien 1968, 110. – G. Albrecht (Hrsg.), *Lexikon deutschsprachiger Schriftsteller von den Anfängen bis zur Gegenwart,* Bd. 2, Leipzig 1968, 266. – H. P. Bleuel, *Deutschlands Bekenner. Professoren zwischen Kaiserreich und Diktatur,* Bern/München/Wien 1968, 155–159, 192. – Ch. Enzensberger *Größerer Versuch über den Schmutz,* München 1968, 72, 121. – H. Weidlich/U. Stille/H. J. Toll, *Hannover – so wie es war. 1900–1939,* Düsseldorf 1968, 47. – H.-W. Hedinger, *Subjektivität und Geschichtswissenschaft. Grundzüge einer Historik,* Berlin 1969, 152. – E. Paterna (Hrsg.), *Deutschland von 1933 bis 1939,* Berlin-DDR 1969, 78. – M. Schlösser (Hrsg.), *Karl Wolfskehl 1869–1969. Leben und Werk in Dokumenten,* Darmstadt 1969, 139. – W. Ruge, *Weimar. Republik auf Zeit,* Berlin-DDR 1969, 172. – E. Wittenberg, *Geschichte und Tradition von 1918–1933 im Bismarckbild der deutschen Weimar-Republik,* Lund 1969, 209, 285 f. – R. Métall, *Hans Kelsen. Leben und Werk,* Wien 1969, 71. – M. Brod, *Von der Unsterblichkeit der Seele,* Stuttgart 1969, 43. – A. Schmidt, *Der strukturalistische Angriff auf die Geschichte,* in: ders. (Hrsg.), *Beiträge zur marxistischen Erkenntnistheorie,* Frankfurt/M. 1969, 265. –

Zum 100. Geburtstag erscheint eine unansehnlich aufgemachte und als Typoskript gedruckte kleine Bibliographie mit einer biographischen Notiz. Die Bibliographie umfaßt 43 selbständige Buchveröffentlichungen, 8 Beiträge in Werken anderer Autoren, selbstherausgegebenen Bänden und Übersetzungen sowie 221 Aufsätze, dazu 57 Titel Sekundärliteratur; sie geht in erheblichem Maße zurück auf die Sammelarbeit von Ludwig Lazarus, der 1970 in Hannover starb und diese erste umfassende Rekonstruktion der kleinen Schriften Theodor Lessings nicht mehr abschließen konnte. E. Hieronimus/L. Dietze, *Theodor Lessing. Eine Lebensskizze und Bibliographie*, hrsg. v. der Landeshauptstadt Hannover. Zum 100. Geburtstag Theodor Lessings, Hannover 1972. – Das Haarmann-Buch wird nachgedruckt, aber Werbetext und Umschlaggestaltung lassen kaum erkennen, daß hier ein vergessener Autor wiederentdeckt werden soll; die Lebensgeschichte eines *populären Verbrechers* wird im Tonfall der Boulevardpresse angekündigt. Th. Lessing, *Haarmann. Die Geschichte eines Werwolfs*, München 1973. – Ähnlich M. Erlhoff, *Fritz Haarmann – Theodor Lessing. Die Mühe geboren zu werden*, in: A. Seide (Hrsg.), *Der neue Egoist*, Hannover 1975, 94–96, der Haarmann als *Opfer der Stadt Hannover* darstellt. (96). – Im Zusammenhang mit der Kampagne gegen den hannoverschen Psychologie-Professor Peter Brückner, 1972, wird an die historische Parallele zu Theodor Lessing erinnert, das Psychologische Seminar der Technischen Universität Hannover wird von Studenten in Theodor Lessing-Institut umbenannt, an den Schriften und an Lessing hat man kaum Interesse. Ein Plan, Lessings Gesamtwerk zu edieren, verläuft schon in den ersten Anfängen im Sande. Die wissenschaftliche Forschung, soweit sie stattfindet, bietet nicht mehr als altbekannte Thesen, die nicht überzeugen können, auch wenn, wie in den USA, einige Historiker sich um quellengestützte Argumentation bemühen. L. Baron, *Theodor Lessing: Between Jewish Self-Hatred an Zionism*, in: *Leo Baeck Year Book*, Bd. XXVI (1981), 323–340. Danach soll Lessings Darstellung der Ost- und Westjuden *antisemitic stereotypes* widerspiegeln und die Juden der Vergangenheit und der Zukunft durch *völkisch glasses* betrachten (334, 339). – H. Poetzl, *Confrontation with Modernity: Theodor Lessing's Critique of German Culture*, Phil. Diss. Ann Arbor 1978 meint, Lessing habe eine *ideological affinity with German folkish thinkers* (199), sei ein *philosophical dilettante* (126), gegen Ende seines Lebens *a vociferous critic and a reluctant defender of a bourgeois social order* (112), aber auch ein *first-rate feuilletonist* (125), vor allem jedoch ein *frustrated late-Romantic* (VII) mit einer *metaconservative romantic philosophy* (VII), die *apolitical, sceptical, and antiprogressivist consequences* (7 f.) hat. – R. Pierson, *German Jewish Identity in the Weimar Republic*, Phil. Diss. Yale University 1970, 209–229, 234 f. meint, Lessings *völkisch* gewendeter Zionismus sei humanistisch ausgerichtet. – Instruktiv für Lessings Symboltheorie der Geschichte: A. Wickert, *Alfred Döblins Historisches Denken*, Stuttgart 1978, 177, 190, 204, 208, 216, 249. – Verweis auf Ähnlichkeiten im methodischen Ansatz bei Max Weber und Lessing: G. Hufnagel, *Kritik als Beruf. Der kritische Gehalt im Werk Max Webers*, Frankfurt/M.-Berlin-Wien 1971, 140–144. – Sowie F. Fellmann, Darwins Metaphern, in: *Archiv für Begriffsgeschichte, Bd. XXI (1977)*

285–297, der Lessings Aufsatz über Darwin als einen *wichtigen Beitrag zur Theorie der Irrationalität von Wissenschaftsentwicklung* interpretiert (285). – Sachliches Referat auch bei A. Demandt, *Metaphern für Geschichte. Sprachbilder und Gleichnisse im historisch-politischen Denken*, München 1978, 180, 186, 423. – Dagegen N. Iribadschakov, *Zur Kritik der bürgerlichen Geschichtsphilosophie*, Wien 1975, 158–165, der Lessing als einen *Irrationalisten, Lebensphilosophen, neukantianischen Aprioristen, Voluntaristen* und *Existentialisten*, der den Marxismus diskreditiere, bewertet. – Sachlicher: W. F. Haug, *Kritik des Absurdismus*, 2., überarbeitete Aufl., Köln 1976 [Zuerst Frankfurt/M. 1966], 12 f., 38, 104, 136 f., 169. – Die Geschichtswissenschaft mag sich mit Lessings theoretischen Konzeptionen nicht anfreunden: J. Radkau/O. Radkau, *Praxis der Geschichtswissenschaft. Die Desorientiertheit des historischen Interesses*, Düsseldorf 1972, 11, 20, 62, 124. – G. Iggers, *Neue Geschichtswissenschaft*, München 1975, 15, 258. – R. Koselleck, *Art. Geschichte*, in: O. Brunner/W. Conze/R. Koselleck (Hrsg.), *Geschichtliche Grundbegriffe. Historisches Lexikon zur politisch-sozialen Sprache in Deutschland*, Bd. 2, Stuttgart 1975, 695, 716. – W. J. Mommsen, *Die Geschichtswissenschaft in der modernen Industriegesellschaft*, in: B. Faulenbach (Hrsg.), *Geschichtswissenschaft in Deutschland*, München 1974, 148. – G. Scholtz, *Art. Geschichte*, in: J. Ritter (Hrsg.), *Historisches Wörterbuch der Philosophie*, Bd. 3, Basel 1974, 344–398 (383 f.). – Das in den letzten fünfzehn Jahren interdisziplinär ausgetragene Gespräch über die *Fiktion des Faktischen* hat mittlerweile anerkannt, was Lessing dazu entwickelt hat, ohne ihn freilich zu zitieren. R. Koselleck, H. Lutz und J. Rüsen (Hrsg.), *Theorie der Geschichte. Beiträge zur Historik*, Bd. 4: *Formen der Geschichtsschreibung*, München 1982. – H. White, *Auch Klio dichtet oder die Fiktion des Faktischen. Studien zur Tropologie des historischen Diskurses.* Stuttgart 1986. – Auf den politischen Feuilletonisten weist kurz hin: U. Weinzierl, *Er war Zeuge. Alfred Polgar. Ein Leben zwischen Publizistik und Literatur*, Wien 1978, 110 f. – Die weiteren Erwähnungen sind knappe Verweise, die sich, bis auf wenige Ausnahmen, einer Wertung enthalten: H. Gollwitzer, *Krummes Holz – aufrechter Gang. Zur Frage nach dem Sinn des Lebens*, München 1970, 49, 181. – H. Saner, *Karl Jaspers*, Reinbek 1970, 142. – B. Engelmann, *Deutschland ohne Juden*, München 1980 [Zuerst 1970], 49 f. – W. Sternfeld/E. Tiedemann, *Deutsche Exilliteratur 1933–1945. Eine Bio-Bibliographie*, 2., stark verbesserte u. erweiterte Aufl., Heidelberg 1970, 304 f. – E. Bloch, *Politische Messungen, Pestzeit, Vormärz*, Frankfurt/M. 1970, 411. – K. Schwarz, *Bibliographie der deutschen Landerziehungsheime*, Stuttgart 1970, 188. – M. Pazi, *Max Brod*, Bonn 1970, 148 f., 151. – H. A. Walter, *Deutsche Exilliteratur. Bedrohung und Verfolgung bis 1933*, Bd. 1, Darmstadt/Neuwied 1972, 36 f., 161, 223, 256. – W. Blumenberg, *Karl Marx*, Reinbek 1970, 58. – P. U. Hohendahl (Hrsg.), *Benn* –

Wirkung wider Willen. Dokumente zur Wirkungsgeschichte, Frankfurt/M.
1971, 17, 245, 309. – G. Martens, *Vitalismus und Expressionismus. Ein
Beitrag zur Genese und Deutung expressionistischer Stilstrukturen und
Motive*, Stuttgart 1971, 32. – H. Plessner, *Zwischen Philosophie und Gesell-
schaft. Ausgewählte Abhandlungen und Vorträge*. Frankfurt/M. 1979, 144. –
Th. Ayck, *Theodor Lessing*, in: K. Deschner (Hrsg.), *Das Christentum im
Urteil seiner Gegner*, Bd. 2, Wiesbaden 1971, 113–116. – H. Hülsmann, *Art.
Axiologie*, in: J. Ritter (Hrsg.), *Historisches Wörterbuch der Philosophie*,
Bd. 1, Basel 1971, 737. – Ch. Eykman, *Geschichtspessimismus in der
deutschen Literatur des zwanzigsten Jahrhunderts*, Bern/München 1970,
32–34. – H. Noack, *Allgemeine Einführung in die Philosophie*, Darmstadt
1972, 100 f. – O. Veit, *Die Philosophie der Jahrhundertwende und die
moderne Kunst*, in: *Schopenhauer-Jahrbuch*, Bd. 53 (1972), 286 f. –
M. St. Steinberg, *Sabres, Books and Brown Shirts. The Radicalization of the
German Student 1918–1935*, Phil. Diss. Baltimore 1971, 373–380. –
W. Kreutzberger, *Studenten und Politik 1918–1933. Der Fall Freiburg im
Breisgau*, Göttingen 1972, 163. – H. Prinz zu Löwenstein, *Botschafter ohne
Auftrag. Lebensbericht*, Düsseldorf 1972, 96. – R. Weltsch, *An der Wende des
modernen Judentums*, Tübingen 1972, 15. – K. Sauerland, *Diltheys Erlebnis-
begriff. Entstehung, Glanzzeit und Verkümmerung eines literaturwissen-
schaftlichen Begriffs*, Berlin/New York 1972, 170. – K. Krolow, *Deutschland,
deine Niedersachsen. Ein Land, das es nicht gibt*, Hamburg 1972, 183. –
U. B. Weller, *»Die Zukunft« (1892–1922)*, in: H. D. Fischer (Hrsg.),
Deutsche Zeitschriften des 17. bis 20. Jahrhunderts, München 1973, 242, 250.
– A. Faust, *Der Nationalsozialistische Deutsche Studentenbund. Studenten
und Nationalsozialismus in der Weimarer Republik*, Bd. 1, Düsseldorf 1973,
30, 50–52, 58, 72, 126; Bd. 2, 32, 70, 83, 87. – G. Huber, *Das klassische
Schwabing*, München 1973, 27, 44, 203, 208, 211. – W. Schuder (Hrsg.),
Kürschners Deutscher Literaturkalender. Nekrolog 1936–1970, Berlin/New
York 1973, 403. – K. G. Just, *Von der Gründerzeit bis zur Gegenwart.
Geschichte der deutschen Literatur seit 1871*, Bern/München 1973, 531. –
D. Wyss, *Beziehung und Gestalt*, Göttingen 1973, 28. – Ch. E. Siegel, *Egon
Erwin Kisch. Reportage und politischer Journalismus*, Bremen 1973, 188, 235.
– M. Durzak (Hrsg.), *Die Deutsche Exilliteratur 1933–45*, Stuttgart 1973,
104, 490, 494, 496. – H. L. Arnold (Hrsg.), *Deutsche Literatur im Exil
1933–1945*, Bd. 1, Frankfurt/M. 1974, 28, 169, 207, 292. – D. Bronson,
Joseph Roth. Eine Biographie, Köln 1974, 152. – R. Schaeffler, *Art. Sinn*, in:
H. Krings, H. M. Baumgartner, Ch. Wild (Hrsg.), *Handbuch philosophischer Grundbegriffe*, Bd. 5, München 1974, 1340. – G. Wunberg, *Samuel
Lublinskis literatursoziologischer Ansatz*, in: H. Scheuer (Hrsg.), *Naturalismus. Bürgerliche Dichtung und soziales Engagement*, Stuttgart 1974, 225,
234. – H. Zimmermann, *Hannover vor hundert Jahren*, Hannover 1974, 22. –

J. Oelkers, *Biographik – Überlegungen zu einer unschuldigen Gattung*, in: *Neue Politische Literatur*, , 19. Jg. (1974), H. 3, 303. – W. Kraft, *Spiegelung der Jugend*, Frankfurt/M. 1973, 12, 16, 28 f., 51, 58, 63, 133–142; ders., *Carl Gustav Jochmann und sein Kreis. Zur deutschen Geistesgeschichte zwischen Aufklärung und Vormärz*, München 1972, 201, 293. – G. Schischkoff (Hrsg.), *Philosophisches Wörterbuch*, Stuttgart 1974, 385. – H. J. Lieber, *Kulturkritik der Jahrhundertwende*, in: W. Rüegg (Hrsg.), *Kulturkritik und Jugendkult*, Frankfurt/M. 1974, 17. – W. Hof, *Der Weg zum heroischen Realismus. Pessimismus und Nihilismus in der deutschen Literatur von Hamerling bis Benn*, Bebenhausen 1974, 181–184, 186 f. – W. Rothe (Hrsg.), *Die Deutsche Literatur der Weimarer Republik*, Stuttgart 1974, 198, 368. – H. Kessler, *Das schöne Wagnis. Denkschrift für Selbstdenker*, Wien 1975, 248. – K. Landfried, *Stefan George – Politik des Unpolitischen*, Heidelberg 1975, 174. – H. Wollschläger, *Die Instanz K. K. oder Unternehmungen gegen die Ewigkeit des wiederkehrenden Gleichen*, in: H. L. Arnold (Hrsg.), *Karl Kraus*, München 1975, 7. – M. Landmann, *Philosophische Anthropologie*, Berlin/New York 1975, 115, 151. – *Meyers Enzyklopädisches Lexikon*, Bd. 14, Mannheim 1975, 847. – F. Albrecht, *Deutsche Schriftsteller in der Entscheidung*, Berlin u. Weimar 1975, 356. – J. Meyer, *Paul Steegemann Verlag*, Stuttgart 1975, 35, 84, 108. – J. Aubert, *Handbuch der Grabstätten berühmter Deutscher, Österreicher und Schweizer*, 2. Aufl., München/Berlin 1975, 181 f. – J. Kühn, *Gescheiterte Sprachkritik. Fritz Mauthners Leben und Werk*, Berlin/New York 1975, 98, 282, 286. – H. Döring, *Der Weimarer Kreis. Studien zum politischen Bewußtsein verfassungstreuer Hochschullehrer in der Weimarer Republik*, Meisenheim a. Glan 1975, 11. – J. v. Uthmann, *Doppelgänger – du bleicher Geselle. Zur Pathologie des deutsch-jüdischen Verhältnisses*, Stuttgart 1976, 84. – W. Perpeet, *Art. Kulturphilosophie*, in: *Archiv für Begriffsgeschichte*, Bd. XX (1976), 52. – H. Balmer (Hrsg.), *Die Psychologie des 20. Jahrhunderts. I. Die europäische Tradition. Tendenzen, Schulen, Entwicklungslinien*, Zürich 1976, 943. – H. Glaser, *Sigmund Freuds 20. Jahrhundert. Seelenbilder einer Epoche. Materialien und Analysen*, München 1976, 163 f. – H. Dahlke, *Geschichtsroman und Literaturkritik im Exil*, Berlin u. Weimar 1976, 137, 140. – M. Landmann, *Was ist Philosophie?*, 2. Aufl., Bonn 1976, 255; ders., *Anklage gegen die Vernunft*, Stuttgart 1976, 176. – D. Wellershoff, *Gottfried Benn. Phänotyp dieser Stunde*, München 1976 [Zuerst Köln 1958], 73, 91. – W. Stein, *Kulturfahrplan. Die wichtigsten Daten der Kulturgeschichte von Anbeginn bis 1975*, München/Berlin/Wien 1977, 990, 1032, 1064. – G. Wehr, *Der deutsche Jude. Martin Buber*, München 1977, 48. – G. Zorn, *Widerstand in Hannover. Gegen Reaktion und Faschismus 1920–1946*, Frankfurt/M. 1977, 17–19, 63, 94, 102. – H.-G. Gadamer, *Philosophische Lehrjahre*, Frankfurt/M. 1977, 11. – F. Heer, *Das Wagnis der schöpferischen Vernunft*,

Stuttgart 1977, 249–254, 264; ders., *Europa unser*, Braunschweig 1977, 318. –
P. Gay, *Freud, Jews and other Germans. Masters and Victims in Modernist
Culture*, New York 1978, 194–199. – I. Fleischhauer/H. Klein, *Über die
jüdische Identität. Eine psycho-historische Studie*, Königstein/Ts. 1978, 155. –
B. Frei, *Carl von Ossietzky. Eine politische Biographie*, 2., veränderte u.
erweiterte Aufl., Berlin 1978, 80. – Deutsches Literatur Archiv Marbach
(Hrsg.), *Rudolf Borchardt, Alfred Walter Heymel, Rudolf Alexander Schrö-
der, Ausstellungskatalog*, München 1978, 366 f. – F. Baumgardt, *Jenseits von
Machtmoral und Masochismus, Hedonistische Ethik als kritische Alternative*,
Meisenheim a. Glan 1977, 158 f. – W. Laqueur, *Weimar. Die Kultur der
Republik*, Frankfurt/M.-Berlin-Wien 1977, 130 f. – S. F. Oduev, *Auf den
Spuren Zarathustras. Der Einfluß Nietzsches auf die bürgerliche deutsche
Philosophie*, Köln 1977, 112. – H. Ständeke, R. Tach (Hrsg.), *Kurs:
Philosophie. 5. Geschichte – Deutung und Erkenntnis*, Düsseldorf 1977,
71–73. – J. von Uthmann, *Gegen rückwärtsgewandte Propheten*, in: G. Rüh-
le (Hrsg.), *Bücher, die das Jahrhundert bewegten*, München 1978, 44–48. –
R.-R. Wuthenow, *Muse, Maske, Meduse. Europäischer Ästhetizismus*,
Frankfurt/M. 1978, 194 f. – G. Wenzel (Hrsg.), *Arnold Zweig 1887–1968.
Dokumente zu Leben und Werk*, Berlin u. Weimar 1978, 244 f. – J. K.
Hoensch, *Geschichte der Tschechoslowakischen Republik*, Stuttgart 1978,
56. – H. D. Leuner, *Gerettet vor dem Holocaust*, München 1978 [Zuerst
1966], 38. – R. W. Clark, *Albert Einstein. Leben und Werk*, München 1978,
355 f. – K. H. Bohrer, *Die Ästhetik des Schreckens. Die pessimistische
Romantik und Ernst Jüngers Frühwerk*, München 1978, 476. – H. Glaser,
Literatur des 20. Jahrhunderts in Motiven 1918 bis 1933, Bd. 2, München
1979, 14 f. – K. H. Metz, *Grundformen historiographischen Denkens. Wis-
senschaftsgeschichte als Methodologie. Dargestellt an Ranke, Treitschke und
Lamprecht. Mit einem Anhang über zeitgenössische Geschichtstheorie*, Mün-
chen 1979, 80, 190, 698, 702. – J. von Uthmann, *Es steht ein Wirtshaus an der
Lahn. Ein Deutschlandführer für Neugierige*, Hamburg 1979, 144–147. – G.
Franz, *Was Menschen gern tun*, München 1979, 8. – Z. Asaria, *Die Juden in
Niedersachsen*, Leer 1979, 69, 497. – R. Schulte, *Sperrbezirke. Tugendhaftig-
keit und Prostitution in der bürgerlichen Welt*, Frankfurt/M. 1979, 127, 129. –
S. Wininger (Hrsg.), *Große Jüdische National-Biographie*, Bd. 4, Ndr.
Nendeln 1979, 36 f. – F. Austeda, *Lexikon der Philosophie*, Wien 1979, 85 f. –
J. von Skézely, *Franziska zu Reventlow*, Bonn 1979, 289. – W. Fuld, *Walter
Benjamin. Zwischen den Stühlen. Eine Biographie*, München/Wien 1979,
232. – P. Sloterdijk, *Literatur und Organisation von Lebenserfahrung*,
München 1979, 140, 236–239, 300. – L. Landgrebe, *Über einige Grundfragen
der Philosophie der Politik*, in: M. Riedel (Hrsg.), *Rehabilitierung der
praktischen Philosophie*, Bd. 2, Freiburg 1974, 189. – H. J. Riemer, *Stationen
verpaßter Gelegenheiten: Notizen zur historischen Theorie-Diskussion*, in:

I. Geiss/R. Tamchina (Hrsg.), *Ansichten einer künftigen Geschichtswissenschaft*, Bd. 1, München 1974, 81. –
Von 1981 bis 1985 werden vier Bücher Theodor Lessings nachgedruckt, doch ohne editorische Aufbereitung. E. Lenk, *Fortschritt ist wachsender Tod: der Unheilsprophet Theodor Lessing*, in: Th. Lessing, *Die verfluchte Kultur*, München 1981 [Zuerst München 1921], 73–85. – R. Bischof, *Entzauberte Geschichte*, in: Th. Lessing, *Geschichte als Sinngebung des Sinnlosen*, München 1983 [Zuerst München 1919], 265–291. – B. Groys, *Vorwort*, in: Th. Lessing, *Der jüdische Selbsthaß*, München 1984 [Zuerst Berlin 1930], VII–XXXIV. – R. Bischof, *Ein Doppel-Porträt*, in: Th. Lessing, *Nietzsche*, München 1985 [Zuerst Berlin 1925], 121–153. – Gemeinsam ist diesen, viele biographisch falsche Informationen enthaltenden Aufsätzen der Glaube, Lessing habe *jenes nostalgische Mekka aller Vernunftgläubigen: die Aufklärung* (E. Lenk, a. a. O., 83) bekämpft, dafür möchte man (R. Bischof, a. a. O.) Lessings ethisch begründeten Kampf gegen die Geschichtsnot durch Kunstkontemplation ersetzen. – Weitere Erwähnungen: D. L. Niewyk, *The Jews in Weimar Germany*, Louisiana 1980, 64, 127, 137. – N. Goldmann, *Mein Leben als deutscher Jude*, München/Wien 1980, 467. – W. Kraft, *Stefan George*, München 1980, 78 f. – C. Friedlein, *Geschichte der Philosophie*, Berlin 1980, 276. – B. Nitzsche, *Männerängste*, München 1980, 11, 30–32. – U. Japp, *Beziehungssinn. Konzepte zur Literaturgeschichte*, Frankfurt/M. 1980, 27. – H. Fritz, *Die erotische Rebellion. Das Leben der Franziska Gräfin zu Reventlow*, Frankfurt/M. 1980, 61, 138 f., 172. – U. Linse, *Das wahre Zeugnis. Eine psychohistorische Deutung des Ersten Weltkriegs*, in: K. Vondung (Hrsg.), *Kriegserlebnis. Der Erste Weltkrieg in der literarischen Gestaltung und symbolischen Deutung der Nationen*, Göttingen 1980, 92 f., 96 f., 106 f. – H. Mayer, *Thomas Mann*, Frankfurt/M. 1980, 405. – G. Pflug, Art. *Lebensphilosophie*, in: J. Ritter (Hrsg.), *Historisches Wörterbuch der Philosophie*, Bd. 5, Basel 1980, 140. – R.-R. Wuthenow (Hrsg.), *Stefan George in seiner Zeit. Dokumente zur Wirkungsgeschichte*, Bd. 1, Stuttgart 1980, 269 f. – A. Bein, *Die Judenfrage. Biographie eines Weltproblems*, Bd. 1, Stuttgart 1980, 366; Bd. 2, 186, 219 f. – N. Heutger, *Niedersächsische Juden*, Hildesheim 1980, 50, 57–62, 95 f. – F. W. Rogge, *›Deutschnationales Volksempfinden‹ und Freiheit der Wissenschaft. Die Rufmordkampagne gegen Theodor Lessing 1925/26*, in: Historisches Museum Hannover (Hrsg.), *»Reichskristallnacht« in Hannover, Ausstellungskatalog*, Hannover 1978, 134 f. – H. W. Niemann, *Die TH im Spannungsfeld von Hochschulreform und Politisierung (1918–1945)*, in: *Festschrift zum 150jährigen Bestehen der Universität Hannover*, Bd. 2, *Universität Hannover 1831–1981*, Hannover 1981, 80–83. – W. R. Röhrbein, *Theodor Lessing*, in: R. Seidel/F. R. Zankl (Hrsg.), *150 Jahre Universität Hannover 1831–1981*, Hannover 1981, 22–25. – F. R. Zankl, *Theodor Lessing*, in: *Hannover im 20. Jahrhundert. Aspekte*

der neueren Stadtgeschichte. Eine Ausstellung aus Anlaß des 75jährigen
Bestehens des Historischen Museums am Hohen Ufer, Hannover 1978,
134 f. – A. Peisl/A. Mohler (Hrsg.), *Die Deutsche Neurose. Über die
beschädigte Identität der Deutschen*, Frankfurt/M.-Berlin-Wien 1980, 236. –
D. Fricke (Hrsg.), *Für Eures Volkes Zukunft nehmt Partei. Nichtproletari-
sche Demokraten auf der Seite des Fortschritts 1830–1945*, Köln 1981, 326. –
D. Mayer, *Linksbürgerliches Denken. Untersuchungen zur Kunsttheorie,
Gesellschaftsauffassung und Kulturpolitik in der Weimarer Republik
1919–1924*, München 1981, 342. – J. Améry, *Bücher aus der Jugend unseres
Jahrhunderts*, Stuttgart 1981, 198. – D. Schubert, *Otto Dix*, Reinbek 1980,
28, 133. – J. Berg u. a. (Hrsg.), *Sozialgeschichte der deutschen Literatur von
1918 bis zur Gegenwart*, Frankfurt/M. 1981, 149, 254, 420, 626. – *Brockhaus
Enzyklopädie*, Bd. 11, Wiesbaden 1970, 374. – R. Michaelis, *Von der
Bühnenwelt zur Weltbühne. Siegfried Jacobsohn und »Die Schaubühne«*,
Königstein/Ts. 1980, 60 f. – H. Mörchen, *Adorno und Heidegger. Untersu-
chung einer philosophischen Kommunikationsverweigerung*, Stuttgart 1981,
247 f. – H. Schulze, *Weimar. Deutschland von 1917 bis 1933*, Berlin 1982,
125. – H. M. Broder, *Theodor Lessing als Pamphletist*, Sendung von WDR III
v. 16. 12. 1981. – St. Reinhardt (Hrsg.), *Weimarer Republik. Deutsche
Schriftsteller und ihr Staat 1918–1933*, Berlin 1982, 221. – *Das Netzwerk Buch
Hannover*, Hannover 1982, 21. – G. Mattenklott, *Der übersinnliche Leib.
Beiträge zur Metaphysik des Körpers*, Reinbek 1982, 230. – *Chronik des 20.
Jahrhunderts*, Dortmund 1982, 342. – W. Schivelbusch, *Intellektuellendäm-
merung. Zur Lage der Frankfurter Intelligenz in den zwanziger Jahren*,
Frankfurt/M. 1982, 104, woraus hervorgeht, daß Lessing auf der Kandida-
tenliste für den »Goethe-Preis« des Jahres 1930 stand. 1921 war das Buch
Geschichte als Sinngebung des Sinnlosen mit dem »Strindberg-Preis« ausge-
zeichnet worden. – M. Overesch/F. W. Saal, *Die Weimarer Republik,
Droste-Geschichtskalendarium, Chronik deutscher Zeitgeschichte*, Düssel-
dorf 1982, 37, 132, 408. – R. Schmidt, *»Ein Text ohne Ende für den
Denkenden«. Zum Verhältnis von Philosophie und Kulturkritik im frühen
Werk Friedrich Nietzsches*, Königstein/Ts. 1982, 121. – P. Sloterdijk, *Kritik
der zynischen Vernunft*, Bd. 1, Frankfurt/M. 1983, 25; Bd. 2, 641 f., 721,
723. – J. S. Hohmann (Hrsg.), *Der Eigene. Ein Blatt für männliche Kultur.
Das Beste aus der ersten Homosexuellenzeitschrift der Welt*, Frankfurt/M.-
Berlin 1981, 340 f. – K. Trappmann (Hrsg.), *Landstraße. Kunden. Vagabun-
den. Gregor Gogs Liga der Heimatlosen*, Berlin 1980, 18, 22, 79, 85. –
    Im April 1979 faßt der Unterbezirksparteitag der SPD-Hannover den
Beschluß, die Universität Hannover nach Theodor Lessing zu benennen
(Hannoversche Allgemeine Zeitung v. 30. 4. 1979). Doch nichts geschieht,
ein größerer Anlaß fehlt offenbar. Im Winter 1982 entspinnt sich dann aus
dem Vorschlag des SPD-Bezirksrat Nord, den Vorplatz der Universität zum

bevorstehenden 50. Todestag von Theodor Lessing nach ihm zu benennen, eine lang sich hinziehende Kontroverse über die von einem ehemaligen Korpsstudenten und der hannoverschen CDU aufgeworfene Frage, ob eine solche Namensgebung nicht den Ruf der Stadt stark belaste, da Lessing der *meistgehaßte Mann in Hannover* gewesen sei *(HAZ* v. 12. 11. u. 19. 11. 1982). Der Präsident der Universität schließt sich dem an mit der Behauptung, Lessings Ermordung berühre *nicht die besondere Geschichte der hannoverschen Hochschule, sondern unser Verhältnis zur deutschen Vergangenheit generell (HAZ* v. 23. 11. 1982). Der Oberbürgermeister hatte zuvor von einer *Pflicht zur Wiedergutmachung* gesprochen *(HAZ* v. 19. 11. 1982). In einer von der Mehrheit des Senats der Universität Hannover verabschiedeten Erklärung wird eine Ehrung prinzipiell befürwortet, jedoch nicht in der beabsichtigten Form *(HAZ* v. 9. 12. 1982). Dazu meine Glosse *Lessing und Hannover,* in: *DIE ZEIT* v. 17. 12. 1982. – Auf einer Veranstaltung der Nordstadt-SPD erinnert die Tochter Theodor Lessings, Ruth Gorny, daran, daß Hannover an ihrem Vater schuldig geworden sei *(HAZ* v. 11. 12. 1982) und äußert in einem Interview: *Als Juden kann man Lessing heute nicht mehr treffen. Das trauen sich die Leute nicht. Da schweigt man ihn lieber tot. (Neue Hannoversche Presse* v. 6. 12. 1982). – Im Januar 1983 fordert die CDU als Gegenleistung für einen Theodor-Lessing-Platz die Umbenennung des östlichen Ihmeufers in Peter-Fechter-Ufer und bringt damit die Totalitarismus-These ins Spiel *(HAZ* v. 6. 1. 1983). SPD, FDP und Grüne lehnen diesen Handel ab; aber schon eine Woche später ist die SPD plötzlich nicht mehr für eine Umbenennung des Welfenplatzes vor dem Hauptgebäude der Universität *(HAZ* v. 12. 1. 1983). Zwei Monate ruht der Konflikt. Im März unternimmt der Bezirksrat Nord der SPD einen erneuten Vorstoß und regt eine Theodor-Lessing-Woche an *(HAZ* v. 8. 3. 1983). Ende März legt die Stadtverwaltung den Entwurf vor, die Fußwegverbindung zwischen Marktstraße und Friedrichswall, bisher historisch unrichtig als »Knappenort« benannt, in »Theodor-Lessing-Platz« umzutaufen *(HAZ* v. 29. 3. 1983). In der ersten Mai-Woche einigen CDU und SPD sich auf ein Tauschgeschäft: die CDU erhält ein Peter-Fechter-Ufer und stimmt im Gegenzug für einen Theodor-Lessing-Platz. *(HAZ* v. 11. 5. 1983; vgl. *HAZ* v. 3. 5., 18. 5., 19. 5., 25. 5., 26. 5., 27. 5. 1983). Zum 50. Todestag fährt eine Delegation der Stadt nach Marienbad und legt am Tatort und auf dem jüdischen Friedhof Kränze nieder. Der in Vertretung des SPD-Oberbürgermeisters entsandte CDU-Bürgermeister bezeichnet in einer Ansprache diesen Akt als eine *Form der Abbitte* für begangenes Unrecht und führt des weiteren dazu aus: *Er war ein bedeutender Sohn seiner Vaterstadt, aber weder hat diese Stadt ihren Sohn noch hat er sie geliebt (HAZ* v. 29. 8. 1983). Die Platzeinweihung in Hannover wird mit der Eröffnung einer vom Stadtarchiv arrangierten Theodor-Lessing-Ausstellung im Foyer der Volkshochschule verbunden

(HAZ v. 1. 9. 1983). Das ehemalige Mensagebäude am Welfengarten 2 c, in dem sich jetzt die Sozialwissenschaftliche Fachbereichsbibliothek und das Büro des AStA befinden, wird auf Antrag des Fachbereichs Geschichte, Philosophie und Sozialwissenschaften der Universität Hannover in »Theodor-Lessing-Haus« umbenannt *(HAZ* v. 9. 12. 1983). Im November 1983 und den darauffolgenden Monaten befaßt sich der Kulturausschuß der Stadt mit der Frage einer finanziellen Beteiligung an einer geplanten Neuauflage von Theodor Lessings Schriften *(HAZ* v. 11. 11., 13. 12., 14. 12. u. 20. 12. 1983). Am 31. 5. 1985 lehnt ein Gremium des niedersächsischen Ministeriums für Wissenschaft und Kunst den vom Fachbereich Geschichte, Philosophie und Sozialwissenschaften der Universität Hannover gestellten Antrag auf Förderung einer kritischen Edition der kleinen Schriften Theodor Lessings kommentarlos ab. Über fünfzig Jahre nach Lessings Ermordung durch NS-Verbrecher, an deren ideologisch-atmosphärischer Einstimmung Stadt und Land Hannover in den zwanziger Jahren in nicht unbeträchtlichem Maße beteiligt waren, fühlt sich in seiner Heimatstadt niemand für die Wiedergutmachung begangener Schuld zuständig. Fünfzig Jahre Komödie des Ruhms. *Nachwelt ist immer wiederholte Mitwelt.* [2]

Anmerkungen

1 Th. Lessing, *Geometrie der Dummheit,* in: *Prager Tagblatt* v. 8. 8. 1928. Jetzt in: Th. Lessing, *Ich warf eine Flaschenpost ins Eismeer der Geschichte. Essays und Feuilletons.* Herausgegeben und eingeleitet von R. Marwedel, Darmstadt/Neuwied 1986, 184–189 (187).
2 Th. Lessing, *Nietzsche,* Berlin 1925, 104.

Abbildungsnachweis

S. 161 *Beide Photographien:* Historisches Museum, Hannover.
S. 162 *Alle vier Photographien:* Privatbesitz Ruth Gorny.
S. 163 *Oben links:* Theodor Lessing, Einmal und nie wieder, Prag 1935.
Oben rechts: Privatbesitz Ruth Gorny.
Unten: Stadtarchiv Hannover, Theodor Lessing-Nachlaß.
S. 164 *Beide Photographien:* Historisches Museum, Hannover.
S. 165 *Oben links:* Privatbesitz Ruth Gorny.
Oben rechts und unten: Stadtarchiv Hannover, Theodor Lessing-Nachlaß.
S. 166 *Beide Photographien:* Privatbesitz Ruth Gorny.
S. 167 *Oben und Mitte:* Privatbesitz Ruth Gorny.
Unten: Stadtarchiv Hannover, Theodor Lessing-Nachlaß.
S. 168 *Oben:* Stadtarchiv Hannover.
Unten: Historisches Museum, Hannover.
S. 169 *Beide Photographien aus:* Göttinger Jahresblätter 1984, 7. Jg.; im Stadtarchiv Hannover, Theodor Lessing-Nachlaß.
S. 170 *Oben:* Historisches Museum, Hannover.
Unten: Bild und Text aus: Der ewige Jude, München/Berlin: Zentralverlag der NSDAP 1937, S. 49.
S. 171 *Oben:* Historisches Museum, Hannover.
Unten: Zeitungsausschnitt Berliner Tageblatt v. 17. 6. 1926, Stadtarchiv Hannover, Theodor Lessing-Nachlaß.
S. 172 *Oben links:* Historisches Museum, Hannover.
Oben rechts: Privatbesitz Ruth Gorny.
Unten: Pressefoto, Privatbesitz Ruth Gorny.
S. 173 *Oben:* Stadtarchiv Hannover.
Unten: Photographie von Walter Ballhause, aus: Zwischen Weimar und Hitler, Sozialdemokratische Fotografie 1930–1933, München: Schirmer/Mosel Verlag 1981. Mit freundlicher Genehmigung des Verlags.
S. 174 *Alle Photographien:* Stadtarchiv Hannover, Theodor Lessing-Nachlaß.
S. 175 *Oben links:* AIZ (Arbeiter Illustrierte Zeitung, Berlin) vom 14. 9. 1933.
Oben rechts und unten: Privatbesitz Ruth Gorny.
S. 176 *Beide Photographien:* Stadtarchiv Hannover, Theodor Lessing-Nachlaß.

Alle Beilagen im Text: Stadtarchiv Hannover, Theodor Lessing-Nachlaß.

Autor und Verlag danken allen Bildbesitzern für die freundliche Genehmigung des Abdrucks in diesem Band.

Personenregister

Zeittafel

1872 8. Februar: Theodor Lessing als erstes Kind des Arztes Sigmund Lessing und seiner Frau Adele, geb. Ahrweiler, in Hannover geboren.

1878 Beginn einer qualvollen Schulzeit im Lyzeum I in Hannover.

1881 Erste Gedichte.

1885 Freundschaft mit Ludwig Klages.

1888 Schulversagen. Abgebrochene Lehre in einer Bank und einer Gartenbauschule.

1891 Besuch bei Maximilian Harden. Wegen anhaltender schlechter schulischer Leistungen nach Hameln zum Pauken. Erste Lektüre Schopenhauers.

1892 Abitur in Hameln. Studium der Medizin in Freiburg i. Br.

1893 *Komödie.* Fortsetzung des Studiums in Bonn. Austritt aus der jüdischen Gemeinde.

1895 In München Bekanntschaft mit dem Stefan-George-Kreis und anderen Mitgliedern der Schwabinger Boheme.

1896 Tod des Vaters. Bis 1906 Pendelleben zwischen München, Gießen, Dresden und Hannover.

1899 Promotion zum Dr. phil. in Erlangen.

1900 Heirat mit Maria Stach von Goltzheim. Rückwendung zum Judentum unter dem Eindruck der zionistischen Bewegung.

1901 Geburt der Tochter Judith. Lehrer am Landerziehungsheim Haubinda.

1902 Geburt der Tochter Miriam.

1904 Lehrer am Landerziehungsheim Laubegast bei Dresden. Vortragsreisen und soziales Engagement in der Frauenbewegung und Arbeiterbildung.

1906 *Schopenhauer, Wagner, Nietzsche.* Studiert bei Edmund Husserl in Göttingen Philosophie mit dem Ziel der Habilitation. Theaterkritik.

1907 Scheidung von Maria Stach von Goltzheim. Habilitation an der Technischen Hochschule Hannover.

1908 *Studien zur Wertaxiomatik: Untersuchungen über reine Ethik und reines Recht.* Gründung des »Anti-Lärm-Vereins«. Privatdozent für Philosophie an der TH Hannover.

1910 *Weib, Frau, Dame.* Kontroverse um einen satirischen Artikel über den Literaturkritiker Lublinski.

1912 Tod der Tochter Miriam. Mitarbeit an verschiedenen Zeitungen und Zeitschriften, Vortragsreisen. Heirat mit Adele Grote-Abbenthern.

1913 Geburt der Tochter Ruth.

1914 *Philosophie als Tat.* Lazarettarzt und Lehrer während des I. Weltkriegs.

1915 Die Militärzensur verbietet das Buch *Europa und Asien*, es erscheint
      1918.
1918 Wiederaufnahme der philosophischen Lehrtätigkeit in Hannover.
1919 *Geschichte als Sinngebung des Sinnlosen.*
1920 Gründung der »Freien Volkshochschule« in Hannover-Linden, Mitar-
      beit als Dozent. Lessings Frau Ada bleibt bis 1933 die Geschäftsführe-
      rin der Volkshochschule.
1922 Beginn der freien Mitarbeit am »Prager Tagblatt«. Nichtbeamteter
      außerordentlicher Professor.
1923 Lehrauftrag für Philosophie der Naturwissenschaften.
1924 Berichterstattung über den Prozeß gegen den Massenmörder Haar-
      mann in Hannover.
1925 *Nietzsche. Haarmann: Die Geschichte eines Werwolfs.* Beginn einer
      antisemitischen Kampagne gegen Lessing, ausgelöst durch sein Porträt
      des Reichspräsidentschaftskandidaten Hindenburg, an der sich völ-
      kisch-nationalistische Korpsstudenten, Professoren, Vereine und Ver-
      bände, die Industrie- und Handelskammer, der Magistrat der Stadt
      Hannover und das Bürgervorsteherkollegium beteiligen; im folgenden
      Jahr weitet sich dieser Kreis auf die ganze Republik aus.
1926 Verzicht Lessings auf weitere Vorlesungstätigkeit. Das preußische
      Kultusministerium wandelt seinen Lehrauftrag in einen Forschungs-
      auftrag um. Tod der Mutter. *Meine Tiere.*
1927 *Geschichte als Sinngebung des Sinnlosen*, 4. Aufl.
1928 *Blumen.* Beginn der Niederschrift seiner Lebenserinnerungen *Einmal
      und nie wieder*, die 1935 posthum erscheinen. *Europa und Asien*,
      5. Aufl.
1930 *Der jüdische Selbsthaß.*
1931 Reise nach Ägypten, Palästina und Griechenland.
1933 Exil in Marienbad. Ermordung am 30. August durch sudetendeutsche
      Nationalsozialisten. Beerdigung am 2. September auf dem jüdischen
      Friedhof.